Karl Jaspers

SCHELLING

Größe und Verhängnis

Piper
München Zürich

Diese Neuausgabe ist der unveränderte Nachdruck der 1. Auflage von 1955.

Von Karl Jaspers liegen in der Serie Piper außerdem vor:

Chiffren der Transzendenz (7)
Einführung in die Philosophie (13)
Kleine Schule des philosophischen Denkens (54)
Vernunft und Existenz (57)
Der philosophische Glaube (69)
Kant (124)
Die maßgebenden Menschen (126)
Augustin (143)
Plato (147)
Philosophische Autobiographie (150)
Spinoza (172)
Die Schuldfrage (191)
Die Frage der Entmythologisierung (mit R. Bultmann) (207)
Die Atombombe und die Zukunft des Menschen (237)
Wahrheit und Bewährung (268)
Nietzsche und das Christentum (278)
Vom Ursprung und Ziel der Geschichte (298)
Psychologie der Weltanschauungen (393)

ISBN 3-492-00641-8
Neuausgabe Februar 1986

Umschlag: Federico Luci, unter Verwendung
eines Fotos vom Süddt. Bilderdienst
Satz: Hoffmannsche Buchdruckerei Felix Krais, Stuttgart
Druck und Bindung: Clausen & Bosse, Leck

DEM ANDENKEN MEINES FREUNDES
ERNST MAYER

VORWORT

Schelling, einst ein großer Name, war schon fast vergessen, als er 1854 starb und der bayrische König Maximilian, der Zeit trotzend, seinem Lehrer und Freunde, den er den »ersten Denker Deutschlands« nannte, auf dem Grabe in Ragaz ein prunkvolles Denkmal setzte. Jetzt, nach hundert Jahren, galt dort ein Kongreß allein ihm und seiner Philosophie. Schweizer, Deutsche, Franzosen erneuerten sein Andenken. Die akademische Philosophie beschäftigte sich seit Jahren gelegentlich mit dem Denker. Heute scheint er in ihrem Kreise und schon darüber hinaus zu neuer Wirkung aufzuerstehen.

Ich möchte eine Anschauung geben von der Großartigkeit Schellingschen Denkens, von seinem Werk und seinem Wesen, von seinem Leben in seiner Welt. Aber auch wer ihn selber liest, wer an der Schönheit seiner Sprache und seines Denkstils, an dem Adel dieses Geistes Freude hat, mag meine Erörterungen, wie ich hoffe, als einen willkommenen Leitfaden bei seiner Schelling-Aneignung nutzen.

Eine Schelling-Darstellung hat die größte Schwierigkeit an der Vieldeutigkeit dieses Mannes, die ihn zugleich so interessant macht. Schelling ist vielleicht der erste moderne Denker im Sinne einer unserer Welt zugehörigen geistigen Brüchigkeit. In einem faktisch noch bergenden Lebensraum, in glänzenden Positionen: als Freund der ersten Geister seiner Zeit und von Königen, hatte er radikale Gedanken in konservativer Gestalt. Diese Zweideutigkeit ist aber nur eine. Sie steht in Beziehung zu der Unfaßlichkeit seines Wesens: er ist zu Hause und nicht zu Hause, ist von tiefen philosophischen Anschauungen ergriffen und verliert sich in täuschendem Schein. Durch seine Größe wird er zu einem Urbild, in dem Genie und Zauberei eines werden. Er zieht an und kann ermutigen; er stößt ab und kann lähmen. Ihn zu studieren bedeutet, uns selber besser zu verstehen, weil er uns bleibende Möglichkeiten unseres Zeitalters zeigt: den Übergang von Größe in Gebärde, von Wahrheit in Absurdität, von heller Mitteilung in Magie. Wir erkennen uns in ihm wieder, weil sein Schwung zur höchsten Aufgabe der Philosophie, zur Metaphysik, uns wundersam erregt, und weil er den Gefahren nicht widerstanden hat, die heute noch die unseren sind, wo immer wir uns dem Zauber anvertrauen.

Ich versuche, die Größe dieses Philosophierens darzustellen in dem Besten, was ich zu sehen vermochte, und die Verführung kennen zu lehren mit dem Fragwürdigsten, das ich zu erfahren meinte. Selbst in der

Abwehr möchte ich noch der Gewalt der Verführung Geltung verschaffen. Ich hoffe, man wünsche den Zauber zu kennen und ihm doch nicht zu erliegen. Es ist gut zu wissen, was ein Genie vermag, wenn es sich vom Zauber nicht reinigt und, soweit es an ihn verfällt, auch an Größe verliert. Wir möchten aber die Kostbarkeiten des Gedankens, die Beschwingungen der Seele, die uns von daher kommen, nicht verlieren, wenn wir das Verhängnis durchleuchten, das sich mit ihnen verknüpft hat.

Schellings Denken läßt sich nicht als ein systematisches Ganzes reproduzieren, das es nicht ist. Besser ist es, aus verschiedenen Fragestellungen in diese verwickelte Erscheinung hineinzuleuchten und jeweils uns mit dem Manne und seinem Denken in nächste Fühlung zu bringen. Meine Darstellung möchte durch die Anschauung seiner Wirklichkeit und seiner zur Sprache kommenden Gedanken fundieren, was ich über ihn, kritisch erhellend, bejahend und verwerfend, sage.

Im ersten Kapitel ist das Thema der Mensch Schelling. Man muß dieses moderne, in der Wurzel schon mit dem Keim eines Verderbens angelegte, geistig geniale Philosophenleben sehen, wenn man sein Denken verstehen will. Unerläßlich ist das Wissen um Caroline. Dann wenden wir uns an Schellings Gedanken, hören ihn selbst. Im zweiten Kapitel suche ich zu zeigen, welch hohen Sinn Schelling der Philosophie gegeben hat. Im dritten Kapitel soll der Kern des scheinbar zur Lehre werdenden Denkens, die Metaphysik, sein Ergrübeln des Seins, herausgearbeitet werden. Im vierten Kapitel folgt die Kritik an der Substanz dieses Philosophierens durch die Frage nach dem Grund der Brüchigkeit, die selber eine eigentümliche Größe und vertretende Allgemeingültigkeit hat. Im fünften Kapitel beobachten wir Schelling im Verhältnis zu den ihm zeitgenössischen Philosophen. Wir fragen, wie der deutsche Idealismus zu dem sich verhält, was er verneint und nicht mehr versteht, obgleich er sich darauf beruft, zur Kantischen Philosophie, und fragen dann, wie Schelling zu den anderen Idealisten, zu Fichte und Hegel steht. Damit sehen wir Schelling im Raum der geistigen Mächte und machen uns seine Bedeutung für heute bewußt.

Wenn ich versuche, in diesen Aspekten Schelling zu zeigen, so meine ich die eine Macht, die im Umgang mit Schelling auf uns eindringt. Ich halte alle fünf Kapitel für wesentlich, einzelne für sich verleiten zum Mißverständnis. Wer Schelling unter diesen Aspekten in bezug auf das unfaßbare, vieldeutige Eine, das durch alle wirkt, versteht, der muß, wie mir scheint, zugleich zu hellerem Bewußtsein seiner selbst gelangen und dessen, was er will.

Mit Schelling habe ich seit mehr als dreißig Jahren philosophiert. Nach dem ersten Weltkrieg griff ich zu ihm in der Absicht, eine der vielen Narreteien der Philosophiegeschichte kennen zu lernen; dann war ich betroffen, ja hingerissen; dann studierte ich ihn mit dem Staunen darüber, wie sich so große Impulse gleichsam im Wahn verfangen. Durch Schelling begriff ich klarer, was Philosophie sei, und sah zugleich die Irrgänge. Aber wer hätte je philosophiert, ohne Wahrheit im Wahn zu finden, um die Vernunft in jene Offenheit zu bringen, in der sie erst ihre Souveränität zu finden vermag! Ich verdanke Schelling viel. Dies Buch beruht auf Studien vor allem der zwanziger Jahre, als ich Seminare über Schelling hielt mit dem Blick auf den Scheideweg zwischen Existenzerhellung, die uns erweckt zu uns selbst, und Gnosis, die uns betäubt mit Visionen eines Scheinwissens.

Basel, Juni 1955 Karl Jaspers

INHALTSÜBERSICHT

ERSTES KAPITEL

ZWEITES KAPITEL

DRITTES KAPITEL

ERSTES KAPITEL

SCHELLINGS PERSÖNLICHKEIT UND WERK

1. Biographie

Friedrich Wilhelm Joseph Schelling, Sohn eines gebildeten Landgeistlichen, geboren in Leonberg in Württemberg, ist aufgewachsen in schwäbischen pietistischen und mystischen Überlieferungen, aber früh vom Vater erzogen in philologischen Wissenschaften, und gründlich vertraut mit der klassischen Antike.

Schon der Knabe war den Altersgenossen weit überlegen an Können und Kenntnissen. Als er kaum zwölf Jahre alt war, erklärte sein Lehrer in Nürtingen, bei ihm könne er nichts mehr lernen. Dann übertraf er in Bebenhausen die älteren Klosterschüler, mit denen er unterrichtet wurde. Fünfzehnjährig, drei Jahre früher, als es zulässig war, durfte er als Ausnahme an die Universität gehen. Dort, im Tübinger Stift, vereinte ihn mit Hölderlin und Hegel (beide fünf Jahre älter als er) die denkwürdige Freundschaft, die für die drei Jünglinge geistig bestimmend wurde und später doch nicht hielt. Mit siebzehn Jahren wies er sich durch eine Dissertation über das dritte Kapitel der Genesis als gelehrter Forscher aus. Mit achtzehn Jahren schrieb er über Mythen, mit neunzehn Jahren begannen seine sogleich in die Mitte eines neuen Philosophierens treffenden philosophischen Abhandlungen. Zwanzig Jahre alt, veröffentlichte er eine seiner tiefsten, ursprünglichsten, schönsten Schriften, die »Philosophischen Briefe über Dogmatismus und Kriticismus«. Mit unglaublicher Schnelligkeit eignete er sich alsbald an der Universität Leipzig naturwissenschaftliche Kenntnisse an. Zweiundzwanzig Jahre alt, veröffentlichte er schon die »Ideen zu einer Philosophie der Natur«, ein Jahr später »Von der Weltseele«. Mit diesen beiden Schriften wurde er der Schöpfer jener Naturphilosophie, die damals einen gewaltigen Eindruck machte und sogar die Medizin zu reformieren schien. Auf Goethes Veranlassung und unter Mitwirkung Fichtes war Schelling mit dreiundzwanzig Jahren außerordentlicher Professor in Jena. Im

Kreise der Fichte, Schlegel und der anderen Romantiker, mit Goethe in freundschaftlicher Beziehung, erreichte er – 25 Jahre alt – den Gipfel seines Wirkens und seines Ruhms. Die »Vorlesungen über die Methode des akademischen Studiums« (Sommer 1802) sind das heute noch wundersam erregende Dokument der hohen Auffassung der Philosophie, der Einheit der Wissenschaften, der Idee der Universität.

Doch die schöne Zeit in Jena wurde schnell getrübt. Im Sommer 1800 starb Auguste Böhmer, die Tochter Carolines, an einer Ruhr. Die Erschütterung traf Schelling wie die Mutter unter Umständen, die ihn tief bedrückten. Schelling waren häßliche Polemiken mit der Literaturzeitung erwachsen, von beiden Seiten mit persönlicher Erbitterung und maßlosen Angriffen geführt. Sie steigerten sich zu Verleumdungen gegen Schelling, er habe aus naturphilosophischen Prinzipien in die Behandlung Auguste Böhmers eingegriffen und ihren Tod verschuldet. Schelling verstummte. Man kann von einer Häufung des Unheils für Schelling in Jena sprechen. Er fiel aus Enthusiasmus in Enttäuschung, aus Übermut in Verzweiflung. So war ihm in Jena nach wenigen Jahren alles verhaßt. 28jährig ging er an die Universität Würzburg. Aber bald hörte er – erst 31 Jahre alt – überhaupt für lange Zeit auf, akademischer Lehrer zu sein. Er fand in München als Mitglied der Akademie ein ruhiges Dasein zum reinen Philosophieren.

Zwei Momente seines höchsten Vermögens blieben für immer mit Jena verbunden: Der hohe Schwung des philosophischen Anfangs und Ruhmes wurde ihm zur ermutigenden Erinnerung durch sein nun noch mehr als ein halbes Jahrhundert sich hinziehendes Leben. Das einzige ergreifende Gelingen aber war die Liebe zu Caroline. Unter den großen Philosophen ist es nur Schelling, für den eine Frau durch ihre Persönlichkeit von entscheidender Bedeutung wurde, und zwar nicht nur durch erotische Leidenschaft und menschliche Verbundenheit, sondern in eins damit ursprünglich durch ihr geistiges Wesen. Bei Abälard war es eine hinreißende Leidenschaft und doch eine beiläufige Erfahrung ohne einen für uns erkennbaren Bezug zu seiner philosophischen Persönlichkeit, von ihm nachher nur als ein Unheil aufgefaßt. Bei Kierkegaard spielte Regine nicht durch ihr Wesen eine Rolle, sondern als Anlaß zu Kierkegaards negativem Entschluß und seiner lebenwährenden Treue gegen die von ihm Verlassene. Bei Schelling dagegen war diese Erfüllung mit Caroline der Gipfel seines Lebens, in einem geistig großartigen Stil und in Gemeinschaft hoher Impulse. Caroline war nicht nur Echo, sondern Erweckerin. Sie starb plötzlich an der Ruhr. Drei Jahre später schloß Schelling die Ehe mit Pauline Gotter. Die hingebende Liebe der gebildeten Frau, sechs Kinder, ein reiches Familienleben, schließlich mit Schwiegerkindern und Enkeln, waren bis zum Ende das Glück seines privaten Daseins.

1820–1826 hielt Schelling ohne Verpflichtung wieder gelegentliche Vorlesungen in Erlangen. Aber in Deutschland war es still um ihn geworden. Schon seine »Untersuchungen über das Wesen der menschlichen Freiheit« (1809), noch zu Carolines Lebzeiten geschrieben, hatten nicht mehr den Widerhall, den er bis dahin gewohnt war. Mit dem Erscheinen von Hegels »Phänomenologie des Geistes« (1807) ging der Stern des neuen überragenden Philosophen auf, der etwa seit 1816 alles in Schatten stellte. Schelling publizierte bald nichts mehr, sein Name blieb berühmt, ein erlauchter Name, der sich zu überleben schien, vergöttert und geschmäht, während seine Philosophie für die Öffentlichkeit versank.

Schon den Jüngling in Tübingen, dann den wirkenden Professor in Jena hatte sein Sendungsbewußtsein ergriffen: Die Philosophie ist im Gang der Geschichte auf ihre Höhe gelangt, und Schelling ist im Begriff, sie zu vollenden. Nie kehrten solche Jahre, die ihn im Widerhall der deutschen Öffentlichkeit zu bestätigen schienen, wieder. Aber nach zwei Jahrzehnten begann er als Professor 1827, zögernd zwar, mit neuem Einsatz aus diesem Sendungsbewußtsein eine akademische Lehrtätigkeit in München, und noch einmal wieder 1841 in Berlin. Beide Male berief er sich auf Jena. In München weist er auf den Augenblick, wo »vor bald dreißig Jahren« »ein namenloser Lehrer, an Jahren noch ein Jüngling« einer falschen, aber mächtigen, an Lieblingstendenzen der Zeit sich anschließenden Philosophie Meister wurde. Es geschah, wie er sagte, »durch die Natur der Sache, durch die Macht der unüberwindlichen Realität, die in allen Dingen liegt«. Er kann »den Dank und die freudige Anerkennung, die ihm damals von den ersten Geistern der Nation zuteil wurde, nie vergessen« (Werke IX, 366). Und in Berlin hat er in einer Vorlesung (XIII, 14) wieder an diese Jugend erinnert, »wie da, um einen Ausdruck Goethes zu brauchen, ein wahrer Wissenshimmel sich niederzulassen schien«, und er fährt jetzt fort: »Wer bemerkt, wie nach einer solchen Zeit dennoch eine neue Verdüsterung eingetreten ist, und was groß begonnen, kleinlich geendet hat, der möchte mit Wehmut erfüllt werden über die Eitelkeit aller menschlichen Bestrebungen nach jenem höchsten Wissen, das in der Philosophie verlangt wird«. Hier in Berlin, vierzig Jahre nach Jena, auf höherer Stufe, in einer geistigen Situation, die wiederum das Heil von der Philosophie zu verlangen schien, beanspruchte Schelling noch einmal die große gründende Wirkung.

So trat Schelling 1841 in Berlin auf, gar nicht müde, aber mit der Würde des Alters und eines ebenso großen wie eigentlich nicht recht begreiflichen (weil nicht auf Teilnahme an seiner Philosophie beruhenden) Ruhms. Er trat auf wie ein Prophet, herrscherlich lehrend, als der Denker, der an der entscheidenden Wende der Geschichte steht, als der Philosoph, der mit diesem Wissen die Zerrissenheit des Zeitalters heilt und ein neues Zeitalter begründet. Er sieht die Gegenwart in messianischem Schema: alles ist untergraben, die Erschütterung ist total, und: das Neue ist im Kommen, es ist Morgenröte, und: ich bringe die wahre Philosophie. Als deren Künder sagt er in Berlin: keine Philosophie ist bis jetzt an die Sache selbst gekommen, d. h. wirkliche Wissenschaft geworden, sondern stets nur in den Präliminarien zu derselben stecken geblieben. Besonders gleicht die deutsche Philosophie der neueren Zeit einer Vorrede ohne Ende, zu der noch immer das Buch vergeblich erwartet wird (XIII, 178). Schelling behauptet, dies Buch zu bringen.

Wohl war es ein denkwürdiger Augenblick. Kaum je war ein Philosoph in diesem Maße Gegenstand einer Erwartung, hineingestellt in die große Politik, wie Schelling in diesem Jahr. Alle Zeitungen berichteten. Welch erlauchtes Auditorium nicht nur an hohen Staatsbeamten, Professoren und gar Militärs, sondern an Männern ersten Ranges: da saß Kierkegaard, anfänglich ergriffen, dann enttäuscht und voll Verachtung – Jacob Burckhardt, zurückhaltend interessiert –, Friedrich Engels, mit Ehrfurcht für den jungen, mit Verwerfung für diesen alten Schelling –, da saßen ferner Bakunin und andere Russen, saßen Polen, Tschechen, Griechen, die Schellings gnostische Geschichtsphilosophie in den Osten trugen, schließlich Savigny, Steffens, auch die Berliner Hegelianer und viele andere Namen von Rang. Aber die große Sensation erwies sich in der Tat als bloße Sensation und verging.

Da die Wirkung nicht die erwartete war, da die in den ersten Berliner Semestern noch zahlreiche Hörerschaft stark abnahm, benutzte Schelling einen äußeren Anlaß, um seine Vorlesungen endgültig aufzugeben (1846). Der Theologe Paulus, sein alter Widersacher, hatte nach studentischen Mitschriften große Teile der Schellingschen Vorlesungen mit einer beißenden, umfangreichen Kritik publiziert. Schelling klagte wegen Nachdruck, verlor den Prozeß und erklärte empört, daß er nicht lesen wolle, wenn ihm keine Sicherheit des Schutzes gewährt würde.

Nun lebte der Greis, öffentlich unsichtbar und unhörbar geworden (nur im geschlossenen Kreis der Berliner Akademie hielt er noch gelegentlich Vorträge), allein in der Arbeit an seiner Philosophie. Die Welt sah ihn, wie es Varnhagen (an Troxler) schrieb (13. 6. 1854): »Er steht nun ganz vereinzelt, im matten Widerschein einer Hofgunst, die nichts von ihm weiß als seinen Namen. In die Weltereignisse kann er sich gar nicht finden, sie erscheinen ihm als Unvernunft und Schwindel.« Wie früher die Öffentlichkeit Schellings hatte jetzt noch seine Stille den merkwürdigen Glanz des Ungewöhnlichen, der von der Knabenzeit an auf Schellings Leben lag. Er starb am 20. August 1854 in Ragaz.

2. Caroline

Die Liebe Schellings und Carolines, diese Wirklichkeit, die Schellings Leben adelt, die Zugehörigkeit der beiden so wesensverschiedenen Menschen zueinander derart, daß nach einem scheinbar strukturlosen Leben Carolines diese Liebe als dessen Ziel und sinnvolle Vollendung erscheint, die eigene unabhängige Bedeutung dieser Frau – all das läßt es angemessen erscheinen, ihr Bild und das Bild der Liebe zwischen Schelling und Caroline als zur Geschichte der Philosophie gehörig zu vergegenwärtigen.

a) Ihr Leben (1763–1809)

Caroline, Tochter des Orientalisten Michaelis in Göttingen, wuchs auf in der geistigen Welt dieser damals blühendsten Universität. Mit 21 Jahren heiratete sie den Bergmedicus Böhmer in Clausthal im Harz, lebte in der ländlichen Abgeschiedenheit, hatte drei Kinder, wurde nach kaum vier Jahren Witwe (1788). Ihr Sohn war früh gestorben, eine Tochter starb bald nach dem Tod des Mannes. Es blieb ihr nur eine Tochter, Auguste. Die Witwe lebte zuerst bei den Eltern in Göttingen, dann bei einem Bruder in Marburg. Auf Veränderung drängend ging sie im Frühjahr 1792 nach Mainz, einem Vorschlag ihrer Freundin Therese folgend, Tochter des Philologen Heyne, Gattin des Weltreisenden und Schriftstellers Forster, eines begeisterten Anhängers der Französischen Revolution und Franzosenfreundes. Durch diesen Kreis geriet Caroline unabsichtlich unter der französischen Besatzung in die politischen Wirren. Nach der Rückeroberung durch die Preußen wurde sie April 1793 von diesen gefangengenommen. Sie war schwanger. In dem Rausche einer Ballnacht hatte sie sich einem französischen Offizier ergeben. Als politisch verdächtig wurde sie ins Gefängnis nach Königstein gebracht, dann in Hausarrest in Kronberg gehalten. Die Befreiung gelang durch Vermittlung ihres Bruders in Berlin. Sie kehrte in die Welt ihrer Herkunft und ihrer Freunde zurück, zunächst nach Leipzig. In Lucka gebar sie 1793 ihr Kind, das bald starb. Sie ging nach Gotha. Nach dem Maßstab der Sitte und Gehörigkeit und dem der Politik war sie entwurzelt. In dieser Lage hatte sich ihrer von Anfang an der Jugendfreund A. W. Schlegel ritterlich fürsorgend angenommen. Juli 1796 heiratete sie ihn, ihm unendlich dankbar, aber ohne Liebe. Carolines Leben wirkt bis da wie eine Reihe von Zufällen. 1798 begegnete sie Schelling.

Sie war damals 35 Jahre alt, eine reife Persönlichkeit. Wir kennen sie durch ihre Briefe, ein menschliches Dokument ersten Ranges. In ihnen wird eine Lebensweise offenbar, die sich bewußt ausspricht. Man kann sie die »Philosophie« Carolines nennen. Sie war da, bevor sie Schelling traf. Ihre Natur – von Anfang an sich gleich – ohne Entwicklungen und Brüche – steht als das Urbild einer menschlichen Möglichkeit – so nur in weiblicher Gestalt überzeugend – vollendet vor uns. Ihr faktisches Tun, ihr Urteil, ihre Haltung im Unheil, ihr Weg in einem unbeirrbaren Vertrauen zu sich, alles teilt sich in einem ungemein deutlichen Anschauen und Denken mit.

b) Carolines philosophische Lebensverfassung

Sie ist getragen im Wissen um Schicksal und eigenen Willen. Jenes will sie anerkennen, diesen nicht opfern. Als junge Witwe ist sie nicht ratlos: »So offen wie jetzt alles vor meinen Sinnen da liegt, so jeder Möglichkeit unterworfen, verzweifle ich an nichts, ich erwarte aber auch nichts – was mein Wille kann, das wird er – und was die Notwendigkeit fordert, werd ich ihr einräumen, doch niemals mehr ihr geben, als sie wirklich fordert« (Waitz I, 50). Sie ist einverstanden im amor fati: »Ich sehe im Gang meines Lebens Ursache und Folge genau miteinander verflochten, und will mich nicht gegen die Notwendigkeit auflehnen« (I, 69).

Was will Caroline in der Freiheit? Zunächst die Unabhängigkeit an sich. Sie will an nichts absolut gebunden sein. Ihr Unabhängigkeitswille ist uneingeschränkt, von einer absoluten Radikalität. So bindet sie sich keineswegs an ihre Herkunft. Sie entfernt sich früh von der eigenen Familie: »Unsere Familie ist zerrüttet durch Verdorbenheit, Unverstand, Schwäche und Heftigkeit der einzelnen Mitglieder. Der eine betet, der andere klagt das Schicksal an, der Grund des Übels liegt aber nicht jenseits der Wolken« (I, 69).

Sie setzt gegen alles Unheil noch irgendwo ihren eigenen Willen. »Göttern und Menschen zum Trotz will ich glücklich sein – also keiner Bitterkeit Raum geben, die mich quält – ich will *nur meine Gewalt in ihr fühlen*« (I, 72).

Ihre Liebe selbst kann sie empören, wenn sie sie abhängig macht. »In diesem Fall fühle ich die Abhängigkeit, die das Herz auferlegt, mit einer solchen Gewalt, daß ich den rebellischen Gedanken, ja den Wunsch haben könnte, mich ihr zu entziehen – denn es ist nicht das erstemal, daß sie mich martert« (I, 100). Doch sie weiß um die Antinomie: »Ists nicht natürlich, daß man sich loszureißen strebt? Aber wenn dieser Sieg das Herz von dieser Seite nun für immer verödet, ist es dann nicht schrecklich?« (I, 101).

Unabhängig will Caroline sich auch gegen alle fixierbaren Normen halten: »Wer sicher ist, die Folge nie zu bejammern, darf tun, was ihm gut dünkt« (I, 80). »Der Mensch geht seinen Weg, und die Grundsätze laufen beiher und mögen sehn wie sie fortkommen. Verlaß Dich nicht auf Grundsätze und kränke Dich nicht wo sie dahinten bleiben, allein auf Menschen verlaß Dich immerdar, die Du so kennst wie uns« (24. 10. 1798).

Ihr gilt die entschiedenste Selbstbehauptung: »Ich kann nicht anders sehen, nicht anders sein« (I, 101).

Aber bloße Unabhängigkeit wäre leer. Caroline will das erfüllte Leben. Sie will das Glück. Was ist ihr das Glück?

Nach dem Tode ihres ersten Gatten vertraut sie sich dem Schicksal an, indem sie das Nächste und Nächstliegende tut: Ich sorge mich selbst nicht sehr, »nur Einem glaube ich mit festem Schritt nachgehen zu müssen, dem Wohl meiner beiden kleinen Mädchen« (I, 47). »Sie sind das einzige worauf ich sicher rechnen können muß, sie sind meiner Glückseligkeit notwendig, und ich fühle, daß sie ein mir anvertrautes Gut sind« (I, 49). »Alles übrige liegt vor mir wie die wogende See. Schwindelt mich vor dem Anblick, so schließe ich meine Augen, allein ich vertraue mich ihr ohne Furcht. Ich weiß nicht, ob ich je ganz glücklich sein kann, aber das weiß ich, daß ich nie ganz unglücklich sein werde« (I, 47).

Es kommt alles auf Gegenwärtigkeit an: »Jeder angenehme Augenblick hat Wert für mich – Glückseligkeit besteht nur in Augenblicken – ich wurde glücklich, da ich das lernte« (I, 86). »Es gibt gesammelte Stunden, wo der tiefe – allem zum Grunde liegende – Schmerz über ein Dasein voll Widerspruch herrschend wird – er löst sich sanft auf, in jedes Geschäft, an welches die Gegenwart mich heftet, in den geringsten Genuß, den sie mir darbietet. – Dies ist auch Widerspruch – aber wir müssen den Göttern danken nicht consequent zu sein« (I, 69).

Das Glück der einfachen Gegenwart liegt ihr in der Ordnung des häuslichen Daseins. Sie hält, souverän über Moral und bürgerliche Wohlanständigkeit, an beidem als der gehörigen Lebensform fest. Wie nach der Mainzer Katastrophe sie politisch als staatsverräterisch und moralisch als Mutter eines unehelichen Kindes zu den Ausgestoßenen und Entwurzelten gehört, sieht sie diesen Aspekt in den Augen der Anderen. Aber sie wehrt sich. Das ist nicht sie. Sie weiß sich als aufbauendes Wesen, das seine kleine Welt verwirklichen möchte, nicht als Vergeuderin ihres Lebens, wenn auch als wagende Verschwenderin: »Denk, ich sei dieselbe Frau geblieben, die Du immer in mir kanntest, geschaffen um nicht über die Grenzen stiller Häuslichkeit hinwegzugehen, aber durch ein unbegreifliches Schicksal aus meiner Sphäre gerissen, ohne die Tugenden derselben eingebüßt zu haben, ohne Abenteurerin geworden zu sein.«

Diese Grundhaltung kommt in harmlosem Augenblick anläßlich der Verabredungen mit ihrem zweiten Gatten, A. W. Schlegel, 1801, wegen ihrer geplanten gemeinsamen Übersiedlung nach Jena zum Ausdruck: »Ich verlasse mich für das Zukünftige ruhig auf Deine Freundschaft und die stille Gewalt meines eigenen guten Gemüts. Diese werden schon wieder etwas bilden, ein Hüttchen anbauen unter den Trümmern alter Herrlichkeit.«

Ihr Sinn für Verwirklichung, für die Natur des liebenden Daseins veranlaßt sie zu Urteilen, die moralisch klingen, ohne moralisch zu sein: »darum müssen Weiber keine Liebhaber haben, weil sie so leicht Kind und Wirtschaft darüber vernachlässigen, ... mein innerster Unwille wird reg, wenn ein Weib so wenig Weib ist, das Kind vergessen zu können, und wär ich ein Mann, ich möchte sie nicht in meine Arme schließen« (I, 86).

Das Wundersamste ihres Glückes aber ist, daß aus dem Leide selber Freude wird. Das spricht sie anläßlich einer unerwiderten und verratenen Liebe rückblickend aus: »Ich habe manches überwunden, nicht aus Stärke sondern weil ich aus dem Leid noch Freude schöpfen konnte – ich schied von dem Gegenstand einer in meinem Leben gewiß einzigen Anhänglichkeit und vergaß den Abschied über ihr – ich fügte mich in Verhältnisse, die mich bei einem leeren Herzen unsinnig gemacht hätten – es erhielt meinen Kopf in der Fassung, sich damit zu amüsieren. Ein Strom der reinsten Heiterkeit konnte sich über mich ergießen, wenn die Sonne schien – oder auch der Wind an die Fenster stürmte, und ich nur über einer Arbeit eifrig saß. Mir ist jede Stunde wohl gewesen, wo mir wohl sein konnte. Bin ich es, die nach fruchtlosem Gram jagt? Nein, mein Sinn gehört jeder möglichen Glückseligkeit – das Schicksal gab mir wenig – es ist hart, mir dies rauben zu wollen. Das würd ich vielleicht nicht überwinden, denn Gedankenlosigkeit ist mein Leichtsinn nicht« (I, 101).

Diesen Umschlag von Leid in Glück wagt sie sogar nach dem Tod ihrer Tochter Auguste auszusprechen. Sie ist erschüttert wie kaum vorher in ihrem Leben: »Ich bin auch so weit gekommen, daß mich deucht, ich habe keine Worte mehr, ich kann keine mehr brauchen, nur Zeichen. Wir können bloß über unsere Lage etwas verabreden, aber nicht reden.« Doch im selben Augenblick kann sie schreiben: »das ist mein innerstes Wesen, daß ein Lächeln grenzen kann an die unsäglichste Not.« Und wenige Monate später zu

Schelling: »Warum bist Du nur so traurig? Ich möchte Dir ganz kindisch sagen: ich bin es ja nicht. Ich bin es nicht anders als ich es ewig sein muß.« »Ich bin meines unzerstörbaren Glücks wie meines unheilbaren Unglücks gewiß.«

In den Briefen Carolines ist es, als ob es nichts gebe, das sie nicht in seiner Wirklichkeit zu nennen und in geschmackvoller Form auszusprechen wagte. Wie sie in ihrem Leben kaum lügt, so drängt sie in ihrem Sehen und Denken zur Redlichkeit vor sich selbst. Unbetroffen von Transzendenz, bezweifelt sie alle Großartigkeit, die ihr nach ihren menschlichen Maßstäben unmöglich scheint. Ein Zug von Nüchternheit scheint in diesen Urteilen zu liegen, die den Ernst zum Grund haben: es kommt auf den Menschen, auf das Gegenwärtige, das Wirkliche an, und alles, was dieses beeinträchtigt, ist nicht nur Illusion, sondern verwerflich. »Die Verhältnisse zum Menschen sind dem Menschen wichtiger wie die zum Schöpfer, und mir hat es sogar oft geschienen, als hingen sie nur schwach zusammen« (I, 161). Sie ist stolz: »der letzte Götze, den ich mir nicht freiwillig erkor, ist gestürzt« (I, 85).

Ein echtes Opfer gibt es nicht: »Wer wollte sich aufopfern, wenn mehr am Opfer ist als der Name – das geschieht nur von dem, der Lücken zu füllen, Leere zu verbergen hat. Ich glaube an keine Opfer – und an keine Ausnahmen. Das erste wird mich hindern, nicht ohne Not unglücklich zu sein, und mich nicht dafür zu halten, das zweite, in meinen Erwartungen nicht getäuscht zu werden« (I, 81).

Wenn sie faktisch enttäuscht ist, will sie es nicht wahrhaben, denn sie hat, wie sie meint, nichts anderes erwartet. »Auf ihre (Therese Hubers) Freundschaft habe ich nie gerechnet, – es gibt keine unter Weibern« (I, 85).

Von sich selbst verwirft sie jede übersteigerte Vorstellung. Wenn ihr die Erziehung ihrer Kinder in der Tat die Hauptsache ist, heißt es gleich: »... meine Kunst, die eigentlich keine Kunst ist, sondern nur eine gewisse Untätigkeit, welche höchstens vor bösen Gewohnheiten zu bewahren und die ersten entscheidenden Eindrücke zu lenken sucht« (I, 49). Wenn ihre Tapferkeit Bewunderung erregen könnte, meint sie sofort: »Ich bin ja niemals eine unnatürliche Heldin, nur immer ein Weib gewesen« (I, 126).

Aber dieses Leben Carolines ist das Gegenteil von Nüchternheit. Wo ist denn der absolute Punkt, wenn nicht die Gottheit und nicht das Ethos? Es gibt für sie nur ein Unbedingtes: »Mein Liebesmantel ist so weit als Herz und Sinn des Schönen gehen« (I, 87). Diese Gesinnung hat sie in den Sätzen ausgesprochen (an A. W. Schlegel): »O mein Freund, wiederhole es Dir unaufhörlich, wie kurz das Leben ist, und daß nichts so wahrhaftig existiert als ein Kunstwerk – Kritik geht unter, leibliche Geschlechter erlöschen, Systeme wechseln, aber wenn die Welt einmal aufbrennt wie ein Papierschnitzel, so werden die Kunstwerke die letzten lebendigen Funken sein, die in das Haus Gottes gehen – dann erst kommt Finsternis.« Wenn Schlegel sich beklagte, als sie sich um Schellings Arbeit bemühte, sie hätte kein Interesse für seine Sachen gehabt, war ihre Antwort, Poesie hätte sie nicht zu lernen brauchen.

Und das Schöne befriedigt sie, ohne Ehrgeiz, ihm anders zu dienen als durch ihr Leben selber. Trotz ihrer Begabung hat sie auf Schriftstellerei verzichtet, aber Schlegel geholfen, mit ihm zusammengearbeitet, Rezensionen und Kritiken anonym erscheinen lassen, darunter eine über Johannes Müller, die diesen, der nicht ahnte, wer der Autor war, sagen ließ, noch nie habe ihn jemand so treffend verstanden. Sie ist von einer selbstlosen Objektivität dem Dasein des Geistes gegenüber. Wenn sie etwas lernt, kann sie sagen, sie tue es, „obschon es mich gar nicht interessiert, daß ich es weiß, sondern nur, daß es überhaupt gewußt wird« (Okt. 1800).

Drei Beispiele von der Bewährung der Lebensverfassung Carolines in konkreten Situationen:

1. Als junge Witwe, in Marburg bei ihrem Bruder lebend, ist sie unruhig, ohne eine sie erregende Welt, ohne Ziel. Sie schreibt an einen Freund, diesen ermunternd, was sie offenbar von sich selber denkt: »Sei das Ziel der Ätna – gut – in den Flammen umkommen ist besser als rastlos umherirren – denn eine ewige Jugend ist uns nicht gegeben, die in schöner Kraft die Ausschweifung von heute und die Gleichgültigkeit für den kommenden Morgen adelt. Das Alter ist immer schrecklich – aber doppelt so, wenn kein Interesse den Übergang erleichtert« (I, 67/68). Aus dieser Stimmung ging sie nach Mainz, wo ihr so viel Unheil bevorstand.

2. Eben aus dem Gefängnis entlassen, noch in Hausarrest, schwanger und der Zukunft ungewiß, schreibt Caroline an Gotter: »Ihr habt mir derweilen erzkomisch gedünkt. Sie fertigen mich Gefangene, Bedrängte, Gemißhandelte mit einer Galanterie ab! ... Sehn Sie den schrecklichen Aufenthalt, den ich gestern verlassen habe

– atmen Sie die schneidende Luft ein, die dort herrscht – sehn Sie die traurigen Gestalten, die stundenweis in das Freie getrieben werden, um das Ungeziefer abzuschütteln, vor dem Sie dann Mühe haben sich selbst zu hüten ... denken Sie sich ohne einen Augenblick von Ruhe und Stille, und genötigt, sich stündlich mit der Reinigung dessen, was Sie umgibt, zu beschäftigen ... die Klagen Unglücklicher, welche ohne Untersuchung dort schmachten ... ich habe Tage da gelebt, wo die Schrecken und Angst und Beschwerden eines einzigen hinreichen würden, ein lebhaftes Gemüt zur Raserei zu bringen ... Räuberformalitäten übt man an uns ... die ich 160 Gefangene sah, welche durch deutsche Hände gingen, geplündert, bis auf den Tod geprügelt waren ... ich lache die Großen aus und verachte sie, wenn ich tief vor ihnen suppliciere, aber ich bin wahrhaftig nur eine gute Frau, und keine Heldin.« Am gleichen Morgen an Meyer: »Ich habe zwei schreckliche Monate durchlebt, aber gib mir morgen Ruhe und Verborgenheit, so vergesse ich alles und bin wieder glücklich.« Aus dieser Stimmung sucht sie die Rückkehr in die heimatlichen Länder und zu den alten Freunden und Bekannten. Dort macht sie die unerwartete Erfahrung, daß sie allgemein gemieden wird.

3. In dieser Situation des Ausgestoßenseins schreibt sie: »Der wunderbare Zufall so gut wie die natürliche Folge meiner Handlungen drückte mich nieder – und ich kann nicht verlangen, daß es anders sein soll. ... Wissen Sie keine Hütte für mich? Ich bin ja ausgestoßen und muß wenigstens ins Freie blicken können – in einen Spiegel, der mich nicht entstellt zurückwirft. ... Du wirst mich nicht für mutlos halten, weil ich lebhaft gerührt bin – Du kannst nicht von mir erwartet haben, daß ich mit gemachtem Heldenmut dieser Art von Leiden trotzen sollte – so wenig als daß es mich mit mir selbst sollte uneins machen« (I, 136).

Als dann in Lucka ihr Kind geboren war, in der von Schlegel bereiteten Verborgenheit bei fremden Leuten, schrieb sie wenige Wochen später (9. 12. 1793) an Meyer: »Die glückliche ehrenvolle Mutter kann kein reineres Entzücken fühlen, wenn sie sich ihrer Familie gerettet und sie nun vermehrt sieht, als ich. ... Und wenn ich die Folge vor mir sehe – kann ich den Ursprung bereuen? Eben dieser brachte mich in die verzweiflungsvolle Lage, und sie ists nun, warum ich mir verzeihe. ... Wer hier Schuld finden will, darf nicht in unsere Nähe kommen, nicht in dies Stübchen – hier herrscht unschuldiges Vergessen alles Unrechts und aller Sünden ...« Und weiter: »Ich bin voll Dank und Freude – sagen Sir mir nun gegen wen und worüber. So zahm sind die Menschen, daß wenn das Schicksal ihnen recht gräßlich mitgespielt hat, sie bei der ersten Erholung sich gleich einen Götzen errichten möchten, um ihm Dankopfer darzubringen. Ich will aber mein festes Gefühl nicht durch solche Reflexionen entweihen.«

c) Caroline und Schelling bis zur Scheidung von Schlegel

Dies war Caroline, als sie, 35 Jahre alt, 1798 Schelling, den 23jährigen traf. Sie begegnete dem Manne, mit dem sie erfuhr, was sie nie gekannt hatte: die Notwendigkeit, das beiden Gemäße, den Schwung zum Wesentlichen. Doch in welcher Situation! Schelling war 12 Jahre jünger, sie die Gattin Schlegels. Es war bei beiden zunächst kein Gedanke an eine Verbindung. Aber nach 5 Jahren erfolgte 1803 ihre Scheidung von Schlegel und ihre Ehe mit Schelling.

Auf den ersten Blick sah Caroline in Schelling das Außerordentliche. Schon den 14.10.1798 schrieb sie an Friedrich Schlegel: »Schelling ist ein Mensch um Mauern zu durchbrechen. Er ist eine rechte Urnatur, als Mineralie betrachtet echter Granit.« Und Schlegel antwortete mit seiner manchmal hellsichtigen Frechheit: »Aber wo wird Schelling, der Granit, eine Granitin finden?« (I, 228). Am 4.2.1799 schreibt sie Novalis: »Was Schelling betrifft, so hat es nie eine sprödere Hülle gegeben. Aber ungeachtet ich nicht 6 Minuten mit ihm zusammen bin ohne Zank, ist er doch weit und breit das Interessanteste, was ich kenne, und ich wollte, wir sähen uns öfter und vertraulicher.«

Anders wie die Männer, die Caroline begegnet waren, mit denen sie sich befreundete, die sie heiratete, hatte Schelling den Sinn für das Wesen dieser Frau. Er erblickte, was noch niemand erblickt hatte. Im Dezember 1799 dichtete er für Caroline einige Stanzen als Beginn eines geplanten Weltgedichtes: »Darum vernimm, du Leben meines Lebens, was ich im inneren Heiligtum vernommen.« Caroline aber schrieb an Schelling (9.6.1800), wenige Wochen vor dem unerwarteten Tod Augustes: »Du weißt, ich folge Dir, wohin Du willst, denn Dein Tun und Leben ist mir heilig, und im Heiligtum dienen – in des Gottes Heiligtum – heißt herrschen auf Erden.«

Im Juli starb Carolines geliebte Tochter Auguste, 15 Jahre alt, ein Wesen, das ihre Umgebung bezaubert hatte, beide Schlegels,

Steffens, Schelling. Ihr Tod wirkte für alle erschütternd. Wie der Bund zwischen Caroline und Schelling nun sich gestaltete, ihre Liebe abgewehrt, vergeblich in das nur übersinnliche Verhältnis übersetzt wurde, und wie dann die Scheidung von Schlegel und die Ehe mit Schelling kam, das ist ein denkwürdiger und dunkler Vorgang. Denn Augustes Tod hatte eine Situation geschaffen, die immer mitsprach. Schelling ist in einen Zustand geraten, in dem er an Selbstmord dachte. Ihr sind solche Verwirrung und solche Gedanken gegen ihr Wesen. Sie schrieb: »Ich habe Dich innig lieb. – Wenn ich Dir auch eine Menge begeisterte Vernunft gegen Deine irrigen Ansichten setzen könnte, es wäre eine bloße Redeübung«, aber sie fügte resolut hinzu: »genug, daß ich meinem Freunde verspreche, daß ich leben will, ja daß ich ihm drohe, ich werde leben, wenn er so zur unwahren Stunde den Tod sucht« (Oktober 1800). In einem wunderbar hellen und würdigen Briefe bat Caroline Goethe, sich des Freundes anzunehmen. Goethe lud Schelling für die Weihnachtswoche ein und feierte mit ihm den Beginn des neuen Jahres und Jahrhunderts (1801).

Früh ist die Meinung aufgetaucht, die lange gegolten hat: Schelling habe Auguste geliebt. Caroline habe diese Liebe gewollt und gefördert als die Lösung aus der ihr selber drohenden Verstrickung. Erst nach dem Tode Augustens habe sich Schellings Liebe mit Entschiedenheit Caroline zugewendet. Nach geläufigen psychologischen Auffassungen liegt solche Meinung nahe. Aber gewiß ist dieses: Die Liebe zwischen Caroline und Schelling ist in ihrer überwältigenden Macht vor Augustes Tod bezeugt. Für den Plan einer Ehe zwischen Schelling und Auguste oder für eine Liebe Schellings zu Auguste gibt es keinen Hinweis. Das einzige Wort, das man dafür beibringen könnte, ist ein Satz an Pauline Gotter (12. 2. 1810), ein halbes Jahr nach Carolines Tod: »Hier drang ein doppelter Schmerz aus meinem Inneren hervor. Nun die Liebe nicht mehr war, nun erst habe ich auch Auguste ganz verloren« (Plitt II, 193). Die Deutung auf eine unbewußte Doppelehe halte ich für unbegründet.

Welche verwickelten Motivationen auf verschiedenen Ebenen, bewußte und unbewußte, in solchen Lagen auftreten, ist der Natur der Sache nach nie zu erhellen, gar nicht mit den fragmentarischen Briefen (Schellings Briefe an Caroline aus dieser Zeit fehlen vollständig.) Es ist auch nicht wichtig, wenn eines nicht zu bezweifeln ist, daß Schellings Liebe die eine war von Anfang an, die zu Caroline. Das ist bezeugt und würde selbst dann nicht eingeschränkt, wenn uns faktisch unbekannte Motivationen vorübergehend durch die Seelen gehuscht wären.

Zunächst seien wieder die entscheidenden Stellen aus den erhaltenen Briefen Carolines mitgeteilt: Es sind anfänglich Liebesbezeugungen, die sich als mütterliche verstehen wollen: »Ich liebe Dich mit meinem ganzen Wesen« (Oktober 1800). »Du liebst mich doch, denn ich bin es wert, und dieses ganze Universum ist ein Tand, oder wir haben uns innerlich für ewig erkannt.« »Goethe liebt Dich väterlich, ich liebe Dich mütterlich« (Oktober 1800). »Wenn mein Herz wanken will, dann kann ich mich nun an das Deine lehnen und Trost suchen; das ist das rechte Verhältnis zwischen der sterblichen Mutter und dem göttlichen Sohn« (Januar 1801).

Dann kommt ein anderer Ton: »Du mußt redlich versuchen, ob Du mich entbehren kannst... Wir gehören einander an, wir sollten innig Eins sein. Habe ich Dir je mißtraut, Du meine Seele? Warum denn Du mir? ... laß uns wieder in unsere bisherige Stille begeben« (Februar 1801). Im nächsten Brief ist von Auguste die Rede: »Unser Kind weicht mir keinen Augenblick von der Seite ... ja Du weißt es, liebe Auguste ... ich lebe und bewege mich immer nur in Dir, mein süßes Kind. Ach störe mich nicht in meinem sanften Trauern, lieber Schelling, dadurch daß ich bitterlich über Dich weinen muß.« Und nun folgen die dunklen Worte: »Hättest Du Dir vorzuwerfen, dann ich tausendmal mehr; aber Gott weiß, es will nicht Raum in meiner Seele finden und haften. Ich habe Dich geliebt – es war kein frevelhafter Scherz, das spricht mich frei, dünkt mich.« »Denk an meine Augen, an meine Liebe. Wenn Du nur mein Sohn wärst und sie dürften mit mütterlicher Freude auf Dir ruhen!« (13.2.1801).

Vorwürfe, weswegen? Auguste ist vor 7 Monaten gestorben. Von Vorwürfen war bisher nicht die Rede. Man hat gemeint, Schelling habe es als Versündigung an seinem Bunde mit Auguste (von dem niemand etwas weiß) aufgefaßt, daß er nun der Mutter sich zuneige. Die Vorwürfe werden wir nie erfahren können. Sie hängen eher – aber wenn dies auch näher liegt, so ist es doch auch nicht erweisbar und wäre, wenn man das »Gelübde« (6.3.1801 an Schlegel) auf die Vergangenheit statt nur auf die Zukunft beziehen würde, sogar unwahrscheinlich – mit der Erinnerung an eine endlich geschehene erotische Vereinigung der beiden zusammen. Es wird das durch den Brief deutlicher, mit dem Caroline wenige Tage später ihr Verhältnis nun endgültig und feierlich in die ihr recht scheinende Form zurückbringen will: »Vielleicht bin ich wirklich schwer zu einer Entscheidung zu bringen, allein ich habe sie noch stets gefaßt ehe es zu spät war und mich unverrückbar an ihr gehalten. ... Der Moment ist, und ich bitte Dich, nimm es so an ... Ich bin die Deinige, ich liebe, ich achte Dich – ich habe keine Stunde gehabt, wo ich nicht an Dich geglaubt hätte. ... Ich sehe Dich wieder. ... Als Deine Mutter begrüße ich Dich, keine Erinnerung soll uns zerrütten, Du bist nun meines Kindes Bruder, ich gebe Dir diesen heiligen Segen. Es ist fortan ein Verbrechen, wenn wir uns etwas anderes sein wollten« (Febr. 1801). Und einige Tage darauf: »Nimm unser wunderbares Bündnis, wie es ist, jammere nicht mehr über das, was es nicht sein konnte« (März 1801).

Schelling, der auf Caroline nicht verzichten kann, muß »über ihr treuloses Herz gescherzt« haben. Darauf schreibt sie das große Selbstbekenntnis: »Ich war doch zur Treue geboren, ich wäre treu gewesen mein Leben lang, wenn es die Götter gewollt hätten, und ungeachtet der Ahndung von Ungebundenheit, die immer in mir war, hat es mir die schmerzlichste Mühe gekostet, untreu zu werden, wenn man das so nennen will, denn innerlich bin ich es niemals gewesen. Dieses Bewußtsein eben von innerlicher Treue hat mich oft böse gemacht, hat mir erlaubt, mir wagend zu erlauben; ich kannte das ewige Gleichgewicht in meinem Herzen. Konnte mich etwas Niederes vor dem Untergang bewahren in meinem gefahrvollen Leben als dieses Höchste? ... Ich müßte mich verlassen auf mein Herz über Not und Tod hinaus. ... Das ist mein unmittelbares Wissen, daß diese Sicherheit sicher ist, und könnte sie in mir zerbrochen werden, so müßte sogleich die Vernichtung eintreten für mich nämlich. Denn eine Lehre ist das nicht und kann nicht mitgeteilt werden. ... Du siehst, ich nehme es mit der Treue im Großen – aber gewiß nicht um Dir zu entschlüpfen ... insofern ich mir treu bin, bin ich es auch Dir« (März 1801).

Hier ist nicht von der Treue zu Schlegel die Rede, nicht von einer moralisch bestimmten oder rechtlich fixierten Treue, sondern von einer Treue, die aus Treue zu sich selbst, auch in der Abwehr Schellings, Treue zu ihm bedeuten will. Warum die Abwehr? Die Ehe mit Schlegel, ihr Alter? Abwehr und Treue haben bei Caroline kein formulierbares Prinzip, kein Gesetz. Vergeblich ist es, Eindeutigkeit zu suchen. Aber in diesem Augenblick hat die Treue auch etwas mit

Schlegel zu tun. Denn noch am folgenden Tage schreibt Caroline an ihren Gatten: »Ich kann niemals Schelling als Freund verleugnen, aber auch in keinem Falle eine Grenze überschreiten, über die wir einverstanden sind. Dies ist das erste und einzige Gelübde meines Lebens, und ich werde es halten, denn ich habe ihn angenommen in meiner Seele als den Bruder meines Kindes« (6. 3. 1801). Und wieder an Schelling (6. 3. 1801): »Mein Herz weiß ja gar nichts mehr vom letzten Anstoß, es erkennt ihn selbst als zufällig, und die jetzige Entscheidung als die einzig wahre unserer Liebe an, die aus ihr hervorgehen mußte, die unser ewiges Bündnis allein fest bestimmen konnte seiner Art nach. Schelling, es ist unsäglich, wie Deine Wehmut meine Brust zerreißt, ich könnte Deinen Brief nicht noch einmal lesen ... Glaube mir, ich werde nie etwas eingehen, wo ich nicht ganz Deine Freundin bleiben kann... Freund ist ein allgemeines Wort gegen das, was ich meine. Liebling, Du, den ich wie ein teures Kind an mein Herz drücke und verehre als Mann ... Gott führe Dir ein Herz zu, das Dir seine Treue reiner beweisen darf, aber ein treueres – nein Du kannst es nicht finden.«

Im April 1801 zieht Caroline nach Jena, Schlegel nach Berlin. Die Briefe Carolines an ihren Gatten nach Berlin sind zahlreich und eingehend, unbefangen. Sie bezeugen die offenbare Neigung und Freundschaft für ihn. Man hat keinen Anlaß, zu meinen, sie habe ihr Gelübde gebrochen, seitdem sie mit Schelling am selben Ort, in Jena, lebte. Doch die Umwelt sah es anders an. Friedrich Schlegel schreibt schon am 27. 4. 1801 an seinen Bruder von Caroline: »Ich glaubte, weil Du sie noch als Deine Frau zu agnoscieren scheinst, ihr einen Besuch machen zu müssen ...« Aber das ist noch Bosheit. Ein Student, Anselm Feuerbach, schrieb an seinen Vater (Januar 1802) aus Jena über Schlegel (zit. nach Kuno Fischer): »Seine Frau ist eine sehr gebildete und gelehrte Dame, lebt hier, er selbst ist gewöhnlich in Berlin ... Unter „Frau“ ist aber hier nichts weiter zu verstehen, als eine weibliche Person, deren Hand ein Geistlicher in Schlegels Hand gelegt hat und die dessen Namen führt. Die wirklichen Eherechte besitzt und übt aus Professor Schelling, der Idealist, wie allgemein bekannt ist.«

Im Sommer 1802 fuhr Caroline zu Schlegel nach Berlin, wohin bald auch Schelling kam. Es entwickelten sich Mißhelligkeiten. Die Scheidung wurde in Aussicht genommen. Im September wandte sich Caroline an Goethe. Unter dessen Beratung und Hilfe wurde nach langen Umständlichkeiten durch den Eingriff des Herzogs das Ziel erreicht. Das gemeinsame Scheidungsgesuch Carolines und Schlegels (Oktober 1802) wies hin auf ihre Kinderlosigkeit, auf ihre freundschaftliche Übereinkunft, auf ihre divergierenden Lebenszwecke, die eine doppelte Haushaltführung zur Folge hatten. Die Scheidung wurde am 17. Mai 1803 ausgesprochen. Am 26. Juni wurden Caroline und Schelling von Schellings Vater in Murrhardt getraut.

Während der Scheidungsprozeß lief (der Öffentlichkeit noch unbekannt), hat Caroline ihrer Freundin Julie Gotter das Geheimnis anvertraut. Sie legte ihr dar, wie es gekommen sei und was es ihr bedeute (18. 2. 1803): »Ich konnte und wollte Schlegeln nicht mehr alles sein und hätte ihn nur verhindert, ihn, der in der Blüte seines Lebens steht, auf anderen Wegen sein Glück zu suchen. Dazu kam, daß meine Gesundheit mir nicht die Hoffnung läßt, Mutter zu werden... Kinder hätten unstreitig unsere Verbindung, die wir unter uns nie anders als wie ganz frei betrachteten, unauflöslich gemacht...« Eine Schuld sah Caroline nur darin, daß sie die Ehe mit Schlegel überhaupt geschlossen hatte. »Ich hätte behutsamer sein sollen, die Heirat mit ihm nicht einzugehen, zu der mich damals mehr das Drängen meiner Mutter als eigener Wille bestimmte. Schlegel hätte immer nur mein Freund sein sollen.« Dazu sei dann auch der Wunsch gekommen, »mir und meinem Kinde in meiner damaligen zerrütteten Lage einen Beschützer zu geben ... dafür muß ich nun büßen.« Was sie jetzt wolle, faßte sie in den Satz: »Ich muß dieses Dasein fortsetzen solange es dem Himmel gefällt, und das einzige, was ich dafür noch Bestimmtes wünschen kann, ist Ruhe, wahrhafte Ruhe und Übereinstimmung mit meinen nächsten Umgebungen.«

In ihrer stolzen Entschlossenheit wollte sie sich vor einer Öffentlichkeit weder rechtfertigen noch überhaupt auf sie blicken: »Jetzt nachdem das Schicksal keines anderen Wesens mehr mit dem meinigen verflochten ist, bin ich wohl berechtigt zu tun, was für mich das Rechte und Wahre ist, und auch ganz und gar nicht danach zu fragen, wie das nach außenhin aussehn mag, was an sich gut ist. Daß es so ist, darauf gedenke ich zu leben und zu sterben.«

Dieser Selbstgewißheit fügte Caroline einige für sie und ihre Lebensanschauung ungemein charakteristische Sätze hinzu: »Indem mir das Schicksal oft seine höchsten Güter nicht versagt hat, ist es mir doch zugleich auch so schmerzlich gewesen, und hat so einen auserlesensten Jammer über mich ergossen, daß wer mir zusieht, nicht gelockt werden kann, sich durch kühne und willkürliche Handlungsweise auf unbekannten Boden zu wagen, sondern Gott um Einfachheit des Geschickes bitten muß, und sich selbst das Gelübde ablegen, nichts zu tun um es zu verscherzen. Nicht als ob ich mich anklagte; was ich jetzt zu tun genötigt bin, ist bei mir vollkommen gerechtfertigt, nur verleiten kann das Beispiel nicht.« Wie Caroline sich nicht eigentlich nach objektiven Maßstäben rechtfertigte, so wollte sie sich auch nicht zum Vorbild machen. Sie leitete aus ihrem Leben kein Gesetz ab, sie wollte anderen keinen Grund geben, sich auf sie zu berufen, ihrem Weg zu folgen.

Diese Liebe mußte bei Caroline und Schelling von vornherein einen sehr verschiedenen Charakter haben. Für Caroline, die Vielerfahrene, war sie etwas ganz Anderes als der Beginn einer jungen Liebe im unbedingten Entschluß. Zwar war sie bald ihres Bundes mit Schelling gewiß, aber in der jahrelang festgehaltenen Überzeugung, dieser Bund sei ohne Gewähren der Hingabe möglich und gültig neben der Ehe mit Schlegel. Schließlich überwältigte sie, was sie ihr Leben lang eigentlich gesucht hatte, die ganze und ausschließliche Schicksalsgemeinschaft mit dem Manne, der ihr bestimmt schien. Für Schelling, den Jüngling, war diese Liebe, soviel wir wissen, die erste große hinreißende Leidenschaft, darum verbunden mit der Verzweiflung, wenn die Erfüllung ausbleiben sollte, und der Ergriffenheit von der Ewigkeit des in ihr verborgenen Sinns. Gewiß ist: Diese Liebe war für beide das Ereignis ihres Lebens, das sie hinaushob in eine höhere Welt.

d) Ehe (1803–1809) und Tod Carolines

Schellings Würzburger Jahre (als Professor bis 1806) und erste Münchener Jahre (als Sekretär der Akademie) waren getragen von dem unendlichen Glück dieser Ehe. Die Dokumente schweigen fast ganz, da die Gatten, vereinigt, keinen Anlaß zum Briefschreiben hatten. Die wenigen Ausnahmen bezeugen die in ihrer Stetigkeit und Innigkeit zugleich leidenschaftliche Liebe.

Als Caroline unerwartet aus voller Gesundheit an der Ruhr starb (7.9.1809) – sie war nun 46, Schelling 34 Jahre alt –, rückte sein Dasein in eine andere Ebene. Er verstummte. Als er wieder schrieb, sprach er von dem »einzigen lieben Wesen, mit dem ich mich völlig verstand« (II, 176). »Diese Gewalt, das Herz im Mittelpunkt zu treffen, behielt sie bis ans Ende ... dies Meisterstück des Geistes, dieses seltene Weib von männlicher Seelengröße, von dem schärfsten Geist, mit der Weichheit des weiblichsten, zartesten, liebevollsten Herzens vereinigt. Etwas der Art kommt nie wieder!« (II, 184).

Er beschreibt ihren Tod (24.9.1809): »Die großen Schmerzen, die mit dieser Krankheit verbunden sind, hat sie fast nur Einen Tag und mit der edelsten Standhaftigkeit und wahrer Geistesgröße getragen... Am letzten Abend fühlte sie sich leicht und froh; die ganze Schönheit ihrer liebevollen Seele tat sich noch einmal auf; die immer schönen Töne ihrer Sprache wurden Musik; der Geist schien gleichsam schon frei von dem Körper und schwebte nur noch über der Hülle, die er bald ganz verlassen sollte... Als sie tot war, lag sie mit der lieblichsten Wendung des Hauptes, mit dem Ausdruck der Heiterkeit und des herrlichsten Friedens auf dem Gesicht« (Plitt II, 171 ff.).

Sorgfältig bedacht setzt Schelling Caroline das Grabmal in Maulbronn mit 5 Inschriften. Sie bringen die Daten, die Todesursache, den Dank, die Zuversicht: »Gott hat sie mir gegeben, der Tod kann sie mir nicht rauben«, und schließlich den Anruf an den Wanderer, der an das Grab tritt: »Jedes fühlende Wesen stehe mit Andacht hier, wo die Hülle schlummert, die einst das edelste Herz und den schönsten Geist umschloß.« Noch heute findet man dies Grab in stiller Abgeschiedenheit.

Was sollte nun aus Schelling werden? Er sprach seinen Entschluß zum Sinn des ihm noch bleibenden Lebens aus (14.1.1810): »Sie ist nun frei, und ich bin es mit ihr ... ich gelobe, von nun an ganz und allein für das Höchste zu leben und zu wirken, so lang ich vermag. ... Die Vollendung unseres angefangenen Werks kann der einzige Grund der Fortdauer sein, nachdem uns in der Welt alles verschwunden: Vaterland, Liebe, Freiheit« (II, 187).

Bald erfüllen ihn Gedanken an Unsterblichkeit, an die Herrlichkeit der ewigen Geisteswelt und an die Schrecken dieses Daseins in der gegenwärtigen Welt. Der Tod der Gattin Georgiis wird ihm nach $1^1/_2$ Jahren Anlaß, an diesen darüber zu schreiben (19.3.1811): »Der Zustand des gegenwärtigen Lebens ist weit schrecklicher als wir gewöhnlich wissen, da eine göttliche Hand uns die eigentliche Beschaffenheit desselben verbirgt.« Wir »können die, welche davon befreit sind, nicht anders als glücklich preisen. Diese haben im eigentlichen Verstande überwunden, wir stehen noch auf dem Kampfplatz und warten auf unsere Erlösung.«

Daher, sagt er, müssen wir den Schmerz um die geliebte Frau »allein und nur hinblickend auf die höhere künftige Welt durchkämpfen«. Unsere »Trauer sollte gemischt sein mit einer himmlischen göttlichen Freude!« Er »verweilt gern bei dem Gedanken von der Geisterwelt und dem jenseitigen Zustande«. »Anhaltendes Nachdenken und Forschen hat bei mir nur dazu geführt, jene Überzeugungen zu bestätigen, daß der Tod, weit entfernt die Persönlichkeit zu schwächen, sie vielmehr erhöht, indem er sie von manchem Zufälligen befreit; daß Erinnerung ein viel zu schwacher Ausdruck ist für die Innigkeit des Bewußtseins, welche den Abgeschiedenen vom vergangenen Leben und den Zurückgelassenen bleibt, daß wir im Innersten unseres Wesens mit jenen vereinigt bleiben; daß eine künftige Wiedervereinigung bei gleichgestimmten Seelen, die das Leben hindurch nur Eine Liebe, Einen Glauben und Eine Hoffnung gehabt, zu den gewissesten Sachen gehört.« »Eben wenn wir wissen, daß uns das Leben nicht mehr zur Lust gereicht, wenn die Welt uns verödet ist, dann fangen wir erst recht an um Gottes willen zu leben« (III, 252).

Noch weiter geht Schelling. Die Unsterblichkeit hat nicht nur geistigen, sondern auch leiblichen Charakter. Durch den Tod der Geliebten wurde ihm »die hohe Bedeutung des Leiblichen um vieles klarer«, »wir können uns nicht mit einem allgemeinen Fortdauern unserer Verstorbenen begnügen, ihre ganze Persönlichkeit möchten wir erhalten, nichts von ihnen verlieren.«

Dieser Leiblichkeit der Auferstehung will Schelling gewiß sein durch »die Überzeugung von der wirklicken Einheit Gottes und der Natur«, die durch Christus offenbar geworden ist. Der Tod läßt uns wohl die Natur verwünschen, die in ihm ihre Allmacht, wenn auch eine untergeordnete, zeigt. Sie ist nicht Gott, aber eine Art von anderem Gott. Ein Gott, der lauter Geist ist, könnte den Leib nicht auferwecken, der dem anderen Gotte angehört. Die Gewißheit, daß Christus »durch den Tod hindurchgegangen ist, zuerst die Verbindung zwischen der Natur und dem Geisterreiche wieder hergestellt hat, wandelt den Tod für uns in einen Triumph, dem wir entgegen gehen, wie der Krieger dem gewissen Sieg« (II, 248 ff.).

Tod und Unsterblichkeit, Vergangenheit, Zukunft, die Zeit und die Gegenwart werden Schelling, zwar vorbereitet im Denken, das er schon während Carolines Leben beschritt, nun zum Thema. Vorahnungen und Vorbedeutungen füllen seine Erinnerung. Das Gespräch »Clara« ist ein Dokument seines gnostischen Denkens an die Geisterwelt aus dieser Zeit, durchsetzt mit dichterischen Schönheiten und wunderlichen Gedankengängen, die ihn sogar Swedenborgs Visionen materiell ernst nehmen lassen.

Man sieht Schellings Entwicklung von der ursprünglichen Ergriffenheit, in der schwebende Bilder das unbestimmte Bewußtsein der Unverlierbarkeit der Geliebten zum Ausdruck bringen, zur Reflexion und zur »Forschung« in der Geisterwelt und über leibliche Auferstehung. Oder wir sehen den Weg von der existentiellen Erfahrung zum gnostischen Wissen.

Ist die Neigung zu den Phantasien leiblicher Ewigkeit, zu gnostischer Bestimmtheit und Handgreiflichkeit vielleicht schon zugleich ein Moment der Erweichung des harten Ernstes und ein Zeichen des Ungültigwerdens der scheinbar tiefsten Liebe? Es ist kein Zweifel an der Erschütterung Schellings durch Carolines Tod, an der Wahrheit seiner zunächst lebenwendenden Ergriffenheit. Wie aber, wenn alles Erleben erst durch eine stille, unzugängliche, nirgends feststellbare, aber allein absolut bindende und daher erst für das Leben unerbittlich folgenreiche Umsetzung zum unaussprechbaren Entschluß der Existenz wird? Ist Schellings Sprechen, Geloben, Schwärmen ein Zeichen, daß es in ihm zu diesem Entschluß gar nicht gekommen ist? Ist sein damaliges Wort, er sei »weit entfernt von aller sentimentalen Sehnsucht nach dem Tode und fest entschlossen zu leben und zu wirken, so lang es mir vergönnt ist« (II, 248), zweideutig? Jenen Entschluß kann niemand wollen, nur aus ihm kann gewollt werden. Niemand kann den Entschluß beobachten, feststellen. Er kann nicht ausgesprochen werden. Der Entschluß läßt sich nur in seinen Folgen beobachten. Die Beobachtung des Schellingschen Lebens zeigt diese Folgen nicht. Schellings Leben geht weiter. Der Briefwechsel mit Pauline Gotter, der Tochter der nächsten Freundin Carolines und selber ihre Freundin, führte im gemeinsamen Andenken Carolines brieflich zu einer innigen Verbindung. Nach 3 Jahren wurde die Ehe erwogen und alsbald geschlossen, nachdem Schelling durch einen Arzt durch unmerkliche Beobachtung sich Paulines Gesundheit und Eignung für die Ehe hatte bestätigen lassen (II, 321/322), während er seine eigene Gesundheit keiner Untersuchung unterwarf. Es war die menschlich natürlichste Entwicklung. Niemand wird einen Einwand erheben. Aber auch verwechseln wird der Beobachter nicht. Es handelt sich um nichts Besonderes, eben nur um die in der Tat natürliche Entwicklung! Aber man kann sich des Eindrucks nicht erwehren, daß nun im Vergleich zu der Zeit mit Caroline Schellings Dasein sich spaltete. Der laut ausgesprochene Entschluß der Weltentsagung nach Carolines Tod war wohl von dem Ernste einer Ergriffenheit, hatte aber nicht den Charakter der still das Dasein tragenden Unbedingtheit. Einerseits war jetzt sein Leben in der Philosophie einsam geworden, getragen von den Gehalten seiner Jugend. Andererseits fand sein menschliches Dasein Ruhe in der Ehe mit der reinen Seele seiner klug sorgenden Gattin Pauline. Sie hatten 6 Kinder. Das Glück der Familie, die schließlich verehrend um den Greis stand, war schön, durch nichts ungewöhnlich, aber ohne Zusammenhang mit dem Philosophieren. Es ist, als ob der große Stil seines Lebens bis zu Carolines Tod und darüber hinaus gedauert habe und dann abgesunken sei zu dem neuen geordneten Dasein, in dem »ein kleiner Raum ihm nun genug« ist, während davon getrennt die große Spekulation ihren Gang nimmt. Ein Sohn, Theologe, gab schließlich in Bewunderung für seinen Vater mit gründlicher Kenntnis von dessen Schriften pietätvoll den bedeutenden Nachlaß heraus.

In der Durchschnittlichkeit dieser Ehe erlaubt sich Schelling auch seine egoistische Schulmeisterei. Als er z. B. einmal mit der Gesundheit seiner Frau unzufrieden ist, schreibt er ihr (30. 8. 1822) ins Bad einen nörgelnden Brief, in dem er in bezug auf ihre wiedergewonnene »leichte Beweglichkeit« sagt: »erhalte sie Dir auch für die Zukunft und falle niemals zurück in jene Verdrossenheit und Trägheit, die vielleicht schon Zeichen, aber gewiß eben so großes Beförderungsmittel des schon vorhandenen Übels war . . . Wenn das Karlsbad, wie ich nun fest überzeugt bin, Dir hilft, so ist die Quelle Deines Übels von der Art, daß es immer wiederkommen, aber nie ganz aufzuheben werden wird, wenn Du nicht Deine Lebensmaximen zum Teil änderst und Dich entschließest, auch mit Mann und Kindern künftig frischer und freudiger zu leben« (III, 10).

Denken wir an Caroline zurück, so bleibt etwas Unstimmiges. Schelling scheint nicht aus dem erschütternden Erleben zum lebenformenden Entschluß, sondern vom Erleben zum Nachlassen des ergreifenden Charakters dieses Erlebens in der Folge der Zeit gelangt zu sein. Es ist mit anderen Worten ein nur vitaler Prozeß. Der Zustand des Daseins verändert sich und wird wieder normal. Die früheren Worte verblassen. Caroline wird zur unwirksamen Erinnerung. Alles hat seine Zeit, nur seine Zeit. So kann schon der gnostische Weg, die Versinnlichung der Geisterwelt, kann die philosophische »Forschung« wie ein Ausweichen erscheinen vor der tieferen Möglichkeit der Existenz. Dieses Ausweichen verhindert das Fußfassen quer zur Zeit, in der schlechthin unanschaulichen, gegenwärtigen Ewigkeit dessen, was in der Liebe wirklich sein kann und daher bleibt, ohne Absicht untilgbar, als die das Dasein verzehrende Wirklichkeit.

e) Charakteristik Carolines

Wer Caroline war, möchte man wohl hören von denen, die sie kannten, von ihren Freunden und Feinden:

Im Kreise Schillers hieß sie die »Dame Lucifer«. Ihr galt uneingeschränkter Haß. Wie Caroline und die Romantiker Schiller gesinnt waren, zeigt ihr Wort (21. 10. 1799): »über ein Gedicht von Schiller, das Lied von der Glocke, sind wir gestern mittag fast von den Stühlen gefallen vor Lachen.«

An Rahel, die Caroline nicht für hart erkennen wollte, antwortet Dorothea: »Hart wie Stein! ... Sie kann übrigens recht liebenswürdig sein, wenn sie will! aber sie muß nicht! ... sie hat unendliche Vorzüge vor den meisten Frauen, in anderem steht sie wieder ganz mit den meisten auf demselben Grad; in der Kieselhärte sucht sie aber ihresgleichen« (23. 1. 1800).

Der mit objektiver Hellsicht, mit Neigung und Bosheit beobachtende Friedrich Schlegel sah Caroline zum erstenmal 1792 nach ihrer Rückkehr aus Mainz: »Und sie hat Recht, wer nichts als die Buhlerin in ihr sieht, der verdient Verachtung« (Waitz I, 341). Er erkennt ihre Größe und stellt sie sogleich in Frage: »Ist denn die Größe so begierig Superiorität fühlen zu lassen? spricht sie ohne Unterlaß: ich bin die Größe? und glaubt sie selbst nicht, sondern bedarf jemand der sie von ihrer Größe unterhält? ... Hinter den Aussprüchen ihres Gefühls, die die Dunkelheit und die Anmaßung der Orakelsprüche haben – es liegt so in mir – ich sage wie es ist, nicht wie es sein sollte – ich fühle das – es ist muß – ich darf was ich muß – unter diesen scheinbaren Gestalten möchten vielleicht andere Dinge im Hintergrunde lauern, als sie selbst ahndet« (I, 341). Im August 1793 hat Friedrich Schlegel Neigung und Abneigung, Bewunderung und Verdacht wiederum formuliert: »Unseren Umgang möchte ich bezeichnen: Vertraulichkeit ohne Zutrauen, Teilnahme ohne wahre Gemeinschaft... Die Überlegenheit ihres Verstandes über den meinigen habe ich sehr frühe gefühlt. Es ist mir aber noch zu fremd, zu unbegreiflich, daß ein Weib so sein kann, als daß ich an ihre Offenheit, Freiheit von Kunst recht fest glauben dürfte« (I, 347). »Ich bin gewiß, daß man wahr gegen sie sein darf. Und größeres läßt sich von keinem Menschen sagen« (I, 347). »Ich glaube, man kann sie nicht kennen, wenn man sie nicht liebt oder von ihr geliebt wird« (I, 347).

In der geselligen Welt der Professorenkreise hat Caroline Anstoß erregt. Eine Kollegenfrau (v. Hoven) in Würzburg schildert sie als eitel, kokett, putzsüchtig, anmaßend, rücksichtslos. Ihr Gatte v. Hoven hat später geschrieben: »Sie wollte die Rolle einer Dame spielen. Sie wollte vornehme Gesellschaften besuchen, sie wollte Gesellschaften bei sich geben und in beiden als die Frau des ersten Philosophen in Deutschland und in ihrer eigenen Person als eine der geistreichsten, gebildetsten und gelehrtesten Frauen glänzen« (zit. nach Kuno Fischer S. 100 ff.). Das klingt ganz anders als 15 Jahre früher, da Caroline von sich meinte: »Man liebt mich sehr, weil mein Herz ein Gewand über die Vorzüge des Kopfes wirft, das mir beides Äußerungen als Verdienst anrechnen läßt« (I, 53). Caroline hat auch das Spiel der gesellschaftlichen Geltung mitgemacht, gewiß ihre Gleichgültigkeit gegen das Durchschnittliche fühlen lassen, vielleicht auch gelegentlich ihrer Verachtung Ausdruck gegeben. Sie hat den Haß gegen sich geweckt, da sie die Konventionen durchbrach. Aber sie hat das Ganze als Spiel getrieben, und diese Überlegenheit wird unerträglich gewirkt haben.

Solche Äußerungen über Caroline werden immer wieder die Frage stellen lassen: Was liegt in Caroline selber, das zu solchen Aspekten kam?

Blicken wir unsererseits auf die Schattenseiten Carolines. Das großartige Bild ihrer Lebensform kann nicht über Tatsachen hinwegtäuschen, deren Gewicht allerdings nicht einfach festzustellen ist.

Ihr »einziges Gelübde« an Schlegel, unaufgefordert ausgesprochen, hat sie bald darauf gebrochen. Ein Wort aus dem tiefsten Ernst jener Tage bedeutet für sie keine unvergeßbare, radikale Bindung.

Keineswegs hatte Caroline den sicheren Instinkt für das Wesen des Mannes, dem sie jeweils begegnete. Sie hatte Unglück, bis Schelling kam. Ihre erste Ehe, mit 21 Jahren geschlossen, war konventionell. Ihre Jugend wollte nicht warten. Ihre Beziehungen zu Tatter, zu Meyer, von ihrer Seite rührend in der Rückhaltlosigkeit, mit der sie sich zeigt, beschwörend und doch stolz, ungeduldig, sich auszusprechen, angezogen von einem Zug der Männlichkeit, die stark und verläßlich scheint, ohne zu spüren die Kühle und Zurückhaltung des anderen, der nimmt, ohne zu geben, der weder Ja noch Nein sagt, waren Irrtümer. Nachdem sie jahrelang an Meyer die herrlichsten Briefe geschrieben hat, sagt sie schließlich zu Luise Gotter (10. 2. 1796. I, 168): »Nachgerade bin ich so weise, mich nur um die wenigen zu bekümmern, von denen ich so gewiß, wie eine Sonne am Himmel steht, weiß, daß sie mich lieben. Mithin bekümmere ich mich auch nicht um Meyer.« Mit Forster hatte sie Mitleid ohne Liebe, denn seine Weichheit und Unsicherheit wirkten auf sie als unmännlich. A. W. Schlegel, der seit der ersten Begegnung in Göttingen Neigung für sie hatte, verwarf sie damals: »Schlegel und ich! ich lache, indem ich es schreibe! Nein, das ist sicher – aus uns wird nichts!« Als der Treue großmütig und ritterlich der von fast allen Verworfenen half, war sie bewußt zum Kompromiß bereit. Sie wußte, was die Freundin Therese Huber ihr damals schrieb: »Schlegel konnte Dich retten, aber doch nicht führen kann er Dich?« Und als Schelling kam, hielt sie die Doppelbeziehung zum Gatten und zum Freunde lange Zeit für möglich. Sie wehrte sich am längsten gegen das, was doch wie ihre Bestimmung aussieht. Es scheint Torheit über Torheit der so überlegenen Frau.

Caroline gehört nicht zu den seltenen Frauen, die, zu dem einen zu ihnen gehörenden Manne berufen, bereit sind für ihn. Sie warten auf ihn, mit dem dieses Leben verwirklicht werden soll. Lieber erlöschen sie im geheimnisvollen Glanz eines unerfüllten Wesens, als daß sie einen Kompromiß eingehen. Caroline will leben, sogleich verwirklichen, nicht warten, nicht versäumen. Sie wagt von Anfang an auch das Ungenügende, das Unangemessene. Sie vertraut, daß darin vom Herrlichen der Welt sich ihr zeigen werde, was sich lohnt, und daß sie selber im wesentlichen unbefleckt, ordnend und formend sich treu sein wird.

Wenn sie sagt, sie wisse, daß sie nie ganz unglücklich werde, so spricht sie ihre Grenze aus: sie will und kann nicht verzweifeln, eine elementare Selbstbehauptung hält stand. Aber darin liegt ihre eigentümliche, nie preisgegebene Würde: sie will nicht schwach werden und wird es auch nicht.

Was Caroline charakterisiert, ist der Wille zu vollkommener Souveränität, auch sich selbst gegenüber, die Distanz zu den Dingen und zum eigenen Wesen und die Verwirklichung solcher Haltung. Dann das große, unverwüstliche Ja zum Leben. Dann die Nüchternheit und Transzendenzlosigkeit, die aber ihren untilgbaren festen Punkt im absoluten Wert der Dichtung und in der Würde des Menschen als eines unabhängigen Wesens hat. Sie kann aus dieser Freiheit mit allem sinnvoll spielen, mit den Konventionen der Geselligkeit wie mit den Worten vom Heiligen und Göttlichen. Aber sie kann in Augenblicken Selbsttäuschungen verfallen, um dann in der Härte und der Resignation ihre Zuflucht zu finden. Nicht ist sie getrieben von der Wärme eines dem Menschen als Menschen zugewandten Herzens, nicht von der Leidenschaft für Gerechtigkeit, nicht von einem Willen, handelnd einzugreifen.

f) Die Bedeutung Carolines für Schelling

Wie die wirkliche Gemeinschaft zwischen Schelling und Caroline war, dafür gibt es nur wenige direkte Hinweise. Caroline sah Schelling am Anfang auch kritisch: »Er ist beständig auf der Wache gegen mich und die Ironie in der Schlegelschen Familie; weil es ihm an aller Fröhlichkeit mangelt, gewinnt er ihr auch so leicht die fröhliche Seite nicht ab.« Er hat eine »ungemessene Wut gegen solche, die er für seine Feinde hält« (an Novalis 4. 2. 1799). Sie begrüßt ihn in seinen Erfolgen als ihren »teuren Achilles: nun fliehen die Troer«, aber setzt zugleich hinzu: »sollte mein Freund endlich aber übermütig werden wollen, so wird er sich erinnern, daß er den bescheidenen Sinn seiner Freundin damit von sich scheuchte« (Oktober 1800).

Wohl bewundert sie seine Philosophie, aber sie denkt nicht daran, den Schein zu erwecken, daß sie sie verstehe. So schreibt sie z. B. von einem naturphilosophischen Gedanken: »Ich erinnere mich sehr wohl des Geistes im Mittelpunkt und daß Licht Geist und Geist Licht ist. Dieses ist mir nicht begreiflich, aber glaublich, und durch den Glauben und die Imagination wirst Du mich auch leicht bis zum Zweck von allem End und Ziel führen können, nur Sprossen auf der Leiter, die Demonstrationen, die Folgerungen, das ist nichts für mich« (Januar 1801). Sie bewundert und fragt: »Ich sehe es klar, wie sich Deine Nachzeichnung der dichtenden Natur von selbst zu einem herrlichen Gedicht ordnen wird. Ich verdenke Dir es ganz und gar nicht, daß Du auch mit mir nicht über das Nähere reden magst, Du mußt es doch ganz allein vollenden.« »Wenn du mir einen Übergang machen könntest von meinen Höhlen und Bergeshöhen zu Deiner Philosophie« (Januar 1801). »Dein Colloquium muß sehr brillant ausfallen, immer deducierst Du neue Herrlichkeiten. Können es die Menschen denn ertragen? Sehen sie, wenn Du das Sehen zeigst?« (17. 2. 1801).

Ermunternd, appellierend, erziehend scheint Caroline zunächst zu wirken, dann versucht sie es interpretierend, schließlich bewundert sie nur, ist hingerissen, bejaht alles. In der Ehe erlischt die Kritik. Die Vergötterung des Geliebten kennt kaum Grenzen. »Ich lese selbst sehr wenig, aber ich habe auch einen Propheten zum Gefährten, der mir die Worte aus dem Munde Gottes mitteilt« (II, 258). Ihre Briefe an Freunde aus diesen Jahren rühmen und preisen den Einzigen. Was Schelling tut und denkt, ist immer recht und herrlich, ob er viel Zeit an Wünschelrutenexperimente wendet, ob er in Baaders Gesellschaft ganz in theosophisches Denken aufgeht, es ist, als ob angesichts Schellings Caroline auch ihre Nüchternheit verlieren könnte.

Also nicht etwa philosophische Gedanken Carolines, nicht etwa eine Mitarbeit an Schellings Spekulationen war für sein Philosophieren von so großer Bedeutung, sondern allein das Wesen Carolines selber. Hier blickte er in eine Wirklichkeit, die ihm in einem Menschen nie sonst begegnet ist. Es wurden Fesseln gelöst, Befangenheiten abgeworfen. Im sinnlich Gegenwärtigen öffnete sich ihm eine Welt, ein Geist und ein Leben, das ihn beflügelte. Er sah die undurchschaubare Frau, die in ihrer Souveränität ungreifbar wie eine Undine, in ihrer Nüchternheit gefährlich wie eine Sirene, in ihrer sich selbst nicht durchschauenden Fülle ihres Herzens geheimnisvoll, wie gebunden und verborgen anmutete.

Durch Caroline ist in Schelling wach geworden, was ihn von den großen idealistischen Philosophen seines Zeitalters unterscheidet: weil er durch eine Frau gleichsam eingeweiht wurde, weiß er mehr von Mensch und Welt, liegt über seinen Gedanken nicht selten ein Schimmer aus der Weite und eine Losgelöstheit, die ihn mehr erblicken läßt. Aber man kann fragen: worin »eingeweiht«? Es war nicht die Stimme des verborgenen Gottes, die über beiden von ihr beschworen wäre. Es war nicht die grenzenlose Kommunikation einer in der Transzendenz gegründeten Forderung. Daran gemessen, erscheint das, was Schelling durch Caroline zuteil wurde, wie ein

Vordergründiges, aber als ein Bedeutendes und zugleich Verführendes, das über Wesentliches hinwegtäuschte.

War es einfach die anhaltende tiefe Freude aneinander? Von ihrer Seite die hingebende, nur wachsende Bewunderung, von seiner Seite die Ergriffenheit durch ihre geistreiche Beweglichkeit, ihre poetische Verwandlung aller Dinge des Alltags?

Caroline ist hingerissen von der trotzigen Männlichkeit Schellings, sieht ihn als Granit, als den Achilles in der Schlacht. Aber sie muß ihn in seiner ratlosen Trauer stützen, ihn in seinen selbstmörderischen Gedanken an die Hand nehmen, es arrangieren, daß Goethe dem Freunde hilft. In der Weichheit ihrer Gebärde ist in der Tat *sie* der Granit, Schelling in der Wucht seiner Gebärde ein weicher, in Augenblicken hilfloser Kern. Es ist, als ob die unverwüstlichen Nerven der Frau, die sich jede Weichheit ohne Gefahr leisten kann, dem Neurotiker eine Wohltat werden. Es ist erstaunlich, wie viel von Schellings Krankheiten in den Briefen die Rede ist und ihrer aufopferungsvollen Fürsorge, nie von ihren Krankheiten außer der letzten, an der sie starb.

Was zwischen beiden war und sie verband, hat sich nicht vollendet. Die Verwirklichung durch ein langes Leben hat ihr früher Tod verwehrt. Daß dann Schellings Dasein durch eine so völlig andere zweite Ehe 40 Jahre lang getragen wurde, kann Zweifel an der Substanz der ersten wecken.

Es ist, wie Caroline schrieb, nichts Vorbildliches in ihrem Wege. Aber es geht von ihr ein herrlicher und gefährlicher Zauber aus, der den Zauber von Schellings Philosophie ergänzte, eher steigerte als mäßigte, eine wundersame Zweideutigkeit in der Zweideutigkeit des Ganzen dieses philosophischen Daseins.

g) Kritische Fragestellung

Wenn Caroline und Schelling Gegenstand des Studiums der Möglichkeiten und Grenzen einer Liebe philosophischer Relevanz sind, so ist die Frage: Kann man in solchem Studium Menschen bewundern, ja lieben, während man sich doch distanziert und ihre Wege meidet? Vergreift man sich am Unantastbaren, wenn man hinweist auf die Fragwürdigkeiten? Oder kann man in einer Weise von ihnen sprechen, daß der ihrem Wesen in innerem Mitgehen und Nachfolgen entschieden Geneigte sie doch noch wiedererkennt, weil der Bericht wahr ist? Nur daß er sich dann stoßen muß an Sätzen, die ausdrücklich sagen, was doch in aller bewundernden Schilderung schon spürbar war? Es scheint unumgänglich, daß, was dem einen wahr scheint, dem andern eine verständnislose Verkehrung der Auffassung bedeutet.

Dazu würde ich zunächst sagen: Carolines und Schellings Dasein ist von der großen Art, von der zu wissen wie eine Befreiung ist. Es ist in der Philosophie ein wünschenswerter Schlag gegen Harmlosigkeit, Selbstzufriedenheit und Subalternität, gegen die Philister, Pedanten, Moralpathetiker, gegen die Intellektuellen und Betriebsamen, die in der Philosophie vergeblich Substanz vortäuschen. Der Ernst der Verbindung von Schelling und Caroline steht aber zugleich gegen die seelenverderbende polygame Zügellosigkeit existenzleerer Wiederholungen sich selbst und die Partner täuschender Beliebigkeit.

Dann ist für jeden Denkenden ein Anspruch an sich selbst unabdingbar. Wir sehen mit Respekt und Neigung zu Schelling und Caroline auf. Aber jeder darf sich fragen, ob er sich die Aufgabe anders stellt, in seinen Entschlüssen einen anderen Grund sucht und wie er dabei gefördert ist im Wissen um diese Weise menschlicher Größe.

Schließlich kann man den Versuch machen, die Maßstäbe, die bei den je eigenen Entscheidungen gelten, sich philosophierend bewußt zu machen. Man möchte nun das eigentümliche Prinzip jener Lebensgestalt wissen, die so anspricht und zugleich zur Abwehr drängt.

In aller Kürze weise ich auf eine Gesamtauffassung des Menschlichen: Dieses ist nicht als Eines, Ganzes zu fassen, sondern nur in Spannungen und in Bewegung. Unter den Momenten des Menschlichen ist der »Geist« nur eines. Er ist zu unterscheiden von der Welt des Bewußtseins überhaupt, das allgemeingültig erkennt und in allen Menschen der identische Punkt ist, von dem her sie sich in der Richtigkeit der gedachten Sache verstehen – und von dem Dasein als der Vitalität des besonderen Individuums – und von der Existenz als der Möglichkeit des je Einzelnen, in seiner Geschichtlichkeit ewigen Sinn zu verwirklichen vor der Transzendenz – und der Vernunft als des alloffenen Hörens und Aneinanderbindens. Diese verschiedenen, so nur nebeneinandergestellten Momente unseres Menschseins sind miteinander und ineinander wirklich. Wo eines sich absolut setzt, gegen und ohne die andern sich für möglich hält, entstehen die Irrungen, die je in ihrer Gestalt wieder von der Weise einer Durchschnittlichkeit bis zur Größe in Erscheinung treten.

Eine der Möglichkeiten solchen aus der Spannung des Ganzen herausfallenden Irrens ist als ein Prinzip zu fassen: zu leben aus der Selbständigkeit des Geistes, den Geist als solchen für den absoluten Wert zu nehmen. Konstruieren wir diese Möglichkeit: Wenn der Geist in seiner Produktivität sich selbständig macht, so entsteht das bezaubernde Blühen einer unendlichen Welt. Geist schafft Sprache im Dienste aller anderen Möglichkeiten des Menschseins. In der Verselbständigung des Geistes wird die Sprache als Sprache – denkend, philosophierend, dichtend – das Ziel. Die Verwandlung von Erfahrung in Formulierung, treffend oder verfehlend, vollzieht sich in der Lust dieser schaffenden Sprache als solcher. Die Verwandlung in Sagbarkeit ist Mittel des geistigen Genusses. Es ist keine Verantwortung in dem nur noch Beweglichen, darum Unverläßlichen. Es fällt etwas ein, das ist das Glück des Augenblicks. Das Wissen um die Tiefen, die sich ständig öffnen, wird schnell wieder preisgegeben. Der Witz ist wichtiger als die Wahrheit. Das eigene Leben ist wohl der faktische Boden des Daseins, aber auf ihm gedeiht ein Zweites, das reflektierte Erfahren, das fiktive »Erlebnis«, das in Sprache übersetzt wird. Die Genialität schwebt im existentiell Bodenlosen. Und täglich fällt das Dasein als ein bloß Anderes aus der blühenden Geistigkeit wieder heraus mit seinen Zuständen der Verstimmtheit, Reizbarkeit, Ärgerlichkeit, Wütigkeit oder der banalen Zufriedenheit oder der Gleichgültigkeit und der Durchschnittlichkeit geistfremder Motivationen.

Unter dem Gesichtspunkt eines solchen Typus sich verselbständigender Geistigkeit läßt sich das Leben Caroline–Schelling ansehen. Zwar würde keineswegs eine solche Schilderung Caroline und Schelling einfangen. Aber ihr geistiges Tun, das identisch wird mit ihrem wesentlichen Leben, bewegt sich in der Richtung dorthin. Das Geniale ihres Herzens kommt in Caroline nicht zu sittlicher Verläßlichkeit, wohl aber zu einer unerschütterlichen Festigkeit. Es ist den Menschen und der Welt zugewandt, nicht zitternd, aber nach Neigung und Laune teilnehmend oder verachtend. Schellings Geist wird nur in Grenzen zur Verantwortlichkeit in seinem Dasein. Er gleitet ständig in das Unangemessene, verfangen in die Stimmungen, in die Alltäglichkeiten des Daseins und der Ämter, wenn auch jederzeit auf der Suche nach dem hohen Ton und der Gebärde, die ihn darüber hinaustragen.

In der Ehe Caroline–Schelling bleibt etwas Ungegründetes, Abenteuerliches: die Steigerung des Geistes als Geist durch sie, die Berührung mit aller erreichbaren Geistigkeit im Umgang, der Genuß einer großartigen Stellung in der geistigen Welt.

Caroline, obgleich reif, als sie Schelling traf, wurde erst durch ihn zu der losgelösten Selbständigkeit des Geistes geführt, die nun in dem Glanze Schellings rein und mit gutem Gewissen blühen konnte. Schelling aber, obgleich er mit ernsthafter Arbeitsamkeit von Anfang an auch in dem Übermut der Geistigkeit als solcher lebte, wurde erst durch Caroline gelockert zu der Freiheit und Weite, die er erreicht hat.

Es bleibt eine Fragwürdigkeit des Kernes, der in der Philosophie Schellings gedacht und von ihm im Grund der Dinge gesucht und gesehen wurde. Diese Philosophie, in der die Tiefe in Augenblicken berührt, etwas Wesentliches getroffen und unvergeßlich ausgesprochen, aber auch geistvoller Unsinn gehäuft wurde, scheint ihr Gegenbild in der Geistigkeit zwischen Caroline und Schelling zu haben. Was wirklich das Leben trägt – was unverbindliche Stimmung ist – was wahr getroffen, was künstlich geredet wird – wo Betroffenheit vom Wesentlichen, wo Übertölpelung durch einen Zauber stattfindet – es fließt alles wundersam und wunderlich ineinander.

3. Von Schellings Person

Man möchte wissen, was für ein Mensch es war, der Caroline zu lieben vermochte, der die tiefen Ansätze des Philosophierens fand, die großartigen Entwürfe machte, die Grundirrungen vollzog.

Von Augenzeugen wird uns die leibliche Erscheinung Schellings, des Jünglings, des Mannes, des Greises geschildert. Caroline spricht von seinem »geistreichen Trotz im Gesicht« (28. 10. 1799). Andere berichten aus der Jenenser Zeit, er erinnere an Napoleon, oder wieder andere: »die Physiognomie ist die eines weißen Negers, krauses Haar, platte Nase und dicke Lippen.« In der Münchner Zeit schildert ihn Rosenkranz (Schelling XIX ff.), wie er ihn in der Vorlesung hörte: »Eine gedrungene Gestalt; eine hohe Stirne; weißes Haar; um Mund und Kinn sehr verschlungene, ursprünglich weiche Züge; der Blick mehr scharf als warm, mehr sanguinisch unruhig als melancholisch tief. Elegante Toilette, aber würdig, ohne alle Gesuchtheit.« Schließlich in Berlin sieht ihn Fr. Engels auf dem Katheder:

»Ein Mann von mittlerer Statur, mit weißem Haar und hellblauem, heiteren Auge, dessen Ausdruck eher ins Muntere als ins Imponierende spielt, und vereint mit einigem Embonpoint, mehr auf den gemütlichen Hausvater als auf den genialen Denker schließen läßt, ein hartes, aber kräftiges Organ, schwäbisch-bayrischer Dialekt mit beständigem „Eppes" für Etwas, das ist Schellings äußere Erscheinung.«

Schelling war der einzige der großen Philosophen unserer klassischen Zeit, der noch in das Zeitalter der Photographie hineinlebte. Von dem greisen Schelling gibt es eine Daguerreotypie. Ein ergreifendes Gesicht, stolz, mit hellen träumenden Augen.

Schelling war physiologisch von gesunder Konstitution. Aber leibliches und seelisches Unbehagen, neurotische Zustände, Krankheiten spielen in seinem Leben eine große Rolle (trotz der schweren körperlichen Erkrankung in Leipzig und der bis zur Verzweiflung gelangenden Erschütterungen in Jena am wenigsten in der Jugend). Sein labiles Wesen sieht man in den Briefen. Ungemein häufig ist er unzufrieden. Wo immer er sich aufhält, anderswo war es besser. Er begehrt nach Ermunterung – aber er drängt in die Einsamkeit. Immer wieder klagt er, daß er keine Muße habe, daß er gestört werde. Die »vielen Geschäfte« nehmen ihn »so niederdrückend in Anspruch, daß ich mir selbst oft fast nicht mehr angehöre«. Um besser zu arbeiten, sucht er irgendwo sich zu verbergen. Er horcht, was man über ihn äußert – er sagt auch: »mein Name soll, was an mir liegt, nicht mehr genannt werden.« 1811 spricht er von den »Anwandlungen einer sonst ganz unbekannten, hypochondrischen Laune«. 1821 ist die Rede von der »noch nicht völlig besiegten Hypochondrie, die mich ängstlicher als billig macht«. 1829 spricht er wieder von den »Jahren des Unmuts, in denen ich, ganz in mich zurückgezogen, nicht untätig in mir selbst, aber völlig nach außen war«. Im ganzen wirkt Schelling als ein nervöser, schwer berechenbarer, in der stolzen Form ungemein empfindlicher, in Affekten oft unbeherrschter Mensch.

Schellings Wärme für Eltern, Geschwister und für seine eigene Familie bezeugt sich durch alle Zeiten. Er hat Pietät, will helfen, hat Impulse erziehender Natur und weist zurecht.

Ist darin die verläßliche Männlichkeit? Caroline schreibt (4. 2. 1799): »Er hat so unbändig viel Charakter, daß man ihn nicht an seinen Charakter zu mahnen braucht.« Aber es gibt Beispiele »naiver Hinterhältigkeit« Schellings (Kuno Fischer 162 ff., z. B. sein Verhalten zu Eschenmayer). Er versagt auch im Sehen der Not des Freundes: Als Hölderlin ihm einen Brief um Hilfe schreibt, hat er ihn nicht beantwortet; Hölderlin klagte still und unaggressiv. Jederzeit läßt Schelling sich auch durch einen praktischen Realismus leiten in Vorsicht, Nachgiebigkeit (z. B. auf eine demütigende Rüge des bayrischen Ministeriums), bei der Familiengründung mit Pauline. In der Beziehung zu vielen bedeutenden Menschen seiner Zeit modifiziert er sein Benehmen beträchtlich, je nach dem Manne, der ihm gegenübersteht, von seiner grenzenlosen Verehrung für Goethe bis zu hochmütigem Abkanzeln von Windischmann und andern. Die letzten Jahrzehnte sind charakterisiert durch seine Beziehungen zu Fürsten, deren Gunst seinem Herzen unendlich wohltut. Er ist in der großen Welt zu Hause. Sein Name gilt. Hervorragende Geister werben um ihn.

4. Das Werk

Gesamtaspekt: Es gibt kein Hauptwerk und keine philosophisch fertige runde Leistung. Die äußere Form des Werkes ist eine Reihe zahlreicher Schriften: Essays, Briefe, systematische Entwürfe in Paragraphen, Dialoge, Reden, Abhandlungen, Kritiken, vor allem und zuletzt fast nur noch Vorlesungen. Sachlich ist keine dieser Schriften in den Mittelpunkt zu stellen. Nach Neigung und nach dem jeweiligen Gesichtspunkt wird man einzelne herausheben.

Manches ist vollendet geschrieben, schön, einfach, wirkungsvoll, aber fast nur einzelne kleinere Schriften und Reden. Dann ist Schelling ein Schriftsteller und Redner ersten Ranges. Aber auch in einigen seiner größeren Schriften gehört er zu den »lesbaren Philosophen«.

Ganz anders ist die spekulative Tiefe seiner schwierigen, aber echten philosophischen Operationen. Diese finden sich in den Texten zerstreut. Man muß sie suchen. Und wieder anders ist die Trokkenheit und Gehaltlosigkeit seiner häufigen Schematiken.

Während ihm in der Jugend das schnelle geniale Hinwerfen gelingt, oder er in breiten Entwicklungen unreife Scheinsysteme baut, ist sein späteres Werk sorgfältiger und bewußt mit besonnener Formung gearbeitet. In der Jugend publizierte er die unfertigen Gedankenbildungen, später nicht mehr. Daher ist der Nachlaß, umfangreicher als die von ihm selbst veröffentlichten Schriften, für das Verständnis seiner Philosophie ebenso wichtig wie diese.

Bei Schelling entwickelt sich kein System, in dem (wie bei Hegel) alle Arbeiten an ihren Platz gehören. Er scheint immer wieder von vorn anzufangen, planend, entwerfend, versuchend. Auch Durchführungen, die im Schema gelingen, gelten nur für den Augenblick. Nie hat er ein fertiges System, so sehr auch eine einzelne Schrift so aussehen und mit solchem Anspruch auftreten mag. Daher gibt es bei ihm auch kein durchgeführtes, bis ins Einzelne und im Ganzen stoßkräftiges Buch.

Das Gewicht des Ganzen liegt nicht im systematischen Werk, sondern in dem Antrieb. Daher bleibt bis zuletzt eine Ursprünglichkeit. Schelling setzt immer wieder an in der Tiefe, als ob er vorher noch gar nichts geleistet hätte. Das ist ein Vorzug. Aber man muß die Stellen finden. Von Anfang an bis zuletzt ist auch der Wille da, der das System mit Gewaltsamkeit erzwingen will, aber stets in Schematen versandet. Wo Schelling wahr ist, philosophiert er gegenwärtig, ohne Deckung durch ein schon Geleistetes und ohne Rechtfertigung durch ein schon bestehendes System. Wo er unwahr wird, da überläßt er sich den Schematiken, von denen einige ermüdend wiederholt werden und ihre Leerheit um so fühlbarer werden lassen.

Es ist also unangemessen, die Schellingsche Philosophie als ein System oder eine Folge von Systemen zu reproduzieren. Versucht man das, so läßt man sich von Schellings vergeblichen Absichten lenken, nicht von den wahren Gehalten seines ursprünglich genialen Philosophierens.

Schelling gelangt zu den einfachen Grundfragen. Er steht nach methodischen Schritten vor den echten Geheimnissen. Aber er hat auch die phantastischen Einfälle, ergreift Absurditäten, läßt sich gefangennehmen von rationalen Schematiken und einer bloßen Zeichensprache, die nicht mehr spricht. Er überläßt sich einen Augenblick ergreifenden und dann schnell leerwerdenden Anschauungen aus Natur und Mythus. In seinen systematischen Darstellungen füllt er, wo sie versagen, die Lücken aus mit solchen Wucherungen des Intellekts und der kritiklosen Phantasie. Seine Texte können dann wie ein Dschungel wirken, in dem man nicht vorankommt und keinen Boden findet. Man kann sich festlesen, ohne zu verstehen, wird ärgerlich und meint ein Mogeln mit Gerede und ungedachten Konstruktionen zu beobachten.

Die Lebenskurve im Werk: Sieht man auf die acht Jahrzehnte des Schellingschen Lebens, fragt nach Verwandlungen, Krisen, Brüchen seiner Lebensverfassung und nach Perioden seiner philosophischen Grundanschauung, so geht man zweckmäßig vom äußerlich Greifbaren aus:

Schellings schriftstellerisches Werk ist erstaunlich ungleichmäßig über sein Leben verteilt. In früher Jugend bringt er mit einer naturwidrigen Schnelligkeit eine Fülle von Veröffentlichungen, seit dem dreißigsten Jahr wenige, seit dem sechsunddreißigsten fast keine mehr. Weniger als zwanzig Jahren einer sprudelnden Publizität folgen mehr als vierzig Jahre des Schweigens. In diesen langen Jahren aber hält er nicht nur Vorlesungen, sondern schreibt er. Nimmt man die zurückgehaltenen, erst aus dem Nachlaß veröffentlichten Schriften hinzu, dann bleibt immer noch ein starker quantitativer Unterschied im Hervorgebrachten: Von den 14 Bänden der gesamten Werke, von denen mehr als die Hälfte aus dem Nachlaß stammen, fallen fünf auf die ersten rund zehn Jahre, neun auf die folgenden fünfzig.

Auch die übrige publizistische Aktivität Schellings erlosch. Viermal gründete er in seiner Jugend Zeitschriften, die letzte 1813 (Allgemeine Zeitschrift von Deutschen für Deutsche), die sämtlich schnell eingingen. Später dachte er nie mehr an solche Unternehmungen.

Es sind angesichts dieses Tatbestandes zwei Fragen zu stellen. Erstens: Warum hat Schelling so früh seine Veröffentlichungen eingestellt? Der stürmischen Jugend folgten die langen Jahrzehnte, in denen er die Veröffentlichung so sehr scheut, daß er sogar schon gedruckte Bogen (der »Weltalter«) zurückzieht. Die »Weltalter«, seine große Hoffnung, wurden im ersten Teil wiederholt neu bearbeitet (in den beiden weiteren Teilen nie ausgeführt). Man kann denken, Schelling habe nun den höchsten Maßstab angelegt. Er wollte weltgeschichtlich Einziges, Unverlierbares schaffen, im Raum der Großen mit seinem Werk für immer bestehen. Nach dem Leichtsinn der Jugend habe er jetzt die Verantwortung des Werks erkannt. An solchem Maßstab leistete ihm sein Werk nie Genüge. Diese Deutung ist von Schelling in bezug auf die »Weltalter« selbst ausgesprochen: »Wenn ich bisher gezögert und mich selbst nicht überwinden können auch nur die letzte Hand anzulegen, so war es hauptsächlich, weil ich noch immer fühlte, das Ganze nicht so *ganz und völlig* nach meinem Sinn ausführen zu können, als ich wollte... Es war doch billig, einmal auch blos auf die eigene Genugtuung zu sehen, und was kann man am Ende für ein höheres Glück begehren, als nur *sich* ganz auszusprechen? Niemand geht so rein durch seine Zeit, daß sich ihm nicht Vieles anhängt, was seinem eigentlichen Wesen gar nicht angehört. Diese Schlacken wegzuläutern, ... ist eigentlich das Schwere; und indes das Positive meines Werks mit Leichtigkeit und gleichsam im seligsten Genusse schnell und fertig sich bildete, hat jenes negative Geschäft mich Jahre gekostet und nicht wenig Mühe. Denn immer blieb noch etwas Störendes zurück, das meinem Ideal eines durchaus unbefangenen, ... allgemein menschlichen Werks entgegen war« (an Atterbom, Plitt II, 429).

Andere sehen darin ein banaleres Motiv: Schelling fürchtete den Mißerfolg. Durch Hegels Aufstieg und Bildung einer Schule war das philosophische Klima in Deutschland verändert. Schelling sah sich im Schatten. Wenn Schelling, wo er auftrat, als Redner und Lehrer jederzeit außerordentlich wirkte, so blieb dies doch lokal. Die Öffentlichkeit nahm von ihm kaum Notiz. Er fühlte sich der Konkurrenz nicht gewachsen. Erst nach Hegels Tod hat er eine heftige und ungerechte Polemik gegen ihn eröffnet, aber auch jetzt auf Publikationen fast ganz verzichtet. Er wollte das Wagnis der Veröffentlichung nicht eingehen. Doch wollte er die Erwartung auf etwas Großes wachhalten. In Briefen hat er geradezu falsche Aussagen über seine Arbeit und bevorstehende Veröffentlichungen gemacht.

Die zweite Frage ist: Warum hat Schelling in der Wucht seiner Produktion so schnell nachgelassen? Der Tatbestand ist nicht eindeutig. Die Wucht hat zwar außerordentlich nachgelassen. Das Neue trat vergleichsweise langsam in Erscheinung. Die Genialität der Jugendzeit hat sich gewandelt. Selbstgewißheit und schnelles Zugreifen haben der Vorsicht und weitläufigem Verfahren Platz gemacht. Aber an ergreifenden philosophischen Gedanken stehen die Nachlaßbände den früheren nicht nach. Der Inhalt seines späten Philosophierens ist doch so bedeutend, daß er an Gewicht hinter dem früheren nicht zurückbleibt. Daß eine dem Erfolg der Jugendschriften entsprechende Wirkung ausgeblieben ist, darf darüber nicht täuschen.

Der Wandel auch der Produktivität bleibt jedoch zweifellos. Es war, sagen einige, die Folge von Carolines Tod. Schelling war gebrochen. Er verlor die Lust am Schaffen, als jene beschwingende Gemeinschaft dahin war. Aber das Nachlassen hatte schon vor Carolines Tod begonnen. Die Schwäche des öffentlichen Widerhalls, während sein Name berühmt blieb, habe ihn gelähmt, meinen andere.

Das aber wäre ja selber nur ein Zeichen der hinschwindenden Produktivität, da sie nicht mehr aus sich, sondern nur im Echo gedeihen könnte. Vielleicht haben beide Gründe eine gewisse Wirkung gehabt.

Wichtiger aber ist vermutlich etwas, das man die vitale Lebenskurve Schellings nennen darf: Die Frühreife des Kindes, die enorme Schultüchtigkeit des Knaben, der sich der Sprachen und Wissenschaften bemächtigt, die überschäumende Produktion des Jünglings, das mühsam großartige Ausarbeiten des Mannes und Greises, oder anders: die außerordentliche universale Impressionabilität der Jugendjahre, das immer geringere Reagieren in der Folge, das forcierte Festhalten an den jugendlichen Ansprüchen und Erfahrungen, das gleichsam Trägewerden der letzten Jahrzehnte.

Es ist ein radikaler Unterschied zwischen der vitalen Lebenskurve und dem Wachsen einer Sache. Schellings Geist hat nicht den aus der Sache kommenden großen durchgehenden Zug einer Entfaltung. Sein Geist ist vielmehr der Vitalität verwandt und an sie gebunden. Ein Vergleich kann deutlicher machen, was gemeint ist. Bei *Kant* findet aus der Natur der ergriffenen und gefundenen Sache ein ständiges Vorangehen bis ins Alter statt. Noch in dem Zustand beginnender seniler Zerstörung kann bei ihm hier und da ein erstaunliches Weiterdenken erfolgen. Kant konnte mit Recht sagen: wenn man so weit sei, daß man gerade recht anfangen könne zu philosophieren, so müsse man die Sache wieder dem Abc-Schützen überlassen. Schelling dagegen hatte nichts mehr vor sich. Seine Philosophie scheint im Alter wie festgefahren. Bei Kant gab es die »Umkippungen«, wie er sie nannte, d. h. die bewußten Schritte, die bei gleichbleibender Grundgesinnung in der Bestimmtheit der formulierten Grundgedanken mit bestimmten Verwerfungen und Korrekturen des Früheren, und mit beständigen Bezügen der Gedanken aufeinander, einen wirklichen philosophischen Weg bedeuteten. Bei Schelling dagegen geschieht kein wesentlicher Bezug auf das Frühere, kaum eine Verwerfung. Es handelt sich nicht um Fortschreiten des gedanklichen Ganzen, sondern um Wechsel stofflicher Interessen und Betonungen und Tendenzen, um ein Auffangen von Intuitionen. Daher setzt er immer von neuem an und endet in der Form der Vorlesungen, die seine letzten Jahrzehnte beherrscht. Es ist keine führende, umgreifende Systematik wirksam, sondern in grundsätzlich gleichbleibenden Denkformen das Verzehren von Stoffen in wechselnden Konstruktionen, im Dienste eines ungeheuren Anspruchs.

Oder anders: es ist wie ein Fliegenwollen, aber mit ständigen Abstürzen, ohne zu sterben, ohne Bewußtsein des Stürzens.

Es ist bei Schelling auch nicht wie bei *Hegel*, der bei längerem Leben großartige Ausarbeitungen dessen geschaffen hätte, was uns jetzt nur aus Vorlesungsnachschriften bekannt ist. Hegel ist der Baumeister mit gewaltiger Arbeitskraft, universaler Sachnähe und überwältigender Denkintensität, der langsam, mit unbeirrbarer Sicherheit und Gewißheit voranschreitet, um den gewaltigen Dom seines allumfassenden Systems zu errichten, nicht unter Umkippungen wie Kant (bei Hegel liegen alle Schritte in der Jugend), sondern als die Eroberung des Ganzen ohne Brüche. Schelling wirkt dagegen zerstreut und sprunghaft.

Schelling erlahmt, weil die Sache als solche bei ihm keine Forderung mehr stellt. Wenn er bis zuletzt seine negative Philosophie verbessern wollte, seine positive Philosophie noch, wie er meinte, als Forschung, nicht als Erzählung brachte, welche Gestalt sie erst in ihrer Vollendung haben sollte, so sind das Willensabsichten, keine sachlichen Wirklichkeiten. In Schelling blüht der Geist und blüht ab. Es ist nicht das Hervorbringen aus der Mitte eines Bleibenden, das im Alter nur reicher, klarer, entschiedener und mehr als je sachlich echte Aufgabe werden kann.

Die Perioden des philosophischen Gedankens und das Gleichbleibende in der Denkungsart Schellings: Wir lenken unsere Aufmerksamkeit auf die Schellingschen Gedanken und seine Denkungsart als solche.

a) Auf den ersten Blick scheinen sich bei Schelling große Wandlungen zu zeigen. Da ständig bei ihm vom System die Rede ist, suchte man dieses System und, da es nirgends als das eine zu finden war, nach der Systementwicklung. So fand man Perioden, die weiter untergeteilt wurden. Es ergab sich, mit Abweichungen unter den Interpreten, die Reihe: Philosophie als Wissenschaftslehre Fichtes, als Naturphilosophie, Transzendentalphilosophie, ästhetische Philosophie, Identitätsphilosophie, Religionsphilosophie.

Nun ist es merkwürdig, daß diese zahlreichen Perioden bis 1804 oder 1809 gehen sollen, daß es dann aber fast ein halbes Jahrhundert bei der letzten einen Periode bleibt. Alle berühmten Schriften, das Meiste, was Schelling selbst publizierte, fallen in das Lebensalter, das sozusagen noch Studenten- und Seminarzeit ist. Es sind Vorarbeiten, Würfe, erste Griffe, Übungen, Studien, mit denen er »seine

Ausbildung vor dem Publikum gemacht« hat, wie Hegel es nannte. Mit knappen dreißig Jahren (Abhandlung über die Religion 1804) wäre die letzte Wendung. Man hat darum neuerdings gerade die weiteren Jahre von 1804 bis 1828 (dem Zeitpunkt seines Auftretens als Professor in München mit seiner fertigen Philosophie) unter der Frage nach den in ihnen erfolgenden Schritten studiert (als Quelle mußten außer dem Nachlaß Vorlesungsnachschriften dienen). Man übertrug also die Methode der Periodeneinteilung von dem bisher auf die Schellingsche Jugend beschränkten Feld auf den späteren Schelling. So wurde die Entwicklung Schellings verlängert, aber immer bis zu einem Endpunkt, von dem an keine Wandlung mehr erfolgt, mag dieser Endpunkt statt früher 1804 nun 1809 oder 1814 oder 1828 sein.

Die Untersuchungen über die Perioden sind nützlich, weil sie zu bestimmter, unterscheidender Auffassung des Sinns der Texte erziehen. Aber sie scheinen ihr Ziel nicht zu erreichen, weil es das, was sie feststellen wollen, eigentlich gar nicht gibt. Die Fragestellung ist selber in Frage zu stellen.

b) Es ist interessant, festzustellen, wo Ausdrücke und Formulierungen zum erstenmal vorkommen (das wird verläßlich erst möglich durch den Autor eines ausführlichen Begriffsregisters, das durch Zitate belegte und auf alle Schriften und Briefe sich erstreckte). Bisher sind Behauptungen über ein erstmaliges Vorkommen und die negativen Urteile, etwas komme früher schlechthin nicht vor, immer prekär. Sie werden manchmal überraschend widerlegt. Aber auch wo diese Feststellungen eines Erstmaligen von Worten und Sätzen richtig sind, sind sie keineswegs von endgültiger Bedeutung. Vielmehr bleibt immer noch die Frage, ob der Sinn nicht vorher in anderer Gestalt, ohne ausdrückliche Betonung, schon da war.

Weiter sucht man nach dem Auftreten von Grundanschauungen, die eine Wende bedeuten, weil sie vorhergehende Anschauungen überwinden. Man fragt, wann zuerst die Natur für Schelling ihr Gewicht erhielt, wann die Kunst, wann die Religion. Oder bestimmter: wann ist zuerst Christus als Gottmensch da, wann der Gedanke an den persönlichen Gott? wann wird das Absolute zuerst als Wille gefaßt? wann zuerst negative und positive Philosophie unterschieden? wann machen sich zuerst theosophische Anschauungen geltend?

Es wird sich zeigen, daß alles von Anfang an im Keime da war. Hier nur einige vorwegnehmende Beispiele: Schelling soll mit der

Anschauung des Bösen seine vorhergehende pantheistisch-ästhetische Philosophie überwunden haben. Aber in den Stanzen an Caroline vom Dezember 1799 heißt es schon, keinem gefalle das Wort: »Den letzten Grund des anfanglosen Bösen erkennt nur, wer zum Abgrund sich gesellt« (X, 449, dort falsch datiert). Und schon 1804 heißt es: »Wer das gute Princip ohne das Böse zu erkennen meint, befindet sich in dem größten aller Irrtümer; denn, wie in dem Gedicht des Dante, geht auch in der Philosophie nur durch den Abgrund der Weg zum Himmel« (VI, 43). Der spätere Gedanke von einem vorzeitigen Abfall, der die schöne Harmonie der Schellingschen ästhetischen Weltanschauung, ihren jubelnden Einklang mit der Natur aufhebe, ist schon da, wenn in jenen Stanzen von 1799 davon die Rede ist, »des unbegriffenen Zaubers Kraft zu lösen, der uns gebannt hier und gefesselt hält.« Überhaupt ist der Einklang mit der Natur bei Schelling von vornherein verbunden mit dem Schrekken des Gefesseltseins. Und andrerseits wird jener Einklang, den man fälschlich mit der ästhetischen Anschauung eines pantheistischen Werdens identifiziert, nie aufgegeben. Die Natur ist göttlich, weil Gottes Schöpfung. So schreibt Schelling noch spät: »Es ist eine wirkliche Einheit Gottes und der Natur.« Dies nennt man gern Pantheismus. Es wird aber von Schelling begründet in Christus, durch »die Gewißheit von der Vergötterung der ganzen Menschheit durch Christus«. Und alsbald wird angesichts des Fehlerhaften und Bösen in der Natur von zwei Göttern geredet im alten Stil der Gnosis (Plitt II, 249).

Wer an die Wandlung Schellings glaubt, könnte sie in Analogie zu den katholischen Konversionen der Romantiker setzen. In der Tat gab es damals zwischen 1810 und 1820 Gerüchte, die sogar Goethe täuschten, Schelling sei im Begriff, katholisch zu werden. Aber davon war bei Schelling nie der leiseste Ansatz. Wir werden noch hören, wie er nicht nur die absolute Unabhängigkeit und Souveränität der Philosophie auch in Glaubensfragen aufrecht erhielt, sondern seinerseits nur an eine neue philosophische Religion, hinaus über Katholizismus und Protestantismus, dachte.

Daß Schelling über gewisse Dinge in den Niederschriften jahrelang schweigt, bedeutet nicht, daß er sie nicht denkt. Alle Entwicklungen und Standpunktverschiebungen scheinen vordergründig.

Tritt man gleichsam zurück und überschaut, soweit man vermag, ganze Werkgruppen und die Werke im Ganzen, so überzeugt man sich, daß keine wirklichen Wandlungen der Denkungsart stattfinden, keine wirklich neuen Gehalte auftreten, sondern Bevorzugungen, Verengungen, Auswachsen von längst vorhandenen Keimen, Aneignung von neuen Gehalten seitens der sich gleich bleibenden Denkungsart.

Alle rationalen Alternativen gehen nicht in die Tiefe seiner ursprünglichen und ständigen Grundhaltung. Diese kann zu Zeiten kräftiger und schwächer, weiter oder enger sein, sie schwankt in den je ergriffenen Inhalten, aber sie ist vermutlich im Wesen stets die gleiche.

Schelling hat keines seiner früheren Systeme gesprengt oder durchbrochen, denn er war innerlich jederzeit über sich hinaus. Er manipulierte mit ihnen, war ihnen nicht unterworfen und bewahrte sie in der Folge. Schelling hat auch zu keiner Zeit seines Lebens eine neue Grundgesinnung, Grundhaltung, eine neue Lebensverfassung entwickelt (außer dem Wandel des Temperaments mit den biologischen Lebensaltern).

c) Ein kostbarer Beweis für die frühe umfassende, fast alles im Ansatz vorwegnehmende Denkungsart Schellings ist das von Rosenzweig entdeckte Systemprogramm des 21jährigen Jünglings von 1796. Diese wenigen Seiten zu lesen, ist unerläßlich für die Anschauung Schellingscher Philosophie. Hier hat Schelling seine kommende Philosophie entworfen. Sie soll schaffen »ein vollständiges System aller Ideen«. Sie beginnt mit »der Vorstellung von mir selbst als einem absolut freien Wesen«, mit dem »eine ganze Welt aus dem Nichts hervortritt«. Er wird hinabsteigen »auf die Felder der Physik« (»ich möchte unserer langsamen, an Experimenten mühsam fortschreitenden Physik einmal wieder Flügel geben«). Er wird dann zum Menschenwerk kommen. Vom Staat gibt es keine Idee. »Nur was Gegenstand der Freiheit ist, heißt Idee.« Der Staat ist etwas Mechanisches. »Wir müssen also auch über den Staat hinaus.« Schelling wird »die Principien für eine Geschichte der Menschheit niederlegen und das ganze elende Menschenwerk vom Staat, Verfassung, Regierung, Gesetzgebung bis auf die Haut entblößen.« Es kommen die Ideen von einer moralischen Welt, Gott und Unsterblichkeit, absoluter Freiheit aller Geister. Alle Ideen vereinigen sich in der Idee der Schönheit. Der höchste Akt der Vernunft ist ein ästhetischer Akt. »Der Philosoph muß eben so viel ästhetische Kraft besitzen, als der Dichter. Die Poesie wird am Ende wieder, was sie am

Anfang war, Lehrerin der Menschheit... Die Dichtkunst allein wird alle übrigen Wissenschaften und Künste überleben.« Aber auch das ist noch nicht das letzte Wort. Das Volk und die Philosophie, beide bedürfen einer »sinnlichen Religion«. »Wir müssen eine neue Mythologie haben«, eine Idee, die »noch in keines Menschen Kopf gekommen ist«. »Die Mythologie muß philosophisch werden und das Volk vernünftig, und die Philosophie muß mythologisch werden, um die Philosophen sinnlich zu machen.« »Ein höherer Geist, vom Himmel gesandt, muß die Religion unter uns stiften, sie wird das letzte größte Werk der Menschheit sein.«

Man kann nicht leugnen, hier nimmt der Jüngling vorweg, was er ein Leben lang festhält, verwirklichen will, ohne es zu erreichen: Natur, Kunst, Religion als Sache der Philosophie, aber so, daß eine neue Mythologie, eine neue Religion, das Heil der Menschheit gestiftet werden.

Schellings Jugendschriften zeigen dasselbe, nur nicht in dieser enthusiastischen Zusammenfassung. Es ist äußerlich die Kontinuität der Themen schon von den historisch-kritischen Forschungen der ersten Schriften an feststellbar: Mythus, Sündenfall – dann das Absolute als Sache der Philosophie, die Metaphysik als die Philosophie schlechthin, aber als Philosophie der Freiheit. Es ist von vornherein die nie preisgegebene Stimmung: Es ist eine Weltwende. Eine Revolution der menschlichen Denkungsart ist notwendig. Eine neue Mythologie ist zu schaffen, und zwar eine, die aus Vernunft, selber vernünftig, in der Gestalt des Mythus begreift (nicht wesentlich ist demgegenüber der Unterschied, daß später die Mythologie als ein endgültig Vergangenes begriffen wird, das Begreifen der Mythen durch Vernunft aber ein Moment der neuen Religion wird). Schelling ist vom ersten Augenblick seines Philosophierens an erfüllt vom Sendungsbewußtsein (demgegenüber ist es zweiten Ranges, daß der selbstgewisse Sendungsglaube zuletzt ein gequälter, doch nie erschütterter Glaube an die eigene weltgeschichtliche Bedeutung ist). Es ist etwas Revolutionäres in Schelling, das ihn früh in den Verdacht des Sansculottentums brachte, das aber von Anfang an keine aktive Seite hatte und in seinem Wesen bis zuletzt blieb.

Sieht man das Systemprogramm im Zusammenhang mit den Jugendschriften und vergleicht diese Gedankenwelt mit dem ganzen Schelling, wie er bis zuletzt dachte, so zwingt sich der Eindruck auf: Da ist kein Nacheinander verschiedener Grundhaltungen, Positionen, Systeme, die jeweils allein bestanden hätten und auseinander hervorgegangen wären, sondern ein Bleibendes, das wie mit einem Schlage da ist, nun weiter sich entfaltet, aufschließt – oder ein Kreis, der sich erweitert in der Erscheinung, sich deformiert, verengt, wieder erinnert, neu bewegt – oder eine flammende Substanz, die ausstrahlt, in das eigene Feuer hinein aneignet, sich verliert und wiedergewinnt – oder eine umfassende Grundhaltung, die verschiedene Stimmungen in sich schließt, deren einzelne wechselnd hervortreten, gestört und unterbrochen durch Enttäuschungen in der Welt und dadurch entstehende Ressentiments und durch eigene Gewaltsamkeiten.

d) Daß der Sinn dessen, was der Spätphilosophie Schellings eigentümlich sein soll, schon früh angelegt, also alles nur Entfaltung, vielleicht manchmal auch Verengung des ursprünglichen Sinns ist, sei vorwegnehmend an einigen Beispielen gezeigt:

1) Die spätere Zweieinheit der negativen und positiven Philosophie ist erst in den Münchener Jahren formuliert. Aber der Sinn ist vorweggenommen schon in dem »Durchbruch zum Objekt«, der gegenüber dem Subjektivismus Fichtes der bewußte philosophische Akt Schellings war, ferner in dem frühen Wissen um Geschichte: »Wovon eine Theorie a priori möglich ist, davon ist keine Geschichte möglich, und umgekehrt, nur was keine Theorie a priori hat, hat Geschichte« (I, 47). »Es ist unmöglich, Religion ohne historische Beziehung zu denken« (V, 117). Schließlich war eine Denkform, die den Umschlag von der negativen zur positiven Philosophie ausspricht, schon vom Jüngling formuliert: Im »Grundsatz des Bewußtseins« »war die letzte Stufenleiter der Abstraktion erstiegen, auf der man stehen mußte, ehe man zu dem kommen konnte, das höher ist denn alle Abstraktion« (I, 176).

Die früheste wörtliche Formulierung negativer und positiver Philosophie findet sich 1804, als Schelling von der Bedeutung einer Philosophie spricht, welche das Prinzip des Sündenfalls, ob bewußt oder unbewußt, zu ihrem Grunde macht. »Es ist wahr, daß es, als Princip der gesamten Wissenschaft nur eine negative Philosophie zum Resultat haben kann, aber es ist schon viel gewonnen, daß das Negative, das Reich des Nichts vom Reiche der Realität und dem einzig Positiven durch eine schneidende Grenze geschieden ist, da jenes erst nach dieser Scheidung wieder hervorstrahlen kann« (VI, 43). Der bestimmte Sinn des Unterschieds von negativ und positiv ist hier zwar nicht der spätere. Das ist gerade das Eigentümliche des Schellingschen Denkens, daß man in ihm wohl Denkfiguren, Momente, Entwürfe findet, aber nicht das in bestimmte Alternativen oder geordnete dialektische Kreise geronnene System. Daher jedes Studium gleichsam genarrt wird dadurch, daß etwas, was dasteht, in seiner Formulierung für ernster genommen wird, als es ist. Je lebendiger Schelling philosophiert, desto mehr ergeht er sich in die äußersten Polaritäten. Gleich in der frühen Schrift vom »Ich« nimmt er spinozistisch im Absoluten seinen Grund, denn dieses Ich ist das Wesen der absoluten Substanz. Aber alsbald und zugleich geht er in die radikale Subjektivität: »Wenn wir ein Absolutes außer uns setzen, so wäre unsere eigene Geschichte eine bloße Täuschung, und die Freiheit, welche der glückliche Traum unserer Beschränktheit uns vorspiegelt, wäre in Ansehung jenes Wesens (das wir nicht kennen) eiserne Notwendigkeit. Die Philosophie, die von Freiheit ausgeht, hebt eben damit alles Absolute außer uns auf« (I, 473). Das Problem ist, Subjekt und Objekt zu überwinden, d. h. philosophisch zu ergreifen, was über und vor dieser Spaltung ist. Aber wie immer Schelling dieses formuliert, es gewinnt wieder entweder subjektiven oder objektiven Charakter, ist zugleich Philosophie der Freiheit und Durchbruch in das Objekt. Dieser Weg führt Schelling zum Denken des objektiven Absoluten als Freiheit, damit zur positiven Philosophie, und dieses in immer wiederholten Sprüngen von Anfang an. So heißt es schon früh von dem, was als Freiheit, als das Unbedingte, als das Übersein die entscheidende Rolle in der späteren Metaphysik spielt: »Man kann vom Unbedingten niemals sagen, daß es ist. Denn es ist das Sein selbst, das in keinem endlichen Produkte sich ganz darstellt, und wovon alles Einzelne nur gleichsam ein besonderer Ausdruck ist« (III, 11). Es gilt bei Schelling alle Zeit der Unterschied zwischen dem Absoluten und dem Seienden, das uns in der Natur und der Welt vorkommt. Die »verborgene Spur der Freiheit« ist in aller Natur zu finden. Alles Einzelne ist nur eine Form des Seins selbst, das Sein selbst aber absolute Tätigkeit. Nur die Produkte der Natur müssen wir unter dem Prädikat des Seins denken. In diesen Produkten, in ihrem »Sein«, ist die Tätigkeit erloschen. Sie sind Objekte. Was aber Objekt ist, müssen wir, um es zu begreifen, in seinem ersten Ursprung erblicken, es damit aus seinem Sein herausheben, es mit Freiheit gleichsam beleben und, es in seiner Herkunft erkennend, in eigene freie Entwicklung versetzen (III, 13).

2) Man hat behauptet, Schelling sei zu irgendeiner Zeit Christ geworden, sei zum Christentum zurückgekehrt, habe sich zur Gottmenschheit Christi und zum Theismus bekehrt. Das ist nicht richtig. Denn erstens steht sein ganzes sogenanntes Christentum unter der Bedingung seiner positiven Philosophie, die die Offenbarung zum Gegenstand, nicht zur Quelle hat. Und zweitens sind die positiven Äußerungen zum Christentum von Anfang an durch alle Zeiten nachzuweisen.

Schon 1799 sagt er in den Stanzen: »Schau auf den Stern, der dir im Osten prangt, was du durch eigne Kraft nicht magst erringen, soll durch die Kraft der Liebe dir gelingen« (X, 450). In den Vorlesungen über die Methode des akademischen Studiums (1803) hat die historische Konstruktion des Christentums zentrale Bedeutung: »Daß in Christo zuerst Gott wahrhaft objektiv geworden, zeugt die Geschichte; denn wer vor ihm hat das Unendliche auf solche Weise geoffenbart?« (V, 298). Ebenso ausführlich und entschieden ist vom Christentum in der Philosophie der Kunst von 1803 die Rede: Was der Sache Christi den höchsten Schwung gab, war, »daß er den Kreuzestod überwand und lebendig wieder hervorging, eine Tatsache, welche etwa als Allegorie wegerklären und also als Faktum leugnen zu wollen, historisch wahnsinnig ist, da diese Eine Begebenheit die ganze Geschichte des Christentums gemacht hat. Von diesem Augenblick an war Christus der Heros einer neuen Welt, das Niedrigste ward zum Höchsten, das

Kreuz, das Zeichen der tiefsten Schmach, ward zum Zeichen der Welteroberung« (V, 425). Auch die Unterscheidung von Mythus und Offenbarung in der positiven Philosophie ist schon da: »Die Religion nimmt hier notwendig den Charakter einer geoffenbarten Religion an und ist darum schon in ihrem Fundament historisch. Die griechische Religion bedurfte keiner historischen Grundlage« (V, 438).

Schelling war jederzeit auch Christ (trotz der »Anfälle von Irreligiosität«, wie Fr. Schlegel Schellings »Epikurisch Glaubensbekenntnis Heinz Widerporstens« nannte). Es gibt bei ihm keine Bekehrung. Er steht von früh an positiv zum Christentum, er beansprucht bis zuletzt die philosophische Souveränität über Dogma und Kirche. Was ist für Schelling aber der christliche Glaube? Er formuliert ihn kurz 1812 (VIII, 92 ff.): »daß Gott diese gegenwärtige Welt freiwillig erschaffen, daß sie also nicht von Ewigkeit her existiere, sondern ihrer Natur nach anfänglich und endlich – somit überhaupt die Zeit dieser Welt eine bestimmte Zeit sei« – »daß wir, vermöge unseres freien Willens, auch in einem freien und unmittelbaren Bezug zu Gott stehen, daß dieser Wille eine von jenem persönlichen Wesen als solchem unabhängige Wurzel hat, kraft deren er zu beidem fähig ist, sich in Liebe ihm zu, oder in Verschlossenheit von ihm abzuwenden« – »der Gedanke einer künftigen näheren Vereinigung mit dem Gott, den wir hier nicht sehen, dem persönlichen, und einer gleichmöglichen weiteren Entfernung von ihm – der Gedanke einer Scheidung der Guten und Bösen, welcher ohne eine eigentliche Geisterwelt schlechterdings undenkbar ist«.

3) Als charakteristisch für die Spätphilosophie gilt die Stiftung der »philosophischen Religion«. Auch diese Denkform als Zukunftswille, als Setzung der eigenen Aufgabe, als Aufbau dessen, was an der Zeit ist, ist schon im Systemprogramm des 21jährigen als die Aufgabe einer neuen Mythologie ausgesprochen. 1802 schreibt er schon: »Nachdem alle endlichen Formen zerschlagen sind, und in der weiten Welt nichts mehr ist, was die Menschen als gemeinschaftliche Anschauung vereinigte, kann es nur die Anschauung der absoluten Identität in der vollkommensten objektiven Totalität sein, die sie aufs Neue und in der letzten Ausbildung zur Religion auf ewig vereinigt« (II, 73). Etwa zur selben Zeit heißt es: »Ob dieser Moment der Zeit, welcher für die Wissenschaften und Werke der Menschen ein so merkwürdiger Wendepunkt geworden ist, es nicht auch für die Religion sein werde und die Zeit des wahren Evangeliums sich nähere ... ist eine Frage, die der eigenen Beantwortung eines jeden, der die Zeichen der Zeit versteht, überlassen werden muß« (V, 120).

e) Unserer These scheint die Schellingsche Selbstauffassung zu widersprechen. Er hat ausdrücklich seine frühere Philosophie als negative bezeichnet und die positive als etwas Neues zu bringen behauptet. Dies aber geschah nur in der Polemik gegen Hegel. In dieser benutzte Schelling die Form der Selbstkritik als Hegelkritik, nämlich als die These, Hegel sei stehengeblieben, wo Schelling einst stand, habe ausgeführt, was Schelling selber überwand. Aber diese Selbstauffassung will keineswegs widerlegen, daß nicht jene Ansätze bei ihm von Anfang an da waren. Schelling hat nicht nur seine frühere negative Philosophie als bleibendes Element bewahrt und weiter zu entwickeln gesucht, sondern auch gelegentlich auf Momente des Späteren im Früheren hingewiesen.

So schrieb er 1809 über die frühe Schrift vom »Ich«: »Sie zeigt den Idealismus in seiner frischesten Form, und vielleicht in einem Sinn, den er späterhin verlor. Wenigstens ist das Ich noch überall als absolutes, oder als Identität des Subjektiven und Objektiven schlechthin, nicht als subjektives genommen« (I, 159). So urteilt er ferner in der Wendung vom »Durchbruch in das freie offene Feld objektiver Wissenschaft« (IX, 366) über seine Frühzeit. Und weiter: »So verriet sich schon durch meine ersten Schritte in der Philosophie die Tendenz zum Geschichtlichen, wenigstens in der Form des sich selbst bewußten, zu sich gekommenen Ich« (X, 94).

Schelling hat es auch direkt und im ganzen ausgesprochen, daß bei ihm keine Sinnesänderung stattgefunden habe: »Es war mir seit dem Studium der Kantischen Philosophie klar, daß diese nicht die ganze Philosophie sein könne. Schon in den Briefen über Dogmatismus und Kriticismus (1795) behauptete ich, daß dem Kriticismus gegenüber, auch ein mächtigerer, herrlicherer Dogmatismus sich erhebe; und das war nichts Anderes als die positive Philosophie. So lange Zeit schreibt sich bei mir die Ahnung einer positiven Philosophie her« (Paulus 394; ferner: XI, 374; XIII, 82). Und von seiner Jacobi-Kritik (1812) sagt er, er habe dort »die positive Philosophie, auch nachdem sie gefunden war, höchstens in Andeutungen durch die bekannten Paradoxien« dieser Schrift erkennen lassen (XIII, 86; Paulus 396).

f) Es ist unmöglich, Schellings Denken als ein einziges System darzustellen. Es ist im ganzen und für jede Phase seines Lebens mißlungen. Schelling entwarf Systeme, aber er dachte jederzeit, was in diese Systeme nicht hineinpaßt.

Bei näherer Beschäftigung mit Schelling sieht man, daß er in einer Verschlingung der Motive fast alles in nahem Nacheinander und Durcheinander denken kann. Die scharfen Scheidungen, die in den Begriffen gemacht werden, wenn Periodeneinteilungen fixiert werden sollen, existieren bei Schelling nur jeweils, aber nicht grundsätzlich und beherrschend. Es ist ein zeitliches Nacheinander der Betonungen und jeweiligen Übersteigerungen, der Breite der Entfaltungen dessen, was einem bleibenden Ganzen angehört. Auch die Grundhaltungen, die man als ästhetisch, ethisch, religiös klassifiziert, sind bei Schelling kein Nacheinander. Sie sind in ihm nicht wirklich trennbar. Der gnostische Abfallsgedanke kann ebensogut als ästhetische Anschauung bewertet werden wie als Hinweis auf das Ethische.

Eine Grundfrage der Schellingschen Entwicklung ist für die Auffassung entscheidend: Ob in ihm irgendwann eine Umkehr, eine Bekehrung, ein in der Tiefe des Philosophierens selbst verwandelnder Schritt, ob ein Sprung, ein Bruch stattgefunden hat und eine neue Grundhaltung erworben wurde oder nicht. Wenn nicht, dann trifft der Blick auf eine einzige große Einheit Schellingschen Denkens als das Wesentliche, demgegenüber alle Entwicklungen und Perioden vordergründig sind. Ich bin überzeugt, daß dies das Richtige ist. Das Eine bei Schelling, das, worin er ein Urbild einer Weise des Philosophierens für immer geworden ist, kann nur so getroffen werden. Es wird, wie mir scheint, überzeugend. Was dieses Eine aber sei und nicht sei, kann erst die Gesamtheit unserer Darstellung zu zeigen versuchen.

Der Nachweis einer Entwicklung in Perioden hat seine Grenzen daran gefunden, daß die Folge der sachlich gefaßten Gedankenpositionen keineswegs nur eine chronologische Folge ist. In der unbestimmten Charakteristik der Stoffgebiete, für die sich Schelling nacheinander interessiert hat, und in dem Nachweis des Vorwiegens einzelner Gedankenformen durch längere Zeit ist bei solchen Untersuchungen immerhin einiges erreichbar.

Manche Formeln, Wendungen, Gedankenentwicklungen kehren oft wieder, andere (z. B. die Deutung der intellektuellen Anschauung als Ekstasis: IX, 288 ff.) kommen nur selten vor. Daraus folgt nichts für eine Entwicklung.

Schellings Meinung läßt sich in dem jeweiligen Text und Textzusammenhang mehr oder weniger deutlich fassen, seine Meinung im ganzen nicht. Jeder Bericht über Schellings Philosophie scheint entweder anfechtbar, weil er zu eindeutig ist, oder scheint nichtssagend, weil er zu vielfältig gerät. Der Grund dieses Zustands der Schellingschen Gedankenwelt ist das Problem, dessen Erhellung das Denken dieses Mannes in seiner Eigenart erst eigentlich vergegenwärtigen könnte.

Wenn es möglich ist, in weitem Umfang systematisch einheitliche Gedankengebiete zu reproduzieren unter Vernachlässigung des Nichtstimmenden, und wenn es dann manchmal erstaunlich ist, wie frühe und späte Sätze in einem gleichen Sinne sich treffen, sich ergänzen und steigern, dann hat man in ihnen doch nie das Ganze und nie den wesentlichen Schelling.

Wohl aber möchte man das Wesentliche einer Denkungsart und philosophischen Lebensverfassung, dann das Wesentliche der philosophisch eindringenden Gedankenoperationen fassen. Man möchte nicht abgelenkt werden durch die Endlosigkeit von Details. Man möchte sich nicht verlieren an Reproduktionen, die an die Stelle des originellen Schellingschen Kaleidoskops ein nur noch größeres, aber undurchsichtiges, die Auffassung erschwerendes, ständig in Nebenwege geratendes Durcheinander setzen.

Was ist das Eine, Gleichbleibende in Schellings Leben und Denken? Unter dieser Frage möchten wir Schellings Philosophie in seinen Grundgedanken darstellen, als ob in ihnen keine Entwicklung sei außer einer Entfaltung und Verdeutlichung der Keime oder auch des Vergessens dessen, was einmal da war. Unter dieser Frage gehen wir dann auf das zu, was wir die Substanz des Schellingschen Denkens nennen, und auf seine Bedeutung im Raum der Mächte, die unser Philosophieren bestimmen.

ZWEITES KAPITEL
WAS PHILOSOPHIE FÜR SCHELLING BEDEUTET

1. Das Wesen der Philosophie

a) Vorbildlich hatte im Altertum die Philosophie nach Schelling »den Mut und das Recht zu den einzig großen Gegenständen, um deren willen allein es wert ist zu philosophieren und sich über das gemeine Wissen zu erheben.« In ihrer neueren Geschichte hat die Philosophie dagegen »ihren Charakter aufgeopfert«. Indem sie sich zur Sache des Verstandes machte, unterschied sie sich vom Glauben. Damit überantwortete sie zuletzt diesem Glauben alles das, »was in der Philosophie eigentlich philosophisch ist«. Das Wesen der Philosophie liegt aber darin, »in klarem Wissen und anschauender Erkenntnis zu besitzen, was die Nichtphilosophie im Glauben zu ergreifen meint.« Nur einmal noch gab es das in diesen Jahrhunderten, was Schelling meint: »Die letzten Anklänge alter, echter Philosophie wurden durch Spinoza vernommen«, »er hat die Philosophie zu ihrem einzigen Gegenstande zurückgeführt« (VI, 16–18). Daher Schellings »Vorhaben«, diejenigen Gegenstände, welche der philosophische Dogmatismus der Religion überwies, und die Nichtphilosophie des Glaubens sich zugeeignet hat, der Vernunft und der Philosophie zu vindizieren (VI, 20).

Welches sind die hohen Gegenstände, welches ist überhaupt der Gegenstand der Philosophie? »Die Philosophie hat im Grund keine anderen Gegenstände als die anderen Wissenschaften auch, nur sieht sie dieselben im Licht höherer Verhältnisse, und begreift die einzelnen Gegenstände derselben, z. B. das Weltsystem, die Pflanzen-, die Tierwelt, den Staat, die Weltgeschichte, die Kunst – nur als Glieder Eines großen Organismus, der aus dem Abgrund der Natur, in dem er seine Wurzel hat, bis in die Geisterwelt sich erhebt.« Wenn alle Gegenstände auch philosophische Gegenstände sind, die Philosophie aber diese Gegenstände in dem Licht höherer Verhältnisse sieht und sie erst dadurch philosophische werden, so hat solche Philosophie auch die neuen und neuesten Entdeckungen der Naturwissenschaften und der Geschichtsforschung als ihre eigene Sache: »nur eine bis auf die tiefsten Anfänge zurückgehende Philosophie ist ihnen gewachsen« (IX, 361–362).

In scheinbarem Widerspruch dazu kann es heißen: Die Philosophie ist unter allen Wissenschaften die einzige, die ihren Gegenstand von keiner anderen empfangen kann, die ihn sich selbst gibt. Sie hat ihren Gegenstand erst zu erringen, zu begründen, da sie denselben nicht aus der Erfahrung noch von einer anderen höheren Wissenschaft, noch als einen bloßen zufälligen sich geben lassen kann (XIII, 147). Dieser selbst geschaffene Gegenstand bringt offenbar das Licht, durch das erst alle anderen Gegenstände sich in den höheren Verhältnissen zeigen.

Dagegen »gibt es Gegenstände, welche die Philosophie außer allem Verhältnis zu sich betrachten muß«: Dahin gehört alles, was keine wesentliche Wirklichkeit in sich hat, was nur in der willkürlichen Meinung der Menschen etwas ist, alles bloß Gemachte, ferner alles Korrupte, Entstellte, dann das Grenzenlose, Ungeendete, endlich das Tote, Stillstehende. Mit all dem hat Philosophie es nicht zu tun, in ihm kann sie sich nicht finden und erkennen, es widerstrebt ihr. Nur das Ursprüngliche hat für sie Bedeutung (XI, 222).

b) Solche Philosophie ist »durchaus ein Werk der Freiheit. Sie ist in jedem nur das, wozu er sie selbst gemacht hat« (II, 11). Da Philosophie nur auf ganz freie Weise erzeugt werden kann, hört sie auf, wenn ihr ein bestimmter Zweck vorgehalten wird, den sie erreichen soll. Sie findet das Höchste nur nach einer bloß inneren Notwendigkeit ihrer selbst (VIII, 84).

Die Freiheit der Philosophie versteht Schelling in unserer Grundsituation: »Der Mensch findet sich im Beginn seines Daseins gleichsam in einen Strom geworfen, dessen Bewegung eine von ihm unabhängige ist, die er zunächst bloß leidet; dennoch ist er nicht bestimmt, sich von diesem Strom wie ein totes Objekt bloß fortziehen und fortreißen zu lassen.« Was kann, was soll er tun? Nicht ein eigennütziger Zweck, sondern das Sichfinden im Ganzen des Seins ist die Aufgabe. Der Philosoph soll den Sinn dieser Bewegung, in die der Mensch geworfen ist, verstehen lernen, um ihr selbst in diesem Sinne förderlich zu sein (XIII, 202).

Freiheit ist auch Bedingung der Gegenseitigkeit im Philosophieren. »Das Medium, wodurch Geister sich verstehen, ist nicht die umgebende Luft, sondern: die gemeinschaftliche Freiheit, deren Erschütterungen bis ins Innerste der Seele sich fortpflanzen. Wo der Geist eines Menschen nicht vom Bewußtsein der Freiheit erfüllt ist, ist alle geistige Verbindung unterbrochen, nicht nur mit anderen, sondern sogar mit sich selbst; kein Wunder, daß er sich selbst ebenso gut als anderen unverständlich bleibt und in seiner fürchterlichen Einöde nur mit eiteln Worten sich ermüdet, denen kein freundlicher Widerhall (aus eigner oder fremder Brust) antwortet« (I, 443). Enge und beengende Ansichten haben in der Philosophie eine gleich enge Sprache zur Folge. Weil sie »auf alles nur einen gewissen Kreis von Formeln und Redensarten anzuwenden« haben, ist eine Auseinandersetzung mit ihnen nicht möglich. Es artet zuletzt in Irrereden aus (XII, 7).

c) Weil Philosophie ein Werk der Freiheit ist, ist sie im Ursprung ein Wille. »Darum ist auch der Beweis nur ein Beweis für die fortschreiten und fortdenken Wollenden, nicht wie ein geometrischer Beweis, mit dem man auch den Beschränkten, ja den Dummen zwingen kann.« Niemand kann ich zwingen, durch Erfahrung klug zu werden, wenn er nicht will. »Die positive Philosophie ist die eigentlich freie Philosophie; wer sie nicht will, mag sie lassen« (XIII, 132). »Eine allgemeingültige Philosophie ist ein ruhmloses Hirngespinst« (II, 11).

Der Wille, das Handeln ist der Ursprung der Philosophie. So sagt der junge, so der alte Schelling. Der junge: Der Mensch ist zum Handeln, nicht zum Spekulieren geboren. Daher muß auch sein erster Schritt in der Philosophie den Antritt eines freien Wesens verkündigen. »Das erste Postulat aller Philosophie ist, frei aus sich selbst zu handeln. So wenig der Geometer die Linie beweist (die er auf das erste Postulat der Geometrie hin zieht), ebenso wenig sollte der Philosoph die Freiheit beweisen.« Nur für die moralische Tätigkeit haben die Ideen Realität. Wo der Mensch selbst zu schaffen beginnt, darf er keine Objekte mehr begehren. Will er seine Ideen theoretisch bestimmen, wird ihm alles zum Hirngespinst, was über die Kategorien des Verstandes hinausgeht. Dort öffnet sich der Freiheit des schaffenden Willens, was eigentlich ist. Aber dort, wo der Philosoph erst recht frei sich fühlt, sieht der Verstand »nichts als das große Nichts vor sich, das er nicht auszufüllen weiß und das ihm kein anderes Bewußtsein als das seiner eigenen Gedankenlosigkeit übrig läßt« (I, 243–244). Der alte Schelling: Mit der reinen Vernunftwissenschaft gelange ich zur Idee Gottes, aber nicht zu Gott und Wirklichkeit selber. Daher treibt die Vernunftwissenschaft zur Umkehr. Diese kann nicht vom Denken ausgehen, das nur kontemplativ ist und es nur mit dem Notwendigen zu tun hat. Ein Wille muß es sein, von dem die letzte Krisis der Vernunftwissenschaft ausgeht. Sie beginnt mit dem Anspruch: »Ich will das, was über dem Sein ist.« Ein Gewolltes bewegt sie. Handeln ist es, das sich nicht begnügt mit einem ideellen Gott, sondern den wirklichen Gott will. Darin entspringt die positive Philosophie (XI, 560–565).

Wem Philosophie Wissenschaft ist im Sinne sachlichen, zwingend allgemeingültigen Wissens, der befragt ein geistiges Werk, das als Philosophie auftritt, ob es Wissenschaft sei. Im verneinenden Fall verwirft er es, wie etwa Franz Brentano oder Husserl Schelling nebst so vielen anderen großen Philosophen verworfen haben. Solche Verwerfung hat Schelling von vornherein in ihrem Sinn durchschaut. »Wer einem anderen sein philosophisches System angreift, greift im Grunde nicht bloß seinen Verstand, sondern zugleich seinen Willen an« (XIII, 201).

Das bedeutet für Schelling nichts weniger als Beliebigkeit. Der Wille selber ist, wenn er ursprünglich und damit wahr ist, eine Notwendigkeit. Und der Gang des Willens im Denken ist wiederum an eine andere Notwendigkeit, an das Denken, an das nicht nicht zu Denkende gebunden. Beides gehört zur Freiheit.

Im Zusammenhang der Philosophien wäre, da sie im Willen gründen, jeweils zu fragen, nicht, ob sie zwingend allgemeingültig sei, sondern was für ein Wille in dieser und in jener Philosophie spreche. Welche Macht steht in welcher Front? Welche Grundverfassung, welcher Lebenswille gibt sich kund? Wille reagiert auf Willen, Freiheit auf Freiheit. Und jeder gewinnt Maßstäbe, die nicht allgemeingültig, nicht für sich abgesondert als das Gemeinsame aufzustellen sind, nicht objektiv für alle da sind. Wer hier denkt und reagiert und meint, der steht mit seiner Empfindlichkeit in der Welt der Mächte, spürt die Substanzen und Substanzlosigkeiten in den Denkgebilden des Geistes.

Schelling hat diese Konsequenz nicht gezogen. Seine Philosophie ist allein wahr, sein Wille der wahre Wille aus dem Ursprung aller Dinge (trotz der scheinbar bescheidenen, gelegentlichen Einschränkungen). Aber das hindert nicht, die Wahrheit anzuerkennen, die

Schelling im Wesen der Philosophie dadurch begriff, daß er sie als Wille faßte.

d) »Der Geist der Sittlichkeit und der Philosophie ist einer und derselbe« (V, 116). Erkenntnis ohne Sittlichkeit ist so wenig wahr wie Sittlichkeit ohne Erkenntnis. Erkenntnis ist Philosophie, und Philosophie ist Metaphysik. Daher ist die Metaphysik, fern davon, nur eine theoretische Beschäftigung zu sein, die Mitte, die Substanz unseres persönlichen, staatlichen, religiösen Daseins.

Da das philosophische Erkennen selber Handeln ist, der Freiheit entspringt, Wille ist, vollzieht sich in solchem Erkennen die Verwandlung und Wiedergeburt des Menschen. Schelling verwirft die Trennung von Denken und Ethos, verwirft daher auch die Frage, welches den Vorrang habe. »Eine Philosophie, die nicht in ihrem Princip schon Religion ist, erkennen wir auch nicht für Philosophie an« (V, 116).

Die Überzeugungskraft des philosophischen Gedankens liegt in dem Ursprung, in dem Erkennen und Wollen eins sind. Die Praxis des Denkens ist der Grund seiner Wahrheit. Schelling hat den Sinn der Substantialität des Denkens ausgesprochen. Wieweit er selber es verwirklicht hat, wieweit er seinerseits in bloß begriffliche Operationen, leere Schematismen und verantwortungslose Kontemplationen gerät, ist eine andere Frage.

Das Umgreifende für Schelling bleibt die theoretische Vernunft, insofern Erkennen immer im Willen anwesend ist, der Wille selber Erkennen ist. Freiheit heißt, durch vernünftiges Denken in den eigenen Willen verwandeln. Das bloße Objekt, eine Offenbarung als blind hingenommene Objektivität kann ihr nicht gelten. »Gebt mir tausend Offenbarungen einer absoluten Causalität außer mir, ich werde nie an sie glauben können, solange meine theoretische Vernunft dieselbe bleibt« (I, 287). Ebenso will Schelling noch im Alter die Offenbarung in der Vernunft auffangen, nie sich der Offenbarung unterwerfen. Sie ist Gegenstand, nicht Quelle der Philosophie.

Diese Philosophie aber – ihrem Wesen nach Metaphysik – ist als substantielles Denken die Mitte aller Dinge. Die Spannweite dieses Philosophierens liegt nach Schellings Sinn zwischen der sublimen Spekulation aus intellektueller Anschauung einerseits und den konkreten Handlungen hier und jetzt, in diesem sittlich-politischen Zustand, in diesem Zeitalter, in dieser persönlichen Situation andrerseits. Eines ohne das andere wird unwahr. Ohne die metaphysische Mitte sinkt alles in Zerstreuung und Nichtigkeit. Ohne Verwirklichung ihrer Folgen in konkretester Gegenwart ist jene Spekulation eine leere Spielerei.

e) Für wen ist Philosophie? Für wenige Auserwählte? Für Alle? Schellings Antworten bejahen beides.

Wer philosophiert, muß selber etwas sein. »Wer nichts Reales in sich und außer sich fühlt und erkennt – wer überhaupt nur von Begriffen lebt, und mit Begriffen spielt – wem seine eigene Existenz selbst nichts als ein matter Gedanke ist – wie kann doch der über Realität sprechen?« (I, 353).

Daher kann Philosophie »nicht jedermanns Ding sein. Sie muß in ihrem ersten Postulat schon etwas enthalten, was gewisse Menschen auf immer von ihr ausschließt. Sie muß in ihren ersten Principien schon intolerant sein« (I, 417). Man sieht zu allen Zeiten, »daß das heilige Feuer der Philosophie von reinen Händen bewahrt wurde« (I, 117).

Mut gehört zur Philosophie. Es gibt zaghafte und kleinmütige Seelen, und es gibt großmütige und heroische Seelen (XIV, 16). Jene zweifeln, weil sie den Mut nicht haben, das zu ergreifen, was für unsere gewohnten Begriffe zu transzendent ist (XIV, 16). Mut und Herz und Zuversicht und Vertrauen sind gefordert wegen der Überschwänglichkeit des Gegenstandes. Er muß aber überschwänglich sein, um allen Zweifel aufzuheben (XIV, 16). »Dies Gold göttlicher Erkenntnis wird nicht auf dem Wege tatenloser Thränen und müßigen Sehnens gefunden, nur im Feuer des Geistes wird es gewonnen« (VIII, 71).

Wer philosophieren will, muß auf dem Weg gehen, auf dem er wagt zu irren. »Wer aber garnicht einmal sich auf den Weg macht, sondern völlig zu Hause sitzen bleibt, kann nicht irren. Wer sich in die See wagt, kann durch Stürme oder eigene Ungeschicklichkeit freilich vom Wege abkommen und verschlagen werden, wer aber garnicht aus dem Hafen ausläuft, dessen ganzes Bestreben vielmehr darin besteht, nicht auszulaufen, sondern durch ein ewiges Philosophieren über Philosophie zu verhindern, daß es garnicht zur Philosophie komme, der hat freilich keine Gefahren zu befürchten« (IX, 211).

Kurz, Philosophie ist eine Sache Auserwählter. Durch Schellings

Werke klingt das odi profanum vulgus et arceo (V, 5), geht die Verachtung des Philosophiebetriebes derer, die Philosophie durch Verstand allein, durch zweckhafte Absicht für erreichbar halten, der Zorn gegen die Unphilosophie.

Aber ist Philosophie nicht doch für alle Menschen? Auch das hat Schelling bejaht. Philosophie, nur auf freie Weise erzeugbar, ist das Höchste, aber auch »das allen Menschen Angelegenste, Erwünschteste« (VIII, 84). Philosophie erwirkt den Zustand der menschlichen Gemeinschaft. Wer frei ist, will, daß alle um ihn frei sind. Denn allein frei zu sein ist unmöglich. Und anders: »Was der Staat objektiv, ist subjektiv die Philosophie als Teilnahme an allem Guten und Schönen in einem öffentlichen Leben.« Die Philosophie in diesem wirklichen Sinne ist das Ziel aller bloßen Wissenschaft der Philosophie. Die Philosophie »kann nicht an sich selbst leben, solange es an dem öffentlichen Leben fehlt, in dem sie sich anschauen könnte. Philosophie, die zum Leben wird, ist das, was Plato das politeuein nennt, das Leben mit und in einer sittlichen Totalität« (VI, 576).

Wahre Metaphysik, die eigentliche Philosophie, ist die Mitte aller Dinge. Sie ist die Tugend, die Religion, die Ehrfurcht vor dem Gesetz, die Liebe zum Vaterland. Ohne alle Metaphysik würden Staat und öffentliches Leben zusammenbrechen. »Mit Mathematik, Physik, Naturgeschichte (ich verehre diese Wissenschaften hoch), mit Poesie und Kunst selbst lassen sich die menschlichen Dinge nicht regieren. Den wahren Verstand der Welt gibt eben die rechte Metaphysik, welche nur darum von jeher die königliche Wissenschaft genannt worden« (XIII, 27).

Wenn es scheint, daß Philosophie sich in reiner, weltabgewandter Spekulation zu sublimer Wahrheit erhebt, so gilt ihr doch: »Damit sie Gewalt habe, selbst über geistlose Menschen, muß sie in ihren ersten Principien schon ein praktisches Interesse haben« (I, 417).

Wenn die Bemühungen der Philosophie als Wissenschaft mit Recht eine bestimmte Terminologie schaffen, so muß doch »gerade die gesunde Philosophie, da sie nicht der Schule, sondern dem Menschen angehören soll, auch in jeder menschlichen Sprache verständlich sein« (I, 350).

Doch bleibt eine Kluft zwischen der freien, schöpferischen, sich selbst offenbaren Philosophie und der allgemeinen Wirklichkeit des Philosophierens. Der junge Schelling hat es rücksichtslos herausgestellt.

Die Philosophie begann gleichsam mit der Enthüllung der Mysterien. Keineswegs darf Philosophie ihrerseits geheim gehalten werden. Die Neigung, das Edle vor der Menge durch Geheimhalten zu schützen, wäre gegen den ursprünglichen Sinn der Philosophie selbst (nur in vorübergehendem Unwillen konnte Schelling in der Jugend einmal solche Verborgenheit wünschen). »Ein Verbrechen an der Menschheit wäre es, Grundsätze zu verbergen, die allgemein mitteilbar sind.« Die Philosophie tritt in die weiteste Öffentlichkeit. Trotzdem aber bleibt sie verborgen, ein »offenbares Geheimnis«. »Die Philosophie ist notwendig esoterisch, und braucht nicht geheim gehalten zu werden, sondern ist es vielmehr durch sich selbst« (IV, 232). Durch ihre Natur selbst ist sie für die Würdigen aufbewahrt. Sie kann nicht gelernt, nicht nachgebetet, nicht nachgeheuchelt werden. Sie ist ein Symbol für den Bund freier Geister, an dem sich alle erkennen, das sie nicht zu verbergen brauchen, und das doch, nur ihnen verständlich, für die andern ein ewiges Rätsel sein wird (I, 341).

In dem Jahrtausende alten Problem, ob Philosophie für wenige oder für alle Menschen sei, hat Schelling also beides bejaht. Wenn er seinem zweideutigen Selbstbewußtsein folgt, ist er gern Aristokrat. Wenn er im Wirkungswillen denkt, was aus seiner Philosophie in der Welt und in der Zukunft werden solle, so will er sie für alle. Im Grunde bleibt ihm Philosophie eine vornehme Angelegenheit. Sie gehört nicht auf die Straße.

Wenn aber Schelling doch sich an Alle wendet, wenn Philosophie das ganze menschliche Dasein, den Zustand der Zeit durchdringen und die Zukunft wirkend begründen soll, und wenn wir dann fragen: soll die weltferne, esoterische, über nichts herrschende aristokratische Philosophie sich verwandeln in ein demokratisches Philosophieren Aller? so ist zu sagen, daß Schelling diese Frage so nicht stellt und nicht beantwortet. Er würde am Ende doch wohl denken: alle sind gerufen, wenige sind auserwählt, dem Ruf zu folgen.

f) Wie kann und soll bei solchem Sinn für den Rang der Philosophie der Philosophieunterricht sein?

Offenbar kann Philosophie nicht gelernt werden wie Wissenschaften sonst. Sie muß »die müßigen Köpfe abwehren, die unter einem auswendig gelernten Jargon von Schulwörtern ihre Geistesarmut zu verbergen suchen« (I, 417). Da Philosophie »nicht selbst

Wissenschaft ist, die man, wie jede andere, erlernen kann«, so muß man »den wissenschaftlichen Geist zum Lernen schon mitbringen, wenn dasselbe nicht in ein lediglich historisches Wissen ausschlagen soll« (I, 417).

Wohl gibt es in der Philosophie zu lernen. Aber alle Kenntnisse sind nur Mittel. »Ihr wahres Wissen besteht in etwas ganz Anderem als bloß sogenannten Kenntnissen.« Lernen läßt sich nur, was abgeschlossen ist. »Solange dies Ziel nicht erreicht ist, ist nur in jener zum Ziel fortschreitenden Bewegung eigentliche lebendige Philosophie.« Auch wenn der Abchluß der Philosophie erreicht wäre, müßte jeder Nachfolgende das Ziel auf demselben Weg erreichen. Unmöglich kann man etwas, was im Werden, in stets lebendiger, nie ruhender Fortbewegung ist, als etwas Abgestorbenes, Fertiges, gleichsam Vorhandenes behandeln (IX, 357).

Schelling war Lehrer der Philosophie mit Leidenschaft. Er hat zum Sinn des Philosophieunterrichts als Jüngling und im Alter sein Wort gesagt:

Erstens: Die Philosophie soll nicht ein »Kunststück sein, das nur den Witz seines Urhebers bewundern läßt« (I, 293).

Zweitens: Es darf keinerlei Zwang geben. »Philosophie soll einmal und kann ihrer Natur nach keinen Einfluß ausüben als durch freie Überzeugung, sie muß mit jedem von vorn anfangen, denn kein Mensch kann für den andern glauben, oder für den andern überzeugt sein« (IX, 360). »Meine Gabe zu lehren kann sich nur äußern, wo sie mit Vertrauen und Zuversicht unbeschränkt sich äußern darf, wo freiwillige Neigung des Herzens und Geistes ihr entgegenkommt. Gezwungenen Hörern bin ich stumm. Zwang findet eigentlich nur statt, wo es bloßes Lernen gilt« (IX, 356). Philosophie drängt auf ein Äußerstes. »Wo sie durch Zwang gehemmt wird, gleicht sie einem gefangen gehaltenen Adler, dem seine wahre Heimat, die Felsenspitze verwehrt ist« (358).

Drittens: Die Philosophie soll im Menschen erwecken und dann reinigen, was verborgen in ihm bereit liegt. Daher kann alle Anweisung zur Philosophie nur negativ sein. Die Philosophie kann dem Menschen nicht etwas geben, das er nicht schon hätte. Ihre Absicht ist, »ihn von dem Zufälligen, das der Leib, die Erscheinungswelt, das Sinnenleben zu ihm hinzugebracht haben, zu scheiden und auf das Ursprüngliche zurückzuführen« (VI, 26). Großes erwartet er vom Studenten, der ihn hört. Die spekulativen Ideen

»hören auf, Gegenstand einer müßigen Beschäftigung zu sein. Sie werden zum Gesetz unseres Lebens« (I, 341). In den »Weihestunden« des akademischen Studiums werden »die großen Entschlüsse gefaßt, die Ideen empfangen, die nachher in die Wirklichkeit hervortreten sollen: hier muß jeder die Aufgabe seines Lebens finden und erkennen. Glaube keiner, daß in der Folge ihm etwas entstehen könne, wozu er nicht hier schon den Grund gelegt, oder daß ihm irgendein Werk, das er das Werk seines Lebens nennen möchte, gelingen könne, das nicht hier wenigstens schon als Ahndung vor seiner Seele gestanden. Selbst Träume der Jugend – blieben sie auch Träume – sind nicht ohne Bedeutung, wenn sie für das künftige Leben dem Gemeinen unzugänglich machen« (XIII, 28). Es »sollen jene großen das menschliche Bewußtsein aufrecht erhaltenden Überzeugungen gewonnen werden, ohne die das Leben keinen Zweck hat, und darum aller Würde und Selbständigkeit entbehren würde« (XIII, 3).

Viertens: Sollen etwa die Hörer ihrerseits schaffende Denker in der Philosophie werden? Offenbar nicht. »Die Meisten studieren nicht Philosophie, um wieder Philosophen zu werden, sondern um jene großen zusammenhaltenden Überzeugungen zu gewinnen, ohne die es keine Selbständigkeit der Gesinnung und keine Würde des Lebens gibt« (IX, 359). Das Ziel der philosophischen Lehre ist, dahin zu führen, wo sie als eine besondere Lehre aufhört. Wahre Philosophie übersetzt sich in Wirklichkeit, beim Lehrer, der selber philosophische Gedanken objektiviert, und beim Hörer, der sie aufnimmt. Philosophie »muß arbeiten, daß die Akten sobald als möglich geschlossen werden, damit künftig alle fähigen Köpfe zu Wissenschaften eilen, die unmittelbar noch ins Leben eingreifen. Sie muß daher suchen, daß sie selbst ins Leben (durch Erziehung und Bildung) übergeht und künftig nicht mehr gelehrt und gelernt zu werden brauche« (I, 417).

Das Wissen um das, was Philosophie sein könne, was sie sei, wodurch sie Sinn habe, ist von Schelling, wie mir scheint, herrlich ausgesprochen. Er reflektierte auf das, was er selber vielleicht in dieser Verwirklichung (im Vergleich etwa zu Spinoza, Plotin) nie war, was ihm ständig entrann, was aber dann im Stimmungsschauspiel der Ergriffenheit doch gleichsam da war. Wenn es ihm ohne begründende und durchherrschende Kraft für das Leben, für die wahre, naive Gebärde der Existenz selber blieb, so war um so merkwürdiger die bewußte Gebärde in Feierlichkeit, herrschaftlichem Anspruch, rhetorischer Gewalt.

2. Die Methode

a) Der Ursprung

Vor der Besinnung auf bestimmbare Methoden ist die Frage: Wo liegt der Ursprung philosophischer Einsicht? Schelling hat sein Leben lang sich dessen zu vergewissern gesucht, worin alle philosophische Einsicht gründet, und worauf sie zielt. Eine eindeutige Antwort hat er nicht gegeben. Aber er hat unablässig zu erregen gesucht, um was es sich handelt, nämlich das, womit die Eigenständigkeit des Philosophierens entweder offenbar wird oder fällt.

Schelling nennt dies, worin die philosophischen Gedanken ihre Wahrheit und Gewißheit haben, mit verschiedenen Namen: intellektuelle Anschauung, absolute Vernunft, reines Denken, Ekstase, reales Verhältnis des Menschen zu Gott; er spricht von Erfahrung, von dem, was vor allem Bewußtsein ist und in kein Bewußtsein eintritt. Was hier vergegenwärtigt werden soll, scheint nie endgültig bestimmbar, sondern sich in den Namen und Darstellungen verwandelnd zu zeigen. Was Schelling meint, ist nur mit Ausdrücken zu umkreisen, die für unseren Verstand provozierend sind, weil sie im Sinne rationaler Objektivität Unverständlichkeiten oder nichts zu sagen scheinen.

Die intellektuelle Anschauung in ihren Abwandlungen. – Unser Bewußtsein findet statt, indem wir denkend auf Gegenstände gerichtet, von den Gegenständen, die wir meinen, getrennt, das heißt: indem wir in der Subjekt-Objekt-Spaltung sind. Dort aber, im Ursprung aller philosophischen Einsicht gibt es keine Subjekt-Objekt-Spaltung. Philosophierend müssen wir dorthin gelangen, um von dort auszugehen. Was Schelling meint, kann er der Natur der Sache nach nicht wiederum gegenständlich sagen, sondern er umkreist es auf vielfache Weise, z. B.:

Anschauen in der Subjekt-Objekt-Spaltung ist Gebundenheit; denn wahrnehmen können wir nur passiv, was uns gegeben wird. Denken mit dem Verstande ist Gebundenheit, denn denken können wir nur, indem wir, was wir denken, in ein Objekt verwandeln. An ein Objekt gebunden sein ist Unfreiheit. Freiheit aber ist in der intellektuellen Anschauung. Solange das Objektivsein des Seienden unser Denken bestimmt, ist sie unmöglich. Sowie wir in sie eintreten, bringen wir durch freie Handlungen hervor. Wessen »Freiheit von der eindringenden Macht der Objekte überwältigt« wird, dem muß alle intellektuale Anschauung fremd und unbekannt bleiben (I, 318).

Oder anders: Die intellektuelle Anschauung, weder subjektiv noch objektiv, ist zu denken als »totale Indifferenz des Subjektiven und Objektiven«. Als solche heißt sie »die absolute Vernunft«. Sie wird »zu dem wahren Ansich«. »Der Standpunkt der Philosophie ist der Standpunkt der Vernunft. Da hört Nacheinander und Außereinander, aller Unterschied der Zeit auf.« In den Dingen ist dann nur das zu sehen, wodurch sie die absolute Vernunft ausdrücken, nicht aber gilt noch das, was sie als Gegenstände der Reflexion sind. »Es gibt keine Philosophie als vom Standpunkt des Absoluten« (IV, 114–115).

Oder wieder anders: Dort, »wo das Geschöpf sich selbst verschwindet und durchsichtig wird dem Schöpfer, da ist Vernunft.« Würde die Philosophie hinabsteigen, die Kopie eines Nachbildes des Urbildes suchen, dann würde sie, weil hinabsteigend, zuletzt mitten in der Wüste stehen. Es ist umgekehrt: »Das Erkennende und das Erkannte ist dasselbe in der Vernunft, und das, was diese Einheit erkennt, ist wiederum nur dasselbe.« Wer diese Einheit nicht begreift, »hat noch nichts auf ewige Weise erkannt« (VII, 247–248).

In der höchsten Wissenschaft schließt sich das sterbliche Auge: dort sieht nicht mehr der Mensch, sondern das ewige Sehen selber ist in ihm sehend geworden. Wo nur das sterbliche Auge sieht, Dinge und Gegenstände, da drängt es den Menschen darüber hinaus dorthin. »Ins Transcendente strebt, wer selbst noch in einem anderen als diesem wurzelt, dem es nicht das Eins und Alles, das allein Wirkliche geworden ist.« Schelling vergleicht dieses eigentliche Sehen, dies eigentliche Wissen mit dem bewußtlosen organischen Leben. »Im stillsten Dasein und ohne Reflexion offenbart die Pflanze die ewige Schönheit. So wäre dir am besten, schweigend und gleichsam nicht wissend Gott zu wissen« (VII, 248).

Der häufigste Ausdruck für jenen Ursprung ist bei Schelling »intellektuelle Anschauung«. Wollte man sie der sinnlichen Anschauung verähnlichen, so würde sie durchaus unbegreiflich sein (I, 181). Aber Anschauung heißt sie doch, »weil sie unvermittelt ist« (I, 401).

Will man sich die intellektuelle Anschauung durch eine jeden Augenblick zur Verfügung stehende Erfahrung näherbringen, so ist das Überzeugendste die Weise, wie wir unseres Ich bewußt sind. Indem ich mir meiner bewußt bin, bin ich zugleich Subjekt und Objekt, Denkendes und Gedachtes als dasselbe. Dies ist ein jeder Zeit gegenwärtiges Geheimnis, wenn wir für offenbar nur das halten, was ein vor uns stehender anschaulicher Gegenstand ist. Das Ich aber ist nur dadurch Ich, daß es niemals Objekt werden kann. Das heißt: es kann kein Objekt sinnlicher Anschauung werden. Also, schließt Schelling, kann es nur bestimmbar sein in einer Anschauung, die gar kein Objekt anschaut, gar nicht sinnlich ist, d. h. in einer intellektuellen Anschauung (I, 181).

Schon Fichte nannte intellektuelle Anschauung die Selbstgewißheit im »Ich bin« und damit den Grund oder Leitfaden der apriorischen Vergewisserung aller für Objekte gültigen Denkformen. Denn im Denken des »Ich bin« ist Subjekt und Objekt dasselbe, während in aller sinnlichen Anschauung Subjekt und Objekt ein Anderes sind. Kant hatte die Selbstgewißheit des Ich gelegentlich auch einmal intellektuelle Anschauung genannt. Aber damit wollte er sagen, daß das Ich eben nicht Gegenstand einer Anschauung und darum auch nicht bestimmbar sei. Intellektuelle Anschauung nannte Kant sonst stets das uns Menschen nicht mögliche göttliche Denken, von dem mit dem Gedachten zugleich die Anschauung hervorgebracht wird, während wir Menschen angewiesen sind auf Anschauung, die dem Denken gegeben wird.

Schelling wollte nun mit dem Ausdruck erstens das treffen, was Kant als für den Menschen unmöglich geleugnet hatte, Schelling aber für das philosophische Denken des Menschen in Anspruch nahm. Zweitens wollte er damit über Fichte hinaus, der sich in der Subjektivität verfangen habe. Für Schelling war die Selbstgewißheit des Ich, das sich zugleich Subjekt und Objekt ist, nur ein Leitfaden, an dem er aus der Subjektivität des Ich heraus in die Tiefe des Seins selbst gelangen wollte. Dies wurde ihm daher geradezu »der Anfang der objektiven, von aller Subjektivität befreiten Philosophie« (X, 148).

Schon sehr früh hat Schelling – noch mit Kantischen Worten, aber Kant verleugnend – die Universalität der intellektuellen Anschauung für alles Sein und sie als die Grunderfahrung eigentlichen Seins ausgesprochen: Kant trennte das Ich und das Ding an sich. Die

Grenze zwischen beiden, meint Schelling (Kant mißverstehend), ist die Grenze der inneren Anschauung (des Ich) und der äußeren Anschauung (der Erscheinung dessen, was als Ding an sich uns unzugänglich ist). »Diese Grenze hinweggenommen, fließen innere und äußere Anschauung zusammen.« Schelling meint sie hinwegzunehmen und kann dann behaupten: »Alle Anschauung ist in ihrem Princip intellektuell, daher die objektive Welt nur die unter Schranken erscheinende intellektuelle« (III, 459). Die intellektuelle Anschauung »ist die innerste eigenste Erfahrung, von welcher allein alles abhängt, was wir von einer übersinnlichen Welt wissen. Diese Anschauung zuerst überzeugt uns, daß irgend etwas im eigentlichen Sinne *ist*, während alles übrige nur erscheint« (I, 318).

Wenn Schelling nun in dieser intellektuellen Anschauung dachte, so konnte er, seinem eigenen Sinn entsprechend, nicht fassen, was er wollte. Er mußte über einfache intellektuelle Anschauung, durch die ich mir meiner selbst bewußt bin, hinaus. Dies Ich ist nur eine bestimmte Form des Subjekt-Objekts. Diese Form sollte abgestreift werden, damit das Subjekt Objekt überhaupt als der allgemeine Inhalt allen Seins hervortrete. Dieses über die intellektuelle Selbstanschauung des Ich hinaustragende Anschauen des »bestimmungslosen Subjekt-Objekt« konnte nicht mehr ein unmittelbar Gewisses, sondern nur noch Sache des reinen Gedankens sein (X, 148). Das hatte für die Philosophie die Folge, daß sie in keiner Form stehen bleiben konnte. Das Vorhaben, sagt Schelling, ist von Anfang an das bloße Wollen desselben. Es kann seiner nicht habhaft werden, es kann sich nicht zum Stehen bringen. Daher gerät es unmittelbar in die fortziehende Bewegung. Es wird mit fortgerissen, da »sich das Seiende bis zum Ende als das nie verwirklichte, nun erst zu verwirklichende verhält« (X, 149). Im Anfang, der als Indifferenz bezeichnet wurde, war das Seiende unmöglich zu haben. Das Seiende ist »das, was nie war, das, sowie es gedacht wird, verschwindet, und immer nur im Folgenden Ist, aber auch da nur auf gewisse Weise, also erst am Ende eigentlich Ist.«

Die intellektuelle Anschauung, an der Schelling ausdrücklich festhält (X, 150), im Gegensatz zu einer Stelle, an der er sagt, der Ausdruck wäre besser ganz beiseite zu setzen (IX, 229), liegt in dem Verhältnis dieses absolut Beweglichen zum Denken, jenes Beweglichen, das fortwährend ein Anderes ist, in keinem Moment sich festhalten läßt, erst im letzten Moment wirklich gedacht wird. Dieses Bewegliche ist nicht Gegenstand des Denkens, weil nichts Bleibendes. Es ist vielmehr die Materie des Denkens. »Denn das wirkliche Denken äußert sich eben nur in der fortgehenden Bestimmung und Gestaltung dieses an sich Unbestimmten, dieses nie sich selbst Gleichen, immer ein Anderes Werdenden.« Diese Materie des Denkens, die nicht in dem Sinne wie die einzelne Gestaltung gedacht ist, ist also das im Denken doch eigentlich nicht Gedachte. »Ein nicht denkendes Denken wird aber wohl von einem anschauenden Denken nicht weit entfernt sein.«

Eine intellektuelle Anschauung liegt allem philosophischen Denken zu Grunde. Dies Verhältnis vergleicht Schelling mit dem Verfahren der Geometrie, in der die gezeichnete Figur stets nur der Träger einer inneren oder geistigen Anschauung ist (X, 151). Dieser Vergleich mit der Geometrie läßt ihn die intellektuelle Anschauung nun weiter als das Konstruktionsfeld auffassen, in dem die metaphysischen Denkfiguren wie die geometrischen im Raum entwickelt werden. Intellektuelle Anschauung, sagt er, ist so wenig geheimnisvoll und unbegreiflich wie die Anschauung des reinen Raums (IV, 369). Das ist für Schelling in solchen Wendungen also nicht nur ein Vergleich. Er führt beispielsweise aus: Raum und Zeit sind die Reflexe in der Sinnenwelt dessen, was die Einheit des Seins und Denkens ist. Die Einheit beider wird im Unendlichen reflektiert als Zeit, im Endlichen als Raum. Jene ist subjektiv, dieser objektiv. Die Einheit von Zeit und Raum, des Subjektiven und Objektiven, an sich angeschaut, ist der Gegenstand der intellektuellen Anschauung und zugleich sie selbst, weil hier Anschauung und Gegenstand eines sind. In diesem Einssein des Ewigen hat die Philosophie ebenso ihre Konstruktionen darzustellen, wie die Geometrie die ihrigen in dem Universalbild des Ewigen, dem Raum. Darstellung in intellektueller Anschauung ist philosophische Konstruktion. Ohne intellektuelle Anschauung keine Philosophie« (V, 255).

Was intellektuelle Anschauung sei, wird weiter im Vergleich zur Kunst ausgesprochen: »Phantasie ist die intellektuelle Anchauung in der Kunst.« Wie das Philosophieren in der Vernunft und gleichsam vom Stoff der Vernunft die Ideen bildet und dann in intellektueller Anschauung darstellt, so werden in der Einbildungskraft die Produktionen der Kunst empfangen und dann in der Phantasie das Angeschaute nach außen gesetzt und dargestellt. In beiden Fällen ist die intellektuelle Anschauung das »innerlich Darstellende« (V, 395).

Philosophie wurde als Freiheit bestimmt. Wenn ihr Ursprung intellektuelle Anschauung ist, so muß diese selbst wesentlich Freiheit sein. Intellektuelle Anschauung ist ein Akt der Freiheit. »Im absoluten Wollen wird der Geist seiner selbst unmittelbar inne oder er hat eine intellektuelle Anschauung seiner selbst« (I, 401).

Wenn Freiheit im Philosophieren die Lösung von der Gebundenheit an das Objekt bedeutet, so vollzieht die intellektuelle Anschauung gerade diese Lösung. »Gäbe es kein intellektuales Anschauen, so wären wir auf immer in unseren objektiven Vorstellungen befangen, es gäbe auch keine Philosophie« (I, 401). Sinnliche Anschauung wird uns gegeben. Intellektuelle Anschauung kann »nur durch Freiheit hervorgebracht werden« (I, 318).

Was ist diese Freiheit? Nicht von einer Freiheit der Beliebigkeit geht die Philosophie aus, sondern von der »ewigen Freiheit«. Wir müssen dorthin gelangen, wo wir als unser alltägliches, nichtwissendes Dasein niemals sind. Diese Tat ist der Akt, in dem wir des Überschwänglichen inne werden. Die Notwendigkeit dieses Aktes macht Schelling durch eine Darstellung unserer Situation deutlich. Wir sind hinausgesetzt aus dem Ursprung oder der Mitte, der wir zugehören. Wir leben jetzt in dem Dunkel des Nichtwissens, in der Fesselung durch Objekte, in der Unfreiheit des Getriebenseins. Wir müssen uns aus diesem Dasein heraussetzen, wiederum zurück in den Ursprung. Ekstase (Herausgesetztheit) hat doppelte Bedeutung: die erste des Herausfallens aus dem Ursprung, die zweite des Sichhinaussetzens aus dem gegenwärtigen Verfallensein zurück in den Ursprung. Dieses zweite tut die freie Tat der intellektuellen Anschauung, die, wie Schelling nur an dieser Stelle sagt, besser Ekstase genannt würde (man sieht, daß das Wort hier kaum mit dem zu tun hat, was sonst Ekstase heißt, mit dem Versinken in Trancezustände, daß es aber zweideutig daran anklingt). Aus dem Ort unseres Daseins, gebunden an Objekte, verschlungen in die Endlichkeit, versetzen wir uns zurück in die ursprüngliche, die ewige Freiheit, die wir verloren haben. Die Philosophie steht vor der Frage: »Wie kann der Mensch zu dieser Ekstase gebracht werden, welche heißt: wie wird der Mensch zur Besinnung gebracht?« (IX, 228).

Es gilt, sich zu erheben über alles Wissen, das bloß von mir ausgeht. Solange ich die Beliebigkeit des Zugreifens im Denken als Freiheit nehme, verfalle ich an die Objekte. Für die Besinnung, die zur ewigen Freiheit führt, kommt es darauf an, alles Wissen aufzugeben. Solange der Philosophierende noch wissen will, wird ihm die ewige Freiheit, jenes absolute Subjekt, mit dem eins zu werden Wahrheit und Sein bedeutet, wieder zum Objekt werden. Eben darum wird er es dann nicht erkennen. Nur dadurch, daß er sich des Wissens begibt, macht er den Raum frei für das, was das eigentliche Wissen ist, »denn dieses Innewerden des Überschwänglichen kann man wohl auch Wissen nennen« (IX, 229). Philosophie ist das eigentliche Wissen, nämlich das Wissen der ewigen Freiheit, die wir sind, die wir aber nicht wissen im Sinne unseres Wissens von Gegenständen.

Solchen Formulierungen gegenüber drängt sich die Frage auf, wie wir denn solche freie intellektuelle Anschauung erleben oder wie sie im Bewußtsein vorkommt. Gar nicht, sagt Schelling verblüffend und konsequent. Die intellektuelle Anschauung »kann ebensowenig als die absolute Freiheit im Bewußtsein vorkommen.« Denn Bewußtsein setzt ein Objekt voraus, die intellektuelle Anschauung aber ist ja »nur dadurch möglich, daß sie gar kein Objekt hat«. Daher muß der Versuch, die intellektuelle Anschauung aus dem Bewußtsein und aus Bewußtseinserscheinungen zu widerlegen oder zu beweisen, fehlschlagen. Für diese Quelle aller philosophischen Einsicht lehnt daher Schelling alle psychologische Beobachtung ab. Erst recht muß der Versuch, der intellektualen Anschauung durch das Bewußtsein etwa objektive Realität zu geben, fehlschlagen. Dies zu versuchen, würde bedeuten, diese Anschauung aufzuheben. Anders gesagt: Schelling wehrt von vornherein auch alle Psychotechnik der Bewußtseinszustände zur Erzeugung philosophischer Einsicht ab (I, 181).

Schließlich vergleicht Schelling das ursprüngliche Anschauen in uns selbst, ohne Trennung zwischen innerer und äußerer Welt, sogar mit dem Schlaf: »Vom Körper verlassen, ohne Beziehung auf einen äußeren Raum, schaut die Seele in diesem Zustand alles nur in sich selbst an, es kommt ihr nicht zum Begriff, noch zum Urteil, deswegen auch nicht zur Erinnerung der gehabten Vorstellungen, kurz, die Seele scheint zugleich mit dem Körper zu schlafen« (I, 391).

Der freie Geistesakt, das Hellste, ist von solcher Art, daß Worte wie »außer dem Bewußtsein« und »Schlaf« sie interpretieren sollen, während, da alle Meditationstechnik zur Herbeiführung von Zuständen verwehrt bleibt, alles Philosophieren auch für Schelling doch im Bewußtsein geschieht, aber so, daß dieses ein gesteigertes, erfülltes und durch einen Sprung in seinem Sein und seiner Selbstgewißheit verwandeltes erscheint.

Wer nicht dorthin gelangt, dem ist alles, wovon im Philosophieren die Rede ist, ohne Realität. Das »Absolute in uns«, das in der intellektuellen Anschauung, ohne Objekt zu sein, gegenwärtig ist, ist für den, der an Objekte gebunden ist, wie etwas »Nichtexistentes«. Es ist offenbar, daß der Mensch »da keine Objekte mehr finden darf, wo er selbst zu schaffen, zu realisieren beginnt«. Da, wo der Philosophierende erst recht frei sich fühlt, sieht der Unfähige »nichts als das große Nichts vor sich, das er nicht auszufüllen weiß, und das ihm kein anderes Bewußtsein als das seiner eigenen Gedankenlosigkeit übrig läßt.« Das zeigt, »daß er seinen Rang in der Geisterwelt nur durch ein mechanisches Denken zu behaupten weiß« (I, 243).

Darum muß ihm, in seiner Bindung an Objekte der Sinne und des Verstandes, der philosophische Gedanke auch unverständlich bleiben. »Begriffe gibt es nur von Objekten, von dem, was begrenzt ist und sinnlich angeschaut wird. Freiheit wird nur von Freiheit erkannt, Tätigkeit nur von Tätigkeit aufgefaßt« (I, 401). Freiheit ist nur für Freiheit verständlich. Sie muß der Unfreiheit fremd und unbekannt bleiben (I, 318). Sie entspringt daraus, daß die Philosophie das Geistige im Menschen, das jenseits des Bewußtseins liegt, zum Bewußtsein hervorrufen will. Aber unverständlich ist sie nur »für diejenigen, welche dieses geistige Bewußtsein nicht geübt und gestärkt haben, oder denen auch das Herrlichste, was sie in sich tragen, nur durch tote, anschauungslose Begriffe zu erscheinen pflegt« (I, 443).

Dieser einzige Ursprung des Philosophierens kann Wahrheit nur bringen, wenn er nicht verwechselt wird. Schelling wehrt daher ab, was mit der Freiheit auch die intellektuelle Anschauung bedroht und zerstört. Hier haben Hypothesen und Beweise kein Recht. Er wendet sich auch gegen die in seiner Zeit unter dem Namen »Grundsatzphilosophie« auftretende Denkungsart. Geht die Philosophie von einem ersten Grundsatz aus, so muß sie durch solche unglücklichen Untersuchungen erlahmen. Abstrakte Grundsätze sind der Tod alles Philosophierens. Die Frage, von welchen Grundsätzen die Philosophie anfangen müsse, erklärt er für eines freien Mannes, der sich selbst fühlt, unwürdig (I, 242).

Die Quelle der intellektuellen Anschauung kann Wahrheit nur

bringen, wenn sie rein fließt. Falsch wäre der Weg zu ihr verstanden, wenn er aufgefaßt würde von »dumpfsinnigen Menschen, die dem Anfänger in der Philosophie immer zurufen, in sich selbst hineinzugehen – in seine tiefsten Tiefen, wie sie sagen, was aber so viel heißt: immer tiefer in seine eigene Beschränktheit. Nicht das in sich hinein, das außer sich Gesetztwerden ist dem Menschen not.« Solange der Mensch Subjekt bleibt, bleibt ihm die ewige Freiheit Objekt. Erst wenn er in die ewige Freiheit durch seine freie Geistestat eintritt, sich außer sich, d. h. außer seines subjektiven Daseins in Raum und Zeit setzt, wird er Teilhaber am ewigen Wissen, denkt er als das absolute Subjekt (IX, 229). Nur in der Selbstaufgegebenheit kann ihm die ewige Freiheit aufgehen.

In dem Ursprung des philosophischen Denkens liegt die Wirklichkeit selbst: Schelling hat jederzeit gemeint, mit dem Sein der ewigen Freiheit eins zu sein, wo er eigentlich philosophiert. Das Absolute »fordert eine ebenso absolute Erkenntnisart, die nicht erst zu der Seele hinzukommt durch Anleitung, Unterricht usw., sondern ihre wahre Substanz und das Ewige von ihr ist. Das Wesen der Seele ist Erkenntnis, welche mit dem schlechthin Realen, also mit Gott eins ist« (VI, 26). Und an anderer Stelle sagt der junge Schelling: »Gottes Dasein ist eine empirische Wahrheit, ja der Grund aller Erfahrung. Wer dies gefaßt hat und innig erkannt, dem ist der Sinn aufgegangen für Naturphilosophie. Sie ist keine Theorie, sondern ein reales Leben des Geistes in und mit der Natur« (VII, 245).

Später spricht Schelling von »dem realen Verhältnis des Menschen zu Gott«. Damit wird nur entschiedener herausgehoben, was von Anfang an im Schellingschen Philosophieren gemeint war. Aber hinzu kommt, daß jetzt der Wandel dieses realen Verhältnisses als die Tiefe des geschichtlichen Geschehens begriffen wird, das Schelling in dieser Weltwende bis in den Grund, wie er glaubt, aufgegangen ist. Weil das ursprüngliche Wissen des Menschen des Seins selbst innewird und er von da den ganzen Prozeß des Weltgeschehens, der Natur und des Menschen begreift, spricht Schelling von einer Mitwissenschaft des Menschen mit der Schöpfung. Denn der Mensch war dabei. Dieses Wissen ist für gewöhnlich verschüttet. Es kann wieder wach werden. Dann wird das vor und nach allem Denken liegende Einssein von Subjekt und Objekt der Ort der Erfahrung des Absoluten.

Kritische Charakteristik. – Wir haben Schelling gehört über den Ursprung philosophischer Einsicht, über intellektuelle Anschauung, freie Geistestat, Ekstase, reales Verhältnis des Menschen zu Gott, Erfahrung reinen Denkens, von Konstruktionen, von Mitwissenschaft mit dem Grund der Dinge. Was er meint, tritt in mannigfachen Zusammenhängen in ungemein weitgehenden Abwandlungen auf. Es bleibt immer die eine Frage: woraus erfüllt sich die Philosophie? wo ist dieser Ursprung, der vor allem sinnvoll gegenständlichen Philosophieren liegt, es tragen und führen soll?

Wer Ansätze philosophisch denkender Vergewisserung kennt, wer dies alles nicht von vornherein als Unsinn verwirft, der wird durch Schelling wundersam berührt, erregt, ermutigt. In unserem Antrieb zum Philosophieren, durch ihn zwar beschwingt, geraten wir aber alsbald in Verwirrung. Was Schelling bringt, kann zufällig anmuten, wenn es nicht von dem einen Ursprung zusammengehalten ist. Philosophische Wahrheit und willkürlicher Übermut gehen einen Bund ein, der es dem Leser schwer macht zu folgen. Woran liegt das?

Was in der Sprache der Mystik, in metaphysischer Spekulation, in theosophischer Vision übersinnlicher Wirklichkeiten in großen Gestalten überliefert ist, scheint hier anzuklingen und das vieldeutige Sprechen Schellings zu bewirken. Er scheint es sich anzueignen und dann wieder aus seiner gewollten Souveränität sich von ihm zu distanzieren. Doch ist er vielleicht gefangen in dem Wirbel der Möglichkeiten, deren eine vergessen ist, wenn von der anderen gesprochen wird. Schelling hat ihn nicht methodisch erhellt. Denn er verweilt beim je Besonderen der Vergegenwärtigung, ohne sich auf das andere zu beziehen, was er schon gesagt hat, weder faktisch noch ausdrücklich.

Schelling hat sich hineingestürzt in die reflektierende Aneignung. Jede Weise, wie von jenem Ungenügen einst gesprochen und wie es überwunden wurde, interessiert ihn (nur eines hat Schelling nie beansprucht: Geisterseher zu sein, übersinnliche Dinge wahrzunehmen. Aber er hat, wenigstens zeitweise, dieses Geistersehen für möglich und relevant gehalten). Des Wirbels ist er sich nicht bewußt geworden. Vielleicht ist dieser selbst der Ausdruck einer Weise philosophierenden Daseins in der Reflexion auf das, was nicht Reflexion ist. Das Eigentümliche Schellings ist es, den Weg des Denkens aus dem Ursprung nicht eindeutig, hell, machtvoll zu schreiten, sondern von ihm wissend, ihn bei den großen Denkern, Mystikern und

Theosophen spürend, selber zu versuchen, aber so, daß er keinen Weg eigentlich und sicher geht und erörtert.

Kaum ein Philosoph hat so vielfältig gesucht, die Quelle der philosophischen Einsicht bewußt zu machen, in ihrer Reinheit zu sehen, sie in der Mitte allen Seins zu fassen. Was früheren verläßlich war, woraus sie dachten, und was sie gelegentlich eindeutig und gleichbleibend aussprachen, von dem wußte Schelling. Er selber muß die Erfahrung gekannt haben. Aber sie war ihm nicht nüchtern ruhige Quelle, sondern im Überschwang oder im Verschwinden, dann gewollt und nur beansprucht. Schelling reflektiert auf die Voraussetzung im Sein des Denkenden. Er selbst, dabei erregt von dem Außerordentlichen, nicht erfüllt von der Ruhe stetigen Fließens der einen Wahrheit, blieb in der Unruhe der reflektierenden Übersteigerung, im Nacherleben oder im vergeblichen Herbeizwingen. Darum enttäuscht er. Man verliert das Vertrauen trotz der bewegenden Formulierungen.

In seiner Vergewisserung eines unbegreiflichen Grundes unseres Bewußtseins, der vom Unvordenklichen her ins reflektierende Denken, vom Ursprung allen Bewußtseins in das Bewußtsein leuchtet, muß Wahrheit liegen. Diese Wahrheit bleibt außer Sicht, wenn die wissenschaftliche Erkenntnis der Dinge in der Welt zum Erkennen überhaupt verabsolutiert wird. Mache ich die Voraussetzung, philosophisches Erkennen sei Feststellen von Sachverhalten, Analyse des allem Bewußtsein als solchem Gegenwärtigen und Gegebenen, sei eine wissenschaftliche Erforschung mit allgemeingültigen Ergebnissen (etwa in der Meinung der Husserlschen Phänomenologie, der letzten Gestalt der »wissenschaftlichen Philosophie«), so ist das, was Schelling will und wovon Schelling redet, nichts. Schelling wiederholt oft und mit Recht: Philosophie ist keine demonstrative Wissenschaft, die von einem Gewußten ausgeht, Philosophie ist freie Geistestat (IX, 228). Schelling hat mit unablässiger Eindringlichkeit das Augenmerk dorthin gelenkt, wo der Mensch aus seinem Ursprung zu Einsichten gelangen möchte, bei denen es um alles geht, das Sein schlechthin und ihn selbst im Ganzen.

Nie darf man überhören, was hier von Schelling gefordert ist, woraus und wohin er sprechen will. Wenn das vergessen wird, so ist für die Maßstäbe wissenschaftlicher Forschung seitens des Verstandes alles, was Schelling sagt, das Faseln eines Trunkenen. Nur wenn man im Nachdenken seiner Gedanken sich vergewissert und antwortet aus dem in uns, was Schelling bei jedem philosophischen Gedanken voraussetzt, kann man ihn verstehen und damit, was er sagt, auf seine Wahrheit hin prüfen an den dazugehörenden Maßstäben.

Diesen Ursprung hat Schelling mit so vielen Namen benannt, auf so mannigfache Weise zu umkreisen gesucht, ohne ihn zu fassen – trotz des Scheins seines jeweils so selbstgewissen Sprechens. Daher sind seine Aussagen so verschieden, daß manchmal zwischen ihnen schwer der Bezug zu finden ist. Daher bleiben die Spannungen, die es nicht erlauben, den Ursprung der Einsicht in einem einzigen Begriff zu treffen.

Wenn dies Schwankende seinen Grund darin hat, daß Schelling den Ursprung doch selber wesentlich im Widerhall, als Möglichkeit, mehr versuchend als wirklich, mehr reflektierend als im Dabeisein kennt, so ist doch zu bemerken: Es handelt sich um Grunderfahrungen, die durch Reflexion auf sie erweckt werden können. Die Mitteilung des Denkens auf sie hin und noch im Scheine des von ihnen her Denkens ist eine sinnvolle Aufgabe.

Durch Schelling kann man sich, noch in seinem Versagen, bewußt werden: Philosophieren bedarf eines inneren Dabeiseins, nicht bloß des Bewußtseins überhaupt oder des Verstandes, sondern der möglichen Existenz und des Umgreifenden des Daseins und des Geistes, das durch mögliche Existenz beseelt Sprache gewinnt, aber nur für den, der aus verwandtem Ursprung dabei ist. Es gibt die entscheidenden Augenblicke, in denen mit der philosophischen Einsicht zugleich mein Wesen sich erhellt. Es gibt für die Philosophie selber nicht Sachen (diese nur auf dem Wege der Studien zur Gewinnung ihrer Sprache), die man wie Gegenstände unverbindlich untersuchen kann. Es kommt darauf an, diese »Sachen« zu treiben auf dem Grunde jener ursprünglichen Erfahrungen oder mit dem vorbereitenden Willen, diese in glücklicher Stunde zu gewinnen.

Öffentlich im Medium des Allgemeinen und Unpersönlichen gibt es nur: davon reden, es umkreisen, darauf hindeuten; es gibt dann die Vorführung der Gedankenoperationen, den Entwurf von Bildern und Denkfiguren. Die philosophischen Akte selber sind einsam oder in der Kommunikation zu zweien.

Man verfehlt den Ursprung, um den es sich hier handelt, wenn man der naheliegenden Vorstellung folgt, hier werde eine eigentümliche Erkenntnisweise vollzogen, die neben den anderen bestände. Wohl wird das Wort Erkennen sowohl bei der Erforschung endlicher Dinge wie beim Philosophieren gebraucht. Wohl ist das endliche Erkennen des Verstandes auch ein Kontrast, an dem das andere deutlich wird. Aber das Wesentliche ist eine Tätigkeit des Geistes, die umgreifend das Innewerden des Seins selber ist, daher schlechthin eigenständig, ja einzig und doch in ihrer mitteilbaren Gestalt unvergeßlich bleibt.

Auch wäre es irreführend, diese Geisteswelt überblicken zu wollen durch Subsumtion unter »Gefühl«, »Tatsachen des Bewußtseins«, unter eine innerhalb der Anthropologie aufgewiesene Funktion. Solcher Standpunkt, der die Philosophie auf ein bestimmtes Forschungsfeld gründet und damit sie selbst in dieses auflöst, ist ein beschränkter. Schelling verwehrt es, den Namen Philosophie für untergeordnete Verfahren und Gegenstände, wie Psychologie und Logik, zu verwenden. Die Sache, sagt er, hört nicht auf zu sein, wenn ihr Namen für anderes gebraucht wird.

Schließlich stellt das Innewerden dieses Ursprungs keine anwendbare Methode zur Verfügung, nach der man nun verfahren könnte, um eine philosophische Leistung hervorzubringen. Man kann die intellektuelle Anschauung nicht als ein Etwas wissen, bestimmen und kennen; nur *aus* ihr, nicht in Verfügung über sie, erfolgt die philosophische Einsicht. Man kann die intellektuelle Anschauung nicht handhaben, sondern ist auf sie angewiesen. Aber sie ist nicht ein Fremdes, sondern im Philosophieren sie selbst als Akt der Freiheit, der sich in ihr entfaltet. Man darf sich auf intellektuelle Anschauung nicht berufen als auf einen Grund, sondern kann nur in den Raum der geistigen Mitteilung setzen, was aus ihr hervorging.

Eine Unbegreiflichkeit, die die rationale Kontrolle aufhebt, kann in die Irre geraten lassen. Die Reflexion, die den Anstoß geben konnte, erzeugt auch die Täuschung, schon zu haben und zu sein, was man reflektierend möchte. Was beschwingt, kann auch verführen. Die Begründung eines einsichtigen philosophischen Selbstbewußtseins kann zugleich alle kritische Selbstbegrenzung wegnehmen.

Dieser Ausbruch, der zugleich Verkehrung ist, beginnt, wenn das Operieren mit Begriffen im Konstruktionsfeld einer nun vermeintlichen intellektuellen Anschauung wie eine Art von Sachforschung beginnt. Was Wahrheit hat als Entwurf von Denkfiguren, Entfaltungen, Analogien, die ihren Sinn für mögliche Existenz im Raum der Mächte haben, in dem sie als Chiffern die Mitteilungsmittel sind, das wird eine unwahre Objektivierung von Nichtexistentem, sobald es als existentiell unverbindliche Sachforschung sich gibt. Im Augenblick, wo ich im Reflektieren, d.h. in der Subjekt-Objekt-Spaltung durch Gedankeninhalte, in der Tat und wider alle gegenteiligen Versicherungen, objektivierend und wissend ergreife, was in intellektueller Anschauung gegenwärtig ist, sie in ihren Inhalten bestimme und mit diesen operiere, habe ich die Verkehrung vollzogen.

Solange diese Verkehrung als Mitteilungsform, mit Bewußtsein von sich selbst, mit sich wieder zum Verschwinden bringenden Chiffern spricht, kann mit ihnen eindringlich das Seinsbewußtsein erhellt werden. Im Augenblick aber, wo dieser Charakter vergessen wird, und ich Sachen zu erkennen meine, bin ich in Absurditäten geraten. Die Folgen dessen zeigen sich im Dasein der Existenz, im weiteren Denken und Handeln, in Denkungsart und Leben des so Irrenden.

Nun aber ist das Entscheidende, sich durch das Faktum dieser Verkehrungen nicht zur Verneinung der unverkehrten spekulativen Chifferschrift selber verleiten zu lassen. Die Kraft einer sich befreienden und befreiten Philosophie vermag die Verkehrungen zu durchschauen und die spekulative Musik rein zu spielen.

b) Die Reflexion

Keineswegs meint Schelling aus den Visionen intellektueller Anschauung unmittelbar die philosophische Einsicht in Machtsprüchen zu gewinnen. Unter Philosophen versteht er »einzig diejenigen, welche Grundsätze und Methode haben« (IV,114). »Im Schauen an und für sich ist kein Verstand... Schauen ist an und für sich stumm.« Wer unmittelbar aus dem Schauen redet, »verliert das notwendige Maß, er ist eins mit dem Gegenstand und für jeden dritten wie der Gegenstand selber; eben darum nicht Meister seiner Gedanken.« Also, sagt Schelling, muß alles erst zur wirklichen Reflexion gebracht werden, damit es zur höchsten Darstellung gelangen könne. Hier geht die Grenze zwischen Theosophie und Philosophie, welche der wissenschaftliebende Mensch zu bewahren suchen wird (Weltalter 21/22).

Wenn die Reflexion hineingenommen werden muß in den Entwicklungsgang, der von Schelling in allem Geschehen als Potenzierungsprozeß wiedererkannt wird, wer ist es dann, der diesen Prozeß in Wahrheit denkt? das reine Denken eines Bewußtseins überhaupt? oder die Mitwissenschaft mit der Schöpfung, die in der durch Denken erweckten Erinnerung sich zum Bewußtsein kommt? oder ist es der Mensch, der, schauend mitgerissen, selber der Prozeß ist, nicht reflektierend zusieht, sondern bewußtlos der Reflexion unterworfen ist? Schelling läßt in seinen Antworten das Gewicht einmal dahin, einmal dorthin fallen.

Wissen, in der Philosophie als Wissenschaft gewonnen, hat durch Reflexion einen anderen Charakter als das Wissen in einer bewußtlosen ursprünglichen Vollendung und als das Wissen in dem Ziel, zu dem die Philosophie drängt. »Die Natur weiß nicht durch Wissenschaft, sondern durch ihr Wesen, oder auf magische Weise. Die Zeit wird kommen, da die Wissenschaften mehr und mehr aufhören werden und die unmittelbare Erkenntnis eintreten wird. Alle Wissenschaften als solche sind nur erfunden aus Mangel der letzteren. Einzelne waren und werden sein, die der Wissenschaft nicht bedürfen, in denen die Natur sieht, und die selber in ihrem Sehen Natur geworden sind. Diese sind die wahren Seher, die echten Empiriker« (VII, 246).

Aber solche Vollendung wird schon im Philosophieren in Augenblicken erfahren. Es gibt den »schauenden Zustand«, durch den sich der Mensch in sein überweltliches Prinzip zu versetzen vermag. Dort schöpft der Wissenschaftsuchende beständig frische Kraft. »Auch der Philosoph hat seine Entzückungen. Ein anderes aber ist, die Beständigkeit dieses anschauenden Zustandes verlangen, welches gegen die Natur und Bestimmung des jetzigen Lebens streitet. Wir leben nicht im Schauen; unser Wissen ist Stückwerk, d. h. es muß stückweise erzeugt werden, welches nicht ohne alle Reflexion geschehen kann« (Weltalter 20 ff.).

Was hier Reflexion heißt, möchten wir wohl Denken nennen. Aber auf die Frage, was Denken sei, gibt Schelling eine zweifache Antwort, erstens es sei die Reflexion, zweitens es sei das Seinsinnewerden. Einmal wird dann die Reflexion, ein andermal die Unmittelbarkeit verworfen. Schließlich ist das philosophische Denken gerade die Reflexion in dem Innewerden selber und zugleich ein Sehen über alle Reflexion hinaus.

Dabei sind wir wieder bei dem ursprünglichen Denken, das in der intellektuellen Anschauung liegen sollte, das aber von vornherein Reflexion in sich birgt, durch Reflexion an den Tag gelangt, im Überwinden der Reflexion zur Vollendung kommt und das in Wahrheit dies alles in einem sein soll. Vergeblich suchen wir nach endgültiger Klarheit bei Schelling. Er bewegt sich in Geheimnissen und Helligkeiten, die sich ständig zu vertauschen scheinen.

Ein Seinsbewußtsein will sich aussprechen im fortschreitenden Denken in Analogie zur Wissenschaft. Es sucht und prüft wie diese, es bewegt sich im Medium der Begriffe und Denkoperationen. Aber Denken, Anschauen, Erkennen haben hier einen ganz anderen Sinn als im natürlichen Sprachgebrauch. Noch einmal wiederholen wir: Dieses Denken ist ein wunderliches Denken, nicht gegenständlich, nicht objektivierend, sondern ekstatisch. Diese Anschauung ist eine wunderliche Anschauung, nicht sinnlich, sondern intellektuell. Dieses Erkennen ist ein wunderliches Erkennen, nicht der Fortschritt im Begreifen von Dingen in der Welt, sondern ein Prozeß, der selber schon metaphysischen Charakter hat, ein Geschehen im umgreifenden Prozeß des Seins, ja Gottes selber ist.

Eines ist gewiß: Es ist unmöglich, an den Sinn Schellings heranzukommen, wenn man auf dem Standpunkt der Möglichkeiten des Verstandes beharrt, von dem her gesehen diese ganze Denkwelt nichtig ist.

Die Quelle der Wahrheit, »das Princip, mit welchem der Mensch überhaupt erkennt« (VII, 337), sucht Schelling deutlich zu machen durch »eine von den bisherigen ganz verschiedene Theorie der Erkenntnis« (VII, 63). Wir »schauen eigentlich die Dinge an sich an, ja sie sind das einzig Anschaubare.« Schelling kehrt also in dieser Theorie das natürliche Verhältnis um. Das gemeinhin Reale wird zum Schein, das gemeinhin Unzugängliche, durch Phantasie Umkreiste, zur Wirklichkeit. Verstandesdenken und sinnliche Anschauung werden etwas Sekundäres. Die »angebliche Erkenntnis durch Verstandesbegriffe ist keine notwendige, sondern eine bloß angenommene und wieder abzulegende Denk- und Betrachtungsweise« (VII, 63).

Solche Theorie des Erkennens geht aber nicht der Philosophie vorher, »als wäre eine solche vor und außer aller Philosophie möglich« (XI, 526), sondern sie ist selbst ein Moment des Philosophierens. Zur Vorbereitung der Philosophie dient vielmehr die »Kritik des natürlichen Erkennens«, dient das »Entfernen des unechten Wissens«. Aus der Auflösung der natürlichen Erkenntnis erwächst die Wahrheit.

c) Bestimmte Methoden

Schelling spricht viel von Methode. Er betont seine Entdeckung einer neuen Methode (des Potenzierens) in seiner Jugend, seine Entdekkung der genetischen Philosophie. Aber keine Methode beherrscht sein gesamtes philosophisches Werk. Oft kommt Schelling – meistens beiläufig – zu Erörterungen bestimmter faßlicher Methoden. Auch dann haben die Erörterungen durchweg bei ihm den Sinn, die Denkformen, Denkoperationen, Kunstgriffe zu fundieren im Wesen des Seins selbst. Daher wertet er eine Gedankenwelt um so höher, je näher sie dem Ursprung oder je erfüllter von ihm sie ist. Einige Beispiele mögen zeigen, wie Schelling im Methodischen Tiefsinn und Unfug zusammengleiten läßt.

Erstes Beispiel: Die Logik faßt Schelling auf in Stufen der Abnahme an Gehalt. Logik ist zuhöchst und zuerst und wesentlich Vernunftwissenschaft und damit die spekulative Philosophie selber; sie ist dann weiter das System reflektierten Erkennens (Kants transzendentale Logik); wiederum weniger ist sie als die Abstraktion des Denkens, als die bloß subjektive Seite der realen Wissenschaft (formale Logik) (VI, 529). Unsere Reflexionsformen haben ihren Grund nicht in einer freischwebenden Beliebigkeit, sondern im Sein selber, aus dem sie durch Entleerung entstehen. – Die Frage nach der Herkunft unseres logischen Denkens ist echt und bewegend. Schellings Antwort aber ist ein billiger Machtspruch. Die eigentliche methodologische Besinnung wird dadurch versäumt.

Zweites Beispiel: Wenn Schelling eine logische Form metaphysischen Denkens zu höchster Selbstbewußtheit bringen will, vergegenwärtigt er den »Zirkel«, in dem der philosophische Gedanke sich bewegt. Einmal will er ihn durchbrechen als einen gefangenhaltenden Zirkel. Ein andermal will er ihn ergreifen als den wahren Zirkel.

Ein gefangenhaltender Zirkel ist unser Angewiesensein auf Objekte. Wenn wir denken, denken wir Objekte. Denken wir aber Objekte, denken wir nicht die Freiheit. Wir denken daher in der Subjekt-Objekt-Spaltung mit einer Folge von Schritten, um unseren philosophischen Sinn zu erreichen. Unvermeidlich muß das Philosophieren in einzelne Handlungen zersplittern, was im Geist selbst nur Eine Handlung ist. Die Reihe bleibt unverständlich ohne Vereinigung durch »transzendentale Einbildungskraft«. Jene Folge ist keine Aufeinanderfolge. Alle Momente müssen wechselseitig sich voraussetzen und hervorbringen. Es ist ein Wechsel von Handlungen, die stets in sich selbst zurücklaufen. »Aus diesem magischen Kreis nun sollen wir herauskommen. Jede Handlung aber, die sich aufs Objekt bezieht, kehrt in diesen Kreis zurück.« Es ist nicht möglich, ihn zu verlassen, als durch eine Handlung, die kein Objekt mehr hat. »Der Geist kann seines Handelns, als solchem, sich nicht bewußt werden, als inwiefern er über alles Objektive hinausstrebt. Jenseits aller Objekte aber findet der Geist nichts mehr, als sich selbst« (I, 394).

Dieser Gedanke des Zirkels wird in anderer Gestalt gedacht, indem nicht von Subjekt und Objekt, sondern von Form und Inhalt des menschlichen Wissens die Rede ist. Sie fordern sich gegenseitig im Kreise. Die allgemeine Form setzt irgendeinen Inhalt und die schlechthin unbedingt allgemeine Form einen bestimmten für sie einzig möglichen Inhalt voraus. »Hier befinden wir uns in einem magischen Kreise.«

Den Kreis möchten wir durchbrechen zur Einheit der den Inhalt in sich schließenden »Urform«, aber damit kommen wir in einen neuen Zirkel. Denn auf die Urform des menschlichen Wissens komme ich »nur dadurch, daß ich eine solche absolute Einheit meines Wissens voraussetze. Dies ist ein Cirkel.« Dieser Zirkel aber hat einen anderen Charakter. Er ist nicht Fessel, sondern Befreiung. Ein solcher Zirkel wäre »nur dann vermeidlich, wenn es garnichts Absolutes im menschlichen Wissen gäbe. Dieses Absolute kann nur durch das Absolute gegeben sein. Es gibt ein Absolutes, nur weil es ein Absolutes gibt« (I, 92). Aus dem magischen Kreise können wir also »nicht anders herauskommen, denn nur durch die Annahme, daß es Ein oberstes Princip gebe, durch welches mit dem Inhalt auch seine Form gegeben wird, sodaß sich beide einander wechselseitig begründen« (I, 94).

Wir kommen aus dem Zirkel heraus, indem wir ihn als den einen einzigen ergreifen, der uns in die Mitte des Absoluten bringt, in das schlechthin Unbedingte. Was ist es? »Nichts kann sich selbst setzen, als was ein schlechthin unabhängiges ursprüngliches Selbst enthält und das gesetzt ist, weil es selbst das Setzende ist« (I, 96). Das schlechthin Unbedingte ist das Ich. Es ist »das ursprünglich durch sich selbst gesetzte Ich«. »Sein Gesetztsein ist durch nichts außer ihm bestimmt.« »Es ist gesetzt, nicht weil es gesetzt ist, sondern weil es selbst das Setzende ist.« »Ich ist Ich«, das ist »die materiale und formale Form, die einander wechselseitig herbeiführen« (I, 97).

Wir fragen Schelling: Wovon ist die Rede, von Gott oder vom Menschen? Offenbar von beidem. Für Schelling ist eins im andern. Er hat (in der frühen Schrift vom »Ich«) unter dem Einfluß des Gottesgedankens Spinozas (Gott als Ursache seiner selbst) und des Kantischen »Ich denke« (in der Fichteschen Gestalt des Sich-selbst-Setzens) eine Metaphysik gedacht, die beides in eins nimmt. Es ist eine spinozistische Metaphysik der Substanz, aber so, daß diese Substanz das sich selbst setzende Ich ist. Wenn ich frei bin, so ist in meiner Freiheit Gottes Freiheit, die ursprüngliche Freiheit. Aus dem Zirkel der Gegenseitigkeit von Subjekt und Objekt, von Form und Inhalt, bin ich durch den Gedanken dieser Freiheit des Ursprungs in der Freiheit des sich selbst setzenden Ich hinausgelangt.

Damit ist ausgesprochen, daß der Durchbruch durch den Zirkel selbst ein neuer Zirkel ist. Der schlechte Zirkel in der Subjekt-Objekt-Spaltung der Rationalität ist überwunden im wahren Zirkel des Sich-selbst-Setzens der Freiheit. Das sagt Schelling, wenn von der Frage die Rede ist, wovon wir in der Philosophie ausgehen, und wohin wir gelangen: »Da wir das Wissen der ewigen Freiheit zwar sind, aber es nicht wissen, so müssen wir in das Wissen dieses Wissens erst wieder geführt werden durch die Wissenschaft. Allein die Wissenschaft hat dazu auch keinen anderen Weg, als indem sie von der ewigen Freiheit ausgeht; von dieser kann sie aber nicht ausgehen, ohne von ihr zu wissen. Hier ist also ein offenbarer Zirkel« (IX, 228).

Schelling will auf den innersten Grund dringen, nicht in unendlichem Weitergehen, sondern mit einem Sprung, um aus ihm, nicht zu ihm hin denken zu müssen. In der Darstellung wählt er gern die Form, nicht nur zu fragen, sondern nach der Frage zu fragen, zunächst zwar, um die Befreiung von jeder Bindung an eine unbemerkte Voraussetzung zu gewinnen, dann aber gerade, um die eine umfassende wahre Voraussetzung in ihre große Erscheinung treten zu lassen (z. B. IX, 216 ff.). Die Lösung ist immer ein Zirkel, hier aber der wahre Zirkel.

Fragen wir unsererseits kritisch, was das bedeutet.

Der hier gemeinte Zirkel ist nicht der in den Geisteswissenschaften sogenannte hermeneutische Zirkel Diltheys: im Verstehen geschieht ein ständiges Beziehen des Einzelnen auf das vorweggenommene Ganze und wieder die Verwandlung des Ganzen durch das Einzelne. Dadurch werden die idealtypischen Gesamtanschauungen entweder zeitlosen oder geschichtlichen Charakters gewonnen, die die Voraussetzung alles Verstehens sind. Der Zirkel tritt gar nicht auf in den Wissenschaften, die unter bestimmten Voraussetzungen forschen und sehen, wie weit sie damit kommen, bei auftretenden Unstimmigkeiten die nun als partikular sich erweisenden Voraussetzungen in größere Zusammenhänge neuer Voraussetzungen aufnehmen.

Der Schellingsche Zirkel gehört vielmehr zum Denken des Absoluten. Weil dieses aus keinem Anderen abgeleitet werden kann, zu keinem, das außer ihm wäre, in Beziehung treten kann, muß jede Aussage von ihm fälschlich trennen, was eins ist, Bezugspunkte aufstellen von dem, was nicht in Beziehung ist. Daher wird das Absolute durch sich selbst gedacht, als Ursache seiner selbst, als sich selbst setzend, sich selbst hervorbringend. Es sind Aussagen, die im Sinne objektiven endlichen Denkens von Dingen keinen Sinn haben und daher nach den Maßstäben der Logik Denkfehler.

Solche Zirkel sind eine methodisch beherrschbare Form des metaphysischen Denkens und sollen – damit beginnt die irrende Metaphysik – zugleich Formen der darin gedachten Wirklichkeiten sein. Die vom Denken beherrschte Form ist eine Form logischen Scheiterns, die eintritt, wenn das Undenkbare gedacht werden soll. Der vermeintliche wirkliche Zirkel des Seins selbst ist kein Zirkel an sich, sondern der im Denken auftretende Aspekt der Transzendenz.

Wenn der Zirkel eine unumgängliche Form beim Sprechen vom Absoluten ist, so gibt es zwei Möglichkeiten: Entweder bin ich mit dem Zirkel im Sein selber. Dann weiß ich in dieser Form, was ist, bin ich mit meinem Denken selbst hineingenommen. Oder ich stehe, indem ich den Zirkel denke, über dem Zirkel, lasse ihn zu einem Werkzeug der Selbstvergewisserung und Seinsvergewisserung werden.

In beiden Fällen ist die Frage, ob und wie ich den Zirkel, den »magischen Kreis« durchbreche. Schelling vollzieht diesen Durchbruch nur durch die Kreise des Rationalen, um im Kreis des Absoluten selber die Befriedigung des Zuhauseseins zu erfahren. Daher ist ihm die wahre Metaphysik nur eine, bedeutet das metaphysische Denken im Sinne des Willens zur einen allgemeingültigen Wahrheit schon die Vollendung. Wenn er Sätze des Sinnes braucht, daß die Forschung noch auf dem Wege sei, so zweifelt er doch nicht, daß grundsätzlich das Ziel erreichbar ist, und faktisch zweifelt er kaum, daß er selbst es erreicht hat.

Dagegen steht die radikal andere philosophische Grundhaltung: Durch den Zirkel der Denkgebilde des Absoluten hindurch gelange ich nicht, außer im Scheitern des Wissens der Gegenwärtigkeit des Absoluten, und was ich dabei erreiche, ist nur helleres Bewußtsein der Geschichtlichkeit meiner selbst als möglicher Existenz in bezug auf das Geheimnis verborgener Transzendenz. Der Durchbruch durch die magischen Kreise erfolgt mit der Einsicht: Ich habe mich nicht selbst geschaffen. Meine Freiheit bleibt in bezug auf Transzendenz und wird nicht selber Transzendenz. Ich kenne keine andere Freiheit. Absolute Freiheit ist eine sich nicht durch einen erfüllten Gedanken bewährende, daher leere Wendung. Ich gelange ins Sein allein durch Eintritt in meine Geschichtlichkeit, die sich erhellt in Chiffern der Transzendenz, darum auch mit dem Spiel der magischen Gedankenkreise, die nun nicht mehr fesseln, sondern in die Tiefe des Geheimnisses weisen. Von hier aus gesehen ist es unredlich, weil eine Flucht vor der eigenen existentiellen Möglichkeit, wenn ich in der Allgemeingültigkeit eines gedachten Soseins die Wahrheit und Wirklichkeit selbst zu haben meine. An die Stelle der möglichen Unbedingtheit existentiellen Entschlusses in bezug auf Transzendenz tritt mir ein allgemeingültiges Absolutes und Unbedingtes, auf das ich nicht mehr bezogen bin, sondern das selber in mir ist, das ich selber bin.

Drittes Beispiel: Schelling spricht in der Philosophie von »Erfahrung«. Er nennt Erfahrung, was in der ursprünglichen Realität der intellektuellen Anschauung und des realen Verhältnisses zur Gottheit uns aufgeht. Diese Erfahrung soll nicht verwechselt werden.

Zunächst ist die Frage beiseite zu stellen, wie der Einzelne zur Philosophie überhaupt komme. »Niemand wird sich vorstellen, daß die Seele, die noch vollkommen einer tabula rasa gleicht, sich zur Philosophie erhebe, und nicht vielmehr derjenige erst, welcher die ganze Weite und Tiefe des zu Begreifenden durch Erfahrung kennen gelernt hat, der zur Philosophie Berufenste sei« (XI, 298).

Auch handelt es sich für Schelling nicht um die Erfahrung, auf die man sich in der Philosophie oft fälschlich berufen hat. So sollte von Tatsachen durch Schlüsse auf eine höchste Ursache zu gelangen sein. Doch auf diesem syllogistischen Wege gelingt das nur unter Überspringen in ein anderes Gebiet (metabasis eis allo genos). Als man das sah, sollten die Prinzipien durch Analysis des in der Erfahrung Vorliegenden gefunden werden. Aber auch diese Erfahrung führt nicht zum Ziel, zumal wenn nur psychologische Tatsachen angenommen wurden und sich damit zeigte, wie beschränkt die Aufgabe gefaßt war. Gegen diese Mißverständnisse ist erst der Gedanke der Philosophie entstanden, »weil man die bloße Erfahrung für keine durch sich selbst gesicherte Grundlage ansehen konnte«, vielmehr »ihre Wahrheit selbst der Begründung bedürftig glaubte.« Denn als solche Erfahrung »bliebe der Grund schwankend, erschiene als ein selbst Zufälliges, weil sein- und nichtsein-Könnendes«. So ist es sogar auch mit dem »Ich bin« des Descartes. Denn dieses drückt »ein, zwar nicht mir, der es ausspricht, aber an sich zweifelhaftes Sein« aus. Solche Erfahrungen zur Grundlage der Philosophie zu machen, das verwehrt »das philosophische Bewußtsein«, das »an Empfindlichkeit der des Auges zu vergleichen ist, das nichts Fremdes in sich duldet«.

Was ist nun aber die »Erfahrung« des Philosophierens, das, was Schelling von »philosophischem Empirismus« reden läßt? Die Antwort ist gegeben in dem, was über intellektuelle Anschauung und das, was damit zusammenhängt, berichtet wurde. Was Schelling darüber hinaus vorbringt, ist enttäuschend.

Er spricht von der Erfahrung des reinen Denkens. Sie erfährt das, was nur durch das im reinen Denken Mögliche und Unmögliche bestimmt wird. Denn »wenn gefragt wird: was ist das Seiende? so steht es nicht in unserem Belieben, was wir zuerst, was wir danach setzen wollen.« Um zu wissen, was das Seiende ist, müssen wir versuchen, es zu denken. Dann erfahren wir, was wir denken müssen, weil es nicht nicht zu denken ist. Hier, in dem Gebiete der Erfahrung des Denkens, sind die Gesetze des Denkens Gesetze des Seins, nicht bloß Formen, sondern Bestimmungen des Inhalts der Erkenntnis. Hier werden die Möglichkeiten nicht bloß wie andere gedacht, sondern bezeugen, was im Reiche der Vernunft ebenso wirklich *ist*, wie die Wirklichkeiten der Erfahrung auf ihre Weise und in ihrem Reiche *sind*. Die Evidenz wird hier »gefühlt« und übertrifft durch diese Unmittelbarkeit jede vermittelte (erst erschlossene) Wahrheit an Evidenz. Schelling spricht sie aus unter Berufung auf Aristoteles. Dieser habe über alle bloße Wissenschaft hinaus das Reich der Vernunft betreten. Dort findet nicht irgendein Denken, sondern das Denken selbst statt, jenes Denken, das an Wahrheit über die Wissenschaft geht. Dort gilt der Satz des Widerspruchs, dessen positiver aristotelischer Sinn in der Folge verlorenging. Von diesem Satze her wird jenes »Gefühl« bestimmt, das uns die vollkommene Gewißheit gibt (XI, 299–304).

Dieses Denken erfährt das »Einfache« (Aristoteles), das vor aller Wissenschaft liegt. Es ist rein, was es ist. Darum ist in Ansehung dieses Einfachen (hapla) Täuschung unmöglich. »Die Schärfe liegt in der Einfachheit. Das schlechthin Einfache kann eben nur berührt werden, so daß im bloßen Sagen und Berühren die Wahrheit besteht« (XI, 353–354). Solche Erfahrung ist nicht Sache beweisenden Denkens. »Das Princip der Wissenschaft kann nicht wieder Wissenschaft sein, sondern nur das Denken selbst. Wissenschaft kann nicht ins Unendliche gehen. Die meisten wollen überzeugt, d. h. durch Beweise überwunden sein. Der Beruf zum Philosophieren zeigt sich in dem Bedürfnis, das nicht ruhen läßt, eh' man sich bewußt ist, auf die schlechthin einfachen untrüglichen Elemente gekommen zu sein« (XI, 354).

Schelling spricht von philosophischer Erfahrung, zu der wieder auf andere Weise zu gelangen ist als zu den alltäglichen sogenannten Erfahrungen. Alle Systeme, meint er, haben zur Begründung der eigentlichen Tatsache gedient, um deren Erklärung es der Philosophie zu tun ist. »Die große Tatsache der Welt fällt lediglich der Philosophie anheim« (X, 228), und »die wahre Tatsache ist jederzeit etwas Innerliches« (X, 227).

Viertes Beispiel: Die Sprache wird Schelling zum Problem. Wenn er vom Unwandelbaren, Übersinnlichen sprechen wollte, kämpfte selbst Plato mit der Sprache. Schelling sagt: »Ich denke, daß jenes Absolute in uns durch kein bloßes Wort einer menschlichen Sprache gefesselt wird.« Nur selbsterrungenes Anschauen kommt dem Stückwerk unserer Sprache zu Hilfe (I, 216).

Andererseits birgt die Sprache Geheimnisse. Wie Schelling das sieht, läßt sich für gewisse Zusammenhänge auf folgende Weise zeigen. Das Eigenständige der Philosophie, das sie von allen Wissenschaften unterscheidet, liegt darin, daß »sie ihren Gegenstand durch das reine Denken setzt« und daß dieser Gegenstand »doch nichts Allgemeines und Unbestimmtes, sondern das Allerbestimmteste, nichts Unwirkliches, sondern das Wirklichste ist« (XI, 361). Diesem Denken ist die Sprache verbunden, das einzigartige, für Schelling klare Rätsel. »In der Sprache ist die höchste Identität der Seele und des Leibes. Die Sprache vergegenwärtigt unmittelbar das Unendliche; sie ist absolutes Ergreifen des Raumes durch die Zeit, der Totalität durch die Identität« (VII, 259).

Wenn nun Schellings Philosophieren die Sprache bewußt ergreift, so hält er sich an Worte. Das Geheimnis in den Wortwurzeln zu befreien und etymologische Erörterungen zur Bestätigung seines eigenen Denkens werden zu lassen, das entspricht zwar altem Brauch und Spiel in der Philosophie, ist aber bei ihm ernst gemeint. Man könnte meinen, daß in die faktische Leere, wenn dem Gedanken die existentielle Antwort im Denkenden fehlt, die Sprachlichkeit wie ein Ersatz der Wirklichkeit eintreten könne. Die abstrakten Gedanken werden statt durch Ergriffenheit von ihrem Sinn vielmehr erfüllt durch Spracherörterungen.

Etwa das Wort Denken: Schelling hat den Augenblick der Besinnung als die Seligkeit des Nichtwissens entwickelt. In ihm ist das freie »Denken« erreicht. Das heißt: »Denken ist Aufgeben von Wissen; Wissen ist gebunden, Denken ist in völliger Freiheit.« Daß »alles freie Denken als Resultat einer aufgehobenen Spannung, eines Auseinanderhaltens, einer Krisis ist«, darauf deutet nun das Wort »Denken« selber. Dieses nämlich kommt entweder von »dehnen« oder entsprechend von einem hebräischen Wort oder von griechisch »dinos«. Überall bedeutet es das »einer wirbelnden Bewegung Entkommene. Immer deutet es auf den Ursprung aus einem Streit.« Dasselbe Resultat ergebe sich aus der Redensart »Vornehme Leute denken lange«, d. h. ihre Erinnerung währt lange. Damit sei das Denken als das Herausgesetzte, zuvor Wissende bezeichnet (IX, 235–236).

Ein anderes ebenso bizarres Spiel treibt er mit den Worten »Möglichkeit«, »mögen«, »ich mag«, »Magie«: Die ewige Freiheit, an sich und in uns, ist das lautere Können. Jedes Können ist ein Wissen. Das Können in Wirkung ist Wollen. Jedes Wollen ist ein Sich-zum-Gegenstand-machen, d. h. ein Wissen. Können und Wollen sind vereinigt in dem deutschen Wort »mögen«. Ich mag nicht, bedeutet: ich will nicht. In dem Satz: Mag auch ein Blinder dem andern den Weg weisen, bedeutet »mag auch« so viel wie »kann auch«. Die ewige Freiheit ist das ewige »Mögen«, das Mögen nicht von etwas, das Mögen an sich, oder ... die ewige »Magie«. Ob wir sagen: das ewige Können oder die ewige Magie, ist einerlei. Das Wort drückt jenes Vermögen aus, in alle Gestalten sich zu begeben und in keiner zu bleiben (IX, 222).

Der Gesamtaspekt von Schellings Methodik ist dieser:

Es wäre falsch, Schelling Methodenlosigkeit vorzuwerfen (wie es die Hegelianer taten). Er vermag in der Entfaltung von Fragen, in genetischen Entwürfen, in dialektischen Entwicklungen durchaus methodisch vorzugehen. Aber Schelling hat keine sein ganzes Denken als System beherrschende Methode. In diesem Sinne ist er beim Vergleich mit Hegel methodelos.

Schelling entwirft Methoden, wie vor allem das Potenzieren, wendet sie aber an wie eine Manier. Er meint sie von vornherein nicht als Methode, sondern als erschaute Seinsstrukturen. Insofern hat er keine methodologisch bewußten und kritisch kontrollierten Methoden.

Er vertraut sich dem Einfall an. Ihn erfüllt eine Grundanschauung oder Denkhaltung vor allen Methoden. Sie lenkt seine Methoden und geht verloren, wo er an eine Methode verfällt, die in seinen Händen sofort Manier und Schematismus wird. Er macht beiläufig (wenn auch leicht ins Absurde verfallende) tiefsinnige methodologische Bemerkungen. Er weiß um deren Bedeutung. Man zögert darum, ihm schlechthin Willkür vorzuwerfen.

Wenn Schellings »Methodenlosigkeit« die Schwäche seines Werks gegenüber der Kraft Hegels ist, so ist sie vielleicht eine Stärke seiner Wahrheit. Mag er noch so oft ein Gefangener seiner Manieren sein, er entreißt sich den Fesseln.

Da er aber nicht planmäßig sich besonnen hat auf die rationalen Formen des im Scheitern des Verstandes das Sein treffenden metaphysischen Gedankens, gelangt er nicht in die kritische Helligkeit.

3. Negative und positive Philosophie

Schelling ist überzeugt, einen neuen Begriff von Philosophie geschaffen zu haben: Die Einheit der Philosophie in der Zweiheit von negativer und positiver Philosophie. »Es gilt eine Veränderung im Begriff der Philosophie selbst« (X, 3). Der Weg der Vernunft gelangt durch alle Möglichkeiten des notwendig zu Denkenden wohl bis zur Idee der Wirklichkeit, aber nicht zur Wirklichkeit selbst, darum heißt dieser Weg negative Philosophie. Die positive Philosophie steht schon von vornherein in der Wirklichkeit selbst, kann diese aber nur begreifen mit den Mitteln der negativen Philosophie.

Die gesamte frühere Philosophie hält Schelling für negative Philosophie. Nur Ansätze zur positiven Philosophie findet er bei Plato (im Timäus), im Neuplatonismus, bei Theosophen, bei Spinoza. Was Schelling tut, ist ihm »das natürliche geschichtliche Resultat früherer mißlungener Bemühungen« und »ein notwendiges Ergebnis gerade dieser Zeit« (X, 3).

Was also die Geschichte und der junge Schelling vorbereitet und ohne Bewußtsein ansatzweise getan haben, das wird nun als etwas Neues bewußt, das mit dem Willen, der weiß, was er will, ergriffen wird als die weltwendende Aufgabe.

In der positiven Philosophie Schellings gehen mehrere Motive zusammen: der Wille zum Durchbruch aus der Subjektivität in die Objektivität (den er als Jüngling gegen Fichte vollzog, als Naturphilosophie begann, über die Philosophie der Kunst fortsetzte zur Philosophie der Mythologie und Offenbarung und zur Philosophie der Geschichte), dann der Wille zur Freiheit, dann die Bejahung der christlichen Offenbarung und schließlich entscheidend der Wille zu einer neuen Religion, der nun zu erreichenden einzig wahren (nicht einer Vernunftreligion, sondern der »philosophischen Religion«).

a) Wenn der philosophische Idealismus alles als vernünftig und notwendig begreifen will und der Rest für ihn nichtig oder nichts ist, so kann Schellings Denken als Durchbruch durch den Idealismus aufgefaßt werden. Schelling hat den Willen, statt auf das bloß notwendig Einzusehende beschränkt zu sein, von diesem, das kein Erstaunen erregt, fortzuschreiten zu dem, was über aller notwendigen Einsicht liegt. Die Philosophie wird keine Ruhe finden, ehe sie zum absolut Erstaunenswerten fortgeschritten ist (XIV, 12). Solche Sätze erhalten ihr Gewicht, wenn man bedenkt, daß für Aristoteles die Philosophie mit dem Erstaunen beginnt, selber aber das Staunen aufhören läßt, und daß Hegel im Stolz des Wissens proklamiert, die Philosophie bringe das Staunen zum Erlöschen.

Für Schelling aber ist der Inhalt der Vernunftwissenschaft »eigentlich nur der beständige Umsturz der Vernunft«. Denn sie macht die Erfahrung, daß sie, sofern sie bloß sich selbst zur Quelle und zum Prinzip macht, keiner wirklichen Erkenntnis fähig ist. Erst die positive Philosophie richtet die in der negativen gebeugte Vernunft wieder auf. Wodurch?

Die Philosophie »ist auf das gekommen, was gar keiner Begründung bedarf, ja dessen Natur jede Begründung ausschließt. Das bloß – das nur Existierende ist gerade das, wodurch alles, was vom Denken herkommen möchte, niedergeschlagen wird, das, vor dem das Denken verstummt, vor dem die Vernunft selbst sich beugt« (XIII, 161).

Das entscheidende zur positiven Philosophie treibende Motiv ist also das, was Wirklichkeit, Existenz heißt. Denn die Theorie gibt nur den Begriff der Wirklichkeit, abstrahiert aber von ihr als realer. Das ist ihr Ungenügen, sie bedarf der Existenz. Existenz heißt das faktische Dasein, heißt Freiheit und Tat (z. B. XIII, 95), heißt das allem Denkbaren vorhergehende Sein (z. B. XIII, 160 ff.). Philosophie soll »auch über die wirkliche Existenz der Natur und Welt überhaupt Rede und Antwort geben, nicht bloß mit dem Wesen der Dinge sich beschäftigen.« Gegen die Behauptung, »daß auch in der Wirklichkeit alles bloß logisch zusammenhänge, Freiheit und Tat aber für nichts sei, empört sich die außerlogische Natur der Existenz« (XIII, 95). So berichtet Rosenkranz (als Schelling seine Vorlesungen in Berlin hielt): »Schelling nennt seine gegenwärtige Philosophie Existentialphilosophie« (Rosenkranz, Hegels Leben, 1844, Vorrede S. XVIII).

Eine schematische Gegenüberstellung von negativer und positiver Philosophie zeigt: Die negative ist Wesenswissenschaft, die positive ist Wissenschaft der Existenz; die negative hat das Ideale im Blick, die positive das Reale. Die negative denkt das nicht nicht zu Denkende, die positive nimmt die Wirklichkeit hin, die negative hat es mit der Notwendigkeit, die positive mit der Freiheit zu tun; jene verfährt in dialektischer Bewegung, diese undialektisch, erzählend, jene ist rationale Wissenschaft a priori, diese Wirklichkeitswissenschaft a posteriori. In der negativen Philosophie vollziehen wir den Aufstieg zur höchsten Idee und gelangen zu ihr nur als Idee. Die positive Philosophie läßt uns in der Wirklichkeit selber stehen und geht von dieser Wirklichkeit aus. In der negativen Philosophie ist Gott als Ende, in der positiven als Anfang, dort Gott als bloßer Begriff, hier als existierender Gott, dort Gott unveränderlich, hier Gott handelnd.

Beide gründen sich auf Erfahrung. Die negative Philosophie ist »apriorischer Empirismus«, sie bringt in der Erfahrung des Denkens apriorisch zur Gegenwärtigkeit, was Form alles Empirischen ist, sie kann daher auch »Apriorismus des Empirischen« heißen. Dagegen ist die positive Philosophie umgekehrt »empirischer Apriorismus«, insofern sie »das prius per posterius als Gott seiend erweist«. Die Erfahrung unseres realen Verhältnisses zu Gott und die Erfahrung dieser Erfahrung in der Geschichte erweist die Wirklichkeit (XIII, 130).

Es sind aber nicht zwei Philosophien, sondern sie ist die eine Philosophie in zwei Vollzügen, so, daß sie nur miteinander ihr Ziel erreichen. In der positiven erreicht auch die negative Philosophie ihren Zweck. Von Anfang an ging ihre erste Absicht auf positive Philosophie. Alle rationalen Untersuchungen, so lehrt die Geschichte, sind späteren Ursprungs. Weil die positive Philosophie ihre Wirklichkeit verfehlte oder auf falschem Wege suchte, rief sie Kritik hervor, aus der die negative Philosophie entsprang (XIII, 152–153).

Man kann vom Gegenstand der Philosophie nur wissen durch Philosophie selbst (XI, 562). Die negative kann diesen Gegenstand, das Prinzip, nur erzeugen, nicht auch realisieren. In Beziehung auf das allein Wissenswerte und das aus diesem Abzuleitende kann sie, so wichtig sie ist, nur dahin kommen, eigentlich nichts zu wissen. Sie setzt das Prinzip nur durch Ausscheidung, also negativ. Sie sucht es, sie ist kritisch (XI, 562). Sie bereitet vor. Sie umfaßt alles als Möglichkeit Denkbare. Sie beschäftigt sich mit dem a priori Begreiflichen, um im Nichtwissen den Ort zu gewinnen, wo das a priori Unbegreifliche steht. Aber die positive Philosophie will dies a priori Unbegreifliche in ein Begreifliches verwandeln. »Das a priori Unbegreifliche wird in Gott ein Begreifliches« (XIII, 165).

Wenn die Philosophie *eine* ist, wo ist dann der Anfang, in der negativen oder positiven Philosophie?

Die Philosophie muß ihren Gegenstand erst suchen, sie kann nichts zum voraus ausschließen, sie muß durch alle möglichen Gegenstände hindurchgehen, nicht zufällig, sondern in methodischer Ordnung. So kann »die Philosophie, wenn sie ihren ganzen Umkreis beschreiben will, schlechterdings nur anfangen als rationale (negative) Philosophie« (XIII, 148).

Aber auch umgekehrt: Die negative Philosophie *sucht*, die positive *hat* ihren Gegenstand (XI, 564). Die positive Philosophie »könnte mit dem Princip des bloß Existierenden auch ganz für sich anfangen, wenn auch keine rationale Philosophie vorausginge.« Ein Beispiel ist Spinoza, der mit dem »unendlichen Existierenden« anfing (XIII, 161). Die positive Philosophie könnte rein für sich anfangen mit dem bloßen Anspruch: »ich will das, was über dem Sein ist« (XI, 564). Die positive Philosophie kann ohne die negative anfangen »als eine Wissenschaft, die an sich selbst Wollen ist. Ihr Anfang ist von der Art, daß er keiner Begründung fähig ist« (Paulus 393).

Zwischen negativer und positiver Philosophie ist kein Übergang. Es handelt sich um einen Wendepunkt oder eine Umkehr oder einen neuen sinnverschiedenen Anfang. Es ist der Sprung von der Möglichkeit zur Wirklichkeit, von der Notwendigkeit zur Freiheit. Die Philosophie selbst muß ihn in sich, in ihrem eigenen Gang, in ihrem nun immer zu wiederholenden Auf und Ab, in der ständigen Einheit ihrer beiden entgegengesetzten Wege, vollziehen.

Die negative Philosophie kann den Gegenstand der positiven nicht als einen existierenden erweisen. Das Ende der einen ist nicht schon der Anfang der anderen. Die negative überliefert nur die Aufgabe an die positive Philosophie, nicht die Sache. Diese muß die positive sich selbst verschaffen (Paulus 396).

Woher kommt sie? Nach Schelling allein aus dem realen Verhältnis zu Gott, nicht aus dem bloß denkenden (negativen) Verhältnis zu ihm. In der negativen Philosophie bleibt es beim bloßen Suchen. Hier wird der Weg der Wiederrückkehr zu Gott beschritten, aber seine Wirklichkeit nicht erreicht. Die negative Philosophie gelangt nur zu dem kontemplativen, theoretischen (Gott suchenden) Leben. Der Mensch verlangt nach Gott selber, nach der Wirklichkeit Gottes, indem er dem beschaulichen Leben den Abschied gibt. Was ihm im nunmehr realen Verhältnis zu Gott aufgeht, begründet die positive Philosophie (XI, 557–566).

Erst diese Philosophie kann die Offenbarung begreifen, meint Schelling. Denn dafür ist eben die »Hauptvoraussetzung: ein nicht bloß ideales, durch die Vernunft vermitteltes, sondern reales Verhältnis des menschlichen Wesens zu Gott« (XIV, 28). Stünde der Mensch in keinem anderen Verhältnis zu Gott als dem des Erkennens, so könnte Offenbarung nur Belehrung sein. Diese würde in dem Verhältnis des Menschen zu Gott nichts ändern. Soll ein neues Verhältnis zu Gott an die Stelle des früheren treten, so kann es nur durch einen wirklichen Aktus geschehen. Dann wäre nicht eine Belehrung, sondern diese Tat die Hauptsache der Offenbarung (XIV, 28). Ein reelles, wenn auch anderes Verhältnis des Menschen zu Gott, aber schon vor aller Offenbarung, glaubt Schelling durch seine Philosophie der Mythologie dargetan zu haben, und zwar »auf einer so breiten Basis begründet, daß ich es als unerschütterlich feststehend annehmen darf« (XIV, 29).

b) Sieht man diese Begründung und dann die konkrete Entwicklung der positiven Philosophie, die wie eine Theologie anmutet, so liegt der Glaube nahe, Schelling habe sich zum christlichen Glauben bekehrt und wolle nunmehr christlicher Philosoph sein. Das ist jedoch keineswegs Schellings Sinn.

Die absolute Freiheit der Philosophie war nicht nur von Anfang an der Stolz Schellings, sondern auch bis zuletzt uneingeschränkt beansprucht: Philosophie hat in ihrem Anfang schon mit jeder Autorität, welchen Namen sie trage, gebrochen. Sie lehnt selbst den Namen der christlichen Philosophie ab (X, 399). »Eine Philosophie, die den Katholizismus oder den Protestantismus zu Hülfe rufen muß, ist entweder nie etwas gewesen oder nahe daran nichts mehr zu sein« (XIII, 135). Darum kann Schelling auch von seiner positiven Philosophie noch behaupten: »sie ist die eigentlich freie Philosophie, wer sie nicht will, mag sie lassen« (XIII, 132).

Widerspruchsvoll ist, was Schelling über Glaube und über Offenbarung sagt. Wenn in der Philosophie die Gewißheit oder der Grund der Bewegung oder der Gehalt der Einsicht Glaube genannt wird, so ist Schelling dieser Sprachgebrauch nur in der ihm eigenen Deutung annehmbar

Zunächst lehnt er ihn ab. Der Glaube gehört zum vorphilosophischen Zustand des Menschen, nicht zur Philosophie. Weil die intellektuelle Anschauung getrübt, die Erkenntnis an Objekte gebunden, das Dasein in der Zeit bestimmt ist, »wird selbst das, wodurch du allein zum Dasein gekommen bist, in dem du lebst und webst, nur ein Objekt des Glaubens für dich, gleichsam ein von dir verschiedenes Etwas, das du doch niemals als wirklich in dir findest.« In dem natürlichen, getrübten Zustand ist Anfang und Ende des Wissens der Glaube, im Philosophieren aber intellektuelle Anschauung (I, 216).

Gegen die, die den Glauben, sei es zum Anfang, sei es zur unerläßlichen Ergänzung der Philosophie, verlangen, sagt Schelling: Der Philosoph will nicht Glauben, sondern Wissen. Er hat »durch das Wissen und im Wissen eine viel klarere Erkenntnis als aus dem Glauben und der Ahndung.« Der bewiesene Glaube hört auf, Glaube zu sein. Philosophie ist »eine höhere und ruhigere Vollendung des Geistes; denn sie ist immer in jenem Absoluten, ohne Gefahr, daß es ihr entflieht, weil sie sich selbst in ein Gebiet über der Reflexion geflüchtet hat« (VI, 18–20).

Wie aber Glaube selber Wissen ist, und wie Schelling das Wort Glaube in der Philosophie noch gelten lassen will, zeigen folgende Gedanken Schellings über den Sinn des philosophischen Wissens:

Jede Bewegung ist ein Suchen nach Ruhe, auch die Bewegung in der Wissenschaft. Diese Ruhe ist in dem, das durch seine Natur alles weitere Denken aufhebt, weil es das alles Denken Übertreffende ist. Ein Fortschritt ohne Ziel ist auch ohne Sinn. Der unendliche Fortschritt ist nach Schelling der trostloseste und leerste Gedanke. Schon Salomo sagt: Ich gab mein Herz daran, die Ursache der Dinge zu ergründen und alles zu erforschen, was unter dem Himmel geschieht, und ich fand, daß alles eitel sei und eine Verzehrung des Geistes. Damit berührt Schelling die Erfahrung der Sinnlosigkeit der ins Endlose forschenden Wissenschaft, wie sie später Tolstoi aussprach. Denn der Sinn der Forschung liegt gerade in dem, daß ich im Fortschreiten etwas gewinne, worauf die folgenden weiterbauen können ins Unabsehbare. Die forschende Wissenschaft kann der Natur der Sache nach und will daher ihrem Sinn nach sich nicht vollenden.

Anders die Philosophie. Ihre Erkenntnisweise will erreichen, worin sie Ruhe findet. »Aller Zweifel hört nur bei einem Letzten auf, von dem ich nur noch sagen kann, daß es Ist.« Man kann »einen solchen Zustand der Ruhe alles Denkens Glauben nennen«. Aber dieser Glaube ist nicht eine selbst unbegründete Erkenntnis. Er ist das Letzte, darum Allerbegründetste. Man kann die Wissenschaft nicht mit dem Glauben anfangen. »Denn die alle Zweifel aufhebende Gewißheit (und nur diese ist Glaube zu nennen) ist nur das Ende der Wissenschaft... Der Glaube hebt das Suchen nicht auf, sondern fordert es, eben weil er das Ende des Suchens ist.« Freilich ist der Anfang eigentlich schon ein Glaube an das Ende. Aber dieser Glaube treibt selbst zum Wissen und erweist sich im wirklichen Wissen. »Der Gläubigste ist der Wissendste und umgekehrt der am meisten dem Wissen Vertrauende der Gläubigste.« Der Anfang ist Glaube an Wissen. Das Ende ist der Glaube, der das zur Ruhe gekommene Wissen ist.

Aber entgegen solchen Gedanken wird dem Glauben doch wieder seine Ursprünglichkeit und Selbständigkeit zuerkannt, die dem Philosophen und dem einfachsten Menschen gemeinsam notwendig ist: »Was Gott möglich, das tut er darum nicht notwendig; daß er es wirklich getan, muß geglaubt werden. Der Glaube bleibt so etwas ganz für sich, unabhängig von aller Wissenschaft, frei sogar von jeder Berührung mit derselben, weil rein von allem Allgemeinen, das Persönlichste, in das als innerstes Heiligtum menschlicher Freiheit nichts von außen, auch nicht die Wissenschaft eingreift. Im Glauben ist jeder dem anderen gleich und der Wissende wie der Unwissende. Die Erfahrung, auf welcher der Glaube beruht, kann der Lehrende dem Lernenden nicht geben. Der heilige Geist selbst ist der Lehrmeister« (X, 406).

Diesem Schwanken entspricht die Zweideutigkeit, mit der Schelling von der Offenbarung redet. Er will zwar im philosophischen Erkennen die geschichtliche Offenbarung anerkennen und begreifen, aber er will zugleich jede Autorität verwerfen und die Unabhängigkeit der Philosophie auch in dieser philosophischen Offenbarungserkenntnis behaupten. »Die Offenbarung ist ihr daher nicht Quelle, nicht Ausgangspunkt, wie der sogenannten christlichen Philosophie, von der sie in dieser Hinsicht toto coelo verschieden ist... Die Offenbarung wird auf sie keine andere Autorität ausüben, als sie allerdings auch jedes andere Objekt auf die Wissenschaft ausübt, die sich mit ihm zu schaffen macht« (XIII, 133). Eine Philosophie, welche aus der Offenbarung geschöpft ist, sich der Autorität der Offenbarung unterwirft, hört auf Philosophie zu sein, nämlich ganz frei erzeugte Wissenschaft. Philosophie der Offenbarung ist ebenso gemeint wie Philosophie der Natur, Philosophie der Geschichte, Philosophie der Kunst usw., d. h. die Offenbarung ist dabei als Gegenstand, nicht als Quelle oder Autorität gemeint (XIII, 139).

Wie wenig Schelling sich des Widersprechenden in seiner Stellung zur Offenbarung bewußt ist, zeigt, daß er im Zuge einer einzigen Darstellung beides ausspricht: Die Philosophie muß, um Philosophie zu sein, mit jeder Autorität, welchen Namen sie trage, gebrochen haben, sie muß also selbst den Namen christliche Philosophie ablehnen. Er fügt hinzu, daß sie die Folgen der Reformation, in ihrer ganzen Ausdehnung, und bis zum Extrem voraussetze. »So mußte es kommen. Es mußte einmal tabula rasa gemacht werden, wenn das Christentum ein frei erkanntes und frei angenommenes werden, wenn an die Stelle einer verdumpften Theologie ein von der freien Luft der Wissenschaft durchwehtes, und darum allen Stürmen gewachsenes, dauerhaftes System treten sollte« (X, 399–400). Dann aber folgt sogleich wieder die klarste Betonung des eigenen von der Philosophie unabhängigen Ursprungs der Offenbarungswahrheit: »Enthält das Christentum unter bloßer geschichtlicher und bildlicher Einkleidung nichts anderes, als was die Philosophie unabhängig von ihm schon hat, so hat die Philosophie nichts an ihm, und es ist ihr nur im Weg und müßte so bald als möglich abgetan werden.« »Mit der Offenbarung sich beschäftigen, um sie nur wieder in Philosophie, d.h. in das, was unabhängig von ihr schon gewußt ist, aufzulösen, wäre ein der Philosophie unwürdiges Treiben« (X, 401).

Das hindert Schelling wiederum nicht, in derselben Spätzeit auszuführen, daß die philosophische Aneignung des Offenbarungsgehaltes zu vergleichen sei mit dem Erblicken der Jupitermonde (XIII, 137). Niemals sind diese gesehen worden ohne Fernrohr; wenn sie aber ein scharfes Auge im Fernrohr gesehen hat, dann kann es sie auch ohne Fernrohr erblicken. So ist, was durch Offenbarung als Wahrheit aufging, dann der Vernunft sichtbar geworden.

c) Bei solchen Gedanken Schellings ist es nicht mehr überraschend, daß er für seine Philosophie in Anspruch nimmt, die »philosophische Religion« zu begründen. Er will die Einheit von Philosophie und Christentum, Katholizismus und Protestantismus hinter sich lassend, im Begreifen der Offenbarung durch seine positive Philosophie als die Religion des neuen Zeitalters herbeiführen.

Schelling weiß, »welche trostlose Öde und Langeweile der völlige Untergang des Christentums über alle menschlichen Verhältnisse verbreiten müßte, welche moralische Wüste, in der kein Mensch und am Ende selbst die nicht leben möchten, die sie herbeigewünscht hatten« (X, 411). Das Christentum ist Wahrheit und Wirklichkeit. Die Philosophie ist berufen, es zu retten, indem sie es nach dem katholischen und protestantischen Zeitalter hinüberführt in das der neuen Religion. Heute will man Bekenntnisse los sein. Ihre Zeit ist in der Tat vorüber. »Aber die meisten, welche sie abgetan wollen, meinen mit ihnen zugleich die Sache« (X, 403). Diese soll jedoch bleiben. Das wird allein in Gestalt der philosophischen Religion geschehen.

Die philosophische Religion begreift die wirklichen Religionen, die mythologische und die geoffenbarte. Sie setzt sie voraus und vollendet sie im geschichtlichen Prozeß, durch den sie nun selber an der Zeit ist. Daher ist sie geschichtliche Religion. »Sie hat mit der sogenannten Vernunftreligion nichts gemein« (XI, 568). Ihre Bestimmung ist vielmehr, die ihr vorausgehenden, von Vernunft und Philosophie unabhängigen Religionen zu begreifen. Sie wird so wenig als die Philosophie selbst unmittelbar, sondern nur in Folge einer großen und langdauernden Entwicklung erreicht (XI, 255 ff).

Diese Entwicklung zeigt folgendes Bild: Einst war die mythologische Religion. Die Offenbarung überwand diese ungeistige Religion, sie setzte das Bewußtsein gegen sie in Freiheit. Zunächst aber wurde die Offenbarung wieder eine Quelle unfreiwilliger Erkenntnis. Trotz des Gegensatzes zum Heidentum war auch das Christentum zunächst reale, unbegriffene Macht. Es mußte sogar zur äußeren und blinden Gewalt werden (XI, 255–259). Daher ist die freie Religion durch das Christentum nur vermittelt, nicht schon unmittelbar mit ihm gesetzt. Das Bewußtsein muß wie von der Mythologie ebenso wieder von der Offenbarung frei geworden sein, um zur philosophischen Religion fortzugehen.

Die philosophische Religion ist also als dritte in der Folge der Religionsgestalten. Sie ist im Unterschiede von der inhaltslosen Freiheit der Vernunftreligion erfüllt von positivem Inhalt, weil sie geschichtlich vermittelt ist. Sie gründet nicht im Wissen von Gott, sondern im realen Verhältnis zu Gott.

Nicht nur im geschichtlichen Prozeß der Religionen, sondern auch aus der Gestaltung der Philosophie als solcher erfolgt jetzt mit geschichtlicher Konsequenz der neue Anfang, die Aufgabe der philosophischen Religion. »Seit Kants Kritik der reinen Vernunft war die Philosophie in einem fortschreitenden Werden, und sie ist vielleicht gerade jetzt in einer letzten Krisis begriffen« (XIII, 32).

Für die philosophische Religion nimmt Schelling das Außerordentlichste in Anspruch: Sie ist die wahre Religion und Philosophie. »Es ist nicht um diese oder jene Philosophie, es ist um die Philosophie selbst zu tun« (XIII, 31). Noch existiert die philosophische Religion nicht, aber Schelling ist sich gewiß, sie herbeizuführen.

In ihr liegt die Quelle für die Gestaltung des gesamten menschlichen Zustandes. »Das menschliche Leben bewegt sich im Großen und Ganzen nur um die zwei Pole – um den Staat und um die Religion.« Staat und Religion aber stehen untereinander in inniger Verbindung. »Der Staat ist nur das Exoterische, das ohne ein Esoterisches nicht bestehen kann. Dieses Esoterische ist die begriffene und verstandene Religion« (XIII, 179). Staat und Religion sind aber nicht zu machen, sondern in ihrer historischen Wirklichkeit zu begreifen und zu vollziehen. »Wir können einmal aus der Zeit, in die wir gesetzt sind, nicht heraus.« Daher Schellings Wille zur geschichtlichen Gründung im Bewußtsein des Zeitalters.

d) Wie können wir über Schellings positive Philosophie kritisch denken?

Mit seiner Scheidung von negativer und positiver Philosophie hat Schelling etwas Wesentliches getroffen. In aller eigentlichen Philosophie wird eine Umkehr, ein Sprung, eine Wende vollzogen, und zwar nicht als ein einmaliger biographischer Wandlungsprozeß, der etwa im Werk eines Philosophen als Umkippung aufzuweisen wäre (das ist etwas Anderes und Spezifisches), sondern als das im Philosophieren, wo es überhaupt eingesetzt hat, sich ständig Wiederholende. Es ist gleichsam ein Rhythmus im Denken, weil das Denken, das im allgemeinen sich vollzieht, seinen Sinn nur hat in der Existenz. Das Eine, die Begrifflichkeit, fordert das Andere, die Geschichtlichkeit, zu ihrer Erfüllung. Und die Geschichtlichkeit fordert die Begrifflichkeit zu ihrer Erhellung. Man kann von dem philosophischen Aufschwung sprechen, der nur durch zwei Flügel geschieht. Schlägt nur der eine, so bleibt der Aufschwung aus.

Daher sind wir durch Wahrheit berührt, wenn Schelling hinweist auf Wirklichkeit, auf Freiheit, auf das Unvordenkliche – und auf das Unverständliche, das Verzweiflungsvolle, auf die Wand des Widerstandes, darauf, daß es so ist, daß die Welt so ist, und daß wir darin uns finden und nicht finden. Wenn wir aber sehen, wie Schelling solche Grundeinsicht durchführt, so erscheint bei ihm fast schon vom ersten Schritt an die Brüchigkeit in der Grundlegung des Positiven. Was er fordert, ist so nicht vollziehbar.

Wenn Schelling von der Wirklichkeit bestimmter spricht, sind es nicht Erfahrungen einer Forschung in der Welt, sondern philosophische Erfahrungen von der Welt im Ganzen, in Gestalt der Naturanschauung, der Mythen, der Offenbarung. Wir folgen ihm eine Weile, mit ihm sehend. Dann aber hören wir bald auf Grund solcher Erfahrung Geschichten von Gottes Handlungen, lassen uns erzählen von Katastrophen und Wiederherstellungen, von Ereignissen, die der Grund sind des Soseins dieser Welt, wie sie gegenwärtig ist in ihrer verzweiflungsvollen Unstimmigkeit, im Guten und Bösen. Wie werden dabei die Tatsachen der übersinnlichen Geschichte im Sinnlichen aufgewiesen? Eine Prüfung ergibt, daß es sich entweder nicht um Wirklichkeiten handelt (wenn Wirklichkeit im Sinne der für jedermann identisch aufzeigbaren Realität gemeint ist), oder daß es sich handelt um Mythen und religiöse Glaubensinhalte, um Bilder und Meinungen, die in Menschen Geltung hatten, also um Realitäten der menschlichen Geistesgeschichte. Dadurch wird aber die übersinnliche Realität selber uns gar nicht gegenwärtig. Die mitgeteilten Erfahrungen werden uns nicht zu eigen, in Schellings Darstellungen eher noch verdorben. Ein zudem noch durchweg schlechtes, wenn auch vielfaches historisches Wissen wird durch ein ständiges Fälschen der Stimmung transponiert in ein metaphysisches Wissen.

Was positiv der Grund allen Seins ist und als Existenz die Existenz des Denkens trägt, das will Schelling zum allgemeingültigen Inhalt philosophischer Erkenntnis machen. Aber es gerät ihm kaum, aus eigener existentieller Erfahrung eine Chiffer zu finden, die ergriffe. Er hat auch keine Methode angegeben oder in einer durchsichtigen Weise vollzogen, die in den Besitz des Positiven zu bringen vermöchte. Alle Methode bleibt die der negativen Philosophie. Diese gibt auch allein die Mittel her, um das Positive in seiner Entfaltung begreiflich zu machen. Das weiß Schelling überall, wo er grundsätzlich davon spricht und mit seiner Seinsspekulation wirklich in Tiefen weist. Aber er vergißt es überall, wo er zur Entfaltung der bestimmten Inhalte in Mythus und Offenbarung, in Natur und Geschichte übergeht. Darum beschwingt er mit den grundsätzlichen Gedanken, enttäuscht und langweilt in den breiten konkreten Ausführungen.

Es ist wahr, was Schelling sagt, daß Philosophie, die unserer Existenz wirkliche Erhellung bringt, von der Transzendenz ausgeht, zu der, wenn sie nicht der Anfang ist, kein Weg hinführt. Aber es wird unwahr, wenn Gott erdacht wird in seiner nun positiv erkannten Wirklichkeit und von dorther abgeleitet wird, was ist. Die Erklärung der Dinge aus Gott verliert sich entweder in schematisierende Begrifflichkeiten komplizierten Aufbaus oder wiederholt verfälschend die großen, wundersamen Chiffern, zu denen der Mensch in Jahrtausenden gelangt ist. Deren Sprache ist beschwingend für mögliche Existenz, ist geschichtlich und nicht allgemeingültig. Sie bringt existentielle Gewißheit des Lebens und Tuns, aber erklärt nichts.

Alles Denken ist negative Philosophie, diese aber gehaltlos ohne die Kraft des Positiven, die dieses Denken trägt, es führt und ihm Sinn verleiht. Darin folgen wir Schelling. Aber diese Kraft nun wieder als Wissensinhalt zu behandeln und in einem Bereich von Absurditäten als erforschte Erkenntnis vorzutragen, das wehren wir ab. Das Nichtdenken als Vollendung des Denkens, das Unvordenkliche als Grund des Denkens, das Stillestehen vor dem Undenkbaren als Ursprung der Kraft des Denkens, das hat Schelling wahr ausgesprochen. Aber es wird ihm sogleich unrein, damit unwahr und ohnmächtig, wenn er nicht schöne Märchen, sondern leere Absurditäten als Erkenntnis der Existenz selber mitteilt. Schelling steht immer wieder einen Augenblick gleichsam vor dem Tor, das in die Unbedingtheit möglicher Existenz führt, aber er durchschreitet es nicht (was nicht das gedankliche Wort, sondern nur die Praxis des Philosophierens vermag). Er kehrt um und setzt an die Stelle das gnostische Scheinwissen. Es wäre ungerecht gegen die Tiefe Schellingschen Ansatzes, ihm eine abstrakte Ontologie vorzuwerfen. Aber es ist unausweichlich, seine konkret gemeinten Folgen und Entwicklungen als abstrakte Phantastereien zu verwerfen.

Wenn Schelling vom realen Verhältnis zu Gott spricht, was meint er dann? Etwa die Erfahrung Pascals, dem Gott in einer Stunde in seiner Wirklichkeit gegenwärtig war, »der Gott Abrahams, Isaaks und Jakobs, nicht der Gott der Philosophen«? Offenbar nicht, denn Schelling beruft sich nie auf solche Erlebnisse. Meint er die Wirklichkeit Gottes in der realen Autorität der gegenwärtigen Kirche? Auch nicht, denn er will durchaus unabhängig von dieser Autorität denken. Meint er das reale Verhältnis, wie es in den Stufen der Mythologien und dann der Offenbarung vorliegt als historische Tatsache? Auch das nicht, denn nicht die erforschbare historische Realität des Glaubens, Meinens und Tuns von Menschen ist sein Gegenstand, sondern die Wirklichkeit selber, die nur aus der eigenen Teilnahme an ihr als solche erkannt werden kann. Wie aber ist diese Teilnahme Schellings?

Schelling kennt die Erfahrung des Aufschwungs der Stimmung in metaphysische Gedanken, die Hingerissenheit im unmittelbaren Sehen des Wesens der Dinge in der Natur und im Menschen, die Ergriffenheit des Träumens, den Enthusiasmus durch das Mögliche.

In unserer philosophischen Haltung zu diesem Schelling ist es nun entscheidend (durch keine Forschung zu erzwingen, aber durch Gründlichkeit des Sichversenkens in Schelling vorzubereiten), ob wir darin Wirklichkeit der Existenz sehen, wie bei Spinoza, Plotin, Anselm, oder ob wir seine Haltungen als bloß reflektierte, daher vordergründige, als zwar ansprechende, aber nicht substantielle sehen.

Was sollen wir denken, wenn wir Schellings Wissen von Gott, dem Leben in Gott, und seine Erzählungen von Gottes Zuständen und Gottes Handlungen hören? Dürfen wir sie auffassen als fromme Vertiefungen in das geheimnisvolle Wesen der Gottheit oder müssen wir sie als unfromme Phantasien eines stolzen Willensdenkens, die die Gottheit erniedrigen, abwehren?

Es ist bei Schelling die zuweilen beschwingende kontemplative und ästhetische Weise des Wissens, die sich selber als ungenügend erfährt und Wirklichkeit verlangt. Aber die verlangte Wirklichkeit bleibt ihm Theorie der Wirklichkeit trotz eines gegenteiligen Willens. Er findet nicht die Wirklichkeit selbst. Daher kann er aus dem Mangel zwar so außerordentlich tiefe Sätze grundsätzlichen Charakters sprechen, kann aber nicht aus einer erfüllten eigenen Wirklichkeit etwas Gewichtiges sagen. Und daher ist sein törichter Übermut möglich, die theoretische Stiftung der philosophischen Religion zu versuchen, das Ungeheuerste sozusagen aus dem Nichts zu wollen. Die Erfahrung einer Evidenz im Denken von Etwas, das sein könne und an der Zeit sei, setzt sich um in den Willen, es solle so sein, und in den Wahn, es sei durch ihn schon da.

Schellings These ist, daß die Philosophie bisher stets auf einem ungenügenden und falschen Wege ging. Sie nahm das Christentum nicht in sich auf, sondern stellte Glauben und Wissen gegenüber als ein sich gegenseitig Anderes und Fremdes. Schelling will das große Neue bringen, das er als Wende der Zeiten versteht, die Synthese von Philosophie und Offenbarung, die Philosophie, die der Offenbarung gewachsen ist, indem sie sie begreift. Was aber in der Wurzel so zweideutig ist wie Schellings Begriff »Glaube«, wie seine Berufung auf das Christentum, wie seine Auffassung von Offenbarung, das kann in solcher Gestalt nur wirken auf Denker, die ihren Willen zur vernünftigen Einheit von Philosophie und Offenbarung darin wiedererkennen. Der Glaubensbegriff wird verfälscht, wenn er von der Autorität gelöst und nicht zugleich mit Entschiedenheit im Ursprung des Philosophierens selbst als philosophischer Glaube in seiner Unabhängigkeit ergriffen wird. Die Offenbarung bleibt nicht Offenbarung, wenn sie von einer Instanz, die sich als Vernunft zu ihrer Prüfung eingesetzt hat, begriffen wird als Tatsächlichkeit. Schelling hat keinen Sinn für die Wirklichkeit der Religion. Er will zu viel für die Philosophie und verdirbt sie zugleich.

Man könnte meinen, daß in Schellings schwankenden Wendungen sich ein Unfug verberge. Es sieht so aus, als öffne Schelling der Philosophie eine Hintertür, um teilzunehmen an der geschichtlichen Macht der Religion. Es ist, als ob er sich anböte zur Rettung und Stütze des Christentums, aber mit dem Vorbehalt der absoluten Freiheit der Philosophie und der Überlegenheit der eigenen Instanz.

4. Das System

a) Von vornherein liegt in Schellings Denken eine nie überwundene Antinomie. Er ist der erste, der den Systemgedanken ins Äußerste treibt, zu dem Willen und Versuch, Denken und Sein, Wahrheit und Wirklichkeit, das Sein mit allem Seienden in einem Werk als das Allwissen zu vereinigen. Er ist aber zugleich der Denker, der von Anfang an begriff: »nichts empört den philosophischen Kopf mehr, als wenn er hört, daß von nun an alle Philosophie in den Fesseln eines einzelnen Systems gefangen liegen soll.« Dem Philosophen bestand die Erhabenheit seiner Wissenschaft darin, daß sie nie vollendet sein wird. »In dem Augenblicke, da er selbst sein System vollendet zu haben glaubte, würde er sich selbst unerträglich werden. Er hörte in dem Augenblick auf, Schöpfer zu sein, und sänke zum Instrument seines Geschöpfes herab.« Das System als Gegenstand des Wissens würde aufhören, Gegenstand der Freiheit zu sein. Nichts kann daher verderblicher für die Philosophie sein »als der Versuch, sie in die Schranken eines theoretisch-allgemeingültigen Systems zu zwängen.« Der kritische Geist geht darauf, »die eitle Demonstriersucht niederzuschlagen, um die Freiheit der Wissenschaft zu retten« (I, 306–307).

Die erste Stimmung des Jünglings aber schon war der Wille zum Einen System und darum die Frage nach der Form dieser Einheit (1794). Es ist sein Zweck, »endlich eine Auflösung des gesamten Problems über die Möglichkeit der Philosophie überhaupt herbeizuführen« (I, 88). Der Mangel der Auflösung dieses Problems »stand bisher allen Versuchen einer allgemeingültigen Philosophie im Wege.« Die bestimmte Form kann aber nur die »systematische« sein (I, 89). Wird sie gefunden, so kann es »alsdann in der Idee nur Eine Philosophie geben, jede andere Philosophie aber nur eine von dieser einzigen Philosophie verschiedene, durch bloße Willkür entstandene Scheinwissenschaft sein« (I, 90). System aber »heißt nur ein solches Ganzes, das sich selbst trägt, das in sich selbst beschlossen, keinen Grund seiner Bewegung und seines Zusammenhangs außer sich voraussetzt« (I, 400).

Zugleich erklärt Schelling entschieden: Keineswegs »kann das System unseres Wissens aus unserem Wissen erklärt werden.« Es setzt ein Prinzip voraus, das höher ist, »das Vermögen der transzendentalen Freiheit oder des Wollens in uns«. Dieses ist als die Grenze »auch das einzige Unbegreifliche, Unauflösliche – seiner Natur nach Grundloseste, Unbeweisbarste, eben deswegen aber Evidenteste in unserem Wissen« (I, 400). »Wir müssen das sein, wofür wir uns theoretisch ausgeben wollen; daß wir es aber seien, davon kann uns nichts als unser Streben es zu werden überzeugen« (I, 308).

Damit ist aber der Möglichkeit mehrfachen sich gegenseitig widersprechenden Wollens Raum gegeben. In der Tat zieht Schelling diese Konsequenz. Die Wahrheit der Philosophie erweist sich nicht theoretisch, sondern praktisch. Für den jungen Schelling gibt es zwei solche in Leben, Denkungsart und Denkgebäude entgegengesetzte, sich ausschließende Systeme, den Dogmatismus und Kritizismus. »Solange noch endliche Wesen existieren, muß es auch zwei sich geradezu entgegengesetzte Systeme geben. Kein Mensch kann sich von irgendeinem System anders als nur praktisch, d. h. dadurch, daß er eins von beiden in sich selbst realisiert, überzeugen« (I, 306).

Da die Systeme sich bekämpfen, müssen sie noch durch irgend etwas verbunden sein, denn sie sprechen zueinander. Dies Gemeinsame ist die Methode, die »selbst widersprechenden Systemen gemein sein kann, und zweien einander durchaus entgegengesetzten Systemen gemein sein müßte« (I, 302). Kants Kritik der reinen Vernunft hält Schelling für das große, epochemachende Werk, das zu dieser Einsicht geführt hat. Sie ist »als solche, eben deswegen unumstößlich und unwiderlegbar, während jedes System, wenn es diesen Namen verdient, durch ein notwendig entgegengesetztes widerlegbar sein muß« (I, 304). »Die Kritik der reinen Vernunft hat zuerst aus der Idee von System überhaupt bewiesen, daß kein System in seiner Vollendung Gegenstand des Wissens, sondern nur Gegenstand einer praktisch-notwendigen, aber unendlichen Handlung sei« (I, 305).

Warum gibt es verschiedene Systeme? Warum kann der Wille sich gegen den anderen Willen, beide durch das System sprechend, setzen? Weil wir endliche Wesen sind. Nur dadurch, daß wir aus dem Absoluten herausgetreten sind, entsteht der Widerstreit gegen es und nur durch diesen ursprünglichen Widerstreit im menschlichen Geiste selbst der Streit der Philosophen. Hätten wir bloß mit dem Absoluten zu tun, so wäre niemals ein Streit verschiedener Systeme entstanden. Gelänge es aber irgend einmal dem Menschen, dieses Gebiet, in das er durch das Heraustreten aus dem Absoluten geraten ist, zu verlassen, so würde alle Philosophie und jenes Gebiet selbst aufhören (I, 293).

Jetzt aber sind wir nur auf dem Wege. Wir müssen schaffen, was wir sind. Mit unserer Freiheit haben wir, im Augenblick wo sie uns ganz bewußt wird, einen Standpunkt außer und über aller Welt gewonnen. »Die ganze Revolution, welche die Philosophie erfährt, verdankt sie dem einzigen glücklichen Gedanken, den Standpunkt, von welchem aus die Welt betrachtet werden muß, nicht in der Welt selbst, sondern außerhalb der Welt anzunehmen« (I, 400).

Ein zu Ende gedachtes System schlägt in Fesseln. Philosophie aus Freiheit fordert Durchbrechen. »Philosophie wird für jeden Sklaven des Systems ewig unverständlich sein« (I, 307). Der Durchbruchswille jedem System gegenüber versteht sich in Schelling aus unserer Situation in der Zeit. Denn das Geschehen des Seins, der Welt, des Menschen ist unvollendet. Daher kann das System nur offen sein für die Zukunft. Durch sein Leben hindurch bewahrt Schelling diese Abwehr. Wenn von einzelnen Systemen die Rede ist, so gilt ohne weiteres: »Ein solches System als das einzig mögliche behaupten zu wollen, ist höchst illiberal.« Er spricht verächtlich vom Schulsystem (VII, 421). Aber auch für seine eigene Philosophie vermag Schelling noch im Alter zu seinen Hörern zu sagen: »Gerade, wenn jemand es aussprechen dürfte, daß er allerdings die Philosophie wolle oder vorzutragen gedenke, die Philosophie, die es ist, und also auch bleibt«, muß er »die größte Scheu empfinden, die Meinung zu erregen, als sollten die Zuhörer für irgendein einzelnes System ausschließlich bearbeitet werden. Nichts könnte ein jugendliches und für Wahrheit entflammtes Gemüt mehr empören als die Absicht seines Lehrers, seinen Zuhörern gleichsam die Freiheit der Untersuchung auf diese Weise unter der Hand wegziehen zu wollen« (XIII, 16).

Wenn durch Schellings Leben hindurch die Antinomie zwischen Systemwillen und Durchbruchswillen sich erhält, geht doch seine ganze Energie auf die Aufhebung der Systeme zugunsten des Einen wahren Systems, das mehr oder weniger deutlich von ihm selbst beansprucht wird. Wie ist das möglich?

Schelling möchte verbinden. Die Systeme sind zwar nie das eine wahre System, setzen dieses jedoch voraus. Die Verschiedenheit der Systeme (die Asystasie: IX, 214) ist Bedingung für das sie alle umfassende eine System, das für den Menschen des zeitlichen Daseins im Werden ist. Aber Schelling verlangt auch einzusehen, »wie alle verschiedenen Lehren, die sich zur Form gebildet haben, nichts anderes sind als nach verschiedenen Richtungen verschobene Bilder des einzig wahren Systems, das, wie die ewige Natur, weder jung noch alt, und nicht der Zeit, sondern der Natur nach das erste ist« (IV, 401). »Es hat ein System gegeben, ehe der Mensch darauf gedacht hat, das System der Welt. Das wahre System kann nicht erfunden, es kann nur als ein an sich, namentlich im göttlichen Verstande, bereits vorhandenes gefunden werden.« Diese Aufgabe bleibt, auch wenn die meisten Systeme, bloße Werke ihrer Urheber, nur ersonnen sind und sich verhalten wie historische Romane (VII, 421).

Die Verschiedenheit der Systeme wird, statt zu verleiten, in Gegensätzen steckenzubleiben, vielmehr der zwingende Anstoß, das Eine System zu finden. Unser Bestreben kann »kein anderes sein, als jenes in mehr oder weniger sichtbaren Adern durch alle menschlichen Gedanken und Einrichtungen hindurchlaufende Ganze der Erkenntnis zur sichtbaren Gestalt und seiner ursprünglichen Schönheit herauszuarbeiten und zur Anerkennung auf ewig zu bringen« (IV, 401).

Die Verschiedenheit der Systeme hat noch einen anderen wesentlicheren Grund als den der Verzerrungen des Einen aus Zufälligkeit und Streitlust. Der Widerstreit hat einen »objektiven Grund«, er ist »in der Natur der Sache selbst, in den ersten Wurzeln alles Daseins gegründet.« »In allen Widersprüchen der Systeme untereinander ist zuletzt nur Ein großer Widerspruch, ein Urzwist.« Daher haben die ausschließenden Systeme miteinander gemein, daß sie etwas Partielles sind. Das wahre System schließt nichts aus, setzt das ursprünglich Widerstreitende voraus und ist selber »die Einheit der Einheit und des Gegensatzes«. So mußten die großen, aber besonderen Anschauungen vorausgehen, damit Plato die wahre Idee eines Systems fassen konnte. Von den ausschließenden Systemen »kann nur scheinbar und für Zeit ein System des andern Meister werden, wirklich und in der Länge nicht.« Das könnte nur das eine allumfassende, nichts ausschließende System der Systeme. In der Philosophie muß es Systeme geben, eben weil es Ein System gibt. Die Krankheit verhält sich zur Gesundheit wie das einzelne System zu dem System schlechthin. Wer an einem dieser Systeme leidet, d.h. bei wem es besonders hervortritt, der ist gebunden an dieses System, ein Sklave desselben. Der Gesunde hat alle Systeme des Leibes in Wirksamkeit, er weiß nicht, daß er ein Verdauungs- und andere Systeme hat. »Er ist frei von allem System. Warum? Nicht darum, daß nicht diese Systeme in seinem Organismus lägen, sondern weil er nur im Ganzen lebt, im Totalsystem, in welchem alle jene einzelnen Systeme gleichsam verstummen. Wer in der Philosophie bis dahin durchgedrungen ist, sieht sich wieder in völliger Freiheit, er ist frei vom System.« Die Aufgabe ist daher nicht, daß die Systeme im Kampfe sich gegenseitig vertilgen – dann bliebe nur ein bodenloser Abgrund –, sondern daß die verschiedenen Systeme in einem Organismus wirklich zusammen bestehen (IX, 209–214). Für die Verfassung, in der solche einfache Lösung von Schelling gedacht wird, ist charakteristisch, daß er dieses Totalsystem »gesund« nennt, und diese Anschauung für »die gesunde Ansicht, bei der der Mensch sich wohl fühlt«, erklärt.

Schelling drängt hin zu dem Standpunkt über den Gegensätzen, auf den von ihnen noch völlig freien Standpunkt, der kein anderer ist als der der Philosophie überhaupt, der Standpunkt dessen, der eben erst zur Philosophie kommt (XIII, 147). Dorthin zu gelangen, scheint ihm doch der letzte Sinn. Von seinen Vorträgen sagt er: Sie sind »auf die successive Entwicklung eines letzten Systems berechnet, eines Systems, das stark genug wäre, einst auch die Probe des Lebens zu bestehen, das mit der fortschreitenden Lebenserfahrung und der tiefer eindringenden Erkenntnis der Wirklichkeit selbst an Kraft und Stärke gewinnen sollte« (XIII, 177). Solche Weise des Systems hält Schelling für völlig neu. »Die Philosophie ist bis jetzt noch nie zu einem wahren Ende gekommen« (XIII, 177).

Dieselbe Frage kehrt bei Schelling in Abhandlungen wieder: »Wie es möglich gewesen, daß die reinste Evidenz bis jetzt keine bleibende Form gewonnen hat?« Ursache ist, »daß nur die letzte Totalität alles faßt und in sich trägt und allen Widerstreit endet, und nur in ihr alles seine bleibende Stelle findet« (IV, 402). Ist diese Totalität und damit allein das Eine wahre System doch etwa schon in unserem Zeitdasein zu finden?

Schelling macht sich die Voraussetzungen klar: Das Weltsystem müßte ein Prinzip haben, das sich selbst trägt und das sich selbst in jedem Teil des Ganzen reproduziert. Es darf nichts ausschließen, nichts einseitig unterordnen oder gar unterdrücken. Es muß schließlich eine Methode der Entwicklung und des Fortschreitens haben, bei der man versichert sein kann, daß nichts übergangen ist. Wenn Schelling auch manchmal überzeugt scheint, im Besitze dieser Voraussetzungen zu sein, sagt er doch: »Indessen kann auch jenes wahre System in seiner empirischen Totalität nicht gefunden werden, als wozu die Erkenntnis aller, auch der einzelnsten Mittelglieder erfordert würde« (VII, 421).

Dann wieder ist die Zuversicht gewiß: »Aber es muß ein Ende dieses Kampfes geben, weil es keinen end-, d. h. zweck- und sinnlosen Fortschritt geben kann. Die Menschheit schreitet nicht ins Unendliche fort, die Menschheit hat ein Ziel, wo das Streben nach Wissen sein langgesuchtes Ende erreicht, wo die vieltausendjährige Unruhe des menschlichen Geistes zur Ruhe kommt, wo der Mensch endlich des eigentlichen Organismus seiner Kenntnisse und seines Wissens sich bemächtigt« (XIII, 10). »Wenn dieses System einmal in seiner Totalität dargestellt und erkannt ist, dann wird die absolute Harmonie des Universums und die Göttlichkeit aller Wesen in dem Gedanken der Menschen auf ewig gegründet sein« (IV, 402).

Aber Schelling sagt beides: Es kann nur Ein wahres System geben und: Niemand hat es. »Daß die Philosophie nur Eine ist, und nur Eine sein kann, beruht darauf, daß die Vernunft nur Eine ist« (V, 4). Und: »Wer kann sagen: die wahre Philosophie ist da, oder sie ist dort?« (IX, 360)

b) Wir vergleichen Schelling mit Hegel. Schelling hat die Philosophie als System nicht verwirklicht, nicht ein Totalwissen in der Durchführung bis in alles Besondere und Einzelne hingestellt. Er hat solche Verwirklichung in der Jugend mit stürmischem Eifer begonnen, vor allem als Naturphilosophie, im System des transzendentalen Idealismus, dann mehrfach in Programmen, mühsam und immer partikular, zuletzt in der Philosophie der Mythologie und Offenbarung. Jedesmal gelangte er schnell in Absurditäten und in Schematiken.

Was Schelling gewollt hat und eilig mit schnellen Griffen vorwegzunehmen wagte, hat Hegel geleistet. Hegel ist es gelungen durch unbeirrbares Festhalten des Systemsinns, durch geduldiges Reifen in gewaltiger Arbeit an allem Besonderen, durch die geistige Kraft des Verstehens aller Dinge in dialektischen Konstruktionen mit ihren unendlichen Abwandlungen.

Schelling selber hat nach dem durchschlagenden Erfolg des Hegelschen Systems in der Polemik gegen dieses seine eigenen systematischen Wege, die denen Hegels vorangingen, in ihrem Sinn beurteilt: Schellings System »konnte sich nicht in dem Sinne wie Hegels als unbedingtes System aufstellen.« Schellings Philosophie »brauchte nicht erst systematisiert zu werden, sie war ein geborenes System, das System lag in der Sache und war die Sache. Aber als absolutes, nichts außer sich zurücklassendes System konnte sie sich nicht abschließen.« Hegels System hält er für eine enge und falsche, ganz in der negativen Philosophie bleibende Ausarbeitung der Ansätze des jugendlichen Schellingschen Denkens. Gegen Hegel nimmt er für sich in Anspruch: »Wer wirklich ein vollendetes System will, muß weit hinaus, in die Ferne, nicht utopisch bloß auf das Einzelne und Nächste sehen« (XIII, 88).

Diese ohnmächtige Kritik des alten Schelling sollte man vielleicht nicht einfach beiseite tun, sondern erwägen. Gegen den gigantischen Bau Hegels erscheint Schellings Werk zwar wie ein ständiges Versuchen und Nichtkönnen. Während Hegel sich durch den überwältigenden Eindruck seines einen, einzigen, erfüllten Systems (das uns noch heute ein Studiengegenstand ersten Ranges ist) durchsetzte, trat Schelling in den Hintergrund.

Aber die Schwächen Schellings könnten eine ganz andere Stärke in sich bergen. Nur Schellings Systemwille hat auf Hegel gewirkt. Seine großen gedanklichen Griffe in die Tiefe fanden in Hegels

System keinen Platz. Es ist zwischen beiden eine radikale Differenz der Denkhaltung aus der philosophischen Gesinnung. Hegel will das Staunen vertreiben, weil im Wissen verschwinden lassen, Schelling das Staunen durch Wissen zum hellsten Bewußtsein des Geheimnisses steigern. In der Schwäche Schellings könnte die größere Nähe zum metaphysischen Denken und damit der Wille zum Offenbleiben liegen, beides auf dem Grunde von ihm erahnter existentieller Freiheit. Schelling dringt tiefer als Hegel, aber nicht durch ein bezwingendes Werk, sondern allein durch große Ansätze des Gedankens, in deren Fortschreiten der Systemwille ihm vielmehr störend dazwischenfährt, dieser Wille, den doch gerade er in diesem Sinne aufgebracht hatte.

Die Vergeblichkeit der Schellingschen Systeme liegt vielleicht auch darin, daß Schelling (im Vergleich zu Fichte) nicht dieselbe konstruktive Intensität und (im Vergleich zu Hegel) nicht die Hartnäckigkeit der Stoffaneignung und die Kraft der Darstellung großer dialektischer Verwicklungen besaß. Vergeblich war seine gelegentliche Imitation des systematischen Aufbaus Spinozas (in der »Darstellung meines Systems der Philosophie«, die als ein Gegenwurf zu Spinoza gemeint war). Die Schwäche seiner systematischen Kraft gab sich kund darin, daß er die letzten Jahrzehnte für seine Philosophie nur noch die Form der Vorlesungen hatte. Aber diese Schwäche war auch die Folge der Wahrheit, von der Schelling ergriffen war. Er war sich bewußt der Situation des Menschen und seiner Philosophie, auf dem Wege zu sein, nicht am Ende. Denn in dieser Lage ist es begründet, daß ein System in der Zeit menschlichen Daseins überhaupt nur in einem relativen Sinn möglich ist. Dies ist als Wahrheit in Schelling wirksam, ohne daß er es doch entschieden zur Geltung zu bringen vermocht hat.

Das Scheitern seines Systems war durchaus gegen den bewußten Sinn Schellings. In ihm wirkte von Anfang an die Tendenz, in der Philosophie das Eine, Totale, das Herrscherliche des Systems zu wollen. Aber dies war nur ein Einschlag in seinem Denken. Die Freiheit hatte den Vorrang. Wie trotz des Wahrheitsansatzes Schellings Philosophie im Systemwillen sich verwirrte, sei noch näher vergegenwärtigt.

Schelling wollte die große Idee der Totalität der Wissenschaften zur Organisation ihrer Einheit verwirklichen. In jeder Wissenschaft wiederum drängte er auf das Ganze, auf die Prinzipien. Der Sinn war, daß alle Wissenschaften in dem, was wesentlich an ihnen ist, Glieder der Philosophie sind. »Es ist nur Eine Philosophie und Eine Wissenschaft der Philosophie. Was ihr verschiedene philosophische Wissenschaften nennt, sind nur Darstellung des Einen und ungeteilten Ganzen der Philosophie unter verschiedenen ideellen Bestimmungen« (V, 106). In seinen Vorlesungen über die Methode des akademischen Studiums hat Schelling durch einen Entwurf des Ganzen diese Gesinnung hinreißend ausgesprochen. Im Alter hielt er im Blick auf die großen Fortschritte aller Wissenschaften während der Jahrzehnte seines Lebens an dem gleichen Gedanken fest: »Wir sehen überall die Anzeichen der Annäherung jenes Zeitpunkts, den die begeisterten Forscher aller Zeiten vorausgesehen, wo die innere Identität aller Wissenschaften sich enthüllt, der Mensch endlich des eigentlichen Organismus seiner Kenntnisse und seines Wissens sich bemächtigt, der zwar ins Unendliche wachsen und zunehmen kann, aber ohne in seiner wesentlichen Gestalt sich weiter zu verändern; wo endlich die vieltausendjährige Unruhe des menschlichen Wissens zur Ruhe kommt, und die uralten Mißverständnisse der Menschheit sich lösen« (IX, 362–363).

Der für Philosophie und Wissenschaft ruinöse Irrtum dieser Sicht ist heute einsichtig zu machen. Schelling ließ Wissenschaft und Philosophie so sehr zusammenfließen, daß er die Frage nach dem Sinn der Einheit der forschenden Wissenschaften mit der Frage nach der Einheit des Systems der Philosophie verwechselte. Sein Impuls mußte bei der Ausführung in die Verkehrungen geraten, weil er die Idee der modernen, forschenden, methodischen, zwingend allgemeingültigen Wissenschaft nicht erfaßt hatte (so wenig wie die anderen Idealisten). Er schematisierte in Antizipationen, die tatsächlich unfruchtbar blieben. Er verkannte den methodischen Sinn der faktischen Entdeckungen. Er meinte, sie zum Teil (wie etwa in seinen naturphilosophischen Schematismen) vorausgenommen zu haben, und meinte später, fälschlich eine Bestätigung für sich buchen zu können. Ihm waren Erkenntnis der Dinge durch Forschung in der Welt und metaphysische Intuition untrennbar ineinander verfangen. Damit wurde beides verwirrt.

Schelling scheint mit großartiger Weite den Widerstreit der Systeme als Kampf ursprünglicher Freiheitsentschlüsse zu sehen. Aber er meint dann doch sogleich, sie von einem übergeordneten Standpunkt in der geschlossenen Totalität der Möglichkeiten zu übersehen. Die Folge ist, daß es philosophisch die Eine Wahrheit gibt, und daß sie gewußt werden kann. Dann aber hört der echte, redliche Kampf zwischen ursprünglichen Willensentschlüssen in Gestalt der philosophischen Denkgebilde auf. Nur einer hat recht. Und damit verkehrt sich der Sinn von »Entscheidung«. Wenn Schelling die Entscheidung fordert, statt der Halbheiten und Charakterlosigkeiten, hebt er den Sinn wieder auf durch den Anspruch, jene Totalität zu wissen, in der die Entscheidung für den einzelnen Menschen ihres Gewichtes beraubt ist. Denn sie liegt nun allein in den großen metaphysischen Katastrophen und Wiederherstellungen. Statt der für Menschen allein möglichen existentiellen Entscheidung im Entschluß des Einzelnen in seiner Geschichtlichkeit, wird eine Zustimmung zum philosophischen Totalsystem zur Entscheidung, die ein Meinungsakt ist, und zwar von der Art, alle anderen Meinungen für falsch und alsbald auch für schlecht und böse zu halten. Schellings großer Appell, daß gewählt, daß entschieden, daß gehandelt werden muß, stellt sich selbst zufrieden durch ein philosophisches Totalwissen und enthüllt sich, soweit das geschieht, als bloße Pathetik. So bleibt bei Schelling immer beides, der große Impuls und der Kollaps, und damit die Zweideutigkeit des Ganzen.

Darum gilt hier wie überall bei Schelling: Das Gewicht unseres Interesses liegt weniger auf dem, was seine Lehre als referierte und referierbare Spekulation ist, weniger auf dem, was in Problemgeschichten als Position unterzubringen ist, sondern wesentlich auf dem, was darin jene Impulse sind, die in irgendeinem Sinne als wahr und groß anzusprechen, aber in der Breite dieser Spekulationen versanden, wenn auch immer wieder durchbrechen.

Die Frage, was System sei, und was er selber als wahres System wolle, hat Schelling unausgesetzt beschäftigt. Seine Verachtung gegen Systeme als Klassifikation, tabellarische Ordnungen, tote Formeln, als Methode des Unterbringens von allem, was vorkommt, ist eindeutig. Dann aber will er das wahre System aus zwei Prinzipien: Das System kommt erstens aus Freiheit, hat sich erst noch zu realisieren mit der Praxis des Lebens und der Erfahrung, und hat sich zu bewähren als Kraft im Leben; es geht um Zukunft, Möglichkeit, hält offen. Zweitens aber ist dieses System in der Idee Eines, ein einziges Ganzes, die Totalität, und als solches grundsätzlich zu erreichen. Denkt Schelling an die Freiheit, so ist er hingerissen von der Tiefe schöpferischer Möglichkeiten. Denkt er an die Totalität, so meint er, daß sie Seele und Herz über die Enge besonderer Interessen erweitere, weil sie sie aufhebe in das Ganze.

So bleibt in Schelling ein Zwiespalt in bezug auf das System. Er selbst kann ihn gelegentlich aussprechen. Die Freiheit führt in die unendliche Weite der möglichen Verwirklichungen. Die gewußte Totalität hebt die Freiheit auf. Der Baumeister der Gedanken erfährt die Schöpfungslust. Der gelungene Bau macht ihn zum Sklaven seines Werks.

Die Frage, was ein System sei, ob und wie es möglich sei, ist in Bewegung geraten, ungemein erregend für die nachkommenden Denker. Wenn der Idealismus in der Systemidee unterging, so wollte Schelling ihn durchbrechen. Er tat es und blieb doch gefangen. Noch heute ist die Frage: läßt sich Schellings Durchbruch systematisch vollenden, ohne selber System und ein neues Gefängnis zu werden?

Rückblick: Die Antworten Schellings auf die Frage, was Philosophie sei, ordneten wir in vier Gruppen. Erstens hörten wir seine Sätze über das Wesen der Philosophie, ihre Aufgabe, ihren Anspruch, ihre Wirkung im Dasein. Zweitens sahen wir seine Vergewisserung der philosophischen Methoden, der Ursprünge, aus denen die Philosophie ihre Wahrheit gewinnt. Drittens beobachteten wir Schellings Unterscheidung zwischen negativer und positiver Philosophie und viertens die Bedeutung des Systemgedankens bei ihm.

Schelling hat den hohen Sinn der Philosophie durch seine Forderungen erneuert. Wo die Philosophie abgleiten will in einen Zustand des Sichgenügens an Erforschung von Sachen und Begriffsverhältnissen, dabei entweder in Nichtigkeiten gerät oder in nützlichen Kenntnissen steckenbleibt, da ist Schellings lauter Ruf zu hören. Wer nicht klein denkt von der Philosophie, freut sich an Schellings Ergriffenheit. Er bringt zur Besinnung auf eigentliche Philosophie.

Diesen hohen Sinn wollte er durch eine Methode verwirklichen, die stattfindet aus dem Ursprung des Menschseins im Menschen selber, in intellektueller Anschauung, in Ekstasis, als Umkehr aus der Verschleierung in die wahre Wirklichkeit, aus der verschütteten zur wieder an den Tag gelangten Mitwissenschaft mit der Schöpfung.

Dabei erfuhr Schelling, daß das reine Denken als solches noch nicht die Wirklichkeit erreicht, daß vielmehr die Wirklichkeit selber, das Unvordenkliche zum Grund des philosophischen Wissens werden muß. So stellte er in der Einheit der Philosophie die Polarität der negativen und positiven Philosophie auf.

Wissen und Wille fordern die Einheit der Philosophie. Das System ist Schellings Grundgedanke und imperialer Wille zugleich. Aber Schelling erkennt den Sinn und die Grenzen des Systems, durchbricht jedes System und will die Offenheit; das System kann sich nicht abschließen, da die Erfahrung des Ganges in der Zeit, dieses einzigen, aber noch fortgehenden Gottesbeweises, selber noch nicht abgeschlossen ist. Dieser Gedanke aber kommt nicht zur Herrschaft, sondern Schelling bleibt in den Banden des Systemgedankens.

In jedem dieser Momente des Wesens und der Möglichkeiten der Philosophie berührt Schelling die Tiefe, aber jedesmal tut er es alsbald in einer Form, die nicht nur maßlos übersteigert, unkritisch die Grenzen überschreitet, ins Nebelhafte wie ins Absurde gerät, sondern schon den Ansatz selber in einen Schatten bringt, weil er durch solche Verwirklichung diskreditiert wird.

Aber es bleibt das Erregende. Durch diese Diskreditierung darf man sich nicht verleiten lassen, das Ganze zu verneinen, die wahren Klänge gar nicht mehr zu hören. Man darf der Schellingschen Wahrheit nachsinnen, muß damit sich selbst prüfen und kann dann begreifen, auf welche Weise und warum Schelling nach dem hohen Griff doch in die Irre ging. Denn dieser Irrgang ist der der Philosophie ständig drohende.

DRITTES KAPITEL

DAS ERDENKEN DES SEINS

»Es ist doch alles nur eitel und Nichts außer diesem Umgang unseres Geistes mit den höchsten Gegenständen« (Plitt III, 197). Welche sind diese? »Die älteste und richtigste Erklärung der Philosophie ist diese, sie sei die Wissenschaft des Seienden. Aber eben zu finden, was das Seiende, nämlich das wahrhaft Seiende ist, hoc opus, hic labor est« (XIII, 76; vgl. X, 303; XI, 295 ff; 362).

Der menschliche Geist beginnt zu philosophieren, wenn er »das Bedürfnis empfindet, gleichsam hinter das Sein zu kommen.« Aber was ist hier »hinter der Sache«? Offenbar nicht das Sein, denn dieses ist vielmehr »das Vordere der Sache«. Hinter der Sache ist nicht das Sein, sondern ... Aber hier stockt die Sprache. Sage ich: das Wesen, die Potenz, die Ursache (nach Schelling gleichbedeutende Begriffe), so habe ich schon wieder ein Sein ausgesagt, in einer bestimmten Kategorie eine bestimmte Sache ausgesprochen. Der Wille unseres Philosophierens verlangt jedoch, »hinter das Sein überhaupt zu kommen, zu sehen, nicht was über, aber was jenseits des Seins ist« (XIII, 75).

Dorthin zu gelangen, ist das Außerordentliche, das nicht mit einem etwa schnell zu denkenden Gedanken erreicht wird. Dies Außerordentliche verlangt von mir Außerordentliches: Alle bestimmten Aussagen vom Sein muß ich fallen lassen. Nenne ich das, was hinter dem Sein oder Grund des Seins ist, das »Subjekt des Seins«, so ist dieses schlechthin unbestimmbar (indefinibel). Nur was in Grenzen eingeschlossen ist, was ein Sein ist, läßt sich definieren, nicht das Subjekt des Seins. Dieses »ist nichts – nicht etwas ... allein es ist auch nichts nicht, d. h. es ist alles ... Es ist nichts, das es wäre, und es ist nichts, das es nicht wäre ... das Unfaßliche, das wahrhaft Unendliche.« Was muß geschehen, daß ich zu diesem mich erhebe und damit in die vollkommen freie Philosophie gelange? »Hier muß alles Endliche, alles, was noch ein Seiendes ist, verlassen werden, die letzte Anhänglichkeit schwinden; hier gilt es, alles zu lassen – nicht bloß, wie man zu reden pflegt, Weib und Kind, sondern was nur Ist, selbst Gott, denn auch Gott ist auf diesem Standpunkt nur ein Seiendes... Nur derjenige ist auf den Grund seiner selbst gekommen und hat die ganze Tiefe des Lebens erkannt, der einmal alles verlassen hatte, und selbst von allem verlassen war, dem alles versank, der mit dem Unendlichen sich allein gesehen...« Schelling schildert den Zustand, der jetzt eintritt: »Wer wahrhaft philosophieren will, muß aller Hoffnung, alles Verlangens, aller Sehnsucht los sein, er muß nichts wollen, nichts wissen, sich ganz bloß und arm fühlen, alles dahingeben, um alles zu gewinnen« (IX, 214–221).

An anderer Stelle wird die Bedingung des Seinserdenkens ähnlich ausgesprochen: »Es kommt einmal dahin, wo der Mensch nicht etwa bloß von der Offenbarung, sondern von allem Wirklichen sich frei zu machen hat, um in eine völlige Wüste alles Seins zu fliehen, wo nichts irgendwie Wirkliches, sondern nur noch die unendliche Potenz alles Seins anzutreffen ist, der einzige unmittelbare Inhalt des Denkens, mit dem dieses sich nur in sich selbst, in seinem eigenen Äther bewegt« (XIII, 76).

Schelling will an jenen Ort führen, wo das Erdenken des Seins selbst beginnen soll. Hier (ob es nun die Freiheit, der Ursprung, das reine Denken, die intellektuelle Anschauung, die Ekstasis heiße) fallen wir nicht ins Bodenlose. Vielmehr entfaltet sich von hier aus – so meint es Schelling – die Philosophie, die forscht und zeigt und weiß, und zwar in jener Arbeit und jenem Werk, das das große und allein wichtige, weil alles begründende ist.

Das Hervorbringen dieses »Werkes« hat nun faktisch diese immer wiederkehrende Form: Schelling dringt in die Situation der Frage und durch sie in jenen Ursprung. Glaubt er ihn erreicht zu haben, so fängt er im Fortschreiten seines Denkens alsbald die metaphysischen Überlieferungen auf. In eigener Erfahrung sich gründend, greift er nach dem Sinn der neu angeeigneten, aber dabei so leicht verderbenden alten Metaphysik, die in ihm wie ein Echo der Jahrtausende zu hören ist. Daher wirkt er auf uns durch diese erregende Zweiseitigkeit: Er lenkt zum Ursprung, läßt das Geheimnis ergreifend fühlbar werden, steigert das Bewußtsein, und dann gerät er in die Ausbreitungen eines dort von ihm erzeugten Wissens, das, wenn es noch einen Augenblick beschwingt, doch alsbald in trübe, leblose, gespenstische Anschauungen geraten läßt. Man möchte dann meinen, großartige Ansätze würden durch die täuschenden Verwirklichungen überschwemmt und vernichtet.

Wir wollen nun versuchen, Wege des Seinserdenkens mit Schelling zu gehen.

1. Schellings Frage: Warum ist überhaupt etwas, warum ist nicht nichts?

Diese Frage ist dem Sinne nach von Parmenides gedacht, von Leibniz berührt, von Schelling ausdrücklich als Grundfrage gestellt. Leibniz fragte (Principes de la Nature et de la Grace, Abschnitt 7), warum es eher Etwas ais Nichts gebe. Da das Nichts doch einfacher und leichter als das Etwas sei, müsse es für das Etwas einen zureichenden Grund geben. Dieser kann nicht in den Reihen der zufälligen Dinge liegen. Man mag in der Welt der einzelnen Dinge von Grund zu Grund fortschreiten, ständig wiederholt sich dieselbe Frage. Der zureichende Grund, der keines anderen Grundes mehr bedarf, muß außerhalb der Reihe der zufälligen Dinge liegen, muß die Ursache der ganzen Reihe, der Welt im Ganzen sein. Dieser Grund muß den Grund seiner Existenz in sich selber tragen, d. h. ein notwendiges Wesen sein. Dieser letzte Grund heißt Gott.

Was bedeutet dieser Gedankengang? Leibniz führt auf den Punkt, wo das Sein zwar noch mit der Kategorie der Ursache gedacht wird, aber so, daß der Sinn der Kategorie aufhört. Denn »Ursache seiner selbst« sagt eine Selbstbezüglichkeit aus, in der das Verhältnis von Ursache und Wirkung, das an zwei Glieder gebunden ist, verschwindet im Einen. Diese Form ist die Folge der Situation metaphysischen Denkens überhaupt: Ohne Kategorien kann ich nicht denken. Mit Kategorien aber kann ich das Sein selbst nicht erreichen, sondern immer nur Dinge in der Welt. Will ich das Sein selbst denken, so kann ich nur mit Kategorien über Kategorien hinaus denken. Das geschieht in einem logischen Einsturz, hier ausgesprochen in dem Widersinn oder der Undenkbarkeit der Ursache seiner selbst. Leibniz aber hat darin einen logisch zwingenden Gedanken gesehen, statt vom Aufhören der Denkbarkeit den philosophischen Stoß zu erfahren.

Während bei Leibniz die Sache mit der logischen Operation schnell erledigt ist und beiläufig einmal vorkommt, ist die Frage durch Schelling erst zur wirklichen Frage geworden. Er gibt ihr die eindrucksvolle Form: Warum ist überhaupt etwas, warum ist nicht nichts? Sie ist eine jener unvergeßlichen Fragen, die in der Philosophiegeschichte immer, auch wenn sie wie ein Echo auf längst Gedachtes anmuten, doch in ihrer Prägnanz auf einen einzigen Denker zurückgehen. Schelling hat die Frage im Laufe seines Lebens wiederholt (VI, 155. – VII, 174. – XIII, 7; 163 ff; 242) und sie bewußt zu einer Grundfrage des Philosophierens gemacht. Aber er hat sie in wechselndes Licht gebracht und verschieden beantwortet.

Seine früheste Antwort (VI, 155) lautet: Kraft der Vernunft, die das Wesen unserer Seele ist, »erkennen wir, daß das Nichtsein ewig unmöglich und niemals zu erkennen noch zu begreifen ist.« Diese Vernunft ist nicht etwa der logische Verstand Leibnizens, sondern die intellektuelle Anschauung, »das Licht, in dem wir das Absolute begreifen«. »Das absolute Licht, die Idee Gottes, schlägt gleichsam ein in die Vernunft, sie leuchtet in ihr fort als eine ewige Bejahung.«

Wie geschieht dieser Einschlag, diese ewige Bejahung? »Jene letzte Frage des am Abgrund der Unendlichkeit schwindelnden Verstandes, die Frage: warum ist nicht nichts, warum ist etwas überhaupt?, diese Frage ist auf ewig verdrungen durch die Erkenntnis, daß das Sein notwendig ist. So gewiß die Vernunft ewig das Nichts negiert und das Nichts nichts ist, so gewiß affirmiert sie das All, und so ewig ist Gott.«

Man sieht, wie Schelling den Gedanken keineswegs in dem logischen Gerippe des Zirkel-Gedankens »Grund seiner selbst« läßt. Diese logische Form ist nur ein Leitfaden zur Vergewisserung des ursprünglichen Ja in der Erfahrung des Seins. Sie ist der Leitfaden zur intellektuellen Anschauung, in der kein Etwas, kein Ding, nichts Endliches, nichts Bestimmtes mehr gedacht wird, aber doch, und zwar in großer Helle, im Überschreiten aller Kategorien, ein Denken des »Ist« geschieht.

Dieser Gedanke der Notwendigkeit des Seins, das nicht nicht sein kann, wird bestimmt durch Unterscheidung seiner Notwendigkeit von endlichen Formen der Notwendigkeit (VII, 174). Jene Notwendigkeit des Seins kommt keinen Dingen in der Welt zu. »Auf die Frage, die der am Abgrund der Unendlichkeit schwindelnde Verstand aufwirft: Warum ist nicht nichts, warum ist überhaupt etwas? ist nicht das Etwas, sondern nur das All oder Gott die vollgültige Antwort. Dem Nichts (das ewig unmöglich, ewig Nichts ist) ist nur das All schlechthin entgegengesetzt.« Nur das All, keineswegs die endlichen Dinge besitzen das Sein im Gegensatz zum Nichts. Denn da das endliche Ding nur durch das Verhältnis zu anderen Dingen, durch Ursachen und Bedingungen ist, ist es »nur Realität mit Nichtrealität gemischt«. Es wäre auch ungereimt, das All anzusehen als die vollständige Zusammensetzung aller endlichen existierenden Dinge. Denn nur dem All kommt es zu, nicht nicht sein zu können, während jedes besondere Ding auch nicht sein kann.

Diese Antwort auf die Frage, warum nicht nichts sei, führt zu der Einsicht, die zugleich durch mein Wesen, gegründet nicht im kontemplativen Denken, sondern in der Erfahrung der Unbedingtheit existentiellen Entschlusses im Leben selber, die Verfassung meines Seinsbewußtseins wird: »daß das Endliche ewig nicht wahrhaft zu sein vermag, daß nur Unendliches ist, absolute, ewige Position von sich selbst, welche Gott ist und als Gott All«.

Wenn der bloß logische Gedanke der Notwendigkeit des Seins Schelling nie genügt hat, vielmehr schon beim jungen Schelling der Satz: »Es ist das Sein und das Nichts ist nicht«, seinen Grund fand in dem »Einschlag des absoluten Lichtes«, so zeigte sich ihm später (XIII, 242 ff) das Sein mit neuer Wucht durch den Charakter der »Wirklichkeit«. Er denkt mit staunender Ergriffenheit: Kein Gedanke erreicht die Wirklichkeit. Denn der Satz, daß das Sein notwendig sei, ist am Ende doch als Gedanke immer nur hypothetisch, nämlich so: Wenn es ein Sein wirklich gibt, dann ist das Seiende selbst ein notwendiger Gedanke. Der Gedanke des Seienden ist keineswegs ein an sich notwendiger, »wofür ihn die Anhänger des Parmenides ausgeben«, jedoch ein relativ notwendiger. Denn wenn ich bis an die Grenze allen Denkens gehe, so muß ich dort ja wieder trotz jener Notwendigkeit als möglich anerkennen, daß überall nichts wäre. Die letzte Frage kehrt angesichts des wirklichen Seins doch immer wieder: Warum ist überhaupt etwas, warum ist nicht nichts?

Was diese Wirklichkeit bedeutet, will Schelling nun wieder durch einen Gedanken treffen: Alle endlichen Dinge können als nicht seiend gedacht werden. Das Denken braucht sich den Dingen nicht zu unterwerfen. Es hat durch die Kategorie der Möglichkeit die Freiheit, die Dinge aus Möglichkeit zu begreifen. Das unendliche Sein aber ist Möglichkeit, die als solche schon Wirklichkeit ist. Es ist die Wirklichkeit selber, ist das, dem »mit keinem Begriff zuvorzukommen ist, gegen welches das Denken keine Freiheit hat« (XIII, 164). Diese Wirklichkeit ist notwendig, weil ihre Möglichkeit die Wirklichkeit einschließt oder weil Möglichkeit und Wirklichkeit, für unser Denken angesichts der endlichen Dinge stets unterschieden, in ihr identisch sind. Das heißt: sie existiert notwendig, »weil sie alle vorgängige Möglichkeit ausschließt, weil sie allem Können zuvorkommt«. Die notwendige Existenz ist hinfällig als Ergebnis eines Arguments. »Aber das geradezu, unmittelbar aufgestellte notwendig Existierende bei Spinoza hat niemand der Kritik unterwerfen können.« Niemand kann sich ihm entziehen: Jeder muß sich ihm unterwerfen (XIII, 166).

Das Denken hat also vor der Wirklichkeit nicht aufgehört. Aber es ist ein merkwürdiges Denken, ein Denken des Nichtdenkenkönnens. In der Tat ist doch wieder mit Kategorien gedacht, nämlich, statt mit Ursache und Wirkung im Zirkel der Ursache seiner selbst, mit den Kategorien der Möglichkeit und Wirklichkeit in der undenkbaren Identität beider. Mit dieser letzten Operation wird aber ausdrücklich gesagt, daß das Denken seine Grenze erreicht hat. Wo es ein Wirkliches nicht mehr in Mögliches zurückversetzen und von ihr unterscheiden kann, kann es das Wirkliche selber nicht denken.

Dieses neue Wirklichkeitsbewußtsein spricht Schelling in vielen Abwandlungen aus. Die Vernunft begreift, daß sie in ihrem Denken mit Abstraktion von dem wirklichen Sein operiert hat. Sie muß jedoch zuerst diese Wirklichkeit zugeben. Parmenides wäre »zu dem Begriff des abstrakten Seienden nicht berechtigt, wenn er nicht irgendein Wirkliches voraus hätte«. Was wirklich ist, ist nicht nur im Denken. Denken erreicht nicht die Wirklichkeit. »Wir müssen von einem Sein ausgehen, das absolut unabhängig von allem Denken, das allem Denken zuvorkommend ist« (XIII, 164). Es ist das grundlos Existierende, »wovor die Vernunft stille steht, von dem sie verschlungen wird, dem gegenüber sie zunächst nichts mehr ist, nichts vermag«. Die Vernunft ist »wie regungslos, wie erstarrt, quasi atonita«. Sie kann das Seiende, in dem noch nichts von einem Begriff, von einem Was ist, nur als ein absolutes Außer-sich setzen, »sie ist daher in diesem Setzen außer sich gesetzt, absolut ekstatisch«. Daher spricht Schelling von dem »Ekstatischen des Spinozismus und aller von dem notwendig Existierenden ausgehenden Lehren« (XIII, 163).

Wohin sind wir nun mit der Grundfrage: Warum Sein und nicht Nichts, gelangt? Die Notwendigkeit der Wirklichkeit (der Existenz), vor der die Vernunft verstummt, ist keine Antwort mehr auf die Frage. Die Frage ist vielmehr niedergeschlagen und darin die das Seinsbewußtsein neu begründende Erfahrung des Denkens. Das Denken sieht sich übertroffen im Hinnehmen- und Anerkennenmüssen. Daß auf die Frage nicht mit einem bloßen Gedanken geantwortet werden kann, das war Schelling von Jugend an klar. Daß aber ein Ort erreicht wird, wo der Gedanke überhaupt niedergeschlagen ist, das ist der Ausdruck dieses neuen Wirklichkeitsbewußtseins.

Damit ist Schelling nun keineswegs am Ende. Vielmehr sind solche Gedanken nur Vorbereitung. Jetzt beginnt erst der Inhalt seiner Philosophie. Das geschieht in dem Augenblick – der bei Schelling nicht nur einmal eintritt, sondern durch Jahrzehnte wiederholt wird, so gut wie jene hinführenden Vorbereitungen –, in dem Augenblick, in dem die Wirklichkeit, das durch keine Vernunft Erreichbare, das nur Anzuerkennende, dem keine Kategorie, kein Denken angemessen ist, vor dem die Vernunft verstummt, mit einem Sprung begriffen wird: es ist die ewige Freiheit. Es ist der gleiche Punkt, an dem alle Hinführungen Schellings – wie wir sehen werden – ihren Umschlag finden.

Damit haben aber Frage und Antwort plötzlich und unwillkürlich ihren Sinn verwandelt. Die Frage wird nicht mehr gestellt in bezug auf die Wirklichkeit der ewigen Freiheit (warum sie sei und nicht nicht sei), sondern die Frage wird, ohne daß es ausdrücklich bemerkt ist, auf die zweite Stufe gerückt. Sie ist zur Frage geworden: warum aus jener Freiheit, oder aus jener Wirklichkeit vor allem Denken, oder aus jenem Übersein, oder warum aus dem Grund vor allem das Sein ist. Schellings Antwort ist: durch die Akte der Freiheit jenes Überseins. Wenn sich so bei Schelling der Sinn der Frage verwandelt hat, verschwindet sie in ihrer ursprünglichen Größe. Die Grunderfahrung vergessend, wird, ohne daß Schelling den neuen begrenzten Sinn der Frage ausdrücklich unterscheidend hervorhebt, eine Antwort gegeben, die vorher unmöglich war. Die Frage, warum überhaupt etwas sei, wird also faktisch zu einer untergeordneten. Sie bezieht sich nicht mehr auf das Sein, das All, Gott, sondern nur noch auf die reale Welt. Sie findet eine Antwort durch Erzählung des Freiheitsaktes, der aus dem Übersein, das weder Sein noch Nichtsein ist, das Sein setzt.

Welche Verwandlung! Schelling bezieht sich auf Kant. Er meint bei Kant, ihn bewundernd, seine eigene Einsicht wiederzuerkennen. Es ist lehrreich, durch Kontrastierung mit Kant zu sehen, wie Schelling Kants Denkungsart preisgegeben hat.

In seiner vorkritischen Zeit behandelt Kant die Frage noch im Stil Leibnizschen Denkens (1763, in der Preisschrift IV, § 1): Der Hauptbegriff der Metaphysiker sei die schlechterdings notwendige Existenz eines Wesens. »Um darauf zu kommen, könnte der Metaphysiker zuerst fragen: ob es möglich sei, daß ganz und gar nichts existiere? Wenn er nun inne wird, daß alsdann gar kein Dasein gegeben ist, und auch nichts zu denken, und keine Möglichkeit stattfinde, so darf er nur den Begriff von dem Dasein desjenigen, was aller Möglichkeit zum Grunde liegen muß, untersuchen. Dieser Gedanke wird sich erweitern und den bestimmten Begriff des schlechterdings notwendigen Wesens festsetzen.«

Ganz anders klingt es, nämlich nicht zuversichtlich wissend, sondern betroffen staunend, in der Kritik der reinen Vernunft: »Die unbedingte Notwendigkeit, die wir, als den letzten Träger aller Dinge, so unentbehrlich bedürfen, ist der wahre Abgrund für die menschliche Vernunft. Man kann sich des Gedankens nicht erwehren, man kann ihn aber auch nicht ertragen, daß ein Wesen, welches wir uns auch als das höchste unter allen möglichen vorstellen, gleichsam zu sich selbst sage: Ich bin von Ewigkeit zu Ewigkeit, außer mir ist nichts, ohne das, was bloß durch meinen Willen etwas ist, aber woher bin ich denn? Hier sinkt alles unter uns, und die größte Vollkommenheit, wie die kleinste, schwebt ohne Haltung bloß vor der spekulativen Vernunft, der es nichts kostet, die eine so wie die andere ohne das mindeste Hindernis verschwinden zu lassen« (Kr. d. r. V. B 641).

Schelling (XIII, 163 ff) sagt zunächst richtig: Kant »nennt die unbedingte, allem Denken vorangehende Notwendigkeit des Seins den wahren Abgrund für die menschliche Vernunft«. Er rühmt »Kants tiefes Gefühl für die Erhabenheit dieses allem Denken zuvorkommenden Seins«. Dann aber meint er, was Kant den Abgrund der menschlichen Vernunft nenne, das sei »dasjenige in Gott, vermöge dessen er der grundlos Existierende ist«. Das sei eben das, »wovor die Vernunft stille steht, von dem sie verschlungen wird, demgegenüber sie zunächst nichts mehr ist, nichts vermag«. Davon steht kein Wort so bei Kant. Zwar nur leise fühlbar vollzieht

Schelling mit dieser Kantdeutung eine Umkehrung der Grundhaltung: bei Kant an der Grenze das tiefste Nichtwissen, bei Schelling das Erkennen des Nichtgewußten: wenn die Vernunft »zunächst« auch bei ihm nichts vermag, so wird sie alsbald eine ganze Welt hervorzaubern aus dem, vor dem Kant betroffen sich bescheidet.

Wohl steht Kant am Abgrund mit der von ihm erdachten Frage des höchsten Wesens an sich selbst. Er erfährt die Grenze, indem er zugleich die Billigkeit der spekulativen Vernunftoperationen und ihre Leerheit zeigt (»es kostet nichts«). Schelling aber hat dieses Kantische Grenzbewußtsein preisgegeben zugunsten eines Wissens und damit zugleich die Denkungsart Kants verworfen. Nur für den Augenblick des Übergangs von seinen Hinführungen aus der Betroffenheit zum Ergreifen des Transzendenten kann er Kants Gedanken scheinbar aneignen.

Kants Grundbegriffe, wie das Ding an sich, das Noumenon, der intelligible Charakter, können bei Mißverständnis durch Schelling und die anderen Idealisten entweder gestrichen werden als nichtig oder erfüllt werden durch ein Erkennen ihres Gegenstandes. Beides ist geschehen. Im ersten Falle bleibt das Philosophieren im Kreis der Subjektivität, im zweiten Falle ergreift es eine Objektivität des Absoluten. Dies letztere geschieht bei Schelling. In beiden Fällen ist die Kantische Grundhaltung verschwunden: die Erhellung des Seins, worin wir uns faktisch gegeben sind, der Formen von Verstand und Vernunft, durch die, was ist, als Erscheinung für uns Gestalt hat, die Offenheit für das Übersinnliche. Hier ist gegenüber Kant ein radikaler Schnitt des Philosophierens. Wo wir jenen Sprung bemerken, der fast unmerklich getan wird und doch mit einem Schlage allen Sinn verwandelt, da heißt es für den Willen des Philosophierens, der auf Platonischem und Kantischem Boden jede Zauberei verwirft: principiis obsta. Wohin sind wir mit der Schellingschen Frage gelangt? Von der Souveränität großen philosophischen Hindringens und dem Stehen an der Grenze zu den trüben und beschränkenden Bereichen der Gnosis, die ein gegenständliches Erkennen des Übersinnlichen, damit des Seins selbst, in Anschauungen und Geschichten behauptet und dieses Wissen als das Heil der Seele erfährt.

2. Das Denken der Potenzen und der Griff über die Potenzen hinaus

An die Grenze gelangt, alles »lassend«, frei von allem Seienden, das uns fesseln könnte, fliehend in die »Wüste alles Seins«, fällt unser Denken doch nicht ins Bodenlose. Vielmehr vermögen wir hier zwei Schritte zu tun, durch die wir den Boden eigentlichen Seins gewinnen. Der erste Schritt: In der Vernunft, die uns, von allem absehend, scheinbar ins Nichts geführt hat, sind wir uns »eines unmittelbaren Inhalts bewußt, der freilich kein Gegenstand, das heißt schon ein Seiendes, sondern nur die unendliche Potenz vom Seienden ist« (XIII, 74). – Der zweite Schritt: Über alle Potenzen hinaus, über alles hinweg, was doch nur als Möglichkeit gedacht wird, liegt das Wirkliche selbst. Mit der Vernunft nur berührt als die Voraussetzung auch aller Vernunft, wird es in uns selbst ergriffen als das, was vor allem Denken liegt, das Unvordenkliche. Diese beiden Schritte haben wir nun mit Schelling zu vollziehen.

Der erste Schritt:

Im Denken bis hin zur unendlichen, noch unbestimmten Möglichkeit (Potenz) alles Seienden geraten wir nicht ins Leere. Vielmehr entdeckt sich unmittelbar ein innerer Organismus aufeinanderfolgender Potenzen, wenn das Denken auf den unmittelbaren Inhalt der Vernunft eingeht und diesen sich aufschließt. Das geschicht mit der Frage: was ist das Seiende, was gehört zu ihm, daß es das Seiende ist? Dies versteht sich nicht von selbst, sondern der Begriff des Seienden muß erst erzeugt werden. Gelingt dies aber, so werden die gedachten Potenzen der Schlüssel zu allem Sein. Denn weil die Vernunft sie notwendig denken muß, enthüllt sie mit dem Organismus dieser Vernunft selbst zugleich den Organismus alles Seienden (XIII, 76–77), denkt die »Principien alles Seins« (XI, 304).

a) An dem zunächst bodenlosen Orte vergegenwärtigt die noch gegenstandslose Vernunft im reinen Äther ihres Denkens sogleich drei Momente: Erstens »gehört zum Seienden, daß es Subjekt des Seins sei, das, von dem das Sein ausgesagt werden kann, das, was sein kann, das Seinkönnende, die Potenz dessen, was es schon ist.« Zweitens ist das Seiende ebenso unmittelbar »das ganz und völlig objektiv Seiende, in dem ebensowenig etwas von einem Können ist als in dem Subjektsein etwas von einem Sein«. Drittens gehört zum Begriff des Seienden, »daß es Subjekt und Objekt in Eins gedacht, unzertrennliches Subjekt-Objekt ist« (XIII, 77).

Die drei Potenzen – als Subjekt, Objekt, Subjekt-Objekt bestimmt – werden nun je nach Zusammenhang umformuliert, z. B.: das Subjekt ist urständlich, das Objekt gegenständlich (XI, 288), – das Subjekt ist: Seinkönnen, das Objekt: Seinmüssen, das Subjekt-Objekt: Seinsollen (XI, 395). Die drei Potenzen heißen weiter: selbst sein (bloß sich sein), außer sich sein, bei sich selbst sein – oder: an sich sein, für sich sein, an und für sich sein (seiner mächtig sein), oder: aus sich selbst sein (in seinem an-sich-sein), durch sich sein (als das außer sich Seiende), in sich sein (das ewige bei sich seiende Sein) (XI, 317).

Warum werden diese drei Potenzen gedacht? Sind sie nur aufgezählt? Wie werden sie vorgefunden? Schelling sagt: Die Folge der drei in dieser sich schließenden Reihe ist notwendig zu denken, ist das nicht nicht zu Denkende. Man muß es versuchen, dann erfährt man die Notwendigkeit. Die erste Potenz: »Wer es versucht, wird alsbald inne werden, daß den ersten Anspruch, das Seiende zu sein, nur das reine Subjekt des Seins hat. Das erste Denkbare ist nur dieses«, es ist »was nicht im gegenständlichen Sinn (denn alles Gegenständliche setzt etwas voraus, wogegen es dies ist), um so mehr also im urständlichen Sinn nur an sich das Seiende ist«. Die zweite Potenz: Denke ich aber das Seiende nur als dieses ungegenständliche, an sich seiende, urständliche, so liegt darin eine Beraubung des Seins, die uns nicht ruhen läßt. Dieses gesetzt, müssen wir auch das andere setzen. »Denn zum ganzen und vollkommenen Seienden gehört ebensowohl das nur gegenständlich subjektlose Seiende, das was außer sich das Seiende ist«.

Dritte Potenz: Auch mit diesem zweiten Seienden, dem als Objekt Seienden, ist kein Stillstand für unser Erdenken des Seins. Das Seiende, das an erster Stelle nur Subjekt, an zweiter Stelle nur Objekt sein konnte, das fordert, wodurch es beides sein und doch eines bleiben kann. Damit entsteht »der Begriff des seiner selbst Mächtigen, des bei sich Seienden«. »Dieses also ist erst die dritte Möglichkeit« (XI, 302–303).

Die Reihenfolge der drei wird auch so formuliert: »Unmittelbar, d. h. ohne Voraussetzung, kann nichts gedacht werden als nur das Subjekt. Das Wort Subjekt bedeutet sogar nichts anderes als Voraussetzung. Das Einzige, was sich voraussetzen, d. h. dem sich nichts voraussetzen läßt, ist eben Subjekt. Nichts kann unmittelbar Objekt sein, denn nichts ist Objekt als gegen ein Subjekt, nichts aber kann ebendarum unmittelbar Subjekt-Objekt sein. Das Letzte setzt beides voraus« (XIII, 78).

Noch einmal dasselbe anders: Das erste ist »das ungegenständliche, das in sich selbst zurückgezogene, lediglich in sich seiende, bloß wesende Sein, der Geist in absoluter Selbstentschlagung, ist Enthaltung von dem äußeren Sein, nur reines Selbst, gleichsam ein Subjekt ohne alles Prädikat. Eben diese reine Selbstheit stellt sich als absolute Unselbständigkeit dar.« Das zweite ist »die nämliche Unselbständigkeit, nur auf andere Art, in dem für sich seienden Geiste, indem er, selbst gleichsam ohne Selbst, sein Selbst in dem an sich Seienden hat, für das allein er da ist. Es ist eine vollkommen gegenseitige Selbstvergessenheit.« Auf beiden Seiten liegt eine gleiche Reinheit und Unendlichkeit. Das dritte erst ist das Selbst, »beides in einem vereinigt, der als Subjekt sich selbst seiende Geist« (XIII, 253).

Alle diese Entwicklungen wollen den Satz beweisen: »Wenn gefragt wird: was ist das Seiende? so steht es nicht in unserem Belieben, was wir zuerst, was wir hernach setzen wollen, von dem nämlich, was das Seiende sein kann« (XI, 302).

b) Nach der Darstellung der drei Potenzen fragen wir nach der Evidenz dieser Gedanken oder nach der Methode.

Schelling sagt (XI, 303–304), daß hier das Gebiet sei, »wo die Gesetze des Denkens Gesetze des Seins sind«. Hier bestimmen die Gesetze des Denkens nicht die bloße Form, sondern den Inhalt der Erkenntnis. Wir sind hier »im Vorgebiet der Wissenschaft, die zum Princip nicht irgendein Denken, sondern das Denken selbst hat«. Das Denken hat hier einen Inhalt allein von sich. Dieser Inhalt ist im allgemeinen das Seiende und sind im besonderen nur jene Momente, deren jedes für sich das Seiende nur sein kann (nämlich wenn die anderen hinzukommen), also nur eine Möglichkeit oder Potenz des Seienden ist. Diese Möglichkeiten aber können wie das Seiende überhaupt gar nicht gedacht werden (wenn das Seiende hinweggenommen ist, ist auch alles Denken hinweggenommen). Daher sind die Möglichkeiten notwendig gedachte.

Von diesem Denken behauptet Schelling, es sei »jenes Denken, von welchem Aristoteles sagt, daß es an Wahrheit und an Schärfe über die Wissenschaft geht. Denn z. B., daß im Denken nichts vor dem Subjekt sein kann, wird nicht gewußt, sondern gefühlt, und übertrifft durch diese Unmittelbarkeit jede vermittelte Wahrheit an Evidenz.«

Man spricht von dem Denken als einem Gegensatz aller Erfahrung. Dagegen sagt Schelling: das Denken ist selber eine Erfahrung. Wenn man wirklich denkt, erfährt man etwa, daß das Widersprechende nicht zu denken ist. Es gibt daher zweierlei Erfahrung: »Die eine sagt, was wirklich und was nicht wirklich ist; dies ist die insgemein so genannte; die andere sagt, was möglich und was unmöglich ist: diese wird im Denken erworben.« Das ist die ausschließliche Macht des reinen Denkens in der Philosophie (XI, 326).

Analog den Wirklichkeiten der Erfahrung in der Welt gibt es daher im Reiche der Vernunft notwendige Erfahrungen. Diese Erfahrungen sucht Schelling in bezug auf die erste und dritte Potenz als eine je spezifische noch näher zu bringen in einer für das Wesen dieser Einsicht charakteristischen Weise.

Die erste Potenz: Auch bei ihr gilt: »Daß dem reinen Subjekt nichts vorauszusetzen, wird nicht bewiesen, man muß es erfahren« (XI, 326). »Es fällt den meisten schwer, diesen ersten Begriff zu fassen, weil alles Erfassen in einem sich-gegenständlich-Machen besteht, hier aber das absolut Nichtgegenständliche in dieser seiner Ungegenständlichkeit zu denken ist.« Wir begreifen nur das, wozu wir in der Bewegung unseres Denkens gelangen. Aber »dieser erste Begriff wird eben nur in der Nicht-Bewegung gefaßt und wirklich gefaßt« (XIII, 251). Zu dieser Erfahrung führt Schelling auf folgende Weise. Er nennt die erste Potenz den »an sich seienden Geist«. Dieser ist in »völliger Selbstentschlagung« absolutes Nichtwissen seiner selbst. Er ist, »wenn Wissen dem Sein entgegengesetzt wird, gleichsam das reinste, eben darum auch unnahbarste Sein; er ist das Sein, dem der Verstand nichts abgewinnen kann, das er nur ausspricht, indem er schweigt, und nur erkennt, indem er es nicht erkennen will. Denn er wird nicht erkannt wie der Gegenstand in anderem Erkennen, indem man aus sich herausgeht, sondern vielmehr im an-sich-Halten, im selbst-still-Stehen. Es ziemt sich nicht, viele Worte darüber zu machen; man kann jedem nur die Anleitung dazu geben, sich des Geistes in seinem reinen an sich Sein zu versichern« (XIII, 251).

Die dritte Potenz: Diese wird in ihrer Ungegenständlichkeit durch eine logische Form zur Erfahrung gebracht. Schelling betont die logische Bedeutung der Denkfolge: Wir können das Subjekt nur zuerst, das Objekt hernach und das Subjekt-Objekt nur zuletzt denken. Wenn das Subjekt als das gegenständlich nicht Denkbare, nur Vorauszusetzende, das Objekt als das uns jederzeit als Gegenstand Klare erkannt ist, das jedoch stets ein Subjekt voraussetzt, für das es Objekt ist, dann ist alles entweder Subjekt oder Objekt. Die dritte Gestalt des Seienden »ist nur möglich als das ausgeschlossene Dritte«. Dieser Ausdruck, der »die Möglichkeit des Dritten verneint, wo bloß vom Gegenständlichen die Rede ist«, ist hier »im bejahenden Sinn zu brauchen, so nämlich, daß ausschließen außer sich setzen bedeutet« (XI, 303). Eine formallogische Unmöglichkeit wird unter Verwendung einer sprachlichen Zweideutigkeit benutzt, um das Eigentümliche der dritten Potenz zu erhellen.

Diese dritte Potenz aber ist uns ganz gegenwärtig als unser menschlicher Geist. Dieser ist faktisch der Ausgangspunkt der Erfahrung, die die ewige Potenz des Seins selbst in ihrer dritten Gestalt zur Einsicht bringen soll. Vom menschlichen Geist sagt Schelling, daß »er sich selbst bewußt ist und sich selbst hat, gewissermaßen zwei ist, Subjekt und Objekt, aber ohne wirklich zwei zu sein, indem er der Zweiheit ohnerachtet doch nur Einer bleibt, der ganz Subjekt und ganz Objekt ist«. Mit ihm vergleicht Schelling ausdrücklich das Bei-sich-Sein der dritten der ewigen Potenzen, die die beiden anderen in sich schließt. Sie »ist nicht das notwendig an sich Seiende, gar nicht von sich weg sein Könnende (wie die erste Potenz), ebensowenig das notwendig und nur von sich weg Seiende (wie die zweite Potenz), sondern das, was von sich weg-sein, sich äußern kann, ohne darum weniger an sich zu sein, und das umgekehrt an sich ist, ohne darum weniger von sich weggehen zu können, wie der menschliche Geist« (XIII, 254).

c) In allen diesen Vergegenwärtigungen seiner Potenzen operiert Schelling mit dem Subjekt-Objekt-Verhältnis. Unser Bewußtsein ist erstens auf Gegenstände, sie meinend, gerichtet; wir sind zweitens Selbstbewußtsein, wissen von uns, sind selber das Subjekt, das sich Objekt wird. Dazu kommen weitere Subjektsbegriffe: In der Struktur der Aussage steht das Subjekt dem Prädikat gegenüber. In der Gedankenfolge heißt Subjekt auch die Voraussetzung (subjectum = suppositum). Diese Subjektsbegriffe (Subjekt als Ich, dem Gegenstände gegenüberstehen, – als das Wesen, das sich selbst zum Objekt wird, – als das Subjekt im Satze, von dem Prädikate ausgesagt werden, – als Voraussetzung) braucht Schelling ineinander, wenn er die Potenzen denkt. Ist das sinnvoll oder Verwirrung?

Bestimmte Gedanken werden in Kategorien gedacht. Schelling sagt aber: »Man würde unsere Principien des Seins gänzlich mißverstehen, wenn man sie als bloße Kategorien betrachten wollte« (XIII, 244). Wollte man das Seinkönnende nicht anders verstehen als die Kategorie der Möglichkeit, das rein Seiende als die Kategorie der Wirklichkeit, das sein Sollende als die Kategorie der Notwendigkeit, so wäre der Sinn der Potenzen als Seinsprinzipien verfehlt. »Jenes Seinkönnende ist nicht der allgemein auf das Konkrete insgesamt anwendbare Begriff der Möglichkeit. Es ist schlechterdings nichts Allgemeines, sondern im Gegenteil ein höchst Besonderes. Es ist jene eine, ihresgleichen nicht kennende Möglichkeit, die Möglichkeit schlechthin, die Urmöglichkeit, die der erste Grund alles Werdens, und insofern auch alles gewordenen Seins ist« (XIII, 244–245).

Alle Kategorien, meint Schelling mit Aristoteles, sind Formen der Prädikate, die in der Aussage einem Subjekt zugelegt werden. Das Subjekt selbst ist ihnen vorauszusetzen. »Alle Potenzen sind als Principien des Seins bloße Subjekte (hypokeimena tes ontotetos). Als reine Subjekte werden sie eben nur gesagt, und weder wird etwas von ihnen, noch werden sie selbst ausgesagt. Wir sollten Namen für sie haben, statt daß wir sagen: das an-sich-Seiende, das außer-sich-Seiende. Dies ist ein Übelstand, der Veranlassung gegeben, eigne Worte ersparende Zeichen (– A, + A, ± A) zu erfinden, um jedes Wort davon gleichsam als an einem Namen zu erkennen.« Wohl stellen die Potenzen die höchsten und allgemeinsten Arten des Seins dar. Aber sie sind selbst keine Arten, sondern jede ist das bestimmte, diese Art des Seins rein und ausschließlich in sich darstellende Subjekt. Es sind nicht Arten, unter die die Dinge begriffen werden, doch entsteht alles Konkrete aus ihrer Zusammenwirkung. Insofern ist keines der möglichen Prinzipien ein Konkretes, also eher Allgemeines, aber nicht Allgemeines wie ein Artbegriff, »sondern wie die Materie, das Licht, wie selbst Gott in diesem Sinne ein Allgemeines ist. Sie sind nicht Einzelwesen, aber wie ein Einzelwesen« (XI, 335–336). Die Prinzipien sind nicht allgemeine Kategorien, sondern selber existierend.

Wollen wir in der Deutlichkeit bestimmter Grundformen des Denkens fassen, was Schelling in der Entwicklung der Potenzen denkt, so gelangen wir nicht zum Ziel. Vielmehr kann uns dann sein Gedankengang verwirrt erscheinen. Das ist er, sofern wir seinen Gehalt als ein gegenständliches Erkennen verstehen wollen. Und dazu werden wir veranlaßt, weil Schelling auf weite Strecken sein Erkennen des Seins in der Tat so behandelt und vorträgt. Aber immer wieder kommen die Stellen, die bezeugen, daß seine Absicht eine andere ist: Er sagt etwa, daß das Wort Sein »mit ‚als' verbunden immer gegenständliches Sein bedeutet«. Aber er will das Gegenständliche im Ungegenständlichen erfassen, in dem es gründet. Daher ist das Gegenständliche nur ein Moment in dem, was selber nicht gegenständlich denkbar ist. Der bloß an sich seiende Geist (erste Potenz) ist nicht als solcher seiend, weil nicht gegenständlich. Der bloß gegenständlich seiende Geist (zweite Potenz) ist der nicht als solcher seiende Geist. Der Geist ist erst in der dritten Potenz der als solcher seiende Geist, der nicht nicht Geist sein Könnende, der das Ungegenständliche und Gegenständliche, die als erste und zweite Potenz nur getrennt und isoliert sind, umfaßt (XIII, 256).

Es ist das sozusagen Verzwickte im Denken der Potenzen: Wir sollen sie denken, wir werden stets auf Kategorien und auf Erfahrungen aus unserer Gegenwärtigkeit hingewiesen (oder doch faktisch durch sie geführt), in denen wir uns vergewissern können. Denn wir können gar nicht anders als in Kategorien denken. Aber dann sollen die Potenzen alles dieses nicht sein. Sie sollen nicht mißverstanden werden dadurch, daß man sie als das nimmt, wodurch sie gedacht werden. Aber sind sie dann überhaupt? oder was sind sie dann noch? Die Antwort in Kategorien, also in Denkbarkeiten, muß ausbleiben. Jedoch könnte es sein, daß durch die Erfahrung dieser gedachten Undenkbarkeiten im Scheitern der Kategorien etwas hell würde, was wesentlich ist.

Das ist das Entscheidende: Schelling hebt, wie alle große Philosophie, die Selbstverständlichkeiten auf, nämlich das, was wir in durchschnittlicher Anschauung, durch Gewohnheit scheinbar klar, in Wahrheit völlig unklar, als Wirklichkeit, als Ich, als Sein denken. Er beginnt bei einem Grundtatbestand, durch den wir uns in der Welt finden: Was eigentlich ist, kommt uns nur vor als ein Anderes, als Objekt, als Ding, als gedachter Gegenstand, den wir meinen, sei es als Wahrgenommenes, sei es als Vorgestelltes, sei es als ihn bedeutendes Zeichen. Dieses Sein wird, wie Schelling sieht, für den Verstand alsbald totes Sein, Sein als Bestand. Es ist ferner gar nicht an sich Sein, sondern Sein nur für ein Subjekt, das es fälschlich für Ansichsein hält. Auch Schelling überzeugt sich: kein Objekt ohne Subjekt. Ganz anders ist das Sein des »ich bin«. Aber dieses »ich bin« wird, wenn es auf den gewohnten Wegen gemeint wird, alsbald selber zu einem Objekt unter anderen und ist so nicht mehr, was es war.

Auch Schelling vollzieht für das befangene, alles im Schleier und verkehrt und ohne Tiefe sehende Bewußtsein jene Befreiung, die für das erblindete Auge wie das Starstechen ist. Schelling bleibt unermüdlich in den Versuchen, dies mannigfach und immer wieder von vorn zu beginnen. Das gilt trotz der Verwirrungen und trotz der uniformierenden Schematiken, die selber wieder fast endlos interpretierbar bleiben. Schelling möchte die verschleiernden Selbstverständlichkeiten durchleuchten und das Geheimnis aufschließen.

Die kritische Frage ist, ob diese Befreiung schon auf den Wegen zu gewinnen ist, die Kant bahnte, oder ob die Befreiung nur durch Erfahrung eines ganz anderen Denkens, durch eine intellektuelle Anschauung, möglich ist. Anders formuliert ist die Frage: ob es sich hier um sich gegenseitig ausschließende Denkungsarten handelt und ob Wesensverschiedenheiten des Seinsbewußtseins selbst sich in ihnen begegnen und gegenseitig abstoßen.

Der zweite Schritt:

Zunächst sehen wir zu, wie Schelling über die Potenzen des Seins hinausgreift in das Potenzlose, oder anders: wie er vom Seienden zum Übersein oder vom Seienden zur Wirklichkeit kommt.

Das Ganze, das sich im Gedanken der Potenzen mit Notwendigkeit erzeugte, ist das Seiende »im bloßen Entwurf, ist es nur in der Idee, nicht wirklich. Es ist die Figur des Seienden, nicht es selbst« (XI, 313). Wirklichkeit ist es erst, wenn Eines ist, das diese

Möglichkeiten ist. Die gesamte Potenzenlehre denkt hypothetisch: *Wenn* Sein ist, dann ist die Reihenfolge des Seienden ein notwendiger Gedanke. Der Gedanke aber des Seins selbst ist nicht ein an sich notwendiger Gedanke (XIII, 242).

Ich wäre zu den Begriffen des Seienden nicht berechtigt, wenn ich nicht ein Wirkliches voraus hätte. Daher ist in letzter Instanz die Voraussetzung der Philosophie ein unzweifelhaft Wirkliches (XIII, 243). Zweifel gibt es an Realitäten, nämlich an bestimmten vorliegenden Realitäten, z. B. an der reellen Existenz der körperlichen Dinge. Diese Frage des Zweifels hat aber immer nur den Sinn, ob dieses Wirkliche das wahre Wirkliche sei. Der Zweifel setzt das wahre Wirkliche selbst voraus (XIII, 242). Wie komme ich zum unzweifelhaft Wirklichen? Schelling antwortet: Dadurch, daß ich auf dem Wendepunkt von negativer zu positiver Philosophie mich zur Wirklichkeit entschließe, sie will.

Denn dies ist die Situation unseres Denkens: Die Vernunft ist am Ende der negativen Philosophie »außer sich gesetzt, betroffen, weil sie sieht, daß sie in dieser Philosophie ihren wahren Inhalt nicht als einen wirklichen besitzen kann«. Daher entschließt sie sich, vom Sein vor allem Denken auszugehen. Sie unterwirft sich diesem. Aber sie richtet sich gegen dasselbe sogleich wieder auf mit der Frage, was das unvordenklich Seiende ist (XIV, 345).

a) Die negative Philosophie gelangt durch die Erfahrung des reinen Denkens a priori an die Grenze, wo sie das undenkbare Wirkliche denkend berührt, aber nicht als wirklich erkennt. Die positive Philosophie gelangt durch die Erfahrung der reinen Wirklichkeit, sie wollend, unmittelbar in diese, um denkend von ihr auszugehen. Der Unterschied der Wege ist radikal. »Was einmal im bloßen Denken angefangen hat, kann auch nur im bloßen Denken fortgehen und nie weiter kommen als bis zur Idee. Was zur Wirklichkeit gelangen soll, muß auch gleich von der Wirklichkeit ausgehen« (XIII, 162).

Die rationale (negative) Philosophie weist auf allen ihren Stufen schon auf die Erfahrung als auf das, was über das reine Denken hinausgeht: es wird anderen Wissenschaften zur wirklichen Erkenntnis überlassen. Wenn aber die rationale Philosophie auf ein Letztes kommt, über welches hinaus sie sich nicht fortsetzen kann, dann kann sie wegen dessen nicht auf dieselbe Weise wie wegen alles Vorhergehenden wieder auf die Erfahrung verweisen. »Denn jenes Letzte ist das nicht mehr außer dem Denken (empirisch) sein Könnende.« In diesem Letzten wird sie nun erst ihren Gegenstand erkennen. »Dieses Letzte ist das über dem Sein Stehende, nicht mehr in das Sein Übergehende, es ist das, was wir das Seiende selbst genannt haben.« Dieses ist »das am meisten des Erkennens Werte«. Es ist auch »das aufs Vollkommenste, nämlich im reinsten Wissen zu Wissende, weil es seiner Natur nach das ganz Seiende, nicht Potenz, sondern reine Wirklichkeit ist, während alles andere aus Nichtsein und Sein gemischt, daher nur Gegenstand eines aus Wissen und Nichtwissen gemischten Wissens sein kann, welches wir eben das empirische nennen« (XIII, 148 ff).

So weit gelangt die rationale Philosophie. Sie berührt, was sie nicht in Besitz nehmen, sie fordert, was sie nicht leisten kann. Keineswegs ist der philosophierende Mensch hier befriedigt. Er findet sich an der Grenze auf dem Punkt, wo die Umkehr in ihm selber erfolgen muß. Es ist der Wendepunkt zwischen der negativen und positiven Philosophie. Die Umkehr findet erst dann statt, wenn das reine Denken über sich selbst hinausgeht dadurch, daß es sich der Wirklichkeit, die es rational nur berührte, selber öffnet. Die rationale Philosophie gelangt im reinen Denken wohl bis zur Wirklichkeit des Überseins, aber nur als einem Gedachten, noch nicht Wirklichen (XIII, 75). Wer zur Wirklichkeit gelangen will, muß vielmehr von der Wirklichkeit ausgehen, hier aber nicht von jenen aus Sein und Nichtsein gemischten Realitäten in der Welt, sondern von der Wirklichkeit selbst, der eigentlichen Wirklichkeit.

Wie geschieht das? Ein *Wille* gibt »das Signal zur Umkehrung und damit zur positiven Philosophie«. Wie erwächst dieser Wille? Das schildert Schelling u. a. auf folgende Weise: Der Mensch, »der selbst sein will«, soll, so wie er sich zunächst in der Welt findet, sich handelnd dem Allgemeinen unterwerfen. Unter dem Moralgesetz aber kommt er nicht zum Frieden. »Die freiwilligen Tugenden verschönen und veredeln zwar das Leben, aber im Grunde bleibt immer der Ernst des Gesetzes, welcher es zu keiner Freudigkeit der Existenz kommen läßt.« Den Druck des Gesetzes empfindet der Mensch als Fluch. Er fängt an, das Nichts seines ganzen Daseins einzusehen. Hier tritt eine große, zunächst verführende Wende ein. Dem Ich zeigt sich die Möglichkeit, sich der Unseligkeit des Handelns zu entziehen und sich in sich selbst zurückzuziehen.

Es flüchtet in das beschauliche Leben. Ohne von Gott zu wissen, sucht der Mensch ein göttliches Leben in dieser ungöttlichen Welt, um Gott wiederzufinden in der Selbstvergessenheit mystischer Frömmigkeit oder in der Kunst oder in der kontemplativen Wissenschaft – aber so erreicht er Gott nur als Idee. Dieses schauende (theoretische) Leben hat Gott, von dem es sich im Verzicht auf Handeln losgesagt hatte, nun wieder in der Erkenntnis. Bei diesem bloß ideellen Gott vermöchte das Ich sich aber nur dann zu beruhigen, wenn es beim beschaulichen Leben bleiben könnte. Doch dies ist unmöglich, denn das Aufgeben des Handelns läßt sich nicht durchsetzen; es muß gehandelt werden. Sobald damit die »Wirklichkeit« ihr Recht wieder geltend macht, reicht auch der ideelle Gott nicht mehr zu. Die Verzweiflung kehrt zurück. Hier ist der Punkt, wo das Ende der bloßen Vernunftwissenschaft erreicht ist. Hier ist das Ich in die letzte Verzweiflung geraten, wiewohl es durch die kontemplative (rationale, noetische) Erkenntnis zum Sein selbst durchgedrungen ist. Denn keineswegs ist es durch solche Erkenntnis schon befreit von der Eitelkeit des Daseins, die es sich zugezogen hat, und die es jetzt nur um so tiefer empfinden muß. »Denn nun erkennt es erst die Kluft, welche zwischen ihm und Gott, erkennt, wie allem sittlichen Handeln der Abfall von Gott, das Außer-Gott-Sein zu Grunde liegt und es zweifelhaft macht, so daß keine Ruhe und kein Friede, ehe dieser Bruch versöhnt ist. Darum verlangt es nun nach Gott selbst. Ihn, Ihn will es haben, den Gott, der handelt, bei dem eine Vorsehung ist, der als ein selbst Tatsächlicher dem Tatsächlichen des Abfalles entgegentreten kann, der der Herr des Seins ist. In diesem sieht es allein das wirklich höchste Gut. Denn Person sucht Person.«

Hier also entspringt der Wille, der dem Denken der negativen, rationalen Philosophie das Signal zur Umkehr gibt. Umkehr kann aber nur sein, wenn zuerst der Weg gegangen wurde, aus dem die Umkehr erfolgt, nämlich zuerst die rationale (negative) Philosophie, dann die positive, die in der negativen schon als suchende wirksam ist (XI, 554–566).

b) Das heißt aber: die Umkehr geschieht nicht aus dem Denken ins Gedankenlose, aus der Helligkeit ins Dunkel. Vielmehr ist Philosophie immer Denken, auch wenn sie auf das Unvordenkliche geht. Es ist nicht einfach zu verstehen, wie Schelling das meint.

Zunächst: das Entscheidende, von ihm immer Wiederholte bleibt: Die Wirklichkeit liegt vor allem Denken. Sie ist das allem Begriff Entgegengesetzte (XIII, 370), und dies dem Begriff Entgegengesetzte hat den Seinsvorrang. »Das Sein ist das Erste, das Denken ist das Zweite oder Folgende« (XI, 587). »Nicht, weil es ein Denken gibt, gibt es ein Sein, sondern weil ein Sein ist, gibt es ein Denken« (XIII, 161). »Über dieses Sein ist nicht mehr zu denken, also auch nicht mehr zu zweifeln, es ist das schlechthin unzweifelhafte Sein« (XI, 320). Wie aber ist das Denken, sofern es an das gelangt, was nicht mehr zu denken ist, doch noch, und zwar wesentlich, gegenwärtig?

Erstens ist das Denken hier an seinem Ende: Das zuerst Seiende, dem kein Anderes vorausgeht, »ist das Sein, in dem das Denken sein Ziel hat«. Wenn wir bei ihm ankommen, ist das »Denken vollendet und hat seine völlige Befriedigung« (XI, 320). Aber dorthin ist nur zu gelangen durch das vollendete Denken selber.

Zweitens vollzieht hier das Denken das Aufhören des Denkens als seine eigene Erfahrung. Das unendlich Existierende, das durch keine Potenz Beschränkte, das nur Existierende ist gerade das, »wodurch alles, was vom Denken herkommen möchte, niedergeschlagen wird, das, vor dem das Denken verstummt, vor dem die Vernunft selbst sich beugt« (XIII, 161). – Man möchte eine Differenz annehmen zwischen dem »Anhalten« im Denken der ersten Potenz, von dem oben die Rede war, und diesem »Verstummen« angesichts der unzweifelhaft wirklichen Existenz. Dort handelte es sich um das reine, blinde, dunkle Sein, um die überschwängliche Wirklichkeit vor allem Sein.

Drittens geht das Denken an der Grenze, wo das Denken aufhört, dorthin, wo ein Anderes sprechen muß. Das Denken geht nur bis zur Idee der reinen Wirklichkeit. »Will sich die Seele mit dieser beschäftigen, dann ist sie nicht mehr denkend, sondern (weil alles Allgemeine hinweg) schauend« (XI, 316). Aber dieses Schauen ist nicht gedankenlos, vielmehr entspringt in ihm ein neues Denken.

Schelling hörte den Einwand: Gegen das Sein der Wirklichkeit, »dem nichts, auch nicht einmal der Gedanke zuvorkommen kann, gegen dieses Sein, das so früh wir kommen, immer schon da ist«, sei zu sagen: »eine solche aller Möglichkeit zuvorkommende Wirklichkeit sei nicht zu denken.« Schelling antwortet: »Allerdings nicht durch ein dem Sein zuvorkommendes Denken, an das wir gewöhnt sind. Das Denken setzt sich eben dieses Sein zu seinem Ausgangspunkt, wirkliches Denken ist es erst im Weggehen von diesem Punkt.« Das ist das neue Denken. Es bewahrt in sich, woher es kommt. »Wie der terminus a quo einer Bewegung, in welchem selbst die Bewegung eigentlich noch nicht ist, dennoch auch mit zu der Bewegung gehört, so wird jenes Sein im Fortgang, im Hinausgehen von ihm selbst, mit zu einem Moment des Denkens« (XIV, 341).

Dies ist aber nur dadurch möglich, daß jenes unvordenkliche Sein in seinem Innersten selbst schon mit dem Denken zu tun hat, daß diese Wirklichkeit nicht nur das allem Begriff Entgegengesetzte ist. Dies ist der Punkt, an dem die Möglichkeit des metaphysischen Denkens Schellings hängt. Weil das Denken selber schon im unvordenklichen Sein liegt, braucht Schellings Philosophie vor ihm nicht in der Sprachlosigkeit des Gefühls zu schweigen, kann er vielmehr denkend das positive Erkennen des unvordenklichen Überseins entfalten. Dieses Denken im Sein bedarf einer deutlicheren Charakteristik:

In der Potenzenlehre hörten wir von der Erfahrung des Denkens. Was hier im Denken vollzogen wurde, galt selber als Sein, nämlich als die Potenzen oder Prinzipien alles Seienden. Durch dieses Denken wurden wir im Sein gegenwärtig, weil dieses Sein identisch mit der Vernunft war. Jetzt, wo es sich um das vor allen Potenzen unzweifelhaft Wirkliche selber handelt, gilt diese Einheit von Denken und Sein nicht mehr. Denn durch das vernünftige Denken vermögen wir das Wirkliche zwar wohl zu berühren, es fordernd vorauszusetzen, aber nicht zu erkennen.

Aber in einem anderen Sinn als dem der Einheit von Denken und Sein (in der zugleich erzeugenden und vorfindenden philosophischen Entfaltung der Potenzen als Seinsprinzipien) gibt es die Einheit von Sein und Denken im Unvordenklichen selber. Für *unser* Denken aber ist nun die Situation umgekehrt: Während im Denken der Potenzen das Denken das erste war und darin erst des Seins sich vergewisserte, ist jetzt das Sein das erste, das zum Denken wird und das darum nicht nur über das Denken an der Grenze des Denkens erreichbar ist (als Idee), sondern das in seinen Folgen, die in den Seinsfiguren der Potenzen schon vorweg sich vollziehen, durch das Denken begreifbar wird. Den Knoten von Sein und Denken im unvordenklichen Grund des Seins spricht Schelling so aus: »Gott, – nicht als das reine Daß des eigenen Seins – wäre keine Wahrheit, wenn er nicht Etwas wäre – Etwas freilich nicht im Sinn eines Seienden, aber des alles Seienden –, wenn er nicht ein Verhältnis zum Denken hätte, ein Verhältnis nicht zum Begriff, aber zum Begriff aller Begriffe, zur Idee. Hier ist die wahre Stelle für jene Einheit des Seins und des Denkens« (XI, 587).

Wenn wir nun, stutzig vor dem Widersprechenden, gehört haben von der Einheit von Denken und Sein (und zwar in der zweifachen Form des Denkens der Vernunft als des Möglichen und des Denkens vom Sein selbst her als des Wirklichen) und von der Entgegengesetztheit von Denken und Sein, so ist Schellings Antwort: In der Bewegung des Denkens bis zu dem unvordenklichen Sein hin und von ihm her wird beides, der Gegensatz und die Einheit von Denken und Sein offenbar. »Die Einheit, die hier gemeint ist, reicht bis zum höchsten Gegensatz; das ist also auch die letzte Grenze, ist das, worüber man nicht hinaus kann.« In der ursprünglichen Einheit aber ist die Priorität nicht auf Seiten des Denkens; das Sein ist das Erste, das Denken erst das Zweite (XI, 587).

c) Was von Schelling versprochen wird, ist außerordentlich. Statt zu suchen, sollen wir haben. Statt zur Gottheit zu gelangen, sollen wir von ihr ausgehen. Der Wille ist Voraussetzung, um den Ausgangspunkt in Besitz zu nehmen. Jetzt haben wir zu sehen, was Schelling zu tun behauptet, indem er von der überseienden Wirklichkeit ausgeht. Wir möchten wissen, wie er das Undenkbare denkt.

Beim Studium Schellings bemerken wir, daß er, auch wo er von seiner positiven Philosophie spricht, immer wieder in den Formen der negativen verfährt, d. h. daß er in der Tat wieder in bezug auf die absolute Wirklichkeit, nicht von ihr her denkt. Aber er tut es nun so, als ob er dort zu Hause sei und darum jetzt anders dorthin zu denken vermöge. Wir vergegenwärtigen diese Denkformen und dann die entscheidende positive Aussage, die das treffen soll, wovon als dem eigentlich und zuletzt absolut Wirklichen die Philosophie ausgeht. Wir werden vielleicht ungeduldig bei dieser Weise des die Sache selbst immer wieder hinausschiebenden, vorbereitenden, versprechenden Philosophierens. Es ist in der Tat Schellings Weise, die wir unsererseits bei der Reproduktion nicht vermeiden können.

Schelling denkt zunächst das Absolute im Scheitern der Kategorien, wie es seit alters getan wurde. Erst wird mit Kategorien operiert und scheinbar etwas Bestimmtes ausgesagt. Dann wird die Bestimmtheit rückgängig gemacht durch Formen, die ein logisches Scheitern bedeuten: z. B. das Unterschiedene sei vielmehr dasselbe. Was wir, weil wir denken, in bestimmten Kategorien trennen, ist im Sein Eines. Weil wir aber nur im Unterscheiden denken können, ist die Aufhebung der Unterscheidung die Form, das Undenkbare im Scheitern des Denkens auszusprechen.

Wir wählen nur ein Beispiel aus Schelling, das von Möglichkeit und Wirklichkeit (alsbald mit anderen Kategorien verbunden), da mit ihm im bisher Dargestellten operiert wurde.

Was ich als Wirklichkeit vor mir habe, wird, indem ich es denke, in Möglichkeit verwandelt. Es ist so, es könnte auch anders sein, könnte auch nicht sein. Warum ist es aus der Fülle des Möglichen wirklich geworden? Es ist die Macht des Denkens, seine Möglichkeitsgedanken vor die Wirklichkeit zu setzen, um sie zu begreifen.

Nun hörten wir: Weil das Denken es nur mit der Möglichkeit, der Potenz, zu tun hat, die es frei erzeugt als das, was in den Dingen zugleich ist, hört die Gewalt des Denkens auf, wo die Möglichkeit ausgeschlossen ist (XIII, 161). Da ist nicht mehr eine der endlichen Realitäten, sondern absolute Wirklichkeit. »Denn das Ganze der Möglichkeiten (die Figur des Seienden) bedarf Eines, an dem es, als ein selbstloses, sein Selbst hat, das ihm als nicht selbst-*seiendem* Ursache des Seins ist« (XI, 313).

Denken wir dieses Selbst, dieses Wirkliche, so müssen wir es in Möglichkeit verwandeln, eben weil wir denken. Das heißt aber: Da das Denken die eigentliche Wirklichkeit als Möglichkeit nicht denken kann, hat es keine Gewalt über sie. Sie ist. Es hat keinen Sinn zu sagen, sie sei möglich, denn ihr geht nichts, keine Möglichkeit vorher. Ihr kann kein Denken zuvorkommen. Sie als Möglichkeit denken, heißt, durch solches Antasten ihres Wesens sie selber verlieren. Sie ist das Potenzlose.

Diese Denksituation läßt erwachsen, was zweifellos ist, weil sich gar nicht zweifeln läßt. Woran ich zweifle, das habe ich in Möglichkeit und Unmöglichkeit, in Wirklichkeit und Unwirklichkeit gedacht. Das unendlich Existierende aber ist eben darum, weil es dieses ist, auch gegen das Denken und allen Zweifel sichergestellt (XIII, 161). Die Gewalt des Denkens und damit die Macht des

Zweifels hört auf, wo wir hinaustreten aus dem Bereich dessen, was möglich oder nicht möglich ist.

Diese Zweifellosigkeit im Scheitern des Denkens spricht Schelling unter Benutzung der Kategorie der Notwendigkeit (die ihrerseits hier ihre Bestimmtheit verliert) so aus: Es wäre »ein Unsinn zu fragen, ob ein notwendig Existierendes existieren könne. Denn wenn es erst existieren könnte, wäre es eben nicht das notwendig Existierende. Eben darum ist es das notwendig Existierende, weil es alle vorgängige Möglichkeit ausschließt, weil es allem Können zuvorkommt« (XIII, 166).

Weil diese Wirklichkeit nicht Erscheinung eines zuvor gedachten Wesens ist, gilt für Schelling nicht das sogenannte ontologische Argument: Gottes Existenz sei darum eine notwendige, weil der zureichende Grund derselben in seinem Wesen liege. Fälschlich wird hier, sagt Schelling, »das Wesen vor die Existenz gesetzt«. Umgekehrt, sagt Schelling: »aus der Existenz folgt erst das Wesen« (XI, 314). Sie ist, »daß« sie ist, nicht, »was« sie ist (XI, 585–590). Aller Möglichkeit vorhergehend ist sie grundlos existierend (XIII, 168), sie ist von selbst.

Man meint jeweils einen Augenblick gedankliche Operationen zu vollziehen, mit denen etwas bewiesen oder mit denen eine Erkenntnis in einer Aussage fixiert würde. Der Wille als Ursprung ist scheinbar vergessen. Der eigentliche Sinn aber dieser Operationen gipfelt oder hört auf überall darin, daß das Undenkbare gedacht wird als Identität von Möglichkeit und Wirklichkeit, oder von Begriff (Wesen, Denkbarkeit) und Existenz – also nicht mehr gedacht wird. »Das Existierende ist hier selbst der Begriff und selbst das Wesen« (XIII, 167). »Die Existenz, die bei allem anderen als akzidentell erscheint, ist hier das Wesen. Das quod ist hier an der Stelle des quid.«

Nun aber ist diese Form, im Scheitern des Denkens des Überschwänglichen inne zu werden, bei Schelling nicht die letzte. Entschieden und mit höchstem Anspruch erfolgen auf die Frage, was die unvordenkliche Wirklichkeit sei, positive Antworten.

Noch nicht als solche wird man anerkennen die Sätze: Es ist »über allem Sein« (Weltalter 66–67). Das heißt: »alles, was nur Seiendes ist, erkennt ein Höheres über sich.« Näher kommt: Es ist »sich weder Seiendes noch Nichtseiendes«. Würde man meinen, dann sei es nichts, sagt Schelling: »Ja wohl es ist ein Nichts, aber wie die lautere Gottheit ein Nichts ist.«

Die eigentliche Antwort aber ist: Was weder Seiendes noch Nichtseiendes ist, das ist »nur die ewige Freiheit zu sein«. Der Wille, der nichts will, ist »die lautere Freiheit«. »Freiheit oder der Wille, sofern er nicht wirklich will, ist der bejahende Begriff der unbedingten Ewigkeit außer aller Zeit, die ewige Unbeweglichkeit.«

Woher weiß dies Schelling? »Ein inniges Gefühl sagt uns, nur über dem Sein wohne die wahre, die ewige Freiheit.«

Die Freiheit im Übersein heißt auch der absolute Geist (XIII, 256). Dieser geht »über jede Art des Seins hinaus, er ist das, was er will. Der absolute Geist ist der auch von sich selbst, von seinem als Geist-Sein wieder freie Geist; ihm ist auch das als-Geist-Sein nur wieder eine Art des Seins; – dies, auch an sich selbst nicht gebunden zu sein, gibt ihm erst jene absolute, jene transzendente, überschwängliche Freiheit, deren Gedanke erst alle Gefäße unseres Denkens und Erkennens so ausdehnt, daß wir fühlen, wir sind nun bei dem Höchsten, wir haben dasjenige erreicht, worüber nichts Höheres gedacht werden kann.

Freiheit ist unser Höchstes, unsere Gottheit, diese wollen wir als letzte Ursache aller Dinge. Wir wollen selbst den vollkommenen Geist nicht, wenn wir ihn nicht zugleich als den absolut freien erlangen können; oder vielmehr, der vollkommene Geist ist nur der, welcher zugleich der absolut freie ist.«

Diese ewige Freiheit heißt »Herr des Seins« (X, 260; XI, 571; XIII, 160), weil sie die Freiheit zu sein und nicht zu sein ist.

Die Freiheit, die als ewige Herr des Seins ist, schließt in sich den nie aufhebbaren Mittelpunkt der Unveränderlichkeit. »Gott kann nie seiend werden, er ist von Ewigkeit seiend.« »In Gott ist kein Wechsel und Wandel« (Weltalter 94, 97). Wenn dann von Werden und Welt die Rede ist, bleibt doch der ewig unveränderliche Gott (Weltalter 97): »Er wird nicht offenbar ohne aufzuhören verborgen zu sein, nicht begreiflich und faßlich ohne unbegreiflich und unfaßlich zu bleiben.« Es ist unstatthaft, die Frage nach dem Werden »durch irgendeine Art von Bewegung in Gott selbst, wäre es auch eine ewige, beantworten zu wollen.«

Die Unveränderlichkeit Gottes liegt in seiner Wirklichkeit vor aller Möglichkeit. Diese Wirklichkeit allein ist das, was keinem Umsturz ausgesetzt ist, »was gegen alle nachfolgende Möglichkeit gesichert, also unzweifelhaft ist, das nie untergehen Könnende, immer und notwendig, was auch in der Folge sich ereigne, obenauf Bleibende« (XIII, 161).

Die Wirklichkeit gegenüber bloßer Möglichkeit, die Existenz gegenüber dem bloßen Wesen, Einessein gegenüber dem bloß Allgemeinen, »das Einessein selbst«, »das Seiende selbst«, das alles macht die Unzerstörlichkeit aus. »Seine alle Möglichkeit übertreffende Wirklichkeit überdauert.« Es ist »unüberwindliche und unauflösliche Einzelheit, Einzelwesen wie kein anderes; die Einzelheit allein hält Stand, alles andere ist dissolubel« (XI, 317).

3. Gott und Welt

Das Denken, das das Positive, die Wirklichkeit selbst, fassen sollte, wurde alsbald immer wieder ein negatives – außer vielleicht dem Gedanken der Freiheit und der Unveränderlichkeit. Es wurde a priori gedacht, aus der Notwendigkeit des bloßen Denkens. Wohl wurde die Aufgabe gestellt, das Übersein in seiner Wirklichkeit dadurch zu ergreifen, daß von ihm ausgegangen wird. Aber die Aufgabe war nicht gelöst. Es bedarf eines weiteren Schrittes.

Die Wirklichkeit muß in der Welt ergriffen und die Frage beantwortet werden, warum die Welt ist und wie sie so geworden ist, wie sie ist. Sie muß ergriffen werden, wie wir sie als gegenwärtig, als uns selbst, als Geschichte und als Natur finden, wenn wir den Blick nicht auf die bloß endlichen Dinge in ihrer Besonderheit richten (wie es die vielen Wissenschaften tun), sondern auf diese Wirklichkeit selber und im Ganzen. Das absolute Sein, Gott, ist nicht nur selbstgenugsam bei sich selber. Die Welt ist da. Durch ihre Erfahrung führt der Weg dorthin, woher sie ist.

Schon in der Jugend stellte Schelling die Grundfrage der Philosophie in der Form: wie kommt das Unendliche zum Endlichen, wie tritt das Absolute aus sich heraus? Jetzt ist es die Frage nach dem Verhältnis des Überseins zum Seienden, des Potenzlosen zu den Potenzen.

In seiner Jugend (I, 313 ff) hat er beides formuliert: Jener Übergang vom Unendlichen zum Endlichen ist das Problem aller Philosophie, und: Kein System kann jenen Übergang vom Unendlichen zum Endlichen realisieren, kein System kann jene Kluft ausfüllen.

Da die Vernunft das Mittelglied zwischen dem Unendlichen und

Endlichen unmöglich finden kann, was tut sie? Entweder will sie den Übergang erzwingen: es soll einen solchen Übergang geben. Doch vergeblich; denn mit dieser Forderung will die Vernunft da gebieten, wohin ihre Macht nicht reicht. Oder die Vernunft läßt die Unmöglichkeit gelten und will nun schlechthin, daß sie jenes Mittelglieds nicht mehr bedürfe; sie fordert: es soll keinen Übergang vom Unendlichen zum Endlichen geben. Was bleibt aber dann? Für den jungen Schelling dies: »Die Philosophie kann zwar vom Unendlichen nicht zum Endlichen, aber umgekehrt vom Endlichen zum Unendlichen übergehen.« Die Herkunft seiner selbst begreift das Ich nicht, aber wohl seine Aufgabe: »Das endliche Ich soll streben, in der Welt das hervorbringen, was im Unendlichen wirklich ist« (I, 236).

Schelling ist mit seinen frühesten Gedanken in diese äußerste Fragesituation hineingesprungen. Er hat die Antwortmöglichkeit ergriffen und verworfen. Es bewegt ihn schon, was er später entschieden vollzieht. Hier lautet die Formel, daß der Übergang vom Unendlichen zum Endlichen nicht zu finden sei. Später erfolgt die positive Antwort auf die Frage, wie das Übersein zum Seienden komme.

Diese Frage steht im Rahmen des genetischen Denkens, der Frage nach dem Werden, dem Woher und Warum. Statt nach dem Sein als dem ewigen, in sich ruhenden Bestand zu fragen, wird sogar das Sein selbst gleichsam in Bewegung gebracht. Nichts ist nur, alles wird.

Schellings Philosophie war von ihrem ersten Ansatz an genetische Philosophie. Wohl ließ er sich ergreifen von Spinozas Denken der ewigen, unendlichen Substanz der Gottheit. Wohl hat er selber formuliert: »das absolute Ich geht niemals aus sich selbst heraus« (I, 217). Aber er widerspricht sogleich: Spinozas Gott ist ein Gott ohne Bewegung, ohne Freiheit. Wenn Schelling vom unveränderlichen, untilgbaren Übersein gesprochen hat, immer noch von Spinoza ergriffen, so wird von ihm der Gedanke immer sogleich übergeführt in die Frage, wie in der ewigen Gottheit und aus ihr das Andere ist und das Offenbarwerden geschieht, damit in die Frage, wie das Werden statt des Seins ist.

Mehrere Motive kommen in dieser Grundfrage bei Schelling zusammen.

Erstens ist in ihm eine Abneigung gegen das Sein. Denn ein

ewiges, in sich ruhendes, unbewegtes Sein wäre tot. Lebendigkeit ist Freiheit, Bewegung und Werden. Im bewegungslosen Totsein ist die Langeweile. Es ist in seiner Eingeschlossenheit ohne Inhalt, ohne Fülle, wie nichts. Es ist wohl gedacht als das Äußerste, als das Höchste, als der Herr des Seins, als Ursprung von Allem. Aber man spürt bei Schelling selten die Ruhe, die in dem Grundgedanken der Unveränderlichkeit Gottes zum Ausdruck kommt. Bei seiner Liebe zu Spinoza gelangt er nie in die philosophische Verfassung, die in der Denkungsart Spinozas Sprache gewonnen hat.

Zweitens verlangt die Vielfachheit der Erscheinungen eine Auffassung, die sie in der Stufenfolge eines notwendigen Werdens zur Einheit eines Ganzen bringt. Die Mannigfaltigkeit der Naturerscheinungen vom Leblosen über die Gestalten des Organischen bis zum Menschen wird in einer Geschichte der Natur zu angeschauter Entwicklung. Das Dasein des Menschen ist aus seiner Stellung am Ende der Naturentwicklung, am Anfang der Geistesentwicklung als der Mittelpunkt und Übergang genetisch zu verstehen. Die nun im Menschen folgenden Akte unseres denkenden Daseins werden durch eine zeitlos gemeinte Geschichte des Bewußtseins begriffen. »Philosophie ist nichts anderes, als eine Naturlehre unseres Geistes. Wir betrachten das System unserer Vorstellungen nicht in seinem Sein, sondern in seinem Werden. Die Philosophie wird genetisch, d. h. sie läßt die ganze Reihe unserer Vorstellungen vor unseren Augen gleichsam entstehen und ablaufen. Das System der Natur ist zugleich das System unseres Geistes« (II, 39).

Drittens ist in der genetischen Erfassung aller Dinge der Systemwille wirksam. Die philosophischen Standpunkte, die Meinungen und Lebenshaltungen der Menschen widersprechen einander. Sie schließen sich gegenseitig aus. Was aber nicht zugleich bestehen kann, kann sehr wohl im Nacheinander sein. Die sich widersprechenden Standpunkte und Denkungsarten gehören, während sie nicht zugleich wahr sein können, einer Entwicklungsfolge an, in der jede irgendwo ihren gemäßen Platz und ihre Wahrheit hat, damit zugleich auch die Beschränkung auf ihren Ort. Während ein System des Seins immer nur eins unter anderen widersprechenden bleiben wird, soll das genetische System zu jenem All der Wahrheit führen, das nichts mehr außer sich hat. Noch das gegenwärtige Scheitern jedes abgeschlossenen Systems (da erst die vollendete Geschichte auch das System vollenden würde) ist von Schelling systematisch gedacht.

Aus diesen Motiven ist für Schelling von Anfang an Genese die Form der Ordnung, das genetische Denken die Weise der Bemächtigung des Heterogensten und der Offenheit für die Zukunft.

Die genetische Frage wird vorgeschoben in den tiefsten Ursprung aller Dinge, beim Jüngling mit der für unbeantwortbar erklärten Frage, wie das Unendliche zum Endlichen komme, später in der mit unsäglichem Mühen scheinbar beantworteten Frage, wie das Übersein zum Seienden, Gott zur Welt kommt. Mit der Beantwortung dieser Frage erfolgt auch das Begreifen des gesamten Seinsprozesses, von dem alle besonderen genetischen Reihen übergriffen werden. Von diesen Mühen des genetischen Denkens haben wir nun eine Anschauung zu gewinnen.

a) Warum ein Anderes außer Gott ist

Gott könnte allein, nur er selbst, sein und nichts außer sich haben. Aber die Welt ist da; das ist die große Tatsache. Warum ist ein Anderes außer Gott? Eine der Lehren Schellings entwickelt unter Abweisung der Emanation, des Ausfließens aus der Gottheit (die immerhin den Vorzug habe, daß sie die Gottheit in ihrer ursprünglichen Stille und Freiheit lasse) und unter Abweisung der immerhin besseren Vorstellung der Theologen, Gott sei durch seinen Willen die Ursache der Welt, vielmehr die These: Die ewige Ruhe und der Wille Gottes sind Eines. Gott selbst ist wesentlich ein ruhender Wille (die lautere Freiheit). Und nun der vermeintlich begreifende Gedanke: Wenn dieser ruhende Wille ist, muß notwendig und unmittelbar auch das Andere sein (Weltalter 100).

Es ist eine also ursprüngliche Korrelation Gottes und des Anderen. Gott ist über dem Sein und Herr des Seins, daher auch frei vom Sein. Aber als Herr des Seins ist Gott doch zugleich mit dem Seienden, über das er Herr ist. Gott heißt bei Schelling einmal jenes ganz unabhängige Herrsein, dann das Ganze aus dem Herrsein und dem, worüber er Herr ist, oder das Ganze des Überseins mit dem Seienden. Schelling entwickelt dieses In-Beziehung-sein und Das-Ganze-sein auf folgende Weise: Wenn Gott ursprünglich in seiner absoluten Freiheit zu bestimmen ist als Herr des Seins, so ist doch damit zugleich dieses Sein als notwendiges Correlatum Gottes erklärt. Gott scheint selbst nur zu sein, um Herr dieses Seins zu sein. So wäre also Gott gleichsam nichts an sich, sondern nur in

Beziehung auf das Sein. So scheint Gott nur ein in einer wenn auch ewigen Relation Denkbares, anstatt daß wir ihn als einen schlechthin Selbständigen, von jeder Beziehung Freien denken. So könnte man sagen: Gott ist nichts als lauter Beziehung, denn er ist nur der Herr. Alles, was wir darüber hinzutun, macht ihn zur bloßen Substanz. Er ist sozusagen zu gar nichts anderem da, als um Herr des Seins zu sein (X, 260–261).

An anderer Stelle hat Schelling diese Vorstellung eines notwendigen Korrelates Gottes verworfen. Wenn er Gottes absolute Freiheit bis zum äußersten ausdenkt, scheint ihm das Sein als notwendiges Korrelat Gottes, das automatisch mit Gott da wäre, Gottes Freiheit zu beschränken. »Wie wir auch jenes Correlatum bestimmen, immer ist es ein von der höchsten Ursache wenigstens als solches unabhängiges Sein.« Aber alles, was ist, kann nur durch Gottes Freiheit sein. »Es ist uns einmal angetan, nichts von der göttlichen Causalität Unabhängiges zuzulassen« (X, 274–275).

Was aber bleibt dann übrig, um die Herkunft des Anderen zu begreifen? Nur eines: Wir bedürfen eines unbegrenzten Seins, um einen Prozeß des Werdens zu begreifen. Zu diesem Grunde des unbegrenzten Seins macht Gott sich selbst und gibt sich damit den Stoff seines Wirkens. Auf diese Art wird Gott überhaupt erst ein des blinden Seins Fähiges, und wird, wenn es zum Prozeß kommt, wirklich das blindlings Seiende. Kann es, fragt Schelling zwar, etwas Zurückstoßenderes geben als solche Vorstellung? Aber gerade diese begründet er. Wenn Gott das blinde Sein ist, so ist er es nicht, um es zu sein, sondern um es zu überwinden (X, 276). Diese Vorstellung (der Natur in Gott) sieht Gott als einen nur sich selbst bewegenden Willen. Er bewegt kein Sein außer sich. Und Schelling meint: Der Prozeß ist »nach dieser gesteigerten Vorstellung (die sich von dem Sein als notwendigem Correlat Gottes befreit hat)« zu begreifen (X, 277).

Daß das Übersein nicht ohne das Seiende sei, wird, wenn es seinen Grund auch allein im absolut freien Willen Gottes hat, nun weiter doch gleichsam verständlich gemacht. Was wäre die Folge eines sich abschließenden, selbstgenugsamen Gottes? Ohne etwas, woran er sich als existierend erweist, wäre er so gut als nicht vorhanden, es gäbe kein Wissen von ihm (XI, 570).

Am Vergleich mit zwei möglichen Weisen des Menschseins, nämlich eines Sichinsichschließens und eines Sichnachaußenwendens, wird von Schelling verständlich gemacht, daß Gottes Wesen von der Art ist, daß das Anderssein die ihm angemessene Folge ist. Gott ist die einzige nicht mit sich selbst beschäftigte, darum ihrer selbst ledige und darum absolut freie Natur. Gott allein hat mit sich selbst nichts zu tun, er ist sui securus (seiner selbst sicher und darum seiner selbst ledig), und hat daher bloß mit anderem zu tun. Er ist, kann man sagen, ganz außer sich, also frei von sich, und dadurch auch das alles andere Befreiende (X, 261). Was Schelling mit diesem einzigen Von-sich-selber-los-sein Gottes meint, führt er an anderer Stelle aus: »Erst als Herr, ein von dem seinen verschiedenes Sein hervorzubringen, erst darin ist Gott ganz von sich hinweg, in diesem von sich Hinwegseinkönnen besteht aber für Gott wie seine absolute Freiheit, so seine absolute Seligkeit« (XIV, 351). Diesen Zustand Gottes macht Schelling deutlich im Gegensatz zu dem von ihm verworfenen Gottesgedanken des Aristoteles. Aristoteles sagt, daß Gott ewig sich selbst denke, denn im Wachen, im Denken, im Empfinden sei mehr Freude als im Schlafen, im Nichtdenken, im Nichtempfinden. Dies immerwährende Sichselbstdenken müsse aber, meint Schelling, als der peinlichste Zustand angesehen werden. Um Gottes Zustand sich zu veranschaulichen, wählt Schelling also wie Aristoteles einen Vergleich mit einem menschlichen Zustand, aber mit einem, der dem von Aristoteles gemeinten entgegengesetzt ist: Die an sich haftenden Menschen sind nicht die glücklichsten, sie sind am wenigsten imstand, etwas wahrhaftig von ihnen Unabhängiges – Objektives – geistig hervorzubringen. Nur im Produzieren ist der Mensch nicht mit sich selbst, sondern mit etwas außer sich beschäftigt und wahrhaft glücklich. Gerade darum ist Gott der große Selige, weil alle seine Gedanken immerwährend bei dem sind, was außer ihm ist, in seiner Schöpfung. Er allein hat mit sich nichts zu tun, denn er ist seines Seins a priori sicher und gewiß (XIV, 352).

Die Erörterungen der Frage nach dem Verhältnis des Überseins zum Seienden (dem Potenzlosen zu den Potenzen) gipfelt in der These: beide sind eines. Wir nennen Gott nicht in der Abstraktion vom Sein Gott. Gott ist nur Gott als Herr des Seins und damit doch der Herr des Seins nur samt dem Sein selber. Er ist Herr des Seins, sofern er das Sein einschließt. »Insofern ist er doch der ganz in sich Abgeschlossene, Geendete und in diesem Sinn Absolute (nicht mehr Relative), obgleich darum der Herr des Seins und das Sein selbst nicht einerlei sein können.« Er ist Zweiheit in der Einheit, in lebendiger, notwendig beweglicher Einheit (X, 262).

Man sieht den mehrfachen Sinn der Schellingschen Vorstellungen in bezug auf dies alte Problem des Übergangs vom Unendlichen zum Endlichen. Einmal wird in der Einheit Gottes selber die Differenz gedacht, ein außer-Gottes, das in Gott ist. Dann aber wird das außer-Gottes zu einem außerhalb, zur Realität der Welt. Einmal ist es ein Prozeß in Gott. Dann aber sind es Akte der Freiheit Gottes, der frei ist zu sein oder nicht zu sein mit den Folgen des Weltprozesses.

b) Der Beginn des Prozesses

Die Frage war: wie ist es möglich, daß der in sich beschlossene, vollendete, beziehungslose Gott ein Anderes außer sich setzt? oder dieselbe Frage anders: wie kann die lautere, an sich weder seiende noch nicht seiende Gottheit sein? oder: wie kann die in sich unoffenbare, in sich verschlungene Gottheit offenbar, äußerlich werden? (Weltalter 97).

Die Antwort war: Durch die absolute Freiheit Gottes, durch seinen Willen. Aber was geschieht durch ihn, damit das Werden entsteht? Eine Antwort lautet: Die Potenzen werden in Spannung zueinander gesetzt.

Dies geschieht zunächst in Gott selbst. Gott wird sich in seinem über das unvordenkliche Sein Hinauskönnen und damit zugleich seines unvordenklichen Seins selber inne, so daß er sich in der Mitte zwischen beiden – und als ein Drittes, von beiden Freies sieht. Durch das Seinkönnen ist er frei vom Sein. Durch das Sein ist er frei vom Können. Er ist – als zugleich Subjekt und Objekt – das sich selbst Besitzende, notwendig bei-sich-Bleibende, was weder mehr Subjekt noch Objekt allein sein kann. Was Gott so in sich tut, schafft den »Prototyp aller Existenz« (XIV, 354–355).

Was in Gott selbst geschah, ist die Voraussetzung dessen, was als Weltprozeß stattfinden wird. Die ewige Freiheit handelt vor aller Zeit, ist ihr eigenes ewiges Werden. »Von Ewigkeit sieht Gott sich als Herrn, sein unvordenkliches Sein aufzuheben, damit es ihm so mittelst eines notwendigen Prozesses zum selbstgesetzten, zum freigewollten und so erst göttlich notwendigen Sein werde« (XIV, 360).

Nun ist aber alles, was so von Potenzen in Gott gedacht wird, in

Hinsicht auf die Welt nur Möglichkeit. Wir denken: Was das Seinkönnen ist, muß sich herauswenden, selbst seiend werden. Dadurch wird das unvordenkliche Sein aufgehoben, in die Höhe gehoben, gesteigert, in die Potenz erhoben. Eben darum wird das Dritte, das unzertrennliche Subjekt-Objekt, ausgeschlossen und negiert. Damit beginnt der Prozeß. So spekuliert der Philosoph in der Möglichkeit. Dann fragt er aber: Warum tut Gott aus seiner absoluten Freiheit mehr? Wie wird der gedachte Prozeß zu einem realen? Warum setzt er aus dem unvordenklichen, unbegreiflichen Sein ein begreifliches? Für wen? Unmöglich für sich selbst, denn er weiß im voraus. Er entschließt sich zu dem Prozeß wegen etwas außer sich, und zwar wegen eines außer ihm, das erst durch diesen Prozeß wird.

Zunächst noch einen Blick auf diesen Prozeß, diese scheinbare Aufhebung und Wiederherstellung seines ewigen notwendigen Seins. Zwischen jener Aufhebung und dieser Wiederherstellung liegt die ganze Welt. Gott aber entäußert nicht sich zur Welt. Gott will das blinde, unvordenkliche Sein suspendieren, um ein von ihm, von Gott verschiedenes Sein an dessen Stelle zu setzen. Er hat in dem Sein und nicht sein Könnenden den realen Grund, aus dem alles aufsteigt, aus dem er alle jene Momente, die in der negativen Philosophie bloß als Möglichkeiten vorkommen, als Wirklichkeiten hervorrufen kann (XIV, 353).

Was die drei Potenzen in ihrer gesetzten Spannung zusammenhält, ist die übersubstantielle Einheit. Die drei Elemente alles Existierens gehen infolge der Spannung nicht absolut auseinander, denn Gott ist in ihnen das unüberwindlich Eine. Er hält sie in ihrer gegenseitigen Spannung und Ausschließung dennoch zusammen. Die Einheit läßt die Potenzen in ihrer Spannung nicht auseinander, zwingt sie vielmehr, die materiellen Ursachen eines Prozesses zu sein, deren übermaterielle Ursache sie selbst ist (XIV, 354). Was von Schelling oft wie vergessen scheint, wird von ihm doch immer auch wiederholt. Gott selbst wird nicht in den Prozeß gezogen. »Auf keinen Fall darf die Antwort von der Art sein, daß Gott im Seiendsein aufhörte der an sich selbst Überseiende zu sein. In Gott ist kein Wechsel und Wandel« (Weltalter 97).

Das Erzeugnis des Prozesses wird die alle apriorischen Möglichkeiten in sich begreifende Wirklichkeit sein, ein All, eine Welt, die als eine logische zugleich eine reale ist (XIV, 354). Die Welt, nicht

Gott, könnte auch nicht sein, so wie jedes Ding in der Welt auch nicht sein könnte.

Nun wiederholen wir Schellings Frage: Warum schafft Gott die Welt? Seine letzte, trotz aller Versuche des Begreiflichmachens entschiedene Antwort lautet: grundlos, kraft seiner absoluten Freiheit, unbegreiflich. Die Welt ist durch keine Notwendigkeit, sondern allein weil Gott will. Ursprung der Welt ist nicht die Vernunft, sondern der Wille. Daher ist die Welt »auf keine Weise a priori oder aus bloßer Vernunft zu begreifen« (XIII, 303). »Jene Entäußerung ist ein frei beschlossener, die bloße logische Folge absolut unterbrechender Akt« (X, 159). Sie ist ein Akt, »für den es schwer sein möchte, einen Namen zu finden, für den es in einem rein rationalen System keine Kategorie gibt« (X, 213).

Der Freiheitsakt kann durch keine Kategorie, sagt Schelling, bestimmt werden. Er ist kein dialektisches Umschlagen, kein Frei-aus-sich-entlassen (beides bei Hegel), kein Entspringen und kein Erzeugen. Aber, fragt man, sind Wille und Freiheit nicht selber Bestimmungen?

Warum will Gott? Warum will er, daß die Welt sei? Weil er ihrer bedarf? weil Gott einsam ist? aus irgendeinem anderen Motiv oder aus einer Notwendigkeit des Willens? All das verneint Schelling. Gott ist vollendet. Er bedarf nichts. Ihm schafft die Schöpfung keine neue Befriedigung, bringt ihm kein Mehr. Warum will er denn? Rein aus Freiheit, weil er will (wir fragen, was für eine Freiheit das sei; ist sie reine Willkür, zweckfrei, ein sic volo, sic jubeo, stat pro ratione voluntas?).

Aber Schelling läßt es bei dieser letzten Antwort nicht bewenden. Er kann nicht aufhören, doch immer wieder Notwendigkeiten und Motivationen Gottes zu erdenken. Zum Beispiel: Der Herr des Seins ist Herr nur, weil das Seiende ist, über das er Herr ist. Dieses aber ist das Nichtseiende, das keineswegs nicht ist, sondern »nur das nicht nicht sein Könnende, das wir nicht setzen können, das wir nur gleichsam nicht-wollend und nicht-wissend setzen. Nämlich wissend setzen wir nur den Herrn des Seins.« Da jenes Sein nicht nichts, sondern eine Wurzel des Seins ist, so können wir es bestimmen als lauteres Seinkönnen. »Wenn es auch gegen Gott das nicht Seiende, so ist es doch eben darum Subjekt Gottes« (X, 262–264). Dies nichtseiende Sein ist nun etwas, zu dem Gott sich verhält. Es ist »gleichsam der Zauber, der Gott anzieht und gefesselt hält, so daß er nicht Gott, d. h. nicht der Herr des Seins – und also der gegen das Sein Freie – sein würde, wenn er nicht diesen Zauber aufheben könnte«. »Diese Vorstellung« zeigt uns, wie es zum wirklichen Geschehen, zur Tat kommt (X, 265), nämlich so: Indem Gott jenen Zauber des Seins auflöst, gibt er dieses Sein dem Werden preis. So entsteht die Welt.

Gegen diesen Gedanken macht sich Schelling den Einwand: dann würde Gott das Sein aus seiner ursprünglichen Seligkeit reißen, es allen Schmerzen des Gott entfremdeten Seins und dem Drangsal jenes Umlaufs unterwerfen. Schelling antwortet: Unbewußte Seligkeit ist keine. »Für das, was nicht Gott ist, ist entweder überhaupt kein Teil an göttlicher Freude, oder es kann nur durch Schmerz zur Freude, durch Leiden zur Herrlichkeit gelangen. Freilich ist es ein Schmerzensweg, den jenes Wesen geht, das in der Natur lebt. Davon zeugt der Zug der Qual, der auf dem Antlitz der ganzen Natur, auf dem Angesicht der Tiere liegt. Aber was sind diese Leiden gegen die Seligkeit, mit welcher der große Urheber des Lebens das ihm Entfremdete zu sich zurückbringt!« (X, 266)

Schelling vertieft sich in diese Situation des Weltseins, weil er in ihr unmittelbar die Folgen des Aktes Gottes sieht, der das Sein dem Werden preisgibt, um seines Zaubers Herr zu werden. Das Geschöpf findet seine Seligkeit nur in einer verschmolzenen Doppelwonne des Seins und des Nichtseins; denn es ist schmerzlich ebensowohl zu sein als nicht zu sein. D'Alemberts Wort von dem malheur de l'existence wie die indischen Vorstellungen von der Unseligkeit des Seins gehören, meint Schelling, hierher. »Aber dieses Unglück des Seins wird im Philosophieren eben dadurch aufgehoben, daß es als Nichtsein genommen und empfunden wird, indem sich der Mensch in der möglichsten Freiheit davon zu behaupten sucht. Auf einem anderen Standpunkt kann dieses Los der Endlichkeit (des Seins nur im Nichtsein wahrhaft zu genießen) wieder als Gegenstand einer höheren, aber endlosen Trauer, jener Schwermut erscheinen, durch welche die Kunst in ihren höchsten Erzeugnissen ihre Hervorbringungen geadelt hat« (X, 265). Die »erhabene Schwermut, welche die edelsten Bildungen altplastischer Kunst selbst wieder über das Los der Sterblichkeit erhöht«, entspricht der Auffassung des Aristoteles von der Tragödie, »daß sie von gemeiner Furcht und ebenso auch vom gemeinen Schmerz befreie« (X, 268). Wie zweideutig klingt hier Schellings Echo! Wie schnell kann der Sprung aus der Ergriffenheit, die den konkreten Schmerz der Geschichtlichkeit transparent macht, aber nur dadurch, daß der Schmerz ganz gewagt wird, zur ästhetischen Indifferenz erfolgen, infolge eines imaginären Anderswoseins, und mit der Folge des tatsächlichen Bleibens in der trüben Endlichkeit, ihren Launen und Verstimmungen. Und wie fragwürdig ist der einseitige Blick auf die Schwermut in der Natur, auf das Leiden der Kreatur, wie vernachlässigt der Jubel in allem Leben, der Ausdruck der Freude im Angesicht der Natur. Wie sehr ist hier unverbindliche Stimmung selber zum Zauber geworden!

c) Der Abfallgedanke

Der Wille der ewigen Freiheit im Akt, der die Potenzen in Spannung setzt, und die Notwendigkeit, die allem Dasein als sein Verhängnis folgt, genügen nicht, das Ganze zu begreifen. Es muß noch etwas anderes geschehen sein, wodurch die Welt und wir in ihr so sind, wie wir sind. Schelling nimmt einen alten Gedanken auf: Es ist ein Abfall geschehen. Dem Abgefallenen ist Rettung aus eigener Kraft unmöglich. Die Rettung erfolgt von oben, durch den Willen der ewigen Freiheit.

Wann, durch wen ist der Abfall geschehen? Wohl kann Schelling sagen: »Einen eigenen Abfall des Seins, wie Ältere und Neuere, könnten wir schon darum nicht annehmen, weil auf solche Art Gott gerade nicht als Herr des Seins erschiene« (X, 266). Aber er sagt auch: »Der Abfall ist so ewig als die Absolutheit selbst und als die Ideenwelt« (VI, 41). Schon im ersten Werden selbst wird etwas vom Abfall gedacht.

In der Natur ist der Zustand des Abgefallenseins sichtbar als unwiderstehlicher Trieb, als besinnungslose Bewegung. Aber eine rettende Macht wird des vergeblichen Kreisens Herr. So wird der Mensch das Ergebnis des Naturprozesses. Wenn nun aber mit dem Menschen eine Freiheit erwachsen ist, so liegt diese darin, daß er wählt zwischen Sichfügen in Gottes Willen oder Abfall in Eigenwillen. Der zweite Abfall vollzieht sich mitten im Prozeß als die Krise des Menschen. »Seitdem wir aufhörten, die Dinge an sich anzuschauen, sind wir gefallene Wesen« (I, 325). Der Abfall hat nach dem Fall des Menschen einen neuen Prozeß zur Folge. Dieser würde wie der vorhergehende Naturprozeß ins Nichts führen, wenn die ewige Freiheit nicht durch ihren Willen, der wiederum nicht als notwendig begreifbar, sondern nur als Wirklichkeit zu erfahren ist, die Rettung brächte. Sie trieb einst das Rad der Qual in der Natur hinauf zum menschlichen Bewußtsein. Sie bringt, nach dessen Abfall, das Heil durch Offenbarung.

Zusammenfassung: Die Grundstruktur der Schellingschen Gedankengänge kann im Schema einer Reihe von Schritten vor Augen gestellt werden: Zuerst erfolgen die Denkbewegungen, die mit der Frage: wenn Sein ist, wie muß es notwendig sein? die Potenzen ergeben. Dann geht der Gedanke hinaus über die Potenzen in das Potenzlose, aus dem Seienden in das Übersein. Den letzten Schritt tut die Vernunft, indem sie an der Grenze ihrer Möglichkeiten die Wirklichkeit berührt, aber nur als Idee, nicht als Wirklichkeit selber. Nun erfolgt die Umwendung. In der Wirklichkeit selber soll Fuß gefaßt werden, um von ihr, dem Undenkbaren, allem Denken Vorhergehenden, her zu denken. Damit verwandeln sich die Fragen. Statt: wie ist es möglich, daß das Übersein zum Seienden, der Herr des Seins zum Sein kommt? ist die Frage: was ist wirklich geschehen? welche Akte der ewigen Freiheit haben wirklich stattgefunden?

d) Mythologie und Offenbarung

Die Erkenntnis des Prozesses erfolgt, wo er nur grundsätzlich gedacht wird, in den Formen der negativen Philosophie, die wohl alles berührt, aber nicht in der Wirklichkeit selber steht. In diese gelangen wir nach Schelling durch die Erfahrung des Tatsächlichen, die Erkenntnis a posteriori in Natur und Geschichte. In ihnen werden die ursprünglichen, nicht a priori ableitbaren Freiheitsakte erblickt, durch die die Welt so ist, wie sie ist, und der Mensch sich so findet, wie er jetzt ist. Die Erleuchtung der Gehalte des Prozesses möchte Schelling aus der Geschichte der Mythologie und Offenbarung gewinnen.

Der Mythus ist für unsere historische Forschung nur im menschlichen Bewußtsein. Er ist historisch objektiv in Dokumenten, Denkmälern und Handlungen von Menschen, die ihn meinten. Wir versuchen dieses Meinen zu verstehen. Aber dieses Verstehen hat eine Grenze. Denn die Hauptsache, daß der Mythus geglaubt wurde, daß ihm das Leben unterstellt, daß die Feiern und Feste durch ihn erfüllt waren, daß die schrecklichen Handlungen bis zu Menschenopfern in seinem Dienst geschahen, das ist, wenn über die äußere

Feststellbarkeit hinaus ein inneres Dabeisein erfolgen soll, doch nicht eigentlich zu verstehen. Es ist die Frage, wie weit wir verstehen können, was wir nicht selber sind und nicht der eigenen Möglichkeit nach sein können.

Schelling hat die Aufgabe des Verstehens aufs höchste gespannt. Er begriff, daß der Mythus ernst zu nehmen sei. Er fragte: Wie habe ich ihn zu nehmen? Wie ist er gemeint? Wie also entstanden?

Habe ich ihn als Wahrheit zu nehmen oder nicht? Durchaus als Wahrheit, sagt Schelling (XI, 1–252). Er ist nicht Dichtung, sondern Boden und Voraussetzung der Dichtung. Er ist nicht allegorisch gemeint, bedarf nicht und ist nicht fähig einer moralischen oder physikalischen oder philosophischen Deutung. Er ist keine Erfindung. Er ist entstanden ohne Absicht wie die Sprache. Er ist nicht aus Traum, Hellsehen, Wahnsinn zu erklären. Der Mythus ist weder psychologisch abzuleiten, noch als Fabelwelt leicht zu nehmen, noch als Irrwahn aufzudecken. Vielmehr ist der Mythus nur aus einem realen Verhältnis Gottes zum menschlichen Bewußtsein zu erklären. Er erwächst in einem realen Vorgang mit unwiderstehlicher Gewalt über das Bewußtsein. Nur eine übernatürliche Tatsache konnte dem natürlichen Gefühl Stillschweigen gebieten, etwa bei Menschenopfern. Diese übernatürliche Tatsache ist nur absolut geschichtlich zu begreifen aus einem übergeschichtlichen Vorgang, in dem das menschliche Bewußtsein sich jene Bestimmung zuzog, infolge der es der mythologischen Sukzession unterworfen wurde, bis die Offenbarung den Mythus durch das neue reale Verhältnis Gottes zum Menschen aufhob. Die Mythologie ist ein natürliches und notwendiges Gewächs, das ursprüngliche Erzeugnis des Bewußtseins, das sich selbst wiederherzustellen strebt. »Es ist das höchste menschliche Bewußtsein, das in ihr lebt« (XI, 222).

Keineswegs also hält Schelling das mythische Vorstellen für eine allgemeine und bleibende Weise des menschlichen Bewußtseins. Es ist vielmehr bedingt durch eine Katastrophe des Menschen in der Vorzeit, gebunden an eine geschichtliche Zeit, und selber in einem Verwandlungsprozeß. Die Krisis traf das Sein des Menschen im Ganzen. Wie aber das Sein des Menschen, so ist sein Bewußtsein. Das mythische Denken gehört einer Seinsweise des Menschen an, die aus der ursprünglichen Krisis den Prozeß zur Folge hatte, der in der Offenbarung sein Ende fand. Der große Prozeß des Bewußtseins ist kein nur subjektiver, sondern ein objektiver. Jederzeit ist etwas absolut, sofern Bewußtsein existiert. Es handelt sich nicht um eine Psychologie von Bewußtseinsartungen, sondern darum, was dem Bewußtsein das Absolute ist.

»Das erste wirkliche Bewußtsein findet sich schon mit der Affektion, durch die es von seinem ewigen und wesentlichen Sein geschieden ist« (XI, 192). Aus dem uns unzugänglichen Urbewußtsein entstand in der Krise – nach der ersten Umkehr der Potenzen – das wirkliche Bewußtsein als ein völlig unfreier, außer sich gesetzter, ekstatischer Zustand (XII, 173; XIII, 380). Im Bewußtsein erzeugt sich dann ohne dessen Zutun die Folge mythologischer Vorstellungen. Es sind »notwendige Erzeugnisse des unter die Gewalt der Potenzen gefallenen menschlichen Bewußtseins« (XIII, 378).

Das alles ist Vergangenheit. Aber Vergangenheit gehört zu uns selber. Wir verstehen Mythologie und Offenbarung als Vergangenes nur, sofern wir selbst in realem Verhältnis zur Gottheit leben. Schelling glaubt, indem er beide als Vergangenes zu seinem Grunde setzt, zu dem geschichtlichen Grund, der nicht anders zu legen ist, schon in der philosophischen Religion zu leben, der die Zukunft gehört.

In breiten Darstellungen (durch mehrere Bände) der mythologischen Inhalte der Völker (wobei China als mythenlos begriffen und in seinem dadurch eigentümlichen Sinn aufgefaßt wird) und der dogmatischen Inhalte der Offenbarung führt Schelling seine Auffassung durch. Dabei wird er in der Tat unhistorisch, willkürlich, oft absurd und ermüdend. Es ist ein erstaunlicher Unterschied an Gewicht zwischen seinen Grundgedanken und solchen Ausführungen (deren Art ihm fast alles Vertrauen und Interesse genommen hat). Hegel ist in der Erörterung der besonderen historischen Phänomene, auch der Mythen, viel eindringender, sachlich näher im Sinne historischer Richtigkeit. Schelling dagegen, im steten Ringen und Grübeln über die Prinzipien, dringt philosophisch zwar tiefer als Hegel, wird aber, von aller Anschauungskraft verlassen, verloren an vermeintliche Schlüssel der Deutung, unergiebig in der Auffassung der historischen Mythen selber. Schellings Stärke liegt im stets erneuten Grübeln in den Ursprung hinein, erregend, wo es ihm gelingt, ins Ungegenständliche wundersame Frageoperationen zu vollziehen. Er ist nie fertig. Hegels Stärke liegt in der reichen historischen Darstellung, während er im Zentrum der Probleme fertig und unwahr ist. Daher ist Hegel, weil rund und ganz, in ruhiger verweilender Anschauung befriedigender zu lesen, aber viel weniger erregend als Schelling, der, wo man ihn eigentlich versteht, eigentlich nichts sagt, sondern philosophische Aufgaben entstehen läßt. Schellings Einleitung in die Mythologie (XI, 1–252) ist bis heute unübertroffen in der kritischen Auflösung aller vordergründigen Auffassung der Mythen und in der Schönheit der Darstellung von Tiefe und möglicher Wahrheit des Mythischen überhaupt. Das bleibt, auch wenn er in das gnostische Denken abgleitet und dann sogleich nichtig wird. Über die besonderen Gehalte der Mythen lehren uns, in die Tiefe deutend, Bachofen, empirisch O. Müller, Welcker und die Neueren (z. B. Walter F. Otto einerseits, Nilsson andrerseits) unendlich viel mehr. Schelling lehrt hier so gut wie nichts.

4. Schellings Gesamtbild in der erzählten Geschichte des Seins

Die erzählte Geschichte – »das größte Heldengedicht« dessen, »was war, was ist und was sein wird« – ist das Ideal der Schellingschen positiven Philosophie. Er meint zwar, es bei der Erforschung bewenden lassen zu müssen, da für die Erzählung die Erkenntnis noch nicht reif sei (Weltalter 25). Jedoch läßt sich eine Erzählung der Seinsgeschichte, und sogar eine breite Darstellung, aus seinen Schriften entnehmen.

Der Gesamtaspekt ist: Die ewige Freiheit, erhaben über den Unterschied von Sein und Nichtsein, gelangt durch ihren Entschluß zum Seiend-Sein, damit zur Geschichte des Seins und zum Werden der Welt. Dieser Prozeß führt aus dem Übersinnlichen über die vom Übersinnlichen bestimmte Weltgeschichte und Menschengeschichte zurück ins Übersinnliche. Die Wirklichkeit dieses Geschehens ist durch Vernunft nicht vorwegzunehmen oder vorauszusagen, sondern nur a posteriori aus der Tatsache der Welt und des Menschen zu erkennen als Folge jener Freiheitsakte.

Eine Darstellung des Gesamtprozesses aus früher Zeit hat folgende Gestalt (VII, 421–484):

Vor dem Anfang steht die absolute Identität des Realen und Idealen, Gott. Dies Urwesen muß sich offenbaren. Nun kann alles nur in seinem Gegenteil offenbar werden, also Identität in Nichtidentität, in der Unterscheidbarkeit der Prinzipien.

Diese Scheidung ist in Gott unmöglich, weil das Band der Prinzipien in Gott selber (die Einheit des Gegensatzes und der Entzweiung) unauflöslich ist. Da sie aber notwendig ist zur Offenbarung, wird sie durch den Willen des Urwesens als die Differenz zwischen dem Realen und Idealen außer ihm wirklich. Beide Reihen zusammenhaltend, bildet es in beide sich ein. Wie geschieht das?

Der erste Akt Gottes wird gedacht als das In-Spannung-Setzen der Potenzen. Gott schränkt sich freiwillig auf die erste Potenz ein. Dadurch, daß er freiwillig nur Eines ist, während er Alles sein könnte, macht er einen Anfang der Zeit (nicht *in* der Zeit). Denn da die Beschränkung seinem Wesen widerspricht, entsteht nun ein Fortschreiten von der ersten zur zweiten Potenz, und damit eine Zeit. Die ganze Zeit liegt zwar als Ewigkeit in ihm. Nun aber werden die Potenzen Perioden der zeitlichen Selbstoffenbarung Gottes.

Das Dunkle, was Gott von sich wegdrängt, ist die Materie, der bewußtlose Teil der Gottheit. Indem er sie ausschließt, sucht er sie zugleich an sich zu ziehen, sie zu sich hinauf zu bilden, sie zu verklären, sucht er aus diesem Bewußtlosen der Materie das Bewußte hervorzurufen. Erst da, wo aus der Tiefe der Materie Bewußtsein geweckt und erschaffen ist, d. h. beim Menschen, steht der Schöpfungsprozeß still. Gott ruht im Menschen zuerst. Sein Hauptzweck ist im Menschen erreicht.

Der Mensch ist ausgezeichnet durch eine eigene Freiheit. Der Mensch als ein aus dem Nichtseienden erhobenes Seiendes besitzt eine Freiheit nicht nur in seiner Unabhängigkeit von der Natur, sondern besitzt auch eine innere Unabhängigkeit von Gott. Zwischen dem Nichtseienden der Natur und dem absolut Seienden (Gott) in der Mitte stehend, ist er von beiden frei.

Gott wollte diese Freiheit. Denn er »wollte nicht ein totes oder notwendiges, sondern ein freies und lebendiges Band der äußeren und der inneren Welt.« Das Wort dieser Verbindung trug der Mensch in seinem Herzen. Er soll sich frei entschließen. Von der Freiheit des Menschen hing also auch die Erhebung der ganzen Natur ab (XI, 31 ff).

Diese Freiheit sogar Gott gegenüber hat dem Menschen eine Urentscheidung ermöglicht, die zu einer Katastrophe für ihn und die gesamte Schöpfung wurde. Denn statt sich frei Gottes Willen einzufügen, ergriff er seinen Eigenwillen. Diese Erhebung des Eigenwillens ist das Böse. Damit ist der Mensch aus seiner Übernatürlichkeit herausgetreten. Sein Wille hat sich partikular und kreatürlich gemacht. »Sowie der Mensch, anstatt sein natürliches Leben dem göttlichen unterzuordnen, vielmehr in sich selbst das zur relativen Untätigkeit bestimmte (das natürliche, eigne) Princip aktivierte, — zur Tätigkeit erweckte —, war auch die Natur wegen des nun verfinsterten Verklärungspunktes genötigt, eben dieses Princip in sich zu erwecken und eine von der geistigen unabhängige Welt zu sein.«

Die Natur wird aus der ersten Potenz, dadurch daß sie die Ewigkeit nicht gewinnt, zur ersten Periode. Sie versinkt in die Zeit. Der Mensch selber bleibt zwar Geist, aber zurückversetzt auf die Stufe des Seins der ersten Potenz. Der Prozeß, der in der Natur begonnen hatte, fängt in ihm aufs neue und wieder von vorne an.

Daß etwas derart geschehen ist, und daß wir nun in dem Prozeß stehen, der die Folge der Katastrophe ist, davon überzeugt uns der Zustand der Natur und des Menschen.

Beweis ist die besondere Gestalt der Natur, die Macht des Zufalls, die Unruhe der Natur bei ihrer Geschlossenheit; besonders die Gegenwart des Bösen, des relativ Nichtseienden, das sich zum Seienden erigiert. Denn auch in der Natur ist das Böse: als Gift, als Krankheit, als der Tod. Die wahre harmonische Einheit der Natur wäre der Mensch und durch ihn das Göttliche und Ewige gewesen. Die Natur selber wäre der durch die göttliche Liebe überwältigte und gemilderte Egoismus geblieben. Nun hat die Natur diese sanfte Einheit durch Schuld des Menschen verloren. Jetzt muß sie eine eigene Einheit suchen. Sie sucht die Einheit und findet sie nicht, sondern bleibt im Rad ihrer Qual beständigen Kämpfen preisgegeben. – Man muß freilich diese Wirklichkeit der Natur sehen. Dem Gedankenlosen, durch die Gewohnheit des täglichen Anblicks Abgestumpften erregt sie kaum noch Verwunderung. Wer jedoch in einer hohen geistigen und moralischen Ekstase zu leben gewohnt wäre, würde fragen: »Wozu dieser in Gebirgen und Felsen nutzlos für phantastische Formen verschwendete Stoff? Konnte ein Gott in einer solchen Produktion sich gefallen? Wozu diese Gestalten der Tiere, die uns zum Teil fabelhaft, zum Teil monströs anlassen, an deren Dasein, von dem sich großenteils kein Zweck einsehen läßt, wir nicht glauben würden, wenn wir sie nicht vor Augen sähen? Wozu das viele Anstößige in den Handlungen der Tiere? Wozu überhaupt diese ganze Körperwelt? Warum ist nicht, was uns vollkommen begreiflich schiene, eine bloße, reine Geisterwelt?« (XI, 221).

Indes der größte Beweis für jenes Zurücksinken des Menschen in die Natur liegt in Folgendem: Es gibt eine Mehrheit von Menschen, es gibt ein Menschengeschlecht, eine Menschheit. Gerade so nun wie die Natur ihren wahren Einheitspunkt verloren hat, hat ihn auch die Menschheit verloren. Nur Gott kann die Einheit freier Wesen sein. Jetzt sind zwar noch immer freie Wesen, aber getrennt von Gott. Jetzt müssen auch sie ihre Einheit suchen und können sie nicht finden. Sie suchen (statt daß Gott ihre Einheit wäre) eine Natureinheit. Diese kann aber nie wahre Einheit für freie Wesen sein. Sie bleibt nur ein zeitliches, vergängliches Band. Diese Natureinheit, diese zweite Natur über der ersten, ist der Staat. Er ist eine Folge des auf der Menschheit ruhenden Fluchs. »Da der Mensch nicht Gott zur Einheit haben kann, so muß er sich einer physischen Einheit unterwerfen.« Der Staat aber ist Widerspruch in sich selbst. Als Natureinheit kann er nur durch physische Mittel wirken. Jedoch weiß er, daß er mit bloßen physischen Mitteln nichts ausrichtet, daß er höhere und geistige Motive in Anspruch nehmen muß. Aber er kann über diese nicht gebieten, sie liegen außer seiner Gewalt. Er rühmt sich, einen sittlichen Zustand hervorbringen zu können, also eine Macht zu sein wie die Natur. Weil aber keine Natureinheit für freie Geister zureicht, ist jede Einheit, die auch in einem Staat entsteht, doch immer nur prekär und temporär.

Dieser Zustand der Natur und des Menschen ist nicht das Ende. Der Prozeß geht weiter. Der Erniedrigung des Menschen folgt seine Wiedererhebung. Zwar kann der Mensch in seinem jetzigen Zustand sich selbst nicht helfen. Die Kluft, die ihn ganz der äußeren Welt hat anheimfallen lassen, kann er nicht aufheben. Nur Gott vermag es. Er allein kann das zerrissene Band der geistigen und natürlichen Welt wiederherstellen. Das tut er durch eine zweite Offenbarung (ähnlich der ersten in der anfänglichen Schöpfung).

Diese zweite Offenbarung hat verschiedene Stufen. Die höchste ist die, wo das Göttliche sich selbst ganz verendlicht, wo Gott selbst Mensch wird. Der zweite, göttliche Mensch wird nun ebenso der Mittler zwischen Gott und dem Menschen, wie der erste Mensch Mittler zwischen Gott und Natur sein sollte. Der Mensch als Mittler zwischen Gott und Natur hatte versagt. Jetzt bedurfte der Mensch selbst eines Mittlers.

Nun zeigte sich etwas zunächst Wunderbares. Wie einst der Mensch in seinen Fall die Natur mitgerissen hatte, so wird jetzt dadurch, daß der Mensch dem geistigen Leben wiedergegeben wurde, er auch wieder wie ursprünglich fähig, Mittler zwischen Gott und der Natur zu sein. Das zeigt sich in Christus. »Christus war durch seinen *bloßen* Willen Herr der Natur, *er* in jenem magischen Zusammenhang mit der Natur, in welchem der Mensch ursprünglich stehen sollte« (VII, 435–463).

Noch ist, was in Christus wirklich ist, nicht in der Menschheit wirklich. Noch gibt es die Natur und die Geisterwelt. Sie sind getrennt, aber nicht ohne Verbindung. Es gibt das sympathische Mittönen. Wir leben unter beständigen Eingebungen. Der Mensch ist nicht ganz verlassen, er hat unsichtbare Freunde. Im Menschen vollzieht sich das sichtbare Drama. Seine geistigen Schöpfungen sind zugleich in der Wirklichkeit dargestellt. Daher ist die »Geschichte als eine große Tragödie anzusehen, die auf der Trauerbühne dieser Welt aufgeführt wird, wozu sie die bloßen Bretter hergibt, indes die Handelnden, d. h. die darauf vorgestellten Personen, von einer ganz anderen Welt sind« (VII, 480).

Auch dieser Zustand ist nicht der endgültige. Die Zukunft wird die Vollendung des Prozesses bringen. Auch die höchste nur geistige Seligkeit ist noch nicht die absolute. Die Natur ist ohne Schuld unterworfen und sehnt sich nach der Verbindung. Gott sehnt sich nach der Natur, er wird sie nicht ewig als Ruine stehen lassen. Aus einer letzten Krisis der Natur geht eine ganz gesunde, lautere, reine und unschuldige Natur hervor, befreit von dem Nichtseienden. Endlich ist alles dem Vater überantwortet: »Vielleicht dies dann, wenn auch die Hölle nicht mehr ist; und in diese Perioden der Ewigkeit fällt also die Wiederbringung auch des Bösen noch. Die Sünde ist nicht ewig, also auch ihre Folge nicht.« »Dann ist Gott wirklich Alles in Allem, der Pantheismus wahr« (VII, 482–484).

Solche Geschichtserzählung des Seinsprozesses ist als Denkform bei Schelling durch alle Phasen seines Philosophierens gleich geblieben, so sehr auch der Inhalt zum Teil wechselt, zum Teil sich erweitert. Was am Ende als gnostisches Wissen des Seins- und Weltprozesses da ist, das beschränkt sich am Anfang auf das gnostische Wissen des Naturprozesses. Aber Schelling hat das Frühere in das Spätere aufgenommen. Der Naturprozeß bleibt ein Moment des Gesamtprozesses.

Ein Beispiel aus Schellings spätestem Denken zeige die Abwandlung und Übereinstimmung des Gesamtbildes der Seinsgeschichte (XIII, 348–357).

Das höchste Geschöpf ist der Mensch, der Urmensch im Paradies. Er ist ganz wie Gott, mit dem einzigen Unterschiede des Gewordenseins. Er ist ein Übersubstantielles, Herr der Potenzen, frei von diesen Potenzen, in demselben freien Verhältnis zu den ihm sich darstellenden Potenzen wie Gott.

Jedoch ist er von Gott in einem wesentlichen Punkte unterschieden. Er ist nur insofern Herr der Potenzen, als er die Einheit, in der sie mit ihm gesetzt sind, bewahrt und nicht aufhebt. Er lebt in der Täuschung, daß er das tun könnte, was Gott getan hat, nämlich die Potenzen auseinandertun, in Spannung setzen, um mit ihnen als Herr zu walten. Das konnte Gott, weil Gott ihrer mächig war, nicht der Mensch.

Wenn es von Gott heißt: er kann schaffen, was er will, so gilt eben dies vom ursprünglichen Menschen. Dieser Mensch ist frei von den Potenzen. Aber weil frei von ihnen, kann er sie auch wieder hervorrufen und in Spannung setzen, in der Meinung, sie auch dann noch zu beherrschen. Aber sein Als-Gott-sein-Wollen wird die Katastrophe. Die Freiheit des Menschen war eine bedingte, die er nur für diese Stelle (in der Mitte zwischen den Potenzen) hatte, unter dem Gebot, die Einheit zu bewahren. Er verlor sie, sobald er diesen Ort verließ. Er hatte also ein Gesetz, das Gott nicht hatte. Gott konnte die Potenzen in Spannung setzen, er blieb auch in der Spannung der unüberwindlich Eine. Der Mensch war Herr der Potenzen, um sie mit freiem Willen, insofern durch eigene Tat, unauflöslich zu machen. Weil diese unauflösliche Einheit nur sein eigenes Werk sein konnte, darum wurde ihm gezeigt, daß er auch das Gegenteil tun könne.

Der Mensch hatte also die Wahl, sich zum Schöpfer zu wenden und die Einheit zu bewahren, oder zu den Potenzen und dann die Einheit zu verlieren. Er wandte sich zu den Potenzen, um selbst als Gott zu sein. Mit der Empfindung des Gottseins aber ging er der Herrlichkeit Gottes verlustig, die in ihm war. Der Versuch, mit den Potenzen gleich Gott zu wirken, hatte zur Folge, daß er unter die Herrschaft dieser Potenzen fiel. Er wurde aus dem Ort der Seligkeit in das weite, unumschlossene Feld getrieben. Anstatt sich der Potenzen zu bemächtigen, bemächtigten sie sich seines Bewußtseins. Für ihn zuerst wird nun der Gegensatz der Potenzen ein Unterschied von Gut und Böse. Das Prinzip des ewigen und unauflöslichen Lebens, Gott allein eigen, blieb als vom Menschen erregtes nicht mehr ein göttlich gesetztes Prinzip. Es wurde vielmehr das Kreaturwidrige, das seiner Natur nach Zerstörende, das eigentliche Prinzip des Todes, der also durch den Menschen in die Welt gekommen ist.

Von der Zerreißung des ewigen Bewußtseins schreibt sich diese äußere, zerrissene Welt her. Der Mensch kann diese Welt die seine nennen. Indem er sich an die Stelle Gottes setzte, hat er die Welt außer Gott gesetzt. Er hat die Welt an sich gerissen. Aber diese Welt ist die ihrer Herrlichkeit entkleidete, mit sich selbst zerfallene, die vergeblich ihr Ende sucht, und, jene falsche, bloß scheinbare Zeit erzeugend, in trauriger Einförmigkeit nur immer sich selbst wiederholt. Der Mensch ist durch jene Katastrophe von seiner eigenen Vergangenheit geschieden. Über die ganze Schöpfung ist ein Schleier geworfen.

Bis zu dieser Tat des Menschen war überall kein außergöttliches Sein. Bis zu diesem Punkt war Gottes Schöpfung eine innergöttliche (praeter deum, nicht extra deum). Nachher wurde sie gegen die menschlich gesetzte wirklich eine ideale. Dagegen können wir diese Welt, in der wir uns befinden, nur für eine außergöttliche erkennen. Wir verlangen, daß sie uns als außergöttlich begreiflich werde. Dies fordert das Gefühl unserer Freiheit nicht bloß gegen Gott, sondern auch von dieser Welt, von der es keine Erlösung gäbe, wenn sie die göttliche wäre.

Gottes Vorsehung hat längst für die Rettung gesorgt. Gottes Sohn hat sie vollzogen. Solange der Mensch, vor dem Fall und der Katastrophe, die Einheit der Potenzen bewahrte, teilt der Sohn Gottes mit dem Vater die Herrschaft der Welt. Der Fall des Menschen riß den Sohn mit. Der Vater zog sich von der Welt zurück. Der Sohn, dem die Weltherrschaft zufiel, verfiel aber nicht der Versuchung, diese Herrschaft für sich zu behalten. Vielmehr entäußerte er sich seines Statt-Gott-seins, führte die Welt zu Gott zurück und gelangte darin zu selbsterworbener Gottgleichheit.

Im Blick auf die ganze Seinsgeschichte sind also drei Freiheitsakte, die durch keine Vernunft a priori vorauszusehen wären, der Ursprung des Geschehens. Erstens Gottes Schöpfungsakt, zweitens der Freiheitsakt des Menschen, der zur Katastrophe führte, drittens der Freiheitsakt des Gottessohnes, der aus dem Sturz die Erlösung bringt (XIV, 7 ff).

Nun hat Schelling in Ausführlichkeit das Schicksal des Menschen, die Menschengeschichte innerhalb der umgreifenden Seinsgeschichte dargestellt. Jener allgemeine Prozeß erscheint nach der Katastrophe auf den Menschen eingeschränkt. Der Mensch wurde zum Mittelpunkt. Dieselbe göttliche Geschichte, die zuvor in dem weiten Raum des allgemeinen Seins vorging, geht nun in dem engen Raum des menschlichen Bewußtseins vor sich.

Schelling entwirft das Ursein des Menschen als das ruhige, gleichartige Sein, das erinnert wird als das goldene Zeitalter. Der Mensch lebte im realen Verhältnis zu Gott. Er betete an, was er nicht wußte. Es war nichts zwischen Menschen und Gott. Der überzeitliche Zustand kannte keine Offenbarung und kein Geschehen.

Die erste Bewegung des Menschen ging von Gott weg. Damit wurde der Mensch ein anderer. Die geschichtliche Zeit fängt an mit der Trennung der Völker, zugleich mit der Entstehung der Mythen. Diese sind im Ganzen vom selben Typus. Die freigewordenen Potenzen, die Gewalt über das Bewußtsein gewannen, erzeugten die polytheistischen Welten. Ein relativer Monotheismus wurde von den Juden bewahrt. Nirgends war der wahre Gott. Die Mythen gingen durch Stufen hindurch und bereiteten wie der relative Monotheismus den Weg zur Offenbarung. »Christus ist das Ende der Offenbarung.«

Während aber die Mythologie nach dem Fall ein notwendiger Prozeß ist, ist die Offenbarung ein freier Akt. Durch die Offenbarung wird ein neuer oder zweiter Schöpfungsprozeß eingeleitet, aber die Offenbarung selbst ist kein notwendiger Prozeß (XIV, 11).

Welch erstaunliches Wissen vom Gang des Seins! Werfen wir einen Blick auf dieses Bild im Ganzen. Ist es für Schelling endgültig? besteht es als das abgeschlossene totale Wissen? ist dies die absolute eine Geschichte, die erzählt werden kann? Oft sieht es so aus. Der Leser Schellings wird zur Bejahung dieser Fragen gedrängt.

Aber man könnte sich täuschen lassen, wie Schelling selbst sich zumeist, aber nicht immer getäuscht hat. Denn es gibt manchen Gedanken des immer weiter grübelnden Schelling, der, wenn er als absoluter und letzter gelten sollte, nicht in anderem Zusammenhang von ihm umgriffen, überboten, überwunden würde. Sind wir ganz überflutet von der Breite des uns dargebotenen gnostischen Wissens, so müssen wir doch auch sehen: Dieses ganze Denken selber ist ein Denken an einem Ort des Prozesses, der als Prozeß im Ganzen von diesem ortsgebundenen Denken nicht angemessen begriffen werden kann. Dieses Denken steht nicht außerhalb, sondern innerhalb des Prozesses. Muß es daher nicht sich selber transzendieren, um erst im Nichtdenken die ganze Wahrheit zu haben? Diese dialektische Selbstaufhebung als Bedingung der Wahrheit würde zugleich die Tilgung der Gnosis bedeuten, die doch ein Wissen befestigt. Würden diese Gedanken bei Schelling vorkommen, so würden sie zur Kritik, jedenfalls zur Selbstbegrenzung seines ganzen gnostischen Unternehmens führen. Er hat solche Gedanken ausgesprochen:

»Im All oder vom Standpunkt, welcher nicht Standpunkt der absoluten Position selbst, sondern Standpunkt eines im All Begriffenen ist«, gibt es die quantitative Differenz, das vorzugsweise unter der einen oder anderen Form auf das eine und gleiche Wesen Gottes gerichtete Denken (VI, 180).

Später und tiefer: Wie das Ganze des Seins ein Kreis ist, Prozeß und zugleich ewige Gegenwart, ein Geschehen, das in sich geschlossen ist, das geschehend eigentlich nicht geschieht, sondern ewig ist, weil überall am Anfang und am Ende, das Ende an den Anfang bindet, so ist es auch mit unserem Wissen. »Wissenschaft entsteht ursprünglich, wenn ein Princip aus dem ursprünglichen Zustand des Nichtwissens heraustritt und, nachdem es alle Formen durchgangen, in das ursprüngliche Nichtwissen zurückkehrt. Was der absolute Anfang ist, kann sich nicht wissen; übergehend ins Wissen hört es auf der Anfang zu sein und muß darum fortschreiten, bis es sich als Anfang wiederfindet. Der als sich selbst wissender Anfang wiederhergestellte Anfang ist das Ende alles Wissens« (IX, 222).

Wenn das Begreifen selbst innerhalb des Prozesses stattfindet, wer ist es dann, der ihn denkt? Wer denkt, selber mit seinem Sein *im* Prozeß sich bewegend, *den* Prozeß? Allein der Mensch. Daher steht für Schelling der Mensch, wie in der Mitte des Seinsprozesses, so in der Mitte des philosophischen Interesses. Der Mensch ist es, der, jeden bestimmten Ort betretend und als Gebundenheit wieder überwindend, wissend beim Ganzen sein kann. Die einzigartige Stellung des Menschen in der Welt und die dadurch begründete Weise des menschlichen Wissens ist für Schelling von der Bedeutung, daß sie die jeweilige Ortsgebundenheit, wenn nicht aufhebt, so doch hinlenkt zum eigentlichen Wissen vom Ganzen selber.

Das All ist der Kreis eines Prozesses, dessen Anfang und Ende sich begegnen, in deren Mitte der Mensch steht. Der Mensch ist (in der Sprache der Identitätsphilosophie) in der Reihe der Punkt des Übergangs vom Realen zum Idealen, der Punkt des Durchbruchs in das Offene eines nun sich steigernden geschichtlichen Ganges gegenüber der sich nur wiederholenden Natur. In der Sprache dieser Philosophie heißt das: Die ewige Substanz zeigt sich durch die drei Potenzen in den Erscheinungen der Welt. Aber »noch über und außer diesen Potenzen« setzt sie, »das potenzlose Bild von sich selbst, den Menschen«. In ihm wird das Objekt zugleich Subjekt. In ihm erkennt sich die unendliche Substanz selbst im besonderen als absolute Identität in der Identität aller Gegensätze (VI, 493 bis 494).

Auch in der Sprache der späteren Philosophie bleibt der Mensch die Mitte. Wie können wir von der Bewegung wissen, von dem ersten Eintritt der ewigen Freiheit ins Sein, von der Weltwerdung und ihren Katastrophen? Dadurch, daß der Mensch seine Stellung im Seinskosmos in der Mitte, am Anfang und am Ende hat. Nach dem Prinzip »Gleiches wird nur durch Gleiches erkannt« muß der Mensch von Anfang an gleichsam dabei gewesen sein, um vom Ganzen und von Allem zu wissen. Für den Menschen handelt es sich hier »nicht um eine historische Kenntnis jener Bewegung, sondern um eine Mitwissenschaft, conscientia.« Er hat eine Mitwissenschaft der Schöpfung. In uns selbst ist »etwas jener ewigen Freiheit Ähnliches und Gleiches – oder noch bestimmter: jene ewige Freiheit muß selbst in uns sein, selbst in uns das Erkennende von sich sein« (IX, 221).

So wird am Ende doch wieder das gnostische Wissen aus seiner Herkunft gerechtfertigt.

5. Zur vorläufigen Charakteristik dieses Denkens

a) Bei Schelling gibt es keine feste Terminologie. Das Sein und das Seiende können ihren gegenseitigen Sinn umkehren; das Übersein kann wieder Sein heißen; das Wort Geist wird für die dritte Potenz gebraucht und für das alle Potenzen übergreifende Übersein; Gott kann das Übersein oder dessen erste Erscheinung bedeuten. Je im Zusammenhang ist die Vorstellung deutlich. Sucht man eine eindeutige Lehre, so geraten aus verschiedenen Zusammenhängen genommene Sätze durcheinander und in Widerspruch. Der Wechsel des Wortgebrauchs ist sinnvoll, sofern bei Schelling ein Philosophieren um das Bleibende stattfindet, nicht eine bleibende Lehre fertig geliefert wird. Es ist wie ein Spiel von Melodien. Neue werden erfunden. Alle ähneln einander. Aber sie geben sich nicht als Abwandlungen des Nichtwissens, sondern zumeist als Anschauung eines Wirklichen und als Wissen in diesem Anschauen.

b) Die Mannigfaltigkeit und die Widersprüche hängen zusammen mit einem ständigen Neueinsetzen der Schellingschen Darstellungen. So ist Gott in seiner Unveränderlichkeit und als werdender Gott gedacht, liegt der Abfall im Ursprung selber (»der Abfall ist so ewig wie die Absolutheit selbst«) oder in der durch den Menschen herbeigeführten Katastrophe. Der spätere Schelling betont das Gleichbleibende seiner Philosophie und nicht weniger sein fortschreitendes Besserverstehen.

Die Widersprüche stören nur den, der ein Schellingsches System sucht und dieses, sei es als eine Folge von Systemen, sei es als das endgültige System, sich klar machen will. In der Tat handelt es sich um neue Einfälle, die Schelling bis zuletzt kommen, dann um Abwandlungen, dann um Neugruppierungen und Schematisierungen, die ihrerseits wieder wechseln. Daher ist der Eindruck der Schriften mühsam: Ergreifende Gedankengänge, gehaltvolle Bemerkungen gehen wie verloren in der Breite von Leerheiten und Absurditäten. Sie scheinen nicht bezogen auf einen beherrschenden Grund, um den sie kreisen, nicht geführt von einem sich gleich bleibenden Willen.

Der Gesamtaspekt der Schellingschen Philosophie zeigt trotzdem ein Gleiches durch alle Zeit. Schelling wiederholt dieselben Denkfiguren. Sie werden in andere Bereiche übertragen. In bezug auf ihre Inhalte wechseln die Betonungen, wird fallen gelassen und hinzu gewonnen. Es ist vergeblich, in den Abwandlungen einen Fortschrittsprozeß zu suchen. Es wiederholt sich alles in Stufen und Rhythmen, klangvoll oder schematisch, sprechend oder leer.

Die Lässigkeit Schellings in bezug auf das Zusammenbringen seiner Gedanken und in bezug auf seine Terminologie ist sinnvoll, soweit je gegenwärtige Operationen und Einsichten von ihm gemeint sind. Bei Schelling erhellt sich plötzlich eine Stimmung, bewegend und manchmal ergreifend. Sie kehrt wieder oder wird durch andere abgelöst. Sobald aber die dann entstandene Begrifflichkeit als solche gelten soll, und er sie mit der bloßen Kraft seiner Intelligenz weiter denkt, gleitet er ins Leere. Daher ist es sinnvoll, im Schellingstudium die Bewegungen der Stimmungen herauszuarbeiten, die Linien der Operationen an seinen inneren Anschauungen zu vergegenwärtigen, aber von den Zutaten und Leerheiten zu befreien. Dadurch erst kann man sie selber mitzuvollziehen versuchen, ihren Sinn aneignen und in die Schwebe bringen.

c) Bei Schelling kehrt eine Form des Transzendierens immer wieder: über jedes Gedachte, was immer es sei, wird transzendierend hinausgeschritten. Die Gedanken, die zum Sein selbst drängen, führen über alles, was für uns Bestimmtheit und Gestalt gewinnt, hinaus. Es ist das Beschwingende im Übersteigen, das darin ergreift.

Ein Beispiel: Wenn von den Potenzen die Rede ist und der Gedanke über sie hinaus in das Potenzlose drängt (und dann das Potenzlose das Übersein oder der absolut freie Geist genannt wird), so hören wir: die Prinzipien des Seins in den drei Potenzen – die erste Art des Seins (das bloß wesende), die zweite (das außer sich seiende), die dritte (das bei sich seiende) – sind nur Arten. Aber »der vollkommene Geist« ist an keine Art, an keine einzelne Form des Seins gebunden. Auch an die dritte und höchste Gestalt der Potenzen (die ihrerseits schon Geist genannt wird) kann er nicht gebunden sein, weil sie doch nur eine Art ist (XIII, 255). Der vollkommene Geist ist auch nicht etwa ein Viertes zu den drei Potenzen (XIII, 259). Denn dann wäre er ja nicht im Überschreiten der Potenzen erreicht, sondern man wäre auf ihrer Ebene geblieben. »Der vollkommene Geist ist über alle Arten des Seins, er geht über jede, auch die höchste, hinaus. Darin eben besteht seine absolute Transcendenz« (XIII, 256).

Ein anderes Beispiel: Es kommt Schelling an auf die absolute Freiheit. Wo immer sie mit einer Bestimmtheit gedacht wird, scheint sie ihm beschränkt. Er muß das denken, was »über« jedem Seienden ist, um die Freiheit selbst zu erreichen. Nicht das Seiende, sondern was das Seiende ist, ist das Prinzip, das es wirklich ist. »Denn jenes Sein, *in Kraft dessen* es allein das Seiende ist, ist ein von seinem das-Seiende-Sein unabhängiges, durch das also auch es selbst vom Seienden unabhängig ist« (XI, 319–320).

Weiter ein Beispiel, das zeigt, wie auch im Gedanken des Unvordenklichen noch keine Ruhe gefunden wird: Ausgangspunkt ist das allem Denken zuvor, das unbedingt Existierende. Die Aufgabe ist, in jenem allein Vorausgegebenen das Eigentliche, das Bleibende zu finden. »Ob dieses schon mit dem allem Denken vorausgehenden Sein, das wir das Unvordenkliche nennen, gefunden sei, ist die Frage. Vielleicht ist dieses Sein doch nur das erste Sein, nur die erste Erscheinungsweise« (XIV, 337).

Noch ein Beispiel: Wenn im Transzendieren Gott als das unbedingt Wirkliche des Notwendigen gedacht wird, ist in diesem Gedanken keine Ruhe. Gott ist »nicht das einfach Notwendige, sondern er ist das notwendig notwendige Wesen«, der, um die Notwendigkeit zu sein, des Existierens selbst nicht bedarf, der das notwendig Seiende bleibt, auch wenn das notwendige Sein oder Existieren aufgehoben ist. Dieses ist erst, was wir Gott nennen (XIV, 348).

Die Wiederholung der Form des Transzendierens, wenn sie als solche in mannigfachen Zusammenhängen wiederkehrt und diese uns als Form bewußt wird, kann wie eine Manier erscheinen und ihre Wirkung versagen. Sie beschwingt nicht mehr, wird lahm, weil sie nicht den einen bleibenden Gehalt hat und echte Wiederholung dieses Gehalts ist. Sie läßt in die Leerheit des Bewußtseins einer sich bloß repetierenden Form des Übersteigens zurückfallen.

Entgegen den Methoden des Überschreitens hin zur Transzendenz geht Schelling auch den umgekehrten Weg. Die Wirklichkeit, die ewige Freiheit, der Grund von allem ist als das Erste da. Sehe ich in der Gegenwärtigkeit die Herkunft, nicht durch Schlüsse, sondern durch unmittelbares Dabeisein, durch das Mitwissen, so gehe ich aus von der Wirklichkeit selber. Damit hat sich der Sinn von »Transzendenz« verwandelt. Sie ist nicht mehr das, wohin ich, – überschreitend, was immer ich denke, – suche und dränge (wie in der negativen Philosophie), sondern sie ist selber gegenwärtig. Von ihr her gehe ich zur Welt. »Wenn ich von dem allem Begriff Zuvorkommenden ausgehe, so habe ich hier nicht überschritten. Vielmehr habe ich, wenn ich von ihm fortgehe zum Begriff, das Transzendente überschritten und bin so wieder immanent geworden. Die Transzendenz der alten Metaphysik war eine bloß relative, d. h. zaghafte, halbe, wobei man mit einem Fuße doch im Begriffe stehenbleiben wollte. Die Transzendenz der positiven Philosophie ist eine absolute« (XIII, 169).

d) Immer wieder kommt Schelling auf das für ihn Entscheidende: die *Freiheit* als Grund aller Wirklichkeit. Die Weltschöpfung, die Entäußerung Gottes, ist »ein frei beschlossener, die bloße logische Folge absolut durchbrechender Akt« (X, 159). Die Potenzen, deren Notwendigkeit wir denken, werden aus bloß noetischen zu wirklichen durch den freien Willensakt Gottes (XI, 389). Der gesamte Seinsprozeß zeigt die Reihen notwendiger Folgen, die ursprünglich gesetzt und dann unterbrochen sind von Freiheitsakten im Sichselbstsetzen, Sichentfremden, Erregen, Überwinden.

Die Freiheit selber aber wird keineswegs klar gedacht. Sie kann durch die gesamte Philosophie Schellings für den ihm Folgenden immer wieder hinreißend wirken. Aber sie hat, da sie selber nicht denkbar wird und doch als Moment des Gedachten entscheidend sein soll, zugleich etwas Verwirrendes. Es ist, als ob sie in Vernunftwidrigkeit alles möglich lasse. In solcher Weise scheint ihr Gedanke zwar bis zu einem gewissen Grade geeignet, das Vernunftwidrige in der Welt, das Böse im Menschen zu denken, aber dieser Gedanke führt nicht in den philosophischen Ursprung, aus dem ich im wirklichen Leben getragen sein kann und weiß, was ich will. Schelling meint gegenüber aller früheren Metaphysik eine völlig neue auf die Freiheit zu begründen, aber er scheint das metaphysische Denken vielmehr in Willkürlichkeiten versinken zu lassen.

e) Freiheit ist das größte Beispiel in der Schellingschen Philosophie, an dem man sich verdeutlichen kann, wie er unter Verwechslung des Sinnes etwas eigentümlich Tiefsinniges und doch Täuschendes auszusprechen vermag. Die Aufgabe ist, das Tiefsinnige rein herauszuarbeiten, das Täuschende fallen zu lassen, eine erregende, am Ende unerfüllbare Aufgabe.

Ein geringeres Beispiel solchen Tiefsinns in der Verwechslung ist folgendes: Schelling meint – in Analogie zu wissenschaftlicher Forschung – ein methodisches Selbstverständnis auszusprechen, mit dem er das Fortwälzen der trüben Gedankenmassen, ohne Fortschritt, verschleiert. Er sagt: »Noch ist des Untersuchens Ziel nicht erreicht. Nicht Erzähler können wir sein, nur Forscher« (Weltalter 25). Was will Schelling damit sagen? Würde die Seinsgeschichte, der Ursprung aller Dinge, die Welt, die Gegenwart und die Zukunft begriffen sein, so würde die Darstellung der Erkenntnis nicht durch Angabe von Notwendigkeiten und Gesetzen, nicht durch allgemeine Begriffe und Ideen angemessen sein, sondern durch eine einzige große Erzählung. Dieses ist darum das Ideal der Philosophie. Jetzt aber, will Schelling sagen, ist diese Frucht noch nicht zu pflücken. Man kann nur forschen, das Für und das Wider jeglicher Meinung erwägen. So hat sich Schelling einerseits die Endlosigkeit so oft willkürlicher Erörterungen gerechtfertigt als vermeintliche Forschung, andererseits, wo er es für angebracht hielt, auch mit Erzählung begonnen und später immer mehr erzählt. Aber man darf sagen: Je mehr das Ganze zum einheitlichen Bilde wird, je mehr wirklich erzählt wird, desto weiter kommt Schelling auch von den Ursprüngen seiner philosophischen Ansätze, von den Vollzügen transzendierenden Denkens fort. Zwar ist es zweckmäßig, um sich in den vielen Tausenden von Seiten zurechtzufinden, auch die Schellingschen Schematiken im Kopf zu haben, gleichsam die Geographie der Seinsbilder. Aber mit ihr hat man den Gehalt Schellingscher philosophischer Bewegungen nicht mehr. Man ist in Gefahr, diese sich vordrängenden Seinsgeschichtskonstruktionen an die Stelle der eigentlichen Philosophie Schellings zu setzen. Dazu verführt er selber nicht nur durch die Breite der Darstellungen, sondern auch durch sein ihn irreführendes methodisches Bewußtsein, das zum Ziel macht, was gerade der Verlust des eigenen Philosophierens ist.

Es ist in der Tat keine Forschung, die sich Schritt für Schritt aufbaut, das Gewonnene bewahrt, fortschreitet, darum später besser als früher weiß. Es ist vielmehr eine Reihe nacheinander folgender Wege des Ergrübelns und des durchweg willkürlichen Auslegens historischer Dokumente und ein Vergessen des Gedachten.

Er nimmt die Gebärde des Forschens an für das, was nur überlegendes, besinnendes Deuten und Arrangieren ist. Und dies Verfahren gerät in seinen letzten Jahrzehnten ganz in die Form von Vorträgen, in denen er für den Hörer und Leser immer wieder von vorn anfängt.

f) Daß Willkür zugleich und Gehalt in der Metaphysik Schellings liegt, wird klarer, wenn wir sein Werk messen an der überlieferten Metaphysik und an der Kantischen Kritik. Schelling hat durch Kant der Metaphysik gegenüber notwendig die Naivität verloren. Aber er nimmt die alten metaphysischen Denkstrukturen auf in der Absicht, sie auf dem Boden des Freiheitsgedankens zu verwandeln und neu zu fundieren. Er bringt das produktive, überall den Freiheitsgedanken zur Neustrukturierung nutzende Echo.

Ein Beispiel ist dieses: Was bei Plotin das Übersein, das Eine ist, ist bei Schelling noch dazu »Herr des Seins.« Was bei Plotin das Reich der Ideen ist, das ist bei Schelling die noetische Welt des nicht nicht zu Denkenden, des Notwendigen, Seienden, das nur in der Idee ist. Was bei Plotin Welt und Natur sind, das ist bei Schelling das Seiende, das außer der Idee ist, das aus der Wirklichkeit des Überseins durch deren Freiheitsakte gesetzt und geworden ist.

Solche historischen Parallelen würden bei näherer Vergegenwärtigung die Eindeutigkeit eines Seinsbewußtseins und einer Lebensverfassung in den großen früheren Metaphysikern gegenüber der mit dem Echocharakter auch die Vieldeutigkeit, Beweglichkeit und Unverbindlichkeit bringenden Weise des Schellingschen Philosophierens ins Licht stellen.

Der Verlust der Naivität hat bei Schelling zweideutige Folgen, den Willen zur Souveränität im Herrsein über seine Gedanken, aber auch das Verfallen an die täuschenden, die Naivität ersetzenden Einfälle und Schemata.

g) Der Typus des Schellingschen Denkens in seiner gleichbleibenden (lässigen und impulsiven, ja augenblicklichen und vergeßlichen, dann mühsamen und erquälten) Weise ist auch dadurch charakterisiert, daß es in seinem Leben keine Umkehr gab. Niemals hat etwas wie eine Bekehrung, etwa die Rückkehr zur kirchlichen Religion oder zu einem katholischen Christentum stattgefunden. Es ist in ihm nichts, was der Konversion mancher Romantiker entspräche, die er völlig verworfen hat. Niemals auch hat Schelling wie etwa Kant (der seine vorkritischen Schriften als unerheblich und falsch verwarf), seine früheren Schriften als nunmehr überwunden beiseite gelegt. Nur Ergänzung, nicht Berichtigung behauptet er später zu bringen. In der Tat aber war auch seine Erinnerung an sein früheres Denken willkürlich. Kant vergaß nie, was er gedacht hatte, wenn er seine neuen Schritte tat. Daher das großartige, aus der Sache sich ergebende, aber doch in jedem Schritt auf sein Genie angewiesene Fortschreiten. Schelling bejaht grundsätzlich alles Frühere und vergißt auch, was er gedacht hat. Daher läßt Schelling die Unstimmigkeiten und Widersprüche, die keinen fruchtbaren Sinn haben, sich häufen. Vergeblich macht man zu Phasen einer Entwicklung, was den Charakter von Zufall, von Vergeßlichkeit im je augenblicklichen Spiel hat.

6. Kritik des Schellingschen Gottesgedankens

a) Kategorien und Bilder begreifen etwas in der Welt. Wie auch immer ich die Transzendenz denke oder vorstelle, ich ziehe sie durch Denkbarmachen und Bildwerden in diese Welt der gegenständlichen Dinge.

Der Akt des Denkens als gegenständlichen Erkennens, der meinend auf eine Sache gerichtet ist, richtet sich auch auf die Transzendenz. Seit Menschen denken, haben sie auch Gott gedacht. Aber dieses, eine Sache als sie selbst ergreifende Denken kann das Sachwerden dessen, was keine Sache ist, nicht ohne Täuschung erzwingen. Es kann in Kategorien nicht einfangen, was über alle Kategorien hinaus liegt.

Es hilft nicht, daß ich im Denken des Gegenständlichen Unterscheidungen mache, etwa von Kategorien und Transzendentalien. Sofern letztere Formen des Denkbaren sind, die auf das Sein schlechthin, auf alles Sein gehen, sind sie doch nur Kategorien von diesem, sofern es denkbar ist. Sie bedeuten dann nur Unterscheidungen innerhalb der gegenständlich werdenden kategorialen Welt. Wenn sie aber über alle Kategorien hinaus Zeichen des Undenkbaren sein sollen, so werden sie zu einem Scheitern des Denkens in Kategorien durch Kategorien selber. Dann machen sie die Grenze des Denkbaren bewußt und das Undenkbare fühlbar.

Nun geht durch die Geschichte die ergreifende Welt des Denkens und Vorstellens der Götter und der Gottheit. Man kann sie verstehen als Übertragungen menschlicher Erfahrungen (in der Natur, in der Welt, von sich selbst) auf Gott. Nachdem diese Übertragung geschehen ist, durchweg unbewußt, aber als das große Sehen menschlicher Möglichkeiten in der Steigerung zu göttlichen Gestalten, können dann Natur, Welt und Mensch, die fälschlich Ursprung der transzendenten Vorstellungen waren, aus diesen rückwärts wieder begriffen werden. So ist noch Augustins Trinitätslehre tatsächlich ein Entwurf des Menschenwesens, um dieses aus der göttlichen Gestalt rückwärts zu verstehen. Als Rechtfertigung dessen gilt: Wenn der Mensch als Ebenbild der Gottheit geschaffen ist, so ist Gottes Wesen im Wesen des Menschen zu erblicken. Der Mensch erkennt sich wieder in Gott. Der Theomorphie des Menschen entspricht die Anthropomorphie Gottes. Die Geistesgeschichte lehrt, daß es nichts gibt, was nicht in irgendeinem Sinne Gott oder göttlich sein könnte, von Steinen und Tieren bis zur Sonne und den Sternen, von der Erde bis zum unterirdischen Dunkel und überirdischen Himmel, von Menschen in ihrem Herrsein und Knechtsein, in ihrem gesteigerten Lebensjubel und vernichtenden Leiden und Sterben.

Weil aber der Gottesgedanke über jede solche Vergegenständlichung, Versachlichung, Verbildlichung hinaus wies, wurde solche Übertragung, sobald sie erkannt wurde, auch verneint. Die Verneinung wurde grundsätzlich in der sogenannten negativen Theologie. Diese sagt ständig, was Gott nicht sei. Sie ist jedoch reich, weil sie nicht nur ein Neinsagen ist, das schnell erledigt wäre. Vielmehr wird auf den je bestimmten Wegen des Nein ein Transzendieren vollzogen, das nicht im Nichts endigt, sondern in der gegenstandslosen Überschwänglichkeit, die erfüllt ist durch die Art der Begriffe, über die transzendiert wurde. Es handelt sich zwar jedesmal wieder um die Aufhebung der Objektivierung von Vorstellungen und Kategorien, aber durch deren Art wird jeweils eine andere und neue Betroffenheit geschaffen.

b) Schelling steht in der großen Überlieferung sowohl der inhaltlich reichen Metaphysik wie der negativen Theologie. Er hat teil an der letzteren überall, wo er die Wege des Einsturzes im Denken zum Übersein hin zeigt, indem er dies denkende Nichtdenkenkönnen vollzieht.

Einen Augenblick ist Schelling immer wieder von diesem Transzendieren beschwingt. Aber es ist für ihn doch tief unbefriedigend. Es bereitet bei ihm stets nur vor auf das Andere. Der Wille zum Erkennen der Gottheit wird nur um so kräftiger wiederhergestellt.

Schellings Metaphysik verfährt methodisch nicht anders wie alle frühere. Er überträgt Erfahrungen des Menschseins auf die Gottheit, spricht von Gottes Bewußtsein, Willen, Persönlichkeit. Er spricht von der Gottheit in Kategorien wie Notwendigkeit, Möglichkeit, Wirklichkeit. Er denkt in der Gottheit Prozesse und von ihr ausgehende Bewegungen.

Doch Schellings Absicht ist, dies anders zu denken, anders zu vollziehen wie alle frühere Metaphysik. Schon als Jüngling weiß er: Die alte Metaphysik ist unmöglich geworden. Der Kritik Kants hat sie nicht standgehalten. Dogmatische Metaphysik, d. h. ein Wissen von Gott in Vorstellungen und Denkbarkeiten, die wie eine Lehre von Etwas vorgetragen werden, ist unhaltbar. Nun aber soll eine neue Metaphysik kommen. Sie erwächst auf dem Boden der Freiheit. Kant ist für Schelling die Wende, der Idealismus Fichtes die Grundlegung, er selber die Vollendung der Freiheitsphilosophie, die ganz anders als alle frühere Metaphysik doch wieder Metaphysik schaffen kann. Sie beruht auf dem Willen des Denkenden. Der abstrakte Gedanke allein als solcher vermag hier nichts auszurichten. Metaphysisches Denken ist nicht Sache des Verstandes, sondern allein Sache der Freiheit, und dieses Denken findet als Grund aller Dinge die ewige Freiheit selber. Daher kann Schelling auf diesem, wie er glaubt, völlig neuen Boden der Freiheit die Vielfachheit der metaphysischen Vorstellungen und Gedanken der Jahrtausende aneignen. Entweder sind sie in neuer Gestalt gültig auf dem Boden der Freiheit. Oder sie sind gültig als vergangene im Prozeß unseres geschichtlichen Grundes, den wir überwunden haben, aber als überwundenes in uns tragen.

Schelling kann das alles für Augenblicke überschreiten. Er kann das Sein vor allem Gottsein denken, jenes Unvordenkliche, das noch nicht Gott ist, aber von Gott als seine Voraussetzung gesetzt wird. Dann denkt er das, was kein Etwas ist, nicht Persönlichkeit, weder Sein noch Nichtsein, das, wohin der Gedanke kommt, wenn er alles »läßt«, auch die Gottheit, und in das gelangt, was Alles und Nichts ist, jenes äußerste, asiatische Mehr-als-Sein, Vor-allem-Sein, das Schelling als »Wüste des Seins« erfährt und schnell wieder verläßt, um Gott zu erkennen.

c) Schelling spricht das Prinzip aus: Wollen wir Gott denken, so haben wir die Wahl: Entweder ist uns das Urwesen ein mit einem Mal fertiges und unveränderlich vorhandenes. Dann verliert Gott an Lebendigkeit, ist kein wirkliches, persönliches Wesen. Oder wir verlangen einen Gott, der gerade ein lebendiges, persönliches Wesen ist. Dann müssen wir ihn menschlich ansehen, mit der Annahme, daß sein Leben die größte Analogie mit dem menschlichen habe, daß in ihm, dem ewigen Sein, auch ein ewiges Werden sei, daß er alles mit dem Menschen gemein habe, ausgenommen dic Abhängigkeit (VII, 432).

Daß Gottes Sein gedacht werden dürfe nach Analogie des Menschseins, benutzt Schelling ohne Einschränkung:

Gott ist Bewußtsein. Wie unser Dasein von Bewußtlosigkeit anfängt, so auch Gott. Im Anfang ist er nur als ein stilles Sinnen in sich selbst, ohne alle Äußerung und Offenbarung. Der Prozeß der Weltschöpfung, der noch immerfort der Lebensprozeß in der Natur und in der Geschichte ist, ist nichts anderes als der Prozeß der vollendeten Bewußtwerdung Gottes.

Wie unser Leben ein immer höheres Bewußtwerden ist, in dem keiner zur absoluten Klarheit, keiner zur Höhe seines Guten und in den Abgrund seines Bösen gelangt, so gilt das nämliche von Gott. Der Anfang des Bewußtwerdens in ihm ist, daß er selber sich entgegensetzt. Er hat ein Höheres und ein Niederes in sich (VII, 432–433).

Wie der Mensch sich selbst von seinem Bewußtlosen unterscheidet, so auch Gott. »Unser Sein ist nur Werkzeug für uns selbst. Der Mensch, der sich nicht von ihm befreit, sondern ganz in seine Selbstheit versunken ist, der ist unfähig, sich selbst zu steigern.« So Gott: Er scheidet sich als Seiendes von seinem Sein. Bliebe Gott verwachsen mit seinem Sein, so wäre kein Leben, keine Steigerung (VII, 436).

Dieses Verhältnis zweier Prinzipien beherrschte Schellings Denken. Was der Mensch in sich von sich scheidet und als seinen Grund ergreift, dies Sein seiner Natur, die er selber ist, und auch nicht ohne weiteres er selbst ist, dieses Bewußtlose, Reale nennt Schelling das sich kontrahierende Prinzip, die Kraft, sich in sich einzuschließen, die Wurzelkraft. Dagegen steht das expansive Prinzip, das Sichausbreiten ins Ideale. Indem der Mensch sich als Bewußtsein setzt, ist mit dem kontraktiven Prinzip das expansive verbunden. Das kontraktive ist die Egoität, das expansive die Liebe. Kontraktion ist der Anfang aller Realität. Daher auch nicht die expansiven, sondern die kontraktiven Menschen ur- und grundkräftige Naturen sind (VII, 429). Die bloße Liebe könnte für sich nicht sein. Weil sie unendlich mitteilsam, expansiv ist, würde sie zerfließen, wenn nicht eine kontraktive Kraft in ihr wäre.

Mit solcher Vorstellung vom kontraktiven und expansiven Menschen wird nun Gott gesehen. Ausdrücklich nimmt Schelling die menschliche Vergleichung in Anspruch für dies Urverhältnis in Gott (Weltalter 110): »Die ewige Natur ist dasselbe in Gott, was im Menschen seine Natur ist.« Diese Natur, das Ganze aus Leib, Seele und Geist, ist, sich selbst überlassen, im Menschen wie in Gott ein Leben der Widerwärtigkeit und Angst. Die erste Urkraft, wodurch Gott ein einzelnes, individuelles Wesen ist, ist die Selbstheit, der Egoismus in Gott. Wäre Gott nur dies, so gäbe es nichts als ewige Verschlossenheit und Vertiefung in sich selbst, ein verzehrendes Feuer, in dem keine Kreatur leben könnte. Von Ewigkeit steht diesem Prinzip ein anderes gegenüber, die Liebe, durch welche Gott eigentlich das Wesen aller Wesen ist. »So wenig der Mensch aus bloßer Liebe bestehen kann, so wenig Gott. Ist eine Liebe in Gott, so auch ein Zorn, und dieser Zorn oder die Eigenkraft in Gott ist, was der Liebe Halt, Grund und Bestand gibt« (VII, 438–439).

Der Gegensatz der beiden Prinzipien ermöglicht Schelling, durch das Bild des Menschen nun das zu sehen, worauf ihm alles ankommt, die Freiheit Gottes. Wie der Mensch, als er selbst sich fühlend, eins ist mit seiner Natur, so auch Gott. Das Sein in Gott, durch Gott von sich unterschieden, ist selber göttlich: Auch das bloße Sein in Gott ist kein totes Sein. Gott selbst ist über der Natur, die Natur sein Thron, sein Untergeordnetes. Dieses Untergeordnete bricht in eigenes Leben aus, das rein für sich betrachtet ein ganz vollkommenes Leben ist, obgleich in bezug auf das göttliche Leben, die ewige Freiheit selbst, ein Nichtleben (VII, 437). Das Verhältnis des Selbstseins der Freiheit zu sich selbst als Natur, diese Einheit im Gespaltensein, ist das Wesen der Persönlichkeit.

Daher gipfelt die Vorstellung von der Freiheit Gottes in dem Gedanken von der Persönlichkeit Gottes. Gott wird in allen Religionen als Person geglaubt. »Nur dieser innige Bezug, diese Verschmelzung gleichsam des menschlichen Wesens mit der Gottheit als solcher, kann die Beständigkeit allgemeiner menschlicher Annahmen erklären; z. B. die Meinung, die durch alle Religionen hindurchgeht, von der in der verfinstertsten noch eine Spur zu finden, von der Wirksamkeit des Gebets. Das Gebet, das innere nämlich, ist nichts anderes als eine beständige Wiederbestätigung jenes Verhältnisses, kraft dessen der Mensch das Band der Gottheit selbst ist, und so hat er in seiner Lauterkeit allerdings selbst auch über die Gottheit Gewalt« (X, 273).

d) Das ist der Schellingsche Gottesgedanke: Gott vorgestellt nach dem Bilde des Menschen, – dadurch das Bild des Menschen gesteigert, weil in ihm sich die Gottheit spiegelt, – und dadurch Gott nahe gebracht. Prüfen wir zunächst diesen Gottesgedanken. Kann Gott angemessen gedacht werden als ewige Freiheit und als Persönlichkeit?

Freiheit ist unsere Grunderfahrung dadurch, daß wir sie aus uns selbst vollziehen. Die begriffliche Erhellung der Freiheit kommt auf folgende Punkte: Freiheit ermöglicht unsere Willkür, das heißt die Wahl zwischen Möglichkeiten. Diese leere Freiheit aber wird erfüllt durch den Gehalt, der sie in ihrer Wahl Notwendigkeit erfahren läßt. Der Willkürwille hebt sich auf im großen Willen der hellen Freiheit, die nicht mehr wählt, sondern durch sich selber, von allem ihr Äußeren unabhängig, ebensosehr muß. Es ist ein Müssen ohne Zwang, ein Gehorsam, ohne Unterworfenheit. In dieser Freiheit erfahren wir uns selbst als in unserem Ursprung, den wir nicht wollen können, sondern aus dem wir wollen. In der Freiheit bin ich ich selbst, aber nicht durch mich selbst, denn ich kann mir ausbleiben. Daher weiß sich die Freiheit, je tiefer sie erfahren wird, um so entschiedener als sich geschenkt von der Transzendenz. Diese unsere Freiheit nun ist in der Welt gerichtet je auf einen von ihr gemeinten Sinn. Sie hat handelnd Zwecke, sie schafft bildend zweckfreie Vergegenwärtigung, sie entscheidet sich zwischen Gut und Böse, auf dem einen Wege die Freiheit steigernd, auf dem anderen sie verlierend.

Nun ist zu fragen: Was kann es für einen Sinn haben, die Freiheit, die sich selbst in ihrer Tiefe von der Transzendenz geschenkt und auf Transzendenz bezogen weiß, wiederum von der Transzendenz selber auszusagen? Für die Transzendenz gibt es doch nicht noch einmal deren Transzendenz.

Wir stehen als mögliche Existenz in Verantwortung und Gefahr der Freiheit. Wir stehen Widerständen in uns und außer uns gegenüber, ohne die keine Freiheit zur Erscheinung kommt. Alle Kategorien der Freiheit sind bezogen auf uns als mögliche Existenz. Sie werden leer ohne diesen Bezug.

Eine Rechtfertigung für den Sinn des Redens von Gott als der ewigen Freiheit könnte auf folgende Weise versucht werden: Die Freiheit der Transzendenz ist keine sich geschenkte Freiheit. Sie ist Freiheit ohne Einschränkung, ist absolute Freiheit. Aber vermögen wir mit dem Worte »absolute Freiheit« noch einen Sinn zu verbinden? Jedenfalls kann nicht durch Steigerung unserer Freiheit, nicht durch deren Superlativ die absolute Freiheit denkend erreicht werden, sondern nur durch ein radikales Anderswerden, bei dem unser Sinn von Freiheit verschwindet. Durch Analogie zu unserer Freiheit wäre die absolute Freiheit nur denkbar, wenn jede Bestimmung hinfällig, der Inhalt der Analogie ungreifbar würde. Entweder hebt dieses Denken sich selber auf, oder das Wort Freiheit, bei dem wir redlicherweise nur unsere Freiheit denken können, führt uns irre, wenn es auf Gott übertragen wird.

Was nun tut Schelling? Wenn er die absolute Freiheit Gottes denkt, überträgt er die Momente unserer Freiheit – nämlich ihre Bezüge und Abhängigkeiten, ihre Widerstände und Überwindungen – in göttliche Wirklichkeiten. So ergeben sich ihm jene Vorstellungen, die, wenn sie einen Augenblick zu befriedigen scheinen, sich doch als ein Antasten der Gottheit erweisen, als ein Herabziehen des Unantastbaren in die uns faßlichen menschlichen Wirklichkeiten. An merkwürdigen Beispielen sei dieses Schellingsche zudringlich entartende Denken erinnert:

Erstens: Wie der Mensch, so soll Gott, indem er frei sich selbst offenbar wird, einen Widerstand in sich überwinden. Diesen Widerstand soll er selber als die Natur in sich voraussetzen. Nur durch das Sein wird Gott Herr des Seins. Nur durch ein der Offenbarung widerstrebendes Prinzip, den Grund der Offenbarung, kann die Offenbarung geschehen. Dieser Gedanke bedeutet für Schelling eine große Befriedigung: »Wie wäre sonst Freiheit! Es wirkt in dem ersten Dasein ein irrationales, der Auseinandersetzung widerstrebendes, also auch kreaturwidriges Princip, welches die eigentliche Stärke in Gott ist, wie es im höchsten Ernst der Tragödie Stärke und Gewalt sind, Diener des Zeus, die den menschlich liebenden Prometheus dem meerumrauschten Felsen anschmieden« (Weltalter 223). Dabei soll jedoch der radikale Unterschied von der menschlichen Freiheit der sein, daß nur Gott den Widerstand, die Natur in sich, durch seine Freiheit selbst hervorbringt. »Alles kann dem Geschöpf mitgeteilt werden, das eine nicht, den unsterblichen Lebensgrund in sich selbst zu haben, von und durch sich zu sein« (Weltalter 224).

Zweitens: Schelling will die Freiheit Gottes zum Äußersten steigern. Wie verhält sie sich zur Notwendigkeit? Einmal wendet sich Schelling gegen die untergeordnete Freiheit, die beratschlagt, wählt. Alle Wahl ist Folge eines unerleuchteten Willens. Die eigentliche Freiheit ist zugleich Notwendigkeit. Absolute Freiheit ist wieder absolute Notwendigkeit. Sie vollzieht sich ohne Wahl, unmittelbar, ohne Überlegen. Das andere Mal wendet sich Schelling wieder gegen die Notwendigkeit in Gottes Freiheit. Diese Freiheit ist die Freiheit von jeder Notwendigkeit, ist die Freiheit zu sein oder nicht zu sein. Ist das ein Widerspruch? Nein. Im ersten Fall transzendiert Schelling mit der Kategorie Notwendigkeit, die in Koinzidenz mit Freiheit gerade nicht mehr eine denkbare Notwendigkeit ist, sondern das Signum für das, was über alle Willkür hinaus die Tiefe des Allumgreifenden, Undenkbaren ist. Im anderen Fall transzendiert er mit der Kategorie der »Willkür« zu dem, was nicht mehr Willkür sein soll in dem bestimmten und untergeordneten Sinn der leeren Wahlfreiheit, sondern Willkür als das schlechthin durch keinen Verstand logisch und durch keine Kausalität real Begreifliche der freien Akte Gottes.

Schellings Echo-Denken läßt hier anklingen, was über den Vorrang des Denkens oder des Willens zwischen dem Thomismus und Scotismus verhandelt wurde, was früh schon bei Damiani bis zu paradoxesten Formulierungen kam. Schelling denkt einmal – in der negativen Philosophie – das durch Vernunft im Sein notwendig zu Denkende. Dann sieht er den logischen Zusammenhang des Seienden unterbrochen durch Akte der vernünftig nicht zu begreifenden Freiheit. Einmal sieht er dann die durch Freiheitsakte zwar eingeleiteten, nunmehr aber notwendigen Prozesse. Das andere Mal denkt er alle Notwendigkeit selber als durch Gottes freien Willen geschaffene. Diese Gegensätze nicht zu verlieren, sondern sie im Philosophieren zusammenzubringen, ist sein Sinn. Darum sagt er, dies sei der höchste Gegensatz, über den wir nicht hinauskommen: daß im Sein selbst Wirklichkeit und Denken zueinander in unauflösbarem Bezug stehen.

Drittens: Der Versuch, Gott als Vorsehung in seinen Freiheitsakten zu denken, führt, wenn er bestimmte Form annimmt, zu den Vorstellungen, Gott schaffe die Welt und wirke in der Welt so, wie der Mensch Sinn versteht, nach Zwecken handelt mit Absicht und Ziel. Diesen Vorstellungen erwachsen alsbald die Schwierigkeiten durch die einander entgegengesetzten Tatbestände in der Welt (sowohl in der Natur wie in der Geschichte). Es gibt in gleicher Mächtigkeit das Zweckvolle und Zweckwidrige, Vernunft und Widervernunft, das Wünschbare und Verwerfliche, das Herrliche und das Schreckliche, das Gelingen und Scheitern, Gutes und Böses, kurz: Gott und den Teufel. Im Blick auf diese Realitäten entstehen die alten Fragen: Warum hat Gott das getan oder zugelassen? Entweder gibt es überhaupt keinen Gott oder, wenn Gott ist, so ist er entweder nicht allgütig oder nicht allmächtig oder nicht gerecht.

Diese drei Beispiele zeigen, daß die Übertragung menschlicher Freiheit auf Gott sinnwidrig ist. Solche Übertragung zu vollziehen, hat für den sich hell werdenden Gottesgedanken etwas Empörendes. Dann aber zeigt sich auch, daß all dieses Vordergründige eines menschlichen Denkens, wenn es vergeblich in die Gottheit dringt, doch auffordert, in seinem Scheitern vollzogen und begriffen zu werden. Dadurch steigert sich das Bewußtsein der Transzendenz und öffnet es für deren eigentliche, umgreifende Wirklichkeit.

Die absolute Freiheit wird von Schelling (in der Überlieferung des christlichen Zeitalters) als Persönlichkeit gedacht. Um diese Übertragung zu prüfen, ist zu fragen, was Persönlichkeit sei. Persönlichkeit ist ein Wesen, das nicht für sich allein es selbst sein kann. Selbst ist nur mit anderem Selbst, Person nur mit Person.

Sofern Gott als Person gedacht wird, bedarf er also entweder des Menschen als anderer Person, als Partner, oder Gott ist Person nur in einer Erscheinung, als die er sich für den Menschen gibt, nicht er selbst. Gott selbst als Persönlichkeit zu denken, das heißt ihn herabziehen in menschliche Bereiche.

Persönlichkeit des Menschen ist für uns die höchste Gestalt der Wirklichkeit in der Welt, die uns begegnet, und die wir selbst sein können. Darum ist sie die Form, in der die Gottheit anzuschauen nahe liegt. Aber auch das Höchste in der Welt ist Weltsein. Es auf Gott zu übertragen, ist grundsätzlich nicht wahrer als irgendeine andere Übertragung von Weltsein auf Gott.

Aber im Ganzen ist Schellings Vorstellung von Gottes Persönlichkeit, so entscheidend sie ist, gar nicht eindeutig. Schelling denkt Gott als erst zur Persönlichkeit werdend durch Eintritt in die Potenzen oder durch seine Voraussetzung des blinden Seins und dann durch Überwindung und Beherrschung dieses Seins. Das potenzlose Übersein, die ewige Freiheit, ist anschauend nicht persönlich, sondern wird es erst als »Herr des Seins«.

Das Ergebnis der Prüfung wird sein, daß alle Gedanken, die Gott als ewige Freiheit und als Persönlichkeit denken, ein Spiel sind. Sie bedeuten keine Einsicht in die Wirklichkeit und scheinen, wenn sie gemessen werden am philosophischen Gottesgedanken der großen Metaphysik im Abendland und in Asien, frevelhaft.

e) Aber so einfach ist durch diese Prüfung die ungeheure Frage nach Gott nicht zu erledigen. Nach solchen kritischen Gedankengängen werden Fragen in ihrer Unumgänglichkeit dringend:

Ist unsere Freiheit und damit die Möglichkeit unserer Verantwortung gerade darin gelegen, daß Gott absolut verborgen ist und sich jeder Erdenkbarkeit entzieht?

Ist die Freiheit um so tiefer und um so entschiedener, je übermächtiger die Wirklichkeit Gottes und je unfaßlicher sie, unwißbar und unbegreifbar, gegenwärtig ist?

Bedeutet das Denkbarmachen, Vorstellen, Bildwerden, Handgreiflichwerden Gottes zugleich eine Flucht vor der Freiheit zur Unterwerfung unter selbstgemachte oder unter dargebotene menschliche Hervorbringungen, deren keine sich als absolute und allgemeingültige im Sinne des Seins der Wirklichkeit selber, als Offenbarung Gottes für alle Menschen vor der gottgewollten und von Gott geschenkten Freiheit zu halten vermag?

Ist die Flucht vor der Freiheit zugleich der Sturz in die Willkür, das Sichversagen gegenüber der Wirklichkeit der Gottheit, das Sichbeugen vor etwas, das nicht Gott ist? Sind wir in eine Situation gesetzt, in der wir wählen müssen, entweder frei zu sein in bezug auf die verborgene, aber in unserer Freiheit selber umgreifend wirksame Transzendenz, oder uns der Situation zu entziehen in jene Faßlichkeiten, die sich als absurd erweisen, und damit unredlich im Banne von falschen Absolutheiten zu leben, um nicht frei sein zu müssen? Gibt es die Paradoxie, durch freie, uneingestandene Wahl die Freiheit preiszugeben?

Ist Gott nur auf dem Wege der Freiheit überhaupt zugänglich? Aber nicht dadurch, daß er offenbar würde, sich enthüllte, sondern dadurch, daß in der wachsenden und erfüllter werdenden Freiheit selber der einzig mögliche wahre Gottesdienst stattfindet?

Ist daher aller geformte Gottesdienst nur abgeleitete, geschichtliche Gestalt, zwar unumgänglich und wahr als Form der Gemeinschaft, aber nicht absolut, daher auch ständige Verführung zur Gottlosigkeit im Preisgeben der Freiheit?

Wenn diese Fragen durch Philosophie bejaht werden, dann erhebt sich der uralte Vorwurf (schon gegen das Übersein Plotins seitens der christlichen Denker), hier sei nur ein unbewußtes Eines, ein Unpersönliches, ein Etwas, das so gut wie nichts sei, ein Unlebendiges, Totes, ein nur Negatives und negativ Auszusagendes. Ist es zu ertragen, fährt der Vorwurf fort, die Unantastbarkeit der Gottheit dadurch gewahrt zu sehen, daß wir sie in keine Gestalt der von uns erfahrenen Realitäten bannen dürfen? Die Gottheit würde zu einem Nichts. Sie wirke nicht, helfe nicht, könne nicht angerufen werden im Gebet, begegne nicht als ein Du, sei ohne Persönlichkeit.

Das ist alles richtig, aber nur wenn man mißt am Realitätsgedanken, wie er von Dingen in der Welt und dem eigenen Dasein gilt. Doch dieses Maß ist als solches gerade der Verlust der Gottheit. Der Drang nach Leibhaftigkeit in Verbindung mit Verstandesdenken, das bewiesen haben will, hält sich an etwas, das als solches nie Gott sein kann.

Gewaltig ist der Eindruck, wenn gegen die scheinbare Dürftigkeit des philosophischen Gottesgedankens die strahlende positive Wirklichkeit des lebendigen sich offenbarenden Gottes und des Mensch gewordenen Gottes als die Rettung aus dem Nichts geglaubt wird. Aber dieser Glaube spricht sich aus. Seine Sätze beanspruchen, etwas zu denken. Gott wird gedacht, vorgestellt. Schellings Denken ist eine Erscheinung innerhalb dieser theologischen Denkwelt, nur mit dem eigenen Anspruch, seine Gedanken aus philosophischer Souveränität zu vollziehen.

f) Angesichts der Glaubenswirklichkeit scheint die Armut der Philosophie ohnmächtig. In der Tat vermag sie sinnlich und objektiv nichts zu bieten. Sie kann selber – nur allzu häufig – abgleiten in ein Transzendieren, das ins Nichts gerät. Die Gefahr der Philosophie ist immer dann groß, wenn der Verlust der Leibhaftigkeit nicht überflügelt wird durch die Gegenwärtigkeit, die kein Gedanke erzwingt, keine Handgreiflichkeit bezeugt.

Diese spricht aus dem Grunde der Transzendenz. Sie erreicht nur die mögliche Existenz. Sie macht unverwechselbar, was erforschbare Realität und was in Freiheit ergriffene Wirklichkeit ist. Sie beansprucht. Was ist diese Gegenwärtigkeit?

Sie ist nicht zureichend getroffen als das Irrationale der Wirklichkeit. Irrational ist der nur negative Begriff, der mit solchem sich selbst verneinenden Verstandesdenken die Gedankenlosigkeit und die Beliebigkeit freigibt.

Diese Gegenwärtigkeit ist auch nicht getroffen mit den Begriffen, die das Rauschhafte, Verdunkelnde, das Dionysische, die Nachtseite der Dinge als die eigentliche Wirklichkeit sehen. Mit dem unbestimmten Begriff dieser Form des Geheimnisses wird wieder im Grunde eine Verneinung vollzogen, die Verneinung der Vernunft, des Ordnungs- und Führungscharakters, der unserer möglichen Existenz entspringt.

Die Gegenwärtigkeit wird auch nicht ergriffen als das Einssein von Denken und Sein. Denn dieses Einssein ist nur in der Wirklichkeit unserer eigenen Vollzüge, wenn wir denkend verwirklichen, verwirklichend denken, wenn wir im Denken wir selbst sind und nicht bloß Funktionen des Verstandes ausüben. Aber dies in Augenblicken wunderbare Einssein ist gar nicht im Ganzen dessen, was für uns ist, und worin wir uns finden.

Was ist dann diese Gegenwärtigkeit? Sie ist durch den schlechthin transzendenten Bezugspunkt im Ursprung unserer Freiheit, in der Unbedingtheit unseres Entschlusses, in dem unbegründbaren Vertrauen, aus dem wir leben. Dies Vertrauen, an sich gegenstandslos, ist keines Beweises fähig und bedürftig. Es ist selber unbegreiflich: als rationale Aussage von einem Sosein und einer Erwartung wird es schon verfehlt gedacht. Es ist illegitim, sich auf dieses Vertrauen zu berufen als Begründung irgendeiner im Miteinanderreden gesuchten Handlung oder Sache. Es kann nur in liebender Kommunikation unausgesprochen wirksam sein.

Unsere reale Situation ist so, daß es Selbsttäuschung wäre, sich für absolut frei zu halten. Grenzenlos ist die Freiheit grundsätzlich nur im Negativen, in der Zerstörung und im Selbstmord, also als Freiheit, sich selbst aufzuheben. Das wahre Bewußtsein unserer Freiheit ist: wir sind angewiesen auf Anderes, sind stets in Situationen mit Chancen und Grenzen. Wir haben nicht freie Hand zu Beliebigem, wohl aber dazu, zu denken, zu leben, zu tun, zu erfahren, was jeweils möglich ist, und dies aus dem Ursprung, der unbedingt ist, während jede reale Handlung, jedes Gedachte bedingt bleibt.

Diese Angewiesenheit auf Anderes transzendiert jede bestimmte Abhängigkeit. Denn mit dem Bewußtsein, daß wir nicht einmal die eigene Freiheit durch uns selber besitzen, daß wir den Willen nicht wollen können, sondern aus ihm wollen, treffen wir auf die Transzendenz selbst.

Was ist aber dieses Gottesbewußtsein? Es ist wieder nur die Gegenwärtigkeit im gegenstandslosen Vertrauen, ist das »Ja« noch im Scheitern, ist der Mut im Scheitern, ist die Liebe zum Geliebten und der bedingungslose Wille zur liebenden Kommunikation, der in keinem Mißlingen an seiner Möglichkeit zweifelt, den Grund des Mißlingens vielmehr in sich selber sucht, um ihn zu überwinden.

g) Es ist leicht für den Verstand, Gottes Sein zu verneinen, die Wahrheit des Gottesbewußtseins zu bezweifeln. Das Gottesbewußtsein ist nicht herbeizuzwingen. Es ist in allen Weisen eigentlicher Gegenwärtigkeit und des Vertrauens dies Unbegründbare, sofern es nicht als nur vital begriffen werden kann, nicht als bloße Lebendigkeit, die kommt und geht wie Flut und Ebbe, nicht als bloßes Naturgeschehen. Aber gerade hier setzt die Frage des Zweifels an: Ist das nicht doch alles nichts weiter als die vitale Gegenwärtigkeit, das Glück des Daseins, das allem Lebendigen in Augenblicken zuteil wird? Ist es im Grunde nichts weiter als angeborene Konstitution, die Gesundheit, die gute Verfassung des Leibes und der

Stimmung, darum wie alles Lebendige gefährdet, schnell schwindend und am Ende gewiß zerstört? Ist nicht alles, wovon wir sprachen, unter der Kategorie des vitalen Glücks nur dasselbe in mannigfachen Gestalten von der »Karamasoffschen Gemeinheit« bis zur Seligkeit des Asketen?

Oder ist das Vertrauen noch von anderer Art und dann von grundsätzlich anderer Herkunft? Kann es ein im Grund der Dinge selbst liegendes »Ja« zum Sein sein und das Jasagen, daß ich bin, die Ewigkeit des Augenblicks, der dann, was in der Zeit noch folgt, zu tragen vermag und unter seinem Anspruch hält?

Ist es möglich, daß im schrecklichsten Unheil, wenn ganz erlitten und nicht verschleiert, im Unheil, das vernichtet oder das Wunden schlägt, die nie vernarben, ein Umgreifendes bleibt, worin es aufgehoben wird? Ist dies etwas ganz anderes als Vitalität? Geschieht hier ein Wandel, aus reinem Willen ermöglicht, zur Berührung der Ewigkeit?

Hier im Vertrauen liegt etwas, wofür der Mensch kein Verdienst für sich in Anspruch nehmen kann. Es ist da oder nicht da. Denn es gibt die nicht wegzuredende Wirklichkeit, daß uns Menschen dieses Grundvertrauen fehlen kann, und daß wir es verlieren können, und daß es wiederkehrt, daß es Geisteskrankheiten gibt, die es vertilgen.

In dieser Vertrauenslosigkeit ist nicht die Ruhe des Nichtwissens, sondern die Verzweiflung als die verborgene Forderung nach Vertrauen. In dieser Verzweiflung aber gibt es den totalen wirklich gelebten Nihilismus, das Bewußtsein, im Grund der Dinge sitze der Teufel, gibt es die Verfluchung des Grundes, weil überhaupt etwas ist: es wäre besser, daß nichts wäre.

Dagegen gibt es keine Gründe. Keine Erkenntnis antwortet der schrecklichen Frage. Gedachte Antworten könnten die Wirklichkeit des Vertrauens immer nur stören oder erhellen, doch nie begründen. Alles Wissen, alle vermeintlichen Garantien, alle Autoritäten helfen nicht. Sie erweisen sich als falsche Rettungen, sofern sie mehr sein wollen als die Darbietungen geschichtlicher Chiffern, die das Vertrauen aussprechen, das Menschen hatten, und die das Vertrauen gemeinschaftlich machen wollen.

Gleichsam eine Garantie liegt allein in der Geschichtlichkeit unserer Existenz. Sie liegt in unserer Herkunft, in den uns erweckenden Grunderfahrungen, in dem, was wir mit dem Erwachen unseres Wesens liebten. Sie liegt in dem, wovon wir uns nicht lösen, ohne darum seine Allgemeingültigkeit für alle zu beanspruchen. Es ist von größerem Gewicht an Wahrheit als alle Allgemeingültigkeit.

Die großen Garantien des Seins, der Gottheit und der Ewigkeit sind: daß die Menschen da sind und da waren, die wir lieben und denen wir zugehören, – daß dies getan und geschehen ist, diese Werke, Gedanken, Bilder durch Menschen in die Welt traten.

Aber es gibt schlechthin keine gültigen Gottesbeweise. Gottes Sein ist nicht aus dem Endlichen zu erschließen, weder aus dem Dasein der Welt (kosmologisch), noch aus dem Denken (ontologisch), noch aus dem Gewissen (moralisch), noch durch all die anderen Wege, die versucht wurden, es ist durch nichts zu beweisen.

Die Gedanken der Gottesbeweise sind zwar nicht sinnlos, sofern sie Wege der Vergewisserung, Formen des Aufschwungs im Denken sind, aber sie haben diese Bedeutung nur unter der Voraussetzung, daß zuerst gegenwärtig ist, was dann in solchen Gottesgedanken sich ausspricht. Man muß, so lautet der alte Satz, von Gott ausgehen, um zu Gott zu kommen. So tat es Spinoza. So wußte es Schelling.

Alle Beweise als solche versagen, aber alle können erregen, aufmerksam machen und befriedigen als Hinweise auf das Geheimnis. Doch sobald sie für unsere Erkenntnis Gottes Sein beweisen wollen, werden sie zur Herausforderung. Denn dann reizen sie, ihre Fehlerhaftigkeit aufzuzeigen, ihre illusionären Voraussetzungen widerlegbarer Realitäten bloßzustellen. So werden sie, da sie fälschlich beweisen wollten, zu Mitteln der ebenso ungültigen Widerlegungen Gottes. Gott ist nicht ein Ergebnis unserer Erkenntnis. Gottlos ist nicht, wer in seinem Denken und Wollen von der Gottesgewißheit ausgeht, auch wenn er alle Beweise leugnet. Gottlos ist vielmehr der Anspruch, Gott nur zu glauben, wenn er bewiesen wird.

Gott ist nicht der Garant für irgendwelche Ziele in der Welt, keine Instanz, von der uns Verheißungen werden für irgendwelches, das wir wollen und wünschen.

Er ist nicht Bedingung der sittlichen Forderung, die vielmehr spricht und besteht, auch wenn kein Gott wäre.

Darum ist er aber auch schlechthin unausdenkbar. Es ist, sobald wir ihn erkennen wollen, als ob wir seine Verborgenheit aufheben und unsere von Gott gegebene und geforderte Freiheit erleichtern wollten.

Aber es ist trotz seiner vollkommenen Verborgenheit so, als ob er dem Vertrauenden durch die Sprache der Weltwirklichkeiten gegenwärtig wäre (aber in einer in Unruhe haltenden Vieldeutigkeit), als ob wir mit seiner Hilfe und Führung unsere Ziele ergreifen dürften, um so mehr, je reiner wir sie geprüft haben (aber ohne ihn – was immer vergeblich ist – herabzuzwingen zur Sicherung des Gelingens), als ob die sittliche Forderung nur möglich wäre, weil Gott ist und fordert (aber ohne daß wir wagen dürften, unseres Gewissens Stimme schon für Gottes Stimme zu halten).

Gott ist, wo er nicht bewiesen, nicht als Garantie begehrt, nicht als ein Besitz gesichert, nicht zur Quelle der Rechtfertigung für das eigene Tun herabgezogen wird, die zweckfreie Transzendenz. Auf ihn bezogen ist der Mensch allein in dem vertrauenden Sichbewegen und im entschlossenen Handeln »um seines heiligen Namens willen«.

h) Wohin führt nun das Schellingsche Erdenken der Gottheit? Offenbar nicht in diese eben umschriebene Situation und in die wirklichen Möglichkeiten des Menschen, sondern unter Überschreitung seiner Möglichkeiten in ein imaginäres Erkennen. Solches Denken ist nicht gleichgültig. Denn jedes Denken ist von existentieller Bedeutung. Der denkende Mensch versteht sich darin, und wird er selbst, oder nicht eigentlich er selbst, sei es durch die Wahrheit und die Unwahrheit dieses Denkens.

Die Frage an Schelling ist: Schließt sein Denkbarmachen der Gottheit, das denkende Anerkennen eines Soseins Gottes, sofern es überhaupt einen Sinn hat, als solches schon existentielle Möglichkeiten aus?

Ist nicht des Menschen umgreifende Aufgabe, im Wirklichen – staunend, fragend, vorangehend – seine bestimmten Aufgaben zu finden und im unbedingten Entschluß zu ergreifen, und sich zu bescheiden, seine Freiheit im Nichtwissen zu bestätigen? Ist diese Aufgabe getrübt und ist der Mensch seiner Freiheit ausgewichen, wenn er in einem wissenden Glauben denkend vor Augen zu haben meint, was im Grunde und im Ganzen eigentlich ist?

Gegen diese Frage steht die andere, von der wir ausgingen: Führt dieses Verwerfen des Glaubenswissens, dieses Sichbescheiden im immer nur tiefer erfüllten Nichtwissen, in der Tat in das Nichts? Ist dann das Ende die umgekehrte Paradoxie, die absolute Wirklichkeit des Nichts, die eine denkende Existenz erzwingt, die nur das Sinnlose für sinnvoll halten kann, nämlich da zu sein, als ob nichts wäre, die totale Gleichgültigkeit zu vollziehen durch das zweckfreie Sichtreibenlassen einer Freiheit, sich als Dasein eine Weile durchzuhalten als nichts zu nichts?

Oder ist doch gerade in diesem Nichts, das nichts doch nur für unsere am Handgreiflichen haftende Sinnlichkeit und für unseren am Denkbaren haftenden Verstand ist, vielmehr der überschwängliche Grund aller Möglichkeit und Wirklichkeit zu finden, vor dem die Sprache verstummt und die Praxis des Lebens hier und jetzt sich geschichtlich in einem gesteigerten Sinne verwirklicht?

Muß daher der Mensch, der solche Erfahrung aus seiner Freiheit macht, alle die Übertragungen seines Seins auf die Gottheit verwerfen, außer im Spiel schwebender Bilder, die als Chiffern mögliche Sprache der vieldeutigen Wirklichkeit, aber nie die Wirklichkeit selber sind? Muß er mit hellem Bewußtsein seine wirkliche Situation ergreifen? Und müssen wir, wenn wir dies begriffen haben, im Umgang mit Schelling – mit ihm ringend – unser Bewußtsein der Transzendenz und damit in einem die Möglichkeit unserer Existenz retten?

i) Vergegenwärtigen wir die in dieser Situation uns gegebenen Denkmöglichkeiten zur Entfaltung der Metaphysik. Es gibt in ihr drei: das Transzendieren in formalen Denkoperationen, das Erhellen der existentiellen Bezüge zur Transzendenz, die Erörterung der vieldeutigen Chiffernsprache der Transzendenz. Aber es gibt in allen drei kein Wissen von Transzendenz:

Erstens: Das formale Transzendieren in Kategorien, die als entgegengesetzt koindizieren, weiter in Zirkeln und Tautologien, zeigt im Scheitern des Denkens durch Denken, was nicht gedacht werden kann, und öffnet damit den Raum der Transzendenz.

Zweitens: Dieses Transzendieren ist als bloßes Verstandesdenken nichtssagend. Vielmehr gewinnt es seinen Sinn erst dadurch, daß in dem geöffneten Raum die Existenz des Menschen die Bezüge zur Transzendenz findet. Erhellung der Bezüge der Existenz zur Transzendenz ist der zweite Weg. Dieses existenzerhellende Philosophieren stellt nicht fest, beweist nicht, erzeugt nicht, aber es vergewissert und erinnert, was es selber als solches noch nicht tut.

Drittens: Das Ansprechende so vieler der Bilder und Vorstellungen, der gedanklichen Konstruktionen der Metaphysik, unhaltbar als Erkennen der Wirklichkeit selbst und der Gottheit, verwandelt seinen Sinn durch die Bereitschaft, in ihnen eine Chiffernsprache zu hören und hervorzubringen.

Für alle drei Wege ist der Boden das unbegreifliche Grundvertrauen, aus dem allein der Gang auf ihnen so, daß er gehaltvoll wird, möglich ist[1].

7. Kritik der Schellingschen Objektivierung

Gibt es eine klare Grenze, jenseits derer in Reden Gott angetastet wird, weil Gott nicht Gott bleibt? Gibt es das Gottesbewußtsein in uns, das als ein nicht definierbarer Maßstab um der reinen Gottheit willen sich gegen falsche Götter wendet, die in uns Ansprüche erheben wollen? Ist das Motiv, das Sätze der Theologie und der Dogmen der Kirchen angreift, Atheismus oder nicht vielmehr der Gottesgedanke selber? Ist die Revolte der Philosophie gegen Theologie durch alle Jahrhunderte nicht die Revolte der Frömmigkeit gegen das, was unfromm machen könnte?

Die im vorigen Abschnitt erörterte Übertragung von Gedanken, in denen das Menschsein sich selbst denkt, auf die Transzendenz, die dadurch als Gott erkannt werden soll, ist nur eine Weise der Objektivierungen der Transzendenz: die Transzendenz soll gedacht werden als ein Gegenstand im Medium unseres Bewußtseins überhaupt. Jene Übertragung steht im Rahmen dieses umfassenden Problems, das hell zu werden scheint nur dann, wenn man eine Unterscheidung innerhalb des Sinns der Objektivierung festhält: die Objektivierung eines Wissens von Transzendenz ist entweder Realisierung zu einem bestehenden oder geschehenen objektiven Sein oder ist die Objektivierung der Chiffern einer vieldeutigen Sprache der umgreifenden Wirklichkeit der Transzendenz.

a) Darüber sind einige grundsätzliche Gedanken vorauszuschicken: Alle Metaphysik objektiviert. Sie meint von der Transzendenz so zu wissen, daß sie davon spricht wie von einem Gegenstande. Zu ihm verhält sie sich, ihn nennend, ihn in seiner Vorstellbarkeit

[1] Über diese drei Wege handelt meine »Metaphysik« (Band III meiner »Philosophie«).

zeigend, ihn erforschend. Sie führt Wege des Transzendierens zu ihm hin, oder sie nimmt unmittelbar in ihm selber ihren Ort und geht denkend von ihm aus.

Der Blick auf die Geschichte der Metaphysik zeigt, wie ungemein verschieden sie dies alles tut. Uns wird in diesen Entwürfen das Sein gezeigt und wie alles, was uns vorkommt, es offenbart oder verhüllt oder verkehrt. Solche Entwürfe sprechen an durch Kraft und Größe. Sie ergreifen, weil sie die Grundverfassung unseres Seinsbewußtseins, unsere Lebensstimmung erhellen und prägen. Das geschieht, wenn das Denken in persönlichen Gestalten sich an das Ganze wagt, in Loslösung von überlieferten und selbstverständlichen, gemeinsamen Vorstellungsweisen, Sprechformen, Tun und Verhalten. Noch in Spinoza ist, nach Schellings Urteil vielleicht zum letztenmal, solche Metaphysik in der Klarheit des Denkens und der Orientierung über das, was andere denken, mit ungebrochener Naivität als Wirklichkeit gegenwärtig.

Dann folgt der große Schritt: Das Künden der einen Wahrheit mit der Kraft der Überzeugung, sie gleichsam in einem einzigen Griff gefaßt zu haben, wird fraglich. Es gibt eine Reihe solcher metaphysischen Verkündigungen. Sie fordern die Prüfung. Der neue Denker, bei seinem Erwachen schon in eine Welt solcher Entwürfe gestellt, will begreifen. Sie reden über unsere Köpfe weg, sie erzählen uns etwas wie Märchen, sagt Plato, der zum erstenmal diesen Schritt tat. Nun beginnt das Fragen nach dem Recht der Entwürfe, nach den Methoden, durch die sie da sind, nach den Voraussetzungen, die unbefragt gemacht worden sind. Und dieses Fragen sucht zugleich die eigenen Voraussetzungen in den eigenen Fragen selber. Es wird sich dessen bewußt, daß, was keine Voraussetzungen mehr hat, als solches der Aussage sich entzieht, aber die Wahrheit oder die Substanz ist, ohne die alles Fragen sinnlos wäre.

Das Ringen der großen Denker durch die Jahrtausende lebt von dem Gehalt jener unaussagbaren, in jeder versuchten Aussage durch das Aussprechen zugleich verfehlten Voraussetzungen, die als die Mächte der Existenz in den Denkgestalten zur Klarheit des Bewußtseins von ihnen und zum Abstoß des Fremden drängen.

Das Wissen um die Unaussagbarkeit des Seins selbst ist von Plato über Plotin bis Kant zugleich begriffen und überschritten worden. Man kann dieses Wissen so formulieren: Die Wirklichkeit des Seins, die Transzendenz, liegt über alle Kategorien als die Formen des Denkbaren hinaus. Wir denken das Sein unumgänglich in Kategorien, aber wahr nur in der Gestalt, daß diese ihren bestimmten Sinn verlieren und im Scheitern zur Sprache werden für das in keine Sprache Eingehende. Daher ist der Grundcharakter der großen Metaphysik seit Plato, daß der logische Einsturz mit hineingenommen wird in die Denkgebilde,und daß, was gedacht ist, nur als Bild oder Chiffer oder Zeichen gelten kann. Aus dem Grunde der in menschlicher Existenz in das Helle dringenden Mächte sind sie eine Sprache, die keinen Gegenstand hat, während sie im Scheine der Sprache ständig mit Gegenständen umgehen. Diese Gedanken sind von der größten Leidenschaft. Denn hier haben wir es mit dem zu tun, woran alles liegt. Daher ist die Folge der Unaussagbarkeit nicht die Hinfälligkeit der Gedanken und Chiffern, sondern vielmehr die Möglichkeit ihrer für menschliche Existenz tiefsten Bedeutung. Keine Wissenschaft erreicht die Weise der Ergriffenheit, die uns in den ersten Begegnungen mit der philosophischen Wahrheit in der Metaphysik überkommt. Dann sind alle die Leibhaftigkeiten, Vorstellungen, übersinnlichen Geschichten, sind die spekulativen Gedanken nicht schlechthin nichtig. Was Wahn werden kann, ist nicht ganz und gar Wahn. Was nicht leibhaftige Realität der Transzendenz ist, kann Chiffer sein.

Der Schritt von der Leibhaftigkeit eines Objektiven zum Bewußtsein der Chiffernsprache hat einschneidende Folgen für das Philosophieren. In der Chiffernsprache wird kein Besitz einer Erkenntnis von Etwas gewonnen. Vielmehr ist die Wahrheit dieses Denkens in Chiffern, die keinen Gegenstand haben, gebunden an die Denkhaltung, die mit dieser Sprache umgeht.

Wahr bleibt metaphysisches Denken nur dann, wenn seine Sprache, seine Chiffern, seine Seinsentwürfe nicht für das Sein selber gehalten werden. Da die Wirklichkeit der Transzendenz über alle Kategorien und Vorstellungen und Bilder hinaus liegt, werden wir von diesen zwar getroffen als einer Sprache der Transzendenz, aber verlieren die Transzendenz sofort, wenn wir den Gegenstand der Sprache für die Transzendenz selber nehmen. Aus dem Betroffensein entsprangen die Objektivierungen des Denkens, es wiederholt sich in dem, der sie hört. Aber alles so Gedachte bleibt in der Objektivierung vieldeutig, daher dem leer werdenden nur begrifflichen Denken ein endloses Feld des Hin und Her, während der Getroffene unaussagbar eindeutig erfährt, was ist und was er wird.

Die Aufgabe ist, die Unterscheidung von Realität und Chiffer verläßlich vollziehen zu lernen. Die Chiffern sind als solche keine Realität des Übersinnlichen. Aber sie sind für uns die unumgängliche Weise seiner Vergegenwärtigung und Vergewisserung. Die Aufgabe ist weiter, die Chiffern als mögliche Sprache in ihrer Vieldeutigkeit festzuhalten. Sie werden nie zur Stätte des Ausruhens in einem vollendeten Wissen. Denn sie gelten immer nur unter dem Übergeordneten der einen bildlosen Transzendenz, von der her eine jede auch in Frage gestellt bleibt. Aber durch sie kann die metaphysische Eindeutigkeit existentieller Gewißheit in geschichtlicher Situation wirklich werden.

Im Miteinander möglicher Existenzen findet ein Ringen statt von Chiffer mit Chiffer, Denkungsart mit Denkungsart, und zwar auch im Medium von Argumenten, die mit Begriffen operieren. Das Ringen erfolgt durch das indirekte Aussprechen der möglichen Existenz, die in Chiffern ihren Aufschwung oder ihr Absinken erfährt, den Raum ihrer Entschlüsse erhellt und erweitert, in ihnen zur Klarheit bringt, was sie will. Hier gibt es nicht die eine Wahrheit, sondern das Sichtreffen, Sichverbünden und Sichabstoßen möglicher Existenzen im Blick auf das, was eigentlich ist.

Da die Chiffern – im Zeitdasein zur Freiheit möglicher Existenz gehörig – vieldeutig sind, gibt es kein unverbindliches Chiffernlesen. Soweit wir unverbindlich »ästhetisch« verstehen, findet doch in der Tat eine Wirkung statt auf uns, uns unbemerkt vorbereitend auf ein in neuen Situationen mögliches Handeln und Nichthandeln. Es liegt daher eine Verantwortung in jedem Lesen der Chifferschrift. In den Chiffern ist Wahrheit und Falschheit, nie das eine Bildlose selbst. Die Welt der Chiffern ist daher ihrem Wesen nach ein Kampffeld. Es ist zu betreten, fordert existentielle, nicht nur intellektuelle Wahrhaftigkeit im Ernstnehmen des dort erfahrenen Sinnes. Es ist der unbegrenzte, offene Raum, in dem versuchend, wagend, sich hingebend und sich wieder herausholend Existenz sich vergewissert.

Auf solche Auffassung unserer Situation, die die Chiffern weder entbehren noch bestehen lassen kann, pflegt der Verstand zu antworten: Wenn keine Kategorie für die Transzendenz gilt, dann ist die Transzendenz nichts und keine Wirklichkeit. Das ist richtig, sofern man mißt an gegenständlicher Erkenntnis in der Welt. Das ist falsch für Existenz, die von der Sprache der Chiffern als einer Sprache der eigentlichen Wirklichkeit selber getroffen ist.

Aber ist das möglich? Geht durch die Verwandlung in bloße Chiffer nicht die Wirklichkeit selbst verloren? Entweder Realität oder nicht, sagt der Verstand, die Chiffer ist eine Ausflucht. Die Antwort ist: Was Ausflucht genannt wird, war von jeher die wahrste Wirklichkeit im Menschen. Die Naivität des Denkens ließ die Frage nach der Unterscheidung zwischen endlicher Realität und unendlicher Wirklichkeit gar nicht ausdrücklich aufkommen, während die Unterscheidung von den Frommen faktisch dadurch gemacht wurde, daß für sie die Verwandlung zu weltlicher Realität nicht stattfand, während diese doch als Entartung eine gewohnte Form des Aberglaubens aller Zeiten war und ist.

Die Antwort auf die Frage nach der Möglichkeit der Unterscheidung ohne Verlust der Wirklichkeit setzt die Aufhebung der Naivität und die Vergewisserung im philosophischen Denken voraus. Sie bringt das begründete Seinsbewußtsein hervor, das sich überzeugt hat: Raum und Zeit sind Formen der Anschauung für unser endliches Dasein. Wenn aber Raum und Zeit ihre Absolutheit als Sein an sich verloren haben und damit unsere Realität nicht die Wirklichkeit schlechthin ist, dann ist diese Wirklichkeit selbst uns offen und durch unsere Freiheit zugänglich. Diese philosophische Einsicht macht es verständlich, daß zu allen Zeiten in der metaphysischen Gewißheit und im Sinn der Praxis die Wirklichkeit unterschieden werden konnte von der Realität in der Welt, die selber eine ihrer Chiffern ist, wenn es auch nicht im Gedanken ausdrücklich geschah.

Dann aber, sagt der Verstand weiter, setzt sich doch die Chiffer an die Stelle der Transzendenz. Das Denken in Chiffern wird ein Mythus. Das ist richtig, sofern das Denken in Mythen und das Denken selber als eigener logischer Mythus die vorbereitende und erinnernde Berührung der Transzendenz meint, die verwirklicht wird nur von der geschichtlichen Existenz. Von dort her und auf sie hin wird im Vollzug der metaphysischen Gedanken gedacht: es handelt sich um Wirklichkeit. Aber der Einwand ist falsch, sofern die Chiffer doch immer nur vieldeutige Sprache, nicht die transzendente Wirklichkeit selber ist. Die Wahrheit geht verloren, wenn diese Trennung verloren geht. Wenn die Chiffernsprache unser existentielles Bewußtsein in der Fülle des Lebens erhellt, so ist doch entscheidend, daß Chiffer und Wirklichkeit nicht verwechselt werden. Wenn die Objektivierung als gegenständliche Chiffer unumgänglich, als Realisierung aber eine Täuschung ist, dann sind die

Wirklichkeiten nicht zu verwechseln: die Realität in Raum und Zeit als gegenständliche Erforschbarkeit, die Existenz in der Zeit als Erhellbarkeit, die Wirklichkeit der Transzendenz für Existenz als hörbar in den Chiffern.

Ist dann noch Gott? so wird vielleicht gefragt, für solche philosophische Denkungsart. Der Gedanke stürzt doch transzendierend ins Unendliche und findet keinen Boden. Alle Antworten, die dem hohen Sinn des Menschen gekommen sind, werden zum wundersamen Spiel, einem vielfachen, einem häßlichen und schönen, einem bösen und guten, einem flachen und tiefsinnigen Spiel.

Es gilt beides: Du sollst dir kein Bildnis und Gleichnis machen, und: Du sollst hören auf die Sprache der Chiffern. Diese philosophische Denkhaltung findet sich also in einer außerordentlichen Spannung. Sie hat es mit der Wirklichkeit selbst zu tun, aber nur in Bewegungen denkenden Spiels, sie kollabiert in der Verwechslung von Chiffer und Wirklichkeit ebenso wie in der Bodenlosigkeit beliebiger Chiffern, die Chiffern von nichts sind.

Es müssen, um wahr zu sein, die Chiffern im Raum des Kampfes miteinander bleiben. Die Wirklichkeit der Transzendenz verwehrt ihre Verabsolutierung. – Sie müssen in der Schwebe bleiben, aber so, daß in ihnen der Ernst der Wirklichkeit spricht, sie nicht im Ästhetischen nivelliert werden zu Gegenständen eines unverbindlichen Erschauerns bewegten Genusses.

Darum ist in der Sprache beides notwendig und der klare Wechsel zwischen beidem: das Entwerfen der Chiffern (ihre existentielle Verwirklichung) und das Sprechen über sie als Möglichkeiten. Fehlt das erstere, so bleibt der Gehalt aus; fehlt das zweite, so beginnt die Täuschung.

b) Schelling hat die Unmöglichkeit der Objektivierung nicht nur eingesehen, sondern eindringlich, unvergeßlich ausgesprochen. Schon in seinen frühesten Schriften findet sich der Gedanke: Das Sein kann nicht Objekt sein. Denke ich es als Objekt, so bin ich im Dogmatismus gefangen und habe meine Freiheit verloren. Schelling spricht sich durch alle Phasen seines Lebens gegen die Objektivierung aus. In den verschiedensten Zusammenhängen trifft er auf den dem Sinne nach gleichen Punkt:

Erstes Beispiel (I, 317–326): Das Prinzip aller Schwärmerei erkennt schon der Jüngling: »sie entsteht durch nichts anderes als durch die objektivierte intellektuelle Anschauung, dadurch, daß man die Anschauung seiner selbst für die Anschauung eines Objekts außer sich, die Anschauung der inneren intellektuellen Welt für die Anschauung einer übersinnlichen Welt außer sich hält.«

Das habe auch Spinoza getan. Er kannte die herrliche Erfahrung der intellektuellen Anschauung: die endliche Welt ist nichts als eine Modifikation des Unendlichen. Es *ist* etwas im eigentlichen Sinne, alles andere ist Erscheinung. »Diese intellektuelle Anschauung tritt dann ein, wenn wir für uns selbst aufhören Objekt zu sein. In diesem Moment der Anschauung schwindet für uns Zeit und Dauer dahin, nicht wir sind in der Zeit, sondern die Zeit – oder die reine absolute Ewigkeit ist in uns.«

Diese Anschauung seiner selbst nun hat Spinoza objektiviert. Gott war das absolute Objekt. Spinoza glaubte sich in dessen Unendlichkeit verloren. Eine natürliche, unvermeidliche Täuschung hatte es ihm erträglich gemacht. »Schwerlich hätte ein Schwärmer sich an dem Gedanken, in den Abgrund der Gottheit verschlungen zu sein, vergnügen können, hätte er nicht immer an die Stelle der Gottheit wieder sein eigenes Ich gesetzt. Diese Notwendigkeit, überall noch sich selbst zu denken, die allen Schwärmern zu Hilfe kam, kam auch Spinoza zu Hilfe. Indem er sich selbst als im absoluten Objekt untergegangen anschaute, schaute er doch noch sich selbst an, er konnte sich selbst nicht als vernichtet denken, ohne sich zugleich als existierend zu denken.«

Diese Umkehrung aus der subjektiven Erfahrung in das Denken eines Objekts sieht Schelling also als das Prinzip »in allen Schwärmereien der alten Philosophen. Alle Philosophen scheinen gefühlt zu haben, daß es einen absoluten Zustand geben müsse, in dem wir, nur uns selbst gegenwärtig, allgenügsam, keiner objektiven Welt bedürftig und eben deswegen frei von allen Schranken derselben ein höheres Leben leben.« Dann aber haben alle »diesen Zustand des intellektuellen Seins außer sich versetzt.« Die Folge war die Erfindung weiterer objektiver Vorgänge, so »die Fiktion der alten Philosophie, daß die Seele vor ihrem jetzigen Zustand in jenem seligen Zustand gelebt habe, aus dem sie erst nachher zur Strafe für vergangene Verbrechen verstoßen und in den Kerker der objektiven Welt eingeschlossen worden sei.« Als ein wundersames Phänomen sieht Schelling diese Ideen in allen Völkern und Zeitaltern: »Der vollendete Dogmatismus (Spinoza), in dem er die intellektuelle Anschauung für objektiv nimmt, unterscheidet sich von allen Träumereien der Kabbalisten, der Brahmanen, der sinesischen Philosophie, so wie der neuen Mystiker, durch nichts als die äußere Form. Im Princip sind sie alle einig.«

Nur eine Ausnahme gebe es: »Ein Teil der sinesischen Weisen unterscheidet sich durch Aufrichtigkeit, da er das höchste Gut im Nichts bestehen läßt (Schelling weiß davon nur durch ein Zitat bei Kant). Denn wenn Nichts das heißt, was schlechterdings kein Objekt ist, so muß das Nichts gewiß da eintreten, wo ein Nicht-Objekt doch noch objektiv angeschaut werden soll, d. h. wo alles Denken und aller Verstand ausgeht.«

Zweites Beispiel: Schelling spricht von dem Grundirrtum fast aller neueren Philosophie, der zugleich der Zentralpunkt der ganzen modernen Kultur sei: von der Forderung, das Absolute außer sich zu haben. Selbst in der Wirkung des Christentums vollzog sich dieses Hinausrücken oder diese Entfernung Gottes. Aller Dogmatismus habe seine Urache in diesem untilgbaren Begehren, das

Absolute außer sich zu setzen, zum Objekt zu machen. Auch die reine Umkehrung dieser Forderung, nämlich das Ich außer dem Absoluten zu halten, bringe für die Philosophie dasselbe Resultat (V, 108 ff).

Drittes Beispiel: Schelling fordert die Gegenwärtigkeit in unserem Dasein als Bezeugung der Wahrheit. »Suchet die Merkmale, an denen alle die ewige Wahrheit erkennen müssen, zuerst im Menschen selbst, ehe ihr sie in ihrer göttlichen Gestalt vom Himmel auf die Erde ruft!« (I, 112). Der alte Schelling wiederholte: »Alles Überfliegen unseres jetzigen Zustandes, jedes Wissen, das nicht reine Entwicklung aus dem Gegenwärtigen, Wirklichen ist, und etwas vorwegnehmen will, wozu ihn nicht der natürliche Gang des Geistes geleitet hat, ist verwerflich und führt zu Schwärmerei und Irrtum« (IX, 20 ff).

Viertes Beispiel: Als Schelling seine Naturphilosophie entwirft, weiß er von dem in ihr entfalteten Subjekt-Objekt: »Es bleibt als meine Konstruktion auch fortwährend in meiner Anschauung begriffen, und ich weiß, daß ich durchgängig nur mit meiner eigenen Konstruktion zu tun habe.« Daher ist die Aufgabe, »das Subjekt-Objekt so objektiv zu machen«, daß es mit der Natur zusammenfällt (IV, 91). Schellings Wissen, daß er es doch nur mit der eigenen Konstruktion zu tun habe, läßt ihn trotzdem die Aufgabe stellen, die unerfüllbar ist.

Fünftes Beispiel: Angesichts des Geheimnisses des organischen Lebens, in das der Mensch mit eingeschlossen ist, und des eigentümlichen Scheins um diese Probleme, sagt Schelling, daß der bloße Verstand, der nur auf Trennung ausgeht, sie nie zu entwickeln vermag, während die reine Anschauung längst die symbolische Sprache für sie erfand. »Diese Sprache darf man nur auslegen um zu finden, daß die Natur um so verständlicher zu uns spricht, je weniger wir über sie bloß reflektierend denken« (II, 4). Aber nun weiß Schelling: diese symbolische Sprache darf nicht als Sprache von Objekten mißverstanden werden. »Jeder kühne Ausdruck in der Philosophie grenzt an Dogmatismus, weil er etwas vorzustellen sucht, was gar nie Objekt der Vorstellung sein kann. Er symbolisiert, was er nicht versinnlichen kann. Nimmt man das Symbol für das Objekt selbst, so entsteht eine Philosophie, die noch weit abenteuerlicher klingt als die Religion der alten Ägypter« (I, 405).

Sechstes Beispiel: Philosophie, sagt noch der alte Schelling, ist freie Geistestat. »Ihr erster Schritt ist nicht ein Wissen, sondern vielmehr ausdrücklich ein Nichtwissen. So lange der Mensch noch wissen will, wird ihm jenes absolute Subjekt zum Objekt werden, und er wird es eben darum nicht an sich erkennen. Indem er sich des Wissens begibt, macht er Raum für das, was Wissen ist, nämlich für das absolute Subjekt.« In dem Akt, da er sich selbst bescheidet, nicht zu wissen, wird er des absoluten Subjekts inne als des Überschwänglichen. »Dieses Innewerden könnte man wohl auch ein Wissen nennen.« Es ist ein Wissen, »das in Ansehung meiner selbst vielmehr ein Nichtwissen ist. Jenes absolute Subjekt ist nur da, sofern ich es nicht zum Gegenstand mache, d. h. mich des Wissens begebe. Sowie aber dieses Nichtwissen sich wieder aufrichten will zum Wissen, verschwindet es wieder, denn es kann nicht Objekt sein« (IX, 228 ff).

Die Situation stellt sich uns bis hierher auf folgende Weise dar. Schellings Einsicht in den Widersinn der Objektivierung des Seins selbst scheint vollkommen. Er scheint das Bewußtsein von der Unmöglichkeit dessen zu haben, was er tut. So klar und herrlich er dies Bewußtsein ausspricht, so völlig scheint es verloren, wenn er das andere in seiner großartig imaginären Weise vollzieht. Er bringt beides nicht zusammen. Daher haben wir bei ihm beides gefunden, einerseits die Klarheit über die irrende Objektivierung, andererseits die objektiven Entwürfe der Geisterwelt, der übersinnlichen Geschichte, des inneren Lebens der Gottheit, des Ursprungs aller Dinge.

Aber Schelling findet sich in einer geistigen Situation, die er selber durch sein Denken mit schafft. Es ist redlicherweise – wenigstens seit Kant – nicht mehr möglich, in Chiffern so zu sprechen, daß die Transzendenz, das Übersein, geradezu aufgedeckt werde. Verfährt man so, als ob das geschehe, so findet die Täuschung statt, die mehr verspricht, als sie gibt, und die, was sie gibt, mit einem falschen Sinn gibt. Im Philosophieren ist stets gefordert, daß das Bewußtsein der Methode, das heißt, hier der Sinn der Chiffernsprache, nicht sich vergißt in einer nun unglaubwürdig gewordenen Naivität.

Daher verhält sich Schelling keineswegs wie die früheren großen Metaphysiker glaubend. Vielmehr wandelt er trotz echter Ansätze unbekümmert die Gedanken ab, willkürlich und spielerisch, sich selbst und andere täuschend. Wenn Schelling die Umwendung seiner großen Ansätze fragenden Operierens in wissendes Mitteilen vollzieht, wenn die Täuschung so einfacher Natur zu sein scheint, so fragen wir: wie ist das möglich? Die Antwort kann vielleicht zum Teil gegeben werden durch die Erörterung der Substanz seines Philosophierens (im vierten Kapitel), aber sie ist von Schelling selbst zu geben versucht:

c) Aus dem Zirkel, daß vom Ungegenständlichen gegenständlich gesprochen werden muß, wenn überhaupt gesprochen werden soll, ist kein Ausweg. Schelling erkannte es, ließ die Erkenntnis fallen, erinnerte sich von neuem an sie und dachte doch weiter, als ob es nicht so sei. Es ist erstaunlich, mit welcher Unbekümmertheit und Drastik er selber die realisierenden Objektivierungen vollzogen hat. Er tat es aber nicht naiv. Vielmehr dachte er von früh an nach über das Subjekt-Objekt-Verhältnis, diese Spaltung durch unser die Gegenstände meinendes Bewußtsein. Nicht nur leichtsinnig, vergeßlich, sondern mit einem bewußten Willen, die Subjekt-Objekt-Spaltung zu überwinden, gelangte er auf die Wege, die er als abenteuerlich und als Schwärmerei verworfen hatte. Er möchte doch beides, das Wissen um die Sinnwidrigkeit der Objektivierung und das von ihm vollzogene Objektivieren, zusammenbringen.

Der Grundgedanke lautet: zwar ist die Objektivierung unwahr, sofern die Bindung an das Objekt eigentliche Philosophie unmöglich macht. Aber im Prozeß des Erkennens und des Seins selbst ist die Objektivierung der Weg, um in ständiger Überwindung der hervorgebrachten Objekte durch die allumgreifende Bewegung zur durchsichtigen Fülle der vollendenden Subjekt-Objektivität zu gelangen, in das Sein, das weder Subjekt noch Objekt, sondern beides in einem ist, aber auf dem Wege zu sich selbst in der Spaltung und Wiederherstellung sich vollzieht.

Dieser Grundgedanke bedeutet: Schelling hat die kritische Position gegen das Objekt, statt sie zur Vernichtung aller Objektivierung werden zu lassen, vielmehr hineingenommen in den umgreifenden Prozeß, in dem alle Objektivierungen überwunden und eingeschmolzen werden in das dadurch ständig gesteigerte Subjekt, bis Objekt und Subjekt eines werden. Dadurch haben alle Gestalten von Subjekt und Objekt und ihre Bezüge aufeinander je ihren zugleich subjektiven und objektiven Ort und Sinn. Keine ist absolut gültig, keine Position steht fest. Alle sind sie aufgehoben dorthin, wo in ihrer Einheit die Vollendung liegt.

Reich sind die Abwandlungen dieses Grundgedankens. Schon in der Naturphilosophie wird der Gang der Entwicklung gesehen als die Reihe der bewußtlosen Naturgestalten, in denen sich das objektiv Gewordene zurücknimmt in eine höhere Subjektivität von der Materie über das Licht bis zum lebendigen Organismus und schließlich zum Menschen, in dem eine neue Reihe sich hervortreibender Gestalten nun des Bewußtseins beginnt.

Schelling denkt, daß die Natur in jedem Produkt sich gleichsam festläuft zu einem objektiv Seienden. Daraus drängt sie weiter. Sie geht von ihrer Produktivität zum Produkt, um es aufzulösen durch neue Produktivität. Das geschieht vermöge der Duplizität der Prinzipien, nämlich des Subjekts und Objekts. Diese Duplizität verhindert die Natur, sich in ihren Produktionen zu erschöpfen, treibt sie vielmehr an zu beständiger neuer Tätigkeit. Das Ganze der Natur ist zugleich Produktivität und Produkt (III, 277). Die Tätigkeit dauert fort, nicht aber das Produkt (III, 193).

Dies ist die Methode des »Potenzierens«. Der große Gegensatz von

Subjekt und Objekt wird überwunden dadurch, daß er aus der Starre eines Gegensatzes in die Bewegung eines gegenseitigen Sich-Überbietens verwandelt wird. Das Subjekt entwirft ein Objekt, das Objekt wird von neuem subjektiviert, um wieder neue Objektivität zu gewinnen, und so fort. Dieser Prozeß ist der Grundprozeß allen Seins, den der philosophische Denker nachdenkend wiederholt. Dies Gleichbleibende hat Schelling später im Rückblick ausdrücklich als wesentlich herausgehoben. Einige Stellen:

Ich bin »nicht gesonnen, die Methode des Potenzierens, d. h. des successiven Objektwerdens des zuvor Subjektiven und fortwährenden Dagegen-Erhöhens des Subjekts, die ich für meine eigentümliche Erfindung zu halten berechtigt bin, ich bin selbst nicht gesonnen, diese Methode wegzuwerfen; sie wird da bleiben, wo sie hingehört« (Plitt III, 67).

»Subjekt und Objekt ist die allgemeine Form in der Materie so gut als im Ich. So ist z. B. in dem Körper die zurückstoßende Kraft das Objektive, die attraktive in Ansehung des Körpers die auf sich selbst zurückgehende, also subjektive Kraft« (VII, 423).

Über die Naturphilosophie: »Die Genesis der ganzen Natur beruht einzig auf einem Übergewicht, welches fortschreitender Weise dem Subjekt über das Objekt bis zu dem Punkt gegeben wird, wo das Objekt ganz zum Subjekt geworden ist, im menschlichen Bewußtsein« (X, 229). »Dieses Fortschreiten vom Objektiven ins Subjektive ist gleichsam das Losungswort der allgemeinen Bewegung, welche die Wissenschaft darzustellen hat« (X, 231).

»In der schon im System des transzendenten Idealismus erfundenen und erprobten objektiven Methode, deren Prinzip ist, daß die frühere Stufe, oder, was auf dieser sich erzeugt, stets der folgenden höheren zum Gegenstand (Objekt) wird: in dieser Methode lagen die Mittel, von dem Tiefsten der Natur durch alle Stufen derselben bis zum menschlichen Bewußtsein, von da wieder durch die verschiedenen Sphären des menschlichen Geistes hinaufzusteigen, um endlich in der letzten und höchsten Idee, dem über allem siegreichen Subjekte, zu enden« (III, VII, aus einer Handschrift des späteren Schelling).

Die nächste Abwandlung erfolgt in dem sogenannten Identitätssystem. Von dieser Jugendleistung sagt Schelling später: »Der Name sollte ausdrücken, daß in jenem Ganzen Subjekt und Objekt mit gleicher Selbständigkeit einander gegenüberstehen« (XI, 371). Auch spricht er von der »Wendung ins Objektive«, die in diesem System vollzogen sei: »Die Frage war nicht, wie wir Gott zu erkennen vermögen, sondern wie Gott an sich von seinem Denken aus Objekt einer möglichen Erkenntnis werde« (XI, 373).

Ein letztes Beispiel für Schellings Nachdenken in bezug auf die Überwindung der Subjekt-Objekt-Spaltung möge sein Versuch sein, in dem er ausdrücklich aus seiner Einsicht in die Unmöglichkeit der Objektivierung der Transzendenz den Ausweg findet (IX, 225 ff). Er wiederholt: Es ist ein Widerspruch, daß die ewige Freiheit erkannt werden soll. Denn »unmöglich kann sie als absolutes Subjekt Gegenstand werden. Es ist das absolut Urständliche, insofern das eigentlich Transzendente. Jenes absolute Subjekt ist nur da, sofern ich es nicht zum Gegenstande mache, d. h. nicht weiß, mich des Wissens begebe; sowie aber dieses Nichtwissen sich wieder aufrichten will zum Wissen, verschwindet es wieder, denn es kann nicht Objekt sein« (XI, 229). Dann aber ist Schellings Gedanke, mit dem er seine Entwürfe der Seinsgeschichte begründet: Wenn die ewige Freiheit nicht gegenständlich ist, »so kommt es darauf an, daß sie Objekt, daß sie gegenständlich werde. Das aber ist wohl möglich. Denn da sie absolute Freiheit ist, d. h. Freiheit, auch nicht Freiheit (nicht Subjekt) zu sein, so kann sie als Subjekt heraustreten. Als Objekt ist sie dann freilich zu wissen, wir sehen sie in allen ihren Gestalten, aber nicht als die ewige Freiheit, nicht als Subjekt, nicht wie sie an sich ist.« Aber so ist die ewige Freiheit doch nicht zu erkennen. Denn als absolutes Subjekt ist sie über aller Erkenntnis, als Objekt ist sie nicht in ihrem An-sich.

Noch einmal zeigt sich für Schelling ein Ausweg: »Nur auf eine Art könnte das absolute Subjekt als solches erkannt werden, wenn es aus dem Objekt wiederhergestellt würde zum Subjekt.« Dann wäre es nicht bloß Subjekt, auch nicht Objekt, – sondern als Objekt Subjekt und als Subjekt Objekt, ohne darum zwei zu sein. Dies führt zu folgendem Bild einer allumfassenden Seinsgeschichte. In jenem Hervorbringen des Objekts und jener Umwandlung aus dem Objekt ins Subjekt liegt die große Möglichkeit: die ewige Freiheit erzeugt aus dem Motiv, sich selbst erkennen zu wollen, die Bewegung des Seins. Sie kann nichts anderes erkennen als sich selbst, denn es ist nichts außer ihr. Sie soll also Subjekt und Objekt von sich sein. Sie setzt diese zwei Pole auseinander, und sie bleiben durch die ganze Bewegung hindurch in immer anderen Formen auseinander gehalten. Wo sie zusammenfallen, hört die Bewegung auf; da ist entweder der noch unbewegte Ursprung oder die Vollendung des Seins.

Folgt man diesen Schellingschen Gedanken, so bemerkt man den Sprung. Von einer Erörterung unseres Erkennens, das das Absolute als Gegenstand oder Objekt nicht fassen kann, ohne es darin gerade zu verlieren, greift er plötzlich zum außermenschlichen Seinsprozeß. Unwillkürlich ist statt von meiner Freiheit und meinem Erkenntnisprozeß von der absoluten Freiheit und dem Seinsprozeß die Rede. Schelling folgt dem von ihm doch durchschauten »Prinzip der Schwärmer«, das subjektiv Erfahrene als objektives Sein zu denken. Aber dort stehenzubleiben, ist für Schellings Grundeinsicht von der Nichtobjektivierbarkeit wiederum unmöglich. Er wendet sich daher auch sogleich zum Menschen zurück. Es wäre möglich, sagt er, daß jenes Selbsterkennen der ewigen Freiheit unser eigenes Bewußtsein wäre. Dann wäre umgekehrt auch unser Bewußtsein ein Selbsterkennen der ewigen Freiheit. Wir selber sind jener Prozeß. Dieses Selbsterkennen beruht auf der Umwendung aus dem Objektiven ins Subjektive. »Wir selbst sind die aus dem Objekt ins Subjekt wiederhergestellte ewige Freiheit.«

Schelling scheint zu berühren, was Kierkegaard meint, wenn er sagt: die Subjektivität ist die Wahrheit. Aber, wenn überhaupt, so nur einen Augenblick. Sofort liegt das Ganze wieder in der Objektivität des Seinsprozesses und des Selbstprozesses, die sich ineinander spiegeln, liegt es in der erkennbaren Bewegung, nicht in dem Ernst des je Einzelnen als möglicher Existenz.

d) Eine Kritik der Schellingschen Methode der Überwindung der Subjekt-Objekt-Spaltung in allen ihren Abwandlungen wird zunächst die außerordentliche Vieldeutigkeit bemerken, in der die Begriffe von Subjekt und Objekt von Schelling gebraucht werden. Das Subjekt ist das auf den Gegenstand gerichtete Denken, ist Tätigkeit und Bewegung, ist Freiheit; ist weiter Subjekt zum Prädikat im Satze, ist Voraussetzung (suppositum), ist das Zugrundeliegende. Schellings gedachte Anschauung des Subjekt-Objekt-Prozesses ist also ineinandergewoben aus mannigfachen Kategorien und erreicht dadurch eine Unbestimmtheit in der Vieldeutigkeit und zugleich eine kategoriale Anschauungsfülle, die sie als Chiffer metaphysischen Denkens charakterisieren. Solche Chiffern unterliegen als Ganzes einer anderen Kritik, von der in einem späteren Abschnitt die Rede ist.

Lösen wir die Chiffer auf, um sie, wie sie von Schelling gemeint ist, als bestimmte Erkenntnis zu prüfen, so ergeben sich eine Reihe von unüberhörbaren Einwänden.

In der Situation unseres Denkens ist die Subjekt-Objekt-Spaltung, d. h. daß wir, was immer wir denken, im meinenden Gerichtetsein auf das Gedachte erfassen, unüberwindlich. Wenn wir diese Spaltung überschreiten, so gibt es zwei Möglichkeiten. Entweder gelangen wir in eine mystische, unmittelbare Verfassung, in der Ich und Gegenstand verschwunden sind. Das hat der junge Schelling mit eindrucksvollen Sätzen ausgesprochen: Freiheit und Denken sind für uns an Objekte gebunden: »Mit absoluter Freiheit ist auch kein Selbstbewußtsein mehr denkbar. Eine Tätigkeit, für die es kein Objekt, keinen Widerstand mehr gibt, kehrt niemals in sich selbst zurück. Nur durch Rückkehr zu sich selbst entsteht Bewußtsein. Nur beschränkte Realität ist Wirklichkeit für uns« (I, 324). Oder wir überschreiten die Spaltung mit dem Willen, wir selbst zu bleiben und klar zu denken. Dann haben wir das, was wir im Überschreiten zu erreichen meinen, sogleich wieder als einen Gegenstand vor Augen. Denkend bleiben wir in der Spaltung, die wir überschreiten wollten. Mit dem durch die Überschreitung Gedachten sind wir immer schon wieder darin. Wenn ich diese Spaltung zu einer Entwicklungsstufe im Seinsprozeß mache, so setze ich mit dem, was ich als Seinsprozeß denke, jedesmal ein Wissen von etwas voraus, das selber ich nur wieder im meinenden Bewußtsein denken, aber nie angemessen denken oder haben kann. Das ist eine sehr einfache, sehr folgenreiche, vergeblich beiseite geschobene Wahrheit. Sie kann anders ausgedrückt werden durch die Sätze: was immer wir erfahren, was wir umgreifend sind als Dasein, als Geist, als mögliche Existenz, und was wir als diese ergreifen, was wir sind als Vernunft und als solche ins Offene wenden, alles muß im Medium des »Bewußtseins überhaupt« eine Weise der Gegenständlichkeit gewinnen, um mittelbar zu werden, d. h. um in Sprache und Denkbarkeit, wenn auch, wo das Tiefste sich kundgeben will, indirekt, in Kommunikation zu treten. Schelling steht in der Reihe derer, die den Grundtatbestand unseres Denkens nicht zu wollen scheinen: daß alles Gedachte in der Subjekt-Objekt-Spaltung ein gegenständliches bleibt, daß alle Kategorien zum Bewußtsein überhaupt gehören, von dem die Weisen der Gegenständlichkeit bestimmt werden, daß alle Wahrheit, die die Subjekt-Objekt-Spaltung übergreift – und das ist die eigentlich philosophische Wahrheit –, eintreten muß *in* diese Spaltung. Damit ist nicht die unphilosophische Forderung gestellt, das metaphysische Denken in der Objektivierung zu unterlassen, wohl aber, es so zu vollziehen, daß in solcher Objektivierung keinen Augenblick das gedachte Objekt als solches mit dem verwechselt wird, was im Umgreifenden durch solches Denken zur Gegenwärtigkeit gebracht werden soll.

In seiner eigenen metaphysischen Objektivierung braucht Schelling unumgänglich jedesmal bestimmte Kategorien: Möglichkeit, Wirklichkeit, Notwendigkeit, – Ruhe und Bewegung, – er verwendet zur Anschauung unsere menschlichen Erfahrungen, wie sie in unserer Grundsituation uns gegeben sind, – er wählt schließlich das umgreifende Subjekt-Objekt-Verhältnis selber. Zur Klärung seiner jeweiligen Gedankengänge ist es notwendig, die von ihm gerade benutzten Kategorien und unausdrücklich gebrauchten Voraussetzungen sich bewußt zu machen. Dann erst wird jeweils der Sprung deutlich, den er unabsichtlich verschleiert. Die im Prinzip einfach erkennbare Grundverkehrung darf nicht bagatellisiert werden. Sie in allen besonderen Fällen zu zeigen, ist mühsam und unergiebig.

Schelling hat die Subjekt-Objekt-Spaltung (diese selber in unbestimmter Vielfalt auffassend und nicht auf die klare Erscheinung unseres Denkens als eines auf Gegenstände meinend gerichteten Bewußtseins beschränkend) eingefangen in einen sie übergreifenden Prozeß, der aber als solcher wieder gegenständlicher, gemeinter Seinsprozeß ist. Oder dasselbe anders: Schellings Erkennen des Seins als eines zwischen Subjekt und Objekt sich vollziehenden Potenzierungsprozesses ist selber wieder eine Objektivierung, in der als geschehend gedacht wird, was so nur von einem Subjekt als ein Objekt gedacht werden kann.

Indem Schelling die Kritik an der Objektivierung als ein Moment in den Prozeß selber aufnimmt, bettet er in diesen Prozeß nicht nur ein, was diesen vorantreibt, sondern was ihn im Ganzen als eine Anschauung des sich vollendenden Seins sprengt.

Wird diese Sprengung unterlassen, so ist Schelling seinerseits festgefahren in einem Produkt, nämlich in der Anschauung des totalen Seins in seinem zu sich zurückkehrenden Prozeß. Schelling, der das Objektivsein als Sein verwirft, hat dann selber solche Objektivierung ohne Schwebe vollzogen. Aber bei ihm geschieht beides. Er erlaubt sich, die sich vollendende Geschichte des Seins im Ganzen anschaulich zu erzählen. Doch er sprengt diese Anschauung mit den Bemerkungen, mit denen er uns als noch in der Geschichte stehend, in die noch offene Zukunft lebend, denkt. Das letztere aber ist bei ihm beiläufig und matt, das erstere vordrängend, breit und so ausgeführt, daß der Leser über die Sprengungsmomente hinwegzusehen verführt wird. Es bleibt bei Schelling überall, daß er im Großen tut und entfaltet, was er mit sich eindrängenden Bemerkungen in Augenblicken als unmöglich begreift. Er zieht nicht die Folgen seines besseren Wissens. Aber dieses macht die Unruhe und bringt ein Moment von ergreifender Wahrheit in seine Ausbreitung des Unsinns.

Durch solche Kritik ist Schellings Bemühen keineswegs erledigt. Die Objektivierung führt ihn zwar ins Absurde. Aber sein philosophisches Motiv, die Subjekt-Objekt-Spaltung überschreiten zu wollen, bleibt sinnvoll. Denn es ist ein Grundmotiv allen eigentlichen Philosophierens. Es liegt die Wahrheit darin, das Denken auf das Umgreifende zu lenken, das es zwar nicht mehr gegenständlich denken, in dem und aus dem zu denken es sich aber bewußt werden und dann jeden Augenblick bewußt bleiben kann. Die philosophische Frage ist, wie vom Umgreifenden zu sprechen und wie in es einzudringen sei. Gegen Schellings falsche Objektivierungen, falsche Prozesse, falsche Einheiten (denen gegenüber noch die andere Frage bleibt, was sie als Chiffern bedeuten möchten) wäre die Aufgabe zu stellen: In das Umgreifende ist einzudringen allein dadurch, daß wir innerhalb des Umgreifenden die Fülle des Objektiven zugleich ergreifen und erzeugen, das als Objektives nie das Umgreifende selber ist, – vom Umgreifenden ist ein Bewußtsein im transzendierenden, gegenstandslosen Denken indirekt zu gewinnen möglich und notwendig. Durch die Vielfachheit des Sinns von Objektivität ist eine Vielfachheit der Weisen des Umgreifenden zum Bewußtsein zu bringen. Durch das Bewußtsein der Bezüge zwischen ihnen ist zu steigern die Idee der Einheit dessen, was in allen Weisen des Umgreifenden uns beansprucht, was sie noch dann zusammenhält, wenn sie in sich ausschließenden Forderungen innerhalb der Subjekt-Objekt-Spaltung gegeneinander sich wenden. Dadurch ist über jede vorläufige, bestimmte Einheit hinauszugelangen zu der undenkbaren Einheit der Transzendenz.

e) Schellings Grundirrung ist von großem Stil, von dauernder Verführungskraft und verhängnisvoll. Denn er stand gleichsam an der Wegscheide von Existenzerhellung und Gnosis und wählte die Gnosis. Was das heißt, ist näher zu erörtern.

Philosophie als Denkgebilde hat die offene Flanke, an der sie der Ergänzung bedarf durch die Wirklichkeit des Denkenden. Wie wissenschaftliche Erkenntnis Grenze und Grund findet in der sinnlichen Wahrnehmung, dem verstehbaren Sinn und der logischen Evidenz, und wie diese zugehören dem Bewußtsein überhaupt, so hat die Philosophie Grenze und Grund in der möglichen Existenz, der und durch die die Wahrheit des Gedachten sich bezeugt. Wenn die Wissenschaft wirklich wird in der Diskussion der Forscher als Teilnehmer an dem einen Bewußtsein überhaupt, so wird die Philosophie wirklich in der Kommunikation von Existenz zu Existenz. Während die Wahrheit der Wissenschaften die identische Objektivität für alle hat, findet die Wahrheit der Philosophie im Medium der Objektivität der Denkbarkeiten sich selbst nur in der geschichtlichen Existenz.

Schelling hat diese Alternative nicht formuliert. Aber er hat sie gespürt. Denn er ist durch die Reflexion in die Unruhe geraten, die die endlose Reflexion zu überwinden drängte und ein Unerschütterliches als die Wirklichkeit im Grund aller Dinge begehrte. Damit gelangte er zu jenen tiefsinnigen Spekulationen über den Unterschied einer negativen Philosophie, die nur das Notwendige denkt, aber nie zu etwas anderem als zu Gedanken führt, von einer positiven Philosophie, die den Boden zeigt in der Wirklichkeit.

Hier aber, in der Auffassung des Positiven, liegt die Alternative philosophischer Möglichkeiten. Entweder wird ein Positives, im neuen Denken Ergreifbares und Bestehendes, der Halt. Oder es wird verwiesen auf das, was in allem Denken den Grund von Sinn und Gehalt legt, aber selber nicht noch einmal als ein Gedachtes und Denkbares erfaßt und zum Gegenstand einer Lehre werden kann, sondern Sprache in indirekter Mitteilung bleibt.

Im ersten Fall wird eine Gnosis zur Befriedigung im Denken selber. Im zweiten Fall wird eine Existenzerhellung zum Aufmerksammachen auf das, was der Einzelne tun, sein, verwirklichen, aber nicht wissen und daher auch nicht planen kann. Dort eine Lehre, hier ein alle Lehre überschreitendes, aber mögliche Existenz erhellendes Sprechen.

Die endlose Reflexion findet ihr Ende ebensowohl im gnostisch erkannten Absoluten wie im existentiell gründenden geschichtlichen Entschluß. Dort ist eine Objektivität, hier ist ein Unruhe stiftendes, nur in der je einzelnen Existenz selber sich ergänzendes und in ihrer geschichtlichen Wirklichkeit Ruhe findendes Denken.

Schelling antwortet dem Zustand der rationalen Reflexionen, die keinen Boden gewinnen, mit einem neuen Objektiven, nämlich mit der Erzählung der Geschichte der Wirklichkeit selber, die vor allem Denken liegt, einer Geschichte der übersinnlichen Freiheitsakte, deren Folgen dann als notwendig mit den Mitteln der negativen Philosophie begreifbar sind, während sie selber als Faktum hingenommen, a posteriori feststellbar, nicht a priori begreifbar sind.

Wahr ist Schellings Bemühen, das, was nicht im Denken aufgeht, doch zum Bewußtsein zu bringen. Das Versagen entsteht erst, sobald das »vor allem Bewußtsein«, das »vor allem Denken«, das »Sein selber« und der »Ursprung« als ein neuer Gegenstand denkend begriffen und damit selber objektiv werden soll.

Mit diesen Objektivierungen der Existenz hat Schelling das Philosophieren versäumt, das sich auf mögliche menschliche Existenz richtet, und das nicht erkennt, sondern erweckt. Er versäumt, was ihm in seiner Denksituation so nahe kam. Er versäumt die Frage nach Kriterien der Wahrheit der Objektivierungen. Er stellt sie dar oder vollzieht sie selber in einem wieder objektivierten Subjektivierungs- und Objektivierungsprozeß. Aber er fragt nicht, als was eine Objektivität Gewicht und Gehalt hat, ob als Wissensinhalt empirischen oder logischen Charakters, als idealtypische Konstruktion eines verstehbaren Sinns oder ob als Chiffer. Er hat damit versäumt, Mythik und Offenbarungsinhalte als Chiffern zu befragen. Die Folge ist, daß er sie nicht in ihrer für Existenz wesentlichen Bedeutung aneignet und abstößt, nicht mit ihnen ringt, sondern sie darstellt.

In der Tat gewinnen die gnostischen Objektivierungen Schellings einen unverbindlichen Charakter. In ihnen kann hier und da die Schönheit eines ästhetischen Scheins glänzen, zuweilen der Widerschein einer echten Tiefe in falschen Spiegeln.

Das philosophische Bewußtsein Schellings ist außerordentlich empfindlich. Daher greift er auf, was aus alter Metaphysik und Theosophie ihm zufliegt. Daher horcht er auf die Impulse in eigener Erfahrung seines Daseins. Aber sein Durchbruch zur Objektivität, der gegen die Kahlheit des leeren Gefühls der sprachlosen Unmittelbarkeit, sofern diese auf sich pochen und sich ihrer rühmen möchte, im Recht ist, gerät sogleich ins Unrecht, wenn die Objektivierungen nicht in der Schwebe und Bewegung der Chiffernsprache, sondern als Wirklichkeit selbst aufgefaßt und wirksam werden. Dann hat der Gedanke sich gelöst von seinem Grunde in der Existenz, ohne den er nichtig ist.

Die Transzendenz wird verschleiert. Sie verliert die Kraft ihrer Sprache in den Verfestigungen durch Kategorien und Leibhaftigkeiten. Sie wird verdunkelt durch die Schatten der Bilder und verschwindet völlig in falscher Sichtbarkeit. Sie wird scheinbar nahe gerückt, aber in einer sie zum Erlöschen bringenden, uns der Freiheit beraubenden Weise, – es sei denn, daß all dieses den Charakter der Chiffernsprache annimmt, die dann in ihrer Schwebe, ihrer Bewegung und ihrer Dialektik den Grund der Existenz in uns erst gleichsam hervorzwingt.

Die Unerreichbarkeit der absoluten Transzendenz ermöglicht, daß die Kraft der Existenz, die sich von ihr geschenkt weiß, die größte Weite ihrer Verwirklichung gewinnt und von der entschiedensten Gewißheit ihrer Verantwortung geführt ist. Die Nüchternheit des möglichen existentiellen Weges, je in seiner Geschichtlichkeit, ermöglicht, diese Welt rückhaltlos als Sprache der Transzendenz in unabschließbarer Offenheit zu hören, um den Weg der eigenen, gottgewollten Freiheit zu gehen.

Freiheit aber ist von Anfang bis zu Ende das große Thema Schellings. Sie ist das umfassende, alles bewegende Motiv seines Denkens. Kaum ein Philosoph hat so enthusiastisch und so unablässig von Freiheit gesprochen. Aber im Denken der Freiheit selber hat Schelling an der Wegscheide nach Ansichtigwerden des existentiellen doch wieder den gnostischen Weg beschritten:

Die Freiheit, objektiviert in übersinnlichen Freiheitsakten und deren Folgen, läßt als Gnosis einen neuen Dogmatismus des Seinsprozesses entstehen. Die Freiheit, in Möglichkeiten ausgesprochen, wird Existenzerhellung. Eine phantastische, absolute, ewige Freiheit in der Seinsgeschichte läßt die wirkliche Freiheit existentieller Geschichtlichkeit in der Situation des Menschen außer Gesicht geraten.

Es ist erstaunlich, wie Schelling aus »Freiheit« sich gegen jeden Dogmatismus wendet, der ihm identisch ist mit dem Glauben an das Sein als ein Objekt, wie er die »Schwärmerei« mit dem Dogmatismus identifiziert, und wie er dann beide aufnimmt, so daß er mit Recht als Gnostiker gilt. Er täuscht sich dadurch, daß er alles so Aufgenommene neu zu begründen meint aus der Philosophie der Freiheit und alle diese Dinge gleichsam mit der Zollmarke »Freiheit« versieht und damit durchläßt (so wie man heute das »existentiell« als Zollmarke für philosophische Schmuggelware zu nutzen verführt wird).

Erfahrung im Vollzug der Freiheit wird indirekt mitteilbar durch die Weisen der Existenzerhellung und des Lesens der Chifferschrift. Wird aber diese Mitteilung wieder zur direkten Lehre von der Existenz als dem Sein selbst, so ist der Weg zur Gnosis beschritten.

Dies ist die Spannung, das Faszinierende und das Enttäuschende, in Schellings Texten, daß beides geschieht, Existenzerhellung und Gnosis. Beide sind da, aber sie werden nicht unterschieden, und die Existenzerhellung versinkt, da sie über Ansätze nicht hinauskommt, ihrerseits in der Gnosis. Die hohe Spekulation als Bewegung des Transzendierens, das Erwecken der Fragen in den Grenzsituationen, das Spüren des Geheimnisses schlägt stets um in die Entwicklung eines Wissens vom übersinnlichen Prozeß.

Dem Leser bleibt die Frage: Wo ist jeweils die Grenze, wo geschieht der Abfall oder die Verführung, wo dieser leise, zunächst fast unmerkliche, dann aber über das ganze Seinsbewußtsein entscheidende Sprung? Wo geht es aus der Erhellung in dogmatische Erkenntnis? Wo gehen die Methoden, sich vermischend, ineinander über?

An Schelling ist zu studieren sein Umgang mit der Chiffernsprache. Man findet die ganze Skala von existentieller Ergriffenheit durch das Grübeln in den Grund bis zur gnostischen Objektivierung eines übersinnlichen Soseins, von echten philosophischen Grundoperationen bis zu rationalen Argumentationen in der Form von Hypothesen, von visionärer Bildprägung bis zu den Leitfäden rationaler Schemata mit leer gewordenen Zeichen, von wundersamer Erhellung in leuchtenden Horizonten bis zu wunderlich leibhaftigem Wissen.

Die Verkehrungen aus spekulativen Erleuchtungen in die faktischen Dunkelheiten objektiven Scheinwissens sind bei Schelling überall zu finden: Aus dem philosophischen Grundbewußtsein der totalen Geschichtlichkeit des Seins zur Seinsgeschichte als einem erkennbaren Prozeß, aus dem Ergrübeln der Freiheit in das Begreifen des Seins als Freiheit in Akten und Katastrophen, aus der Erfahrung der Wirklichkeit in das Behaupten imaginärer Inhalte als der Wirklichkeit schlechthin, aus dem Sinn für das Geheimnis im Grunde der Freiheit zur Enthüllung des Geheimnisses durch den Prozeß des Mythus und der Offenbarung, aus den transzendierenden Operationen zum Wissen von Transzendenz, aus den vollziehbaren Erfahrungen in unserer menschlichen Situation zu unvollziehbaren, unwirklichen Erfahrungen in einer absoluten Situation des Seins selber.

Jedesmal ist es der Schritt zur Gnosis. Es ist, als ob jederzeit der Wille des Schellingschen Philosophierens zur Gnosis dränge, aber so, daß auf dem Wege zu ihrer Verwirklichung nicht gnostische, sondern erhellende Gedanken auftreten.

Schelling ist Gnostiker, weil seine Gedanken in der Gnosis sich sammeln, als Gnosis sich in den letzten fünfzig Jahren seines Lebens darstellen, weil sein religiös-politischer Zukunftswille den Weg über die Lehre der Gnosis sucht, nicht über reale Erkenntnisse, nicht über Weltaufgeschlossenheit, Realitäten, – weil er das Material der Gnosis aus der Überlieferung der Theosophie aufnimmt und aneignet, – weil er von früh bis spät alles sieht im Raum der intellektuellen Anschauung, ohne den wirksamen Zusammenhang zwischen ihr und dem faktischen Weltwissen und dem endlichen Handeln zu finden, oder auch nur methodisch zu suchen, – weil das Ganze wie ein ständiger Traum wirken kann, dessen Zauber für Empfängliche groß ist.

Schelling ist aber mehr als Gnostiker: weil er seine eigentümliche Größe hat auf dem Wege zur Gnosis in dem, was noch nicht zur Gnosis umgewendet, sondern ursprünglich fragende, öffnende Spekulation ist, – weil seine philosophischen Motive etwas enthalten, was ohne Gnosis Bestand und Wirkung haben kann, – weil er seine Gnosis nicht endgültig als Doktrin vollendet, was erst bei vereinzelten Schellingianern möglich wird, die seine Lehre als die wahre Philosophie berichten.

Die Gnosis heißt in der neueren Zeit Theosophie. Schelling eignet sich die Theosophie Böhmes an. Er will, was in der Theosophie nur bildhaft, zumeist unbegrifflich, in der Fülle der Anschauungen dargelegt wird, philosophisch legitimieren. »Es muß alles erst zur wirklichen Reflexion gebracht werden. Hier geht die Grenze zwischen Theosophie und Philosophie, welche der wissenschaftsliebende Mensch zu bewahren suchen wird« (Weltalter 22). Auf die Frage, ob Schelling die Verwandlung der Theosophie in Philosophie und zugleich die Trennung von Theosophie und Philosophie gelungen sei, muß die Antwort in Gegensätzen erfolgen:

Nein, sofern keine verbindliche Evidenz erreicht wird, die einen anderen Charakter hätte als den der theosophischen Erfassung des Seins in der leibhaften Anschauung der Dinge und Seelenerfahrungen. Ja, sofern Schelling mit diesen Bildern eine konstruktive Begrifflichkeit in Zusammenhang bringt, die ordnet, erdenkt, hin und her erwägt, nicht bloß erzählt.

Nein, sofern alle, die zu ihrem Daseinsbewußtsein theosophischer Anschauung bedürfen, diese aus ihrer eigenen reichen Überlieferung ergreifen, nicht aus Schelling, der keine Schule, keine Bewegung, keine Gemeinde hervorbrachte. Ja, sofern es einige Fachphilosophen gibt, die solche Konstruktionen als wissenschaftlich-philosophische achten und darin einen sinnvollen Gegenstand ihrer Untersuchung sehen.

Nein, sofern Schelling sowohl Kant wie Spinoza, echte Kritik und echte existentielle Metaphysik preisgegeben hat (während er diese Großen verehrt, aber auch im Übermut eines vermeintlichen Besserwissens bekämpft und »überwindet«). Ja, sofern er erstaunliche Ansätze spekulativer Möglichkeiten findet. Diese lassen sich vielleicht in einer ihnen zugehörigen Reinheit herausarbeiten.

Die Zweiseitigkeit dieses Philosophierens zieht an durch den Zauber. Wer überhaupt metaphysisch denkt, gibt sich gern Träumen hin, bis sich ihm entscheidet, ob dieses Träumen sich selbst genug sein soll, verführen darf, als ob es alles zu tragen vermöchte, oder ob es Träumen ist, Wahrträumen, das als solches methodisch begriffen und begrenzt werden muß, wenn es in existentieller Bedeutung als ein Moment der Chifferschrift sprechen und in das wahre Philosophieren als ein Glied aufgenommen werden darf.

Das Kriterium der Wahrheit der Schellingschen Gedanken und Visionen (wie aller Philosophie) ist weder die Richtigkeit eines Gegenständlichen noch die Sprachkraft eines Sinnes, sondern die verwandelnde Kraft einer Denkoperation oder eines Bildes, die in mir bewirken, daß ich teilgewinne am Unerkennbaren, aber so, daß ich in jeder möglichen Verwandlung verantwortlich bleibe, ob ich ja zu ihr sage oder nein, und daraufhin sie geschehen lasse oder sie verwerfe.

Schellings Sinn aber geht auf etwas ganz Anderes. Er will geben, was Religion gibt, und kann es nicht. Für Religion bleibt es zu wenig, für Philosophie ist es zu viel und wird damit unwahr. Schelling verspricht, was er nicht halten kann. So ist die Folge, daß er die Bescheidung kritischer Philosophie nicht erreicht, die Möglichkeit von Existenz und Vernunft unmerklich versinken läßt, deren Tiefe verliert, die nur im Bewußtsein ihrer Grenzen sich offenbart.

f) Die letzte Frage an Schellings Objektivierungen ist, was sie als Chiffern bedeuten könnten, und wie wir auf diese Chiffern kritisch antworten. Wir schicken einige Bemerkungen voraus, um den Sinn dieser Frage zu verdeutlichen.

Die bloße Vergewisserung des Raums, in dem wir uns finden, die Verborgenheit Gottes, das Bewußtsein der Unwahrhaftigkeit, sich auf ein vermeintlich in der Welt vorkommendes Wort Gottes als auf ein allgemeingültiges für alle zu berufen, die Offenheit für die Welt des Möglichen, die objektive Bodenlosigkeit, wenn ich nur absolute Wahrheit, die als Glaubenserkenntnis für alle gelten soll, als Boden anerkenne, – das alles scheint eine Philosophie zur Folge zu haben, die nichts mehr zu sagen vermag.

Man darf sich nicht darüber täuschen, daß ein Philosophieren, das in dem Aufweisen des Nichtaufweisbaren, in dem Unbestimmten stehen bleiben würde, praktisch einen Nihilismus zur Folge haben kann.

Das Philosophieren, das den Raum öffnet, bringt nicht selber schon Gehalte philosophischen Denkens. Soweit es befreiend wirkt, erweckt es Möglichkeit, bringt nicht Erfüllung. Daher ist solches Philosophieren nur der Hintergrund, auf dem der geschichtlich konkrete Wille des Menschen in seiner möglichen Existenz sich ausspricht, Wahrheit sagt, für die er lebt und leben will, von der er überzeugt ist, obgleich er sieht, daß weder alle ihr folgen, noch er erwarten darf, daß alle folgen werden.

Diese Wahrheit erst ist das, was jenen Nihilismus und jene Bodenlosigkeit aufhebt. Aber sie wird hell nicht in dem, was jede Vernunft allgemeingültig bestimmt, sondern erst in einer Sprache, die wir finden und zugleich hervorbringen in den Objektivitäten, die wir Chiffern der Transzendenz nennen. Diese sind nicht die Transzendenz selber, sondern ihre Weise, aus der Verborgenheit vieldeutig zu uns zu sprechen.

Da aber die Transzendenz nie selbst und ihre Sprache nur in vieldeutigen Chiffern zu uns gelangt, ist sie nicht ein für allemal zu fassen, sondern zeigt sich in der geschichtlichen Bewegung, die wir sind. Diese Bewegung aber liegt darin, daß wir viele Menschen sind und miteinander reden, während wir durchaus nicht auf gleiche Chiffern und auf scheinbar gleiche nicht eindeutig hören. Daher stehen wir miteinander in einem Kampf.

Dieser Kampf ist ein einzigartiger. Er ist als geistiger Kampf Grundphänomen des Menschseins. Der tiefste Unterschied zwischen den Lebewesen, die einfach den Notwendigkeiten ihres Daseins folgen, und dem Menschen ist dieser, daß der Mensch es vermag und es begehrt, sich mit dem Menschen zu verständigen, an einer Sache mitzuwirken, die, die bloße Wiederholung der Lebenskreise durchbrechend und überwölbend, geschichtlich sich als Gemeinschaft der Menschen und als deren Leben und Werk entwickelt. Daher will der Mensch den anderen überzeugen und von ihm überzeugt werden. Er steht mit ihm im geistigen Kampf, in dem die Waffen der Gewalt des Daseinskampfes, der dem der Tiere analog ist, ruhen. Der Wille dieses Kampfes hat einen anderen Ursprung als den bloßen Daseinskampf. Der Sinn des Kampfes ist verwandelt zum Kommunikationswillen im Raum der Mächte, die der Wille nicht durchschaut, aber immer mehr durchschauen und sich selber angehen lassen möchte.

In den Erkennbarkeiten, die ihrer Natur nach immer von Gegenständen in der Welt gelten, suchen wir durch Diskussion die Einigkeit in der zwingenden Sache und erreichen sie faktisch trotz oft langen Widerstrebens. In der Wahrheit aber, aus der und für die wir leben, suchen wir Kommunikation, nicht zwecks Kompromiß (wie in Interessenfragen des Daseins), sondern um wahrer und ursprünglicher und entschiedener das eigene Leben zu verwirklichen und um anerkennender, liebender angesichts fremder Lebensverwirklichung zu werden.

Zwar begegnen wir dem Fremden, das seinerseits gar nicht Kommunikation will, Mitteilung verwehrt, Unterwerfung und Nachfolge fordert, nicht Prüfung zuläßt. Aber hier liegt etwas wie die Grenze zum Verlust des Menschseins. Hier wird die Frage beschwörend: bist du noch ein Mensch, wenn du irgendwo grundsätzlich verweigerst, zu hören, zu prüfen und zu antworten, – kannst du Wahrheit verwirklichen, wenn du eine Gesellschaft mitformst und ihr gehorchst, die den offenen, für Leben und Sicherheit des Leibes gefahrlosen Verkehr des Geistes verbietet? In dieser das Menschsein erst ermöglichenden Kommunikation gilt nicht die Gewalt, sondern allein die Kraft des Überzeugens, die den eigentlichen Willen des Menschseins selbst erreicht, den Willen, der, im Unterschied von allem Lebendigen sonst, Kommunikation kennt und diese auf sein gesamtes Dasein, sich als Menschen mit der Menschheit erst hervorbringend, ausbreiten möchte.

Mit diesem Kommunikationswillen treten wir in den Raum der Mächte. Niemand hat die Wahrheit schlechthin und im Ganzen. Die Wahrheit, die er ist und weiß, verwirklicht er in der Praxis, für die der philosophische Hintergrund kritischen Denkens unerläßlich, aber nicht ausreichend ist. Vielmehr findet hier das Ringen um jene Wahrheit statt, die, alle zwingende Erkennbarkeit überbietend, die philosophisch transzendierende Besinnung erst erfüllt. Dieses Ringen erfolgt geistig in jenen Gestalten der Chiffern, die das Sein selbst und das, worauf es ankommt, sprechen lassen. Es ist eine Sprache, die, wo sie gehört wird, eine einzige Kraft hat. Wo Erkenntnis versagt, erleuchtet sie den Weg. Mit dem bloßen Verstand ist sie gar nicht zu hören, sondern nur mit unserem Wesen selber. Was wir hören, ist unsere Verantwortung. Wie wir es hören, darin sind und werden wir selber. Die Sprache klingt eindringlich in Höhepunkten des Lebens, in Augenblicken des Entschlusses. Sie klingt leise, als bloße Möglichkeit bewegend, wenn wir uns ihr in der Haltung des Wissenwollens zuwenden.

Das Ringen mit den Chiffern durch Chiffern ist das große Ringen in der

Geschichte des Menschen. Wir mögen gegenüber den Chiffern fragen: Was befriedigt uns? Was treibt uns, die einen den anderen vorzuziehen? Warum umgeben uns die einen als wundersame Sterne, möchten wir die anderen als hassenswerte Verführungen zwar kennen, aber nicht in uns eindringen lassen? Was ermächtigt uns, darin den Kampf des Glaubens an Gott gegen die Verfallenheit an Götzen zu vollziehen zu meinen? Auf die letzte Frage müssen wir stets uns selber zügeln gegen die Verführung, zu schnell für andere als Götzen zu erklären, was Götzen nur für uns selber sind. Auf die anderen Fragen bleibt die Antwort aus. Hier ist kein Kampf mit Gründen zureichend zu führen, das Begründen und Hinweisen ist nur ein Mittel des Sprechens. Der eigentliche Kampf folgt durch Hinstellen der Chiffern selber gegen Chiffern, durch Deutung und gleichsam Enthüllung des Sinns einer Chiffer, nämlich ihrer Wirkung in der Existenz, die wir mit ihr werden.

Über die Bedeutung Schellingscher Objektivierungen als Chiffern beschränken wir uns nun auf wenige Urteile. Denn Schellings Denken ist nicht groß durch Erfindung von Chiffern.

Erstens: die Frage nach der Nichtigkeit von Chiffern. – Chiffern können leer, kahl, nichtssagend sein. Sie sind dann bloße Objektivierungen ohne Sprachkraft. Schellings Gedanken gehören in nicht geringem Umfang zu solchen philosophisch indifferenten, nicht mehr bewegenden, weder anziehenden noch abstoßenden Scheinchiffern. Er hat ein breites Material von Mythen und christlichen Gedanken mit seiner Potenzenlehre willkürlich strukturiert. Es fehlen die Kriterien, warum diese und nicht andere historische Tatbestände so gewichtig sind. Vorausgesetzt ist der Seinsprozeß, der, an sich uneinsichtig, selber höchstens als Chiffer ein Gewicht haben könnte, aber als solcher Schellingscher Mythus nur eine Reihe von Leerheiten bringt, in den durch die Unverwüstlichkeit der großen geschichtlichen Gehalte, die er darin noch aneignet, und durch die nie ganz erloschene Sehkraft Schellings hier und da noch ein Funke leuchtet wie in einem Haufen Asche.

Zweitens: die Frage nach der Herabsetzung der Objektivitäten zu Chiffern durch den Gottesgedanken. – Wenn Chiffer und Wirklichkeit der Transzendenz nicht klar geschieden bleiben, so ist das Ringen um Gott gegen die Verwechslungen entscheidend für die Reinheit der möglichen Existenz und ihres Bezuges auf die Gottheit. Dieses Ringen findet statt durch die Einsicht in das Wesen der Objektivität der Chiffern, dann durch die Herabsetzung aller Objektivitäten, die selber Gott zu sein beanspruchen, zu Chiffern. Damit wird bewahrt, was über und vor allen Chiffern ist.

Daß Schelling sein Gottdenken nicht als Sprache in Chiffern meint, sondern als Gotteserkenntnis, muß gegen diese Chiffern die Empörung wecken, die aus dem Gottesgedanken selber kommt. Schelling tastet das Unantastbare an. Ein solches Antasten geschieht nicht in dem Denken mit den scheiternden Kategorien der negativen Theologie; es geschieht nicht mit dem Ansprechen der absoluten Transzendenz (zu der vermöge dieses Ansprechens der Bezug gewonnen wird, der die geschenkte Freiheit zu vollem Erwachen bringt); es geschieht nicht in den Sätzen von der Unveränderlichkeit Gottes (wodurch nur auf eine neue Weise das gegenüber all unserer Wirklichkeit ganz anders Wirkliche durch ein weiteres negatives Aussagen getroffen wird); und es geschieht schließlich auch nicht durch die Chiffern als solche, wenn sie nur nicht verwechselt werden mit Wirklichkeit der Transzendenz selbst. Aber angetastet wird die Gottheit durch alle positiven Aussagen, mit denen auf sie übertragen wird, was im menschlichen Dasein ist. Schon die Analogie wird gefährlich, wo sie mehr sein will als eine eigentümliche, ihrerseits zweideutige Chiffernsprache.

Schelling spricht in Chiffern ohne methodisches Bewußtsein von dem Sinn ihrer Objektivität. Die Chiffern selber sind auf ihre Wahrheit hin zu befragen, hier zunächst die Chiffern, die unmittelbar Gott selber treffen wollen. Zu den Chiffern der Transzendenz, die vom philosophischen Gottesgedanken her verwerflich scheinen, gehören bei Schelling insbesondere:

Der werdende Gott

Wenn bei Schelling die Ewigkeit und Unveränderlichkeit Gottes auch nie völlig verschwindet, so tritt sie doch sehr hinter dem werdenden Gott zurück, so daß dieser letztere der eigentlich Schellingsche zu sein scheint. Das ist in Schellings Gedankenwelt etwas radikal zu Bekämpfendes, nicht aus irgendeiner Erkenntnis, sondern aus dem Bewußtsein der Transzendenz, die solche Chiffern verwehrt. In Spinoza, in Kierkegaard, in mancher asiatischen Philosophie ist – unter sich sehr verschieden – doch ein Gemeinsames: eine Ruhe in der Geborgenheit des Ewigen. Dagegen steht das Bewußtsein, in einer absoluten Geschichte zu stehen, eins zu sein mit dem werdenden Gott, die eigene Unruhe in Gottes Unruhe, das eigene Leiden, Verzweifeln, Sterben und Opfern in Gott wiederzuerkennen. Für Schelling ist es kennzeichnend, daß er weder in der Ruhe jener großen Vertrauenden noch in der Unruhe der Werdenden, sondern ohne Unruhe totaler Art und ohne Ruhe der Gelassenheit lebt.

Wenn der Gedanke des werdenden Gottes in der Geschichte einst eine Kraft hatte in der radikalen Unruhe des Daseinsbewußtseins von Menschen, so ist davon bei Schelling kaum etwas wiederzuerkennen. Das zeigt sich darin, daß bei ihm an die Stelle der transzendenten Unveränderlichkeit eine sich schließende Endlichkeit tritt. Mit ihr wird es ermöglicht, daß die Unruhe nicht ernst wird: Es gibt bei ihm immer das, worüber hinaus nichts mehr ist. Raum und Zeit sind bei ihm in Grenzen eingeschlossen; das Unendliche ist in der Endlichkeit; die Geschichte liegt zwischen Anfang und Ende, Ursprung und Ziel. Gott und alles, was ist, schließt sich in Kreisen. Schelling lebt im Grundbewußtsein des Ganzen als eines umschließenden Hauses. Mag er unablässig vorandrängen, über jede Position hinaus weiterdenken, die Philosophie überall in genetische Philosophie eines Prozesses und Gott selbst in einen Prozeß übersetzen, – ebenso ständig im Hintergrund gegenwärtig, an entscheidenden Stellen ausgesprochen ist das Andere: nicht die Ruhe, sondern der Abschluß, das Ende.

Der vorgestellte Zustand Gottes

Dieser wird ungemein vielfältig von Schelling beschrieben, als der Wille, sofern er nicht wirklich will (Widerhall im Menschen: jede Kreatur strebt eigentlich nur in den Zustand des Nichtwollens zurück), als reine Gleichgültigkeit (Indifferenz), als reine Frohheit, die sich selbst nicht kennt, als die gelassene Wonne, die höchste Einfalt, als die verzehrende Schärfe der Reinheit, da in ihr alles Sein wie in einem Feuer aufgeht. Der philosophische Gottesgedanke muß solche Vorstellungen als unerträgliche Anmaßung abstoßen. Sie bringen den Gottesgedanken eigentlicher Transzendenz zum Verschwinden.

Die absolute ewige Freiheit

Diese Chiffer kann etwas Ergreifendes haben. Sie scheint von allen Gottesvorstellungen als die angemessenste. Aber sie ist unannehmbar, auch weil durch sie Schellings Maßlosigkeit in der Steigerung des Menschseins sich kundgibt. Die eigene Freiheit ist es, die er wiedererkennt in der ewigen Freiheit. Die ewige Freiheit Gottes denkt in ihm selber.

Was Schelling von Gott, ihn zum Bild werden lassend, denkt, scheint uns am Ende ausnahmslos als Spielerei. Es entbehrt der Kraft der Chiffer im Munde prophetischen Ernstes. Schlimmer aber:

es rührt an Stimmungen im Menschen, die existentiell verderblich werden.

Drittens: die Frage nach der existentiellen Bedeutung einzelner Chiffern. – Schelling hat selber eindringlich ausgesprochen, daß »das Sittliche« in den spekulativen Begriffen ihren Gehalt ausmacht. Die Größe des Sokrates »liegt in der durchgängig sittlichen Bedeutung auch seiner höchsten und spekulativen Begriffe« (XIV, 325 ff). Die Großen sind sich überall gleich, sagt Schelling. Die Gefühle, die sie in uns bewegen, ob Sophokles, Pindar, ob Hiob und die Psalmen, und was in der Mythologie Wahres ist, alles geht auf dasselbe, das Ethos. Dessen Prinzipien »sind auch die innersten der Philosophie«, »eben daran erkennt man die Tiefe in der Wahrheit philosophischer Prinzipien, daß sie zugleich von der tiefsten sittlichen Bedeutung sind« (XII, 158). Nur am Leitfaden unserer menschlichen Erfahrungen und Willensakte wird gedacht, was im Grund der Dinge geschehe. Auf unsere innere Verfassung wirkt zurück, was dort gedacht wird. Kritik muß hier wesentlich existentiell sein. Unter diesem Gesichtspunkt sind die bei Schelling vorkommenden Chiffern nicht logisch, sondern mit unserem Wesen selber oder unserem Grundwillen zu prüfen. Beispiele:

Der Seinsprozeß: Schellings Chiffer der übersinnlichen Geschichte, zunächst des Inneren der Gottheit, des Lebens in Gott, dann seiner Schöpfung, des Falls durch den Menschen, der Prozeß der Mythologie und die Wiederherstellung durch Offenbarung – dies alles dazu noch nur als verwässertes biblisches Anschauen unter Verlust der Kraft und des Ernstes – ist keine Erweckung und Führung im existentiellen Kampf der Geister.

Schellings Auflösung allen Widerstreits und aller Widersprüche in Stufenfolgen verschleiert die Wahrnehmung der Fronten. Denn wir stehen nicht in einem harmonisch sich vollendenden Ganzen, sondern im Raum kämpfender Mächte, die wir nicht übersehen, in denen mitzuwirken aber Bedingung der Wahrhaftigkeit unserer Existenz ist.

Ich wende mich gegen diese und andere Abwandlungen der Chiffer einer transzendent bewirkten, im ewigen Plan festgelegten Geschichte, mag sie sich als objektive Heilsgeschichte, als geheimnisvolle Schellingsche Seinsgeschichte, als marxistische Geschichtserwartung nach einem erkannten unabänderlichen Gesetz aussprechen. Die Chiffer hat als Hoffnung eines nicht zu Denkenden ihren Sinn, einen Sinn, der auch bei Vernichtung des Erdlebens noch bleibt. Sie verliert aber diesen Sinn und gewinnt einen völlig anderen, wenn die Geschichte durch transzendente Akte bewirkt wird, auf die wir rechnen, die wir ankündigen und erwarten, Akte, die uns bezwingen und vernichten oder helfen und retten, (die wir schließlich in einem Wissenschaftsaberglauben so zu erkennen meinen, daß wir sie gar selbst in die Hand nehmen).

Diese Chiffer muß bekämpft werden von jedem, der die wirkliche Situation des Menschen nicht überspringt. Denn der Mensch sieht sich in das umgreifende Dunkel gestellt, das sich ihm durch Handeln und Versuche, Forschen und Erfahren zwar erhellt, aber nicht bis auf den Grund durchdringbar ist. Er weiß, daß es für menschliches Erkennen und Wollen keine Möglichkeit gibt, die Welt richtig einzurichten, daß es vielmehr ein unabsehbarer geschichtlicher Prozeß ist, den niemand überblickt und je als Ganzes überblicken wird. Der Einzelne steht in diesem Prozeß und kann sich verwirklichen im Dienste des für ihn Guten, unter Hören der Gegner. Jede seiner Entscheidungen und Handlungen ist verantwortlich in dieser Situation.

Die Chiffer der Seinsgeschichte ist zu bekämpfen durch die Chiffern des Schwebenden, unter denen die Entschiedenheit der verantwortlichen Handlung hier und jetzt steht. Wir stehen in einer Welt des Möglichen. In ihr ist alle echte Wirklichkeit die gegenwärtige. Was versäumt ist, bringt keine Zukunft wieder. Aber dieses Gegenwärtige weiß sich und will sich im Zusammenhang der Überlieferung wissen. Es möchte eine erwünschte Zukunft mitbegründen, zu den Ahnen eines besseren menschlichen Daseins gehören, möchte bauend, nicht zerstörend, ordnend, nicht nivellierend, fruchtbare Wurzel, nicht die Leerheit eines Nichts sein.

Dazu hilft nicht die Chiffer einer Seinsgeschichte, sondern die redliche wissenschaftliche Erforschung als ein Mittel, – der hellwerdende Impuls der möglichen Existenz des je Einzelnen im Raum der Mächte, die ihm begegnen, widerstehen, überwältigen oder weichen, – der Bezug auf die eine Transzendenz.

Was der Einzelne gegenwärtig wirklich und damit ewig ist, das kann zugleich die Zukunft der Nachkommenden begründen.

Das Dunkel der Natur: Schellings Chiffern erwachsen zum Teil aus dem undurchdringlichen Naturgrunde, der Nacht, der Vergangenheit, dem Unbewußten, dem Schrecklichen und Grauenhaften als solchem. Es wird gesteigert zur »Natur in Gott«, zum »Barbarischen« in Gott. Es wird wahrgenommen in der Schwermut und in der Lust an der Schwermut.

Die Chiffern dieser Welt sind ambivalent. Sie treffen Wirklichkeiten, aber sie werden auch der Ansporn zur Verwirklichung des Bösen. Nicht bei Schelling, aber bei Anderen erzeugen sie eine Seelenverfassung, in der das Schrecklichste zu tun oder zu bejahen möglich wird. Was in gröbster Form als die Polarität von Sadismus und Masochismus der Sexualität vorkommt, verkleidet sich durch endlos viele Einkleidungen, gegen deren Unreinlichkeit und Unwahrhaftigkeit nur die Helligkeit der Philosophie hilft. Nur am Rande kann sich bei Schelling – und nur selten – jene Schwüle geltend machen. Er ist bemerkenswert frei von der romantischen Atmosphäre des Erotischen, Perversen, Androgynen und dergleichen. Aber seine Chiffern der Natur können leicht und schnell in diese Richtung führen.

Gelegentlich braucht Schelling das Bild des *Phoenix* für das Sein. Es wirkt bei ihm so zweideutig wie die anderen. Als Anschauung der Welt in ihrer geschaffenen Lebendigkeit, gesehen vor der Unveränderlichkeit Gottes, ermutigt es, in das unaufhaltsame Werden miteinzutreten, keine Reserven trügerisch festzuhalten, nur zu halten an dem, was ewig ist und nie wird, woran die Wahrheit meines Willens in der totalen Verwandlung alles Zeitlichen sich vergewissert, – oder es wirkt ganz anders: als Lust am bloßen Werden und Anderswerden, als Sturz in dieses als letzte Wahrheit, als Treulosigkeit und Unverläßlichkeit meiner selbst, der ich sein darf, wie in dieser Chiffer der Grund des Seins selber ist, an nichts gebunden, durch alle Gestalten nur hindurchgehend.

Diese Beispiele müssen genügen. Zum Abschluß fragen wir nach der Wahrheit des Zustandes des Chiffernlesens. Schelling drängt in seiner gesamten Metaphysik auf die Gewinnung jener Verfassung, die man den »absoluten Zustand« nennen könnte: wo ich das Eigentliche sehe und weiß, da ist Ruhe.

So erfährt er durch die Philosophie die Befreiung von gemeiner Freude und gemeinem Schmerz. »Denn wer wird sich noch über die *gemeinen* und *gewöhnlichen Unfälle* eines *vorübergehenden Lebens* betrüben, der den *Schmerz des allgemeinen Daseins* und das *große Schicksal des Ganzen* erfaßt hat?« (X, 268) Ist hier von Schelling nicht mit ahnungsloser Naivität die Flucht aus der Wirklichkeit ausgesprochen? Nur im uneingeschränkten Schmerz, muß man ihm erwidern, der uns Menschen in der geschichtlichen Situation auferlegt wird, kommen wir zur Wahrheit. Es sind nicht »gewöhnliche Unfälle eines vorübergehenden Lebens«, was uns als unentrinnbar zukommt. Sie werden nicht in Wahrheit aufgehoben durch eine »allgemeine Tatsache«, sondern in je einmaliger Durchdringung und Aneignung der Existenz, die nicht anderswohin sich entzieht.

Schon wenn Schelling den Weg in den Grund des Seins zeigt als Aufhebung aller Endlichkeit, als das »alles lassen«, spricht er zweideutig. Der Weg führt ebenso ins Nichts wie zu Gott. *Wenn* ins Nichts, so erwächst entweder Verzweiflung oder die gnostische Mißgeburt. Wenn zu Gott, so erwächst in bezug auf das Unbegreifliche die Entschiedenheit im erfüllten Entschluß der geschichtlichen menschlichen Existenz, nicht aber das Wissen vom Sein selbst.

Sehen wir die Ruhe der großen Philosophie, so ist es nicht die Schellings. Ihm fehlt die Ruhe. Denn er ist nicht dorthin gelangt, wo der Denker Herr seiner Gedanken ist und keiner Zauberei erliegt, wo er zu verwirklichen versucht, was in seinem Dasein die menschliche Ergänzung seines Denkens ist, wo das Gedachte nicht zur Verführung eines vermeintlichen Habens der Wahrheit im Anschauen und Bescheidwissen, nicht zur Illusion einer absoluten Zuflucht wird, sondern das Medium der Kommunikation bleibt.

VIERTES KAPITEL

DIE FRAGE NACH DER SUBSTANZ SCHELLINGSCHEN PHILOSOPHIERENS

Bei der kritischen Aneignung philosophischer Werke ist die Prüfung der Stringenz von Gedankengängen, die Klärung ihrer Voraussetzungen, die Bestimmung des Sinns der behaupteten Tatsächlichkeiten wichtig. Aber wesentlicher ist durch dies alles hindurch die Erfahrung des Wesens, dem ich bei dem Studium eines Textes nahe komme oder ferner rücke. Diese Erfahrung sich bewußt zu machen und ihr eine mögliche Mitteilbarkeit zu verschaffen, bedeutet die Kritik der Substantialität eines Denkens.

1. Reflexivität

a) Reflexion heißt Widerspiegeln. Wenn ich ganz bei einer Sache bin, reflektiere ich nicht. Wenn ich mich frage, wie ich bei dieser Sache bin, wenn ich mir meiner Methode bewußt werde und sie vergleichend prüfe, wenn ich von der Sache und mir und meiner Beziehung zu ihr dadurch Abstand nehme, daß ich ineins sie erblicke und mein Erblicken erblicke, das heißt, wenn ich die Sache erforsche, kurz, wenn zu meinem Bewußtsein das Selbstbewußtsein kommt, dann reflektiere ich.

Reflexion heißt aber auch das Widerspiegeln, wenn mein Denken das Echo anderen, fremden Denkens ist. Im Widerhall denke ich, als ob ich selber denke. Ich denke wieder ursprünglich, wenn auch nicht als erster, was mir aus der Überlieferung, aus der Umwelt, in der Sprache, aus Werken und Gebilden zugeflogen ist.

Beide Reflexionen gehören zum Grundwesen unseres denkenden Daseins. Aber nun kann sich die Reflexion von ihrem Grunde lösen. Ich kann in der Reflexion auch die Dinge und mich lösen von der Voraussetzung der Substanz des Bewußtseins und Selbstbewußtseins, auf die ich reflektiere. Dann gerate ich in die endlose Reflexion, deren Medium ohne Führung nur noch die Begriffe und die

Sprache sind. Ich kann mich im Echo lösen von meiner Ursprünglichkeit, die das Echo zur Gegenwärtigkeit bringt. Dann wird es ein bloßes Echo. Ich bin nicht mehr ich selbst, sondern der Schauplatz dessen, was schon gedacht, gesehen, erfahren ist. Ich denke und erfahre nicht selber, sondern verhalte mich nur, als ob ich es tue. Daher bin ich erfüllt von einer überflutenden Beliebigkeit des Eindringenden. Es wird ein Leben aus dem Andern, das man selber nicht ist. Man kann alles sein, aber so, daß man es eigentlich nicht ist.

Die Reflexion kann sich in mir selber zu einem Schattenleben lösen dadurch, daß ich mit Lust nur in der Reflexion als solcher lebe, nicht mehr in der Substanz. Ich genieße nur, wenn ich mir bewußt mache, daß ich genieße. Ich habe mein Selbstbewußtsein nur, wenn ich mich im Spiegel anderer sehe. Ich denke einen Gedanken nur dadurch befriedigt, daß ich weiß: ich denke ihn. Eine gespenstische Welt der Reflexivität setzt sich an die Stelle des Lebens selber. Die Reflexion bleibt übrig als die einzige Wirklichkeit. Ihr Material ist beliebig und daher ohne Gewicht und Wirklichkeit.

Nun ist nicht zu vergessen: Reflexion gehört zum denkenden Menschsein. Reflexion ist ein Grundzug souveränen Philosophierens. Nur durch Reflexion gewinne ich die Distanz zu mir, zu meinem Denken und zu den Dingen; und diese Distanz ist die Bedingung freien Philosophierens. Reflexion kann mit tiefer Ursprünglichkeit verbunden sein, die erst in ihr hell wird. Da aber die Reflexion sich lösen kann, ist sie von vornherein die unumgängliche Gefahr. Was die Ursprünglichkeit zu ihrer Helle und Entfaltung bringt, kann sie auch vernichten.

Insbesondere kann die Armut eigener Substanz und der daraus entspringende Geltungswille, kann die Neigung in der Reflexion scheinbar gefahrlos zu erleben, was man wirklich zu leben gar nicht bereit ist, oder der Drang, mehr zu erleben, als man erlebensfähig ist, dazu verführen, das Bewußtsein von etwas und den Widerhall eines anderen an die Stelle eigenen verantwortlichen Existierens zu setzen.

b) Schelling hat die Reflexion zum Gegenstand seines Nachdenkens gemacht. Er hat sie gefordert als die Bedingung der Philosophie. Sie ist auf dem Wege zur Philosophie deren Vorstufe. Wer sie nicht wagt, kann nicht in die Freiheit der Philosophie gelangen. Die Philosophie ist nicht ohne weiteres, nicht unmittelbar da. Sie muß erworben werden auf dem gefahrvollen Wege durch den Entschluß der Freiheit selber. »Freiwillig entläßt die Natur keinen aus ihrer Vormundschaft. Es gibt keine geborenen Söhne der Freiheit« (II, 12). Die Reflexion bleibt immer von neuem unerläßlich. Denn nur durch sie ist auf jeder Stufe, auf der ich in Gefahr bin, an eine Objektivierung zu verfallen, die Souveränität möglich, durch die ich Herr meiner Gedanken bleibe, indem ich jede Objektivierung ebenso vollziehe wie überwinde.

Wenn Schelling weiß, daß Philosophie durch Reflexion erwächst, so zugleich, daß das, was der Reflexion vorhergeht, Bedingung allen Gehalts ist. Der Weg von Frage und Zweifel hat nur Sinn durch den Boden, auf dem er geht. Daher spricht Schelling mit Achtung von diesem Vorhergehenden oder Vorausgesetzten, das noch nicht Philosophie ist: »Jene Geister haben in ihrer eigenen Welt gelebt, und was ist der ganze Ruhm des scharfsinnigsten Zweiflers gegen das Leben eines Mannes, der eine Welt in seinem Kopfe und die ganze Natur in seiner Einbildungskraft trug?« Auch Forschung geht der Philosophie vorher. Sie ist noch naiv. »Wer in Erforschung der Natur und im bloßen Genuß ihres Reichtums begriffen ist, der fragt nicht, ob eine Natur und eine Erfahrung möglich sei« (II, 12). Vor der Reflexion leben »die Menschen im (philosophischen) Naturzustande, einig mit sich selbst und der sie umgebenden Welt.«

Doch wird in dem Zustande vor der Reflexion, in jener Einheit ohne Trennung, das Ungenügen gefühlt. So erwuchs in der Forschung das Ungenügen an den einzelnen empirischen Erkenntnissen. Man lernte durch mannigfache Erfahrungen zwar zwischen Schein und Wirklichkeit unterscheiden. Daraus aber erwuchs erst die philosophische Frage in der Allgemeinheit, »was überhaupt das Reale in unseren Vorstellungen sei.« Philosophie entsteht, »wenn diese ursprüngliche Tendenz zum Realen sich mit der Fähigkeit verbindet, über das Wirkliche sich zu erheben« (I, 351 ff). »Wie eine Welt außer uns möglich sei, mit dieser Frage entstand Philosophie« (II, 12). Das ist nur ein Beispiel der Reflexion.

Schelling denkt beides: die Reflexion muß gewagt werden, die Reflexion muß überwunden werden.

Das Wagnis: Da die Reflexion den Menschen sich selbst gegenüberstellt, spaltet sie ihn. »Sobald er sich selbst zum Objekte macht, handelt nicht mehr der ganze Mensch.« Das ursprüngliche Gleichgewicht der Kräfte und des Bewußtseins wird durch die Freiheit der Reflexion aufgehoben. Das Edle des Handelns, das sich selbst nicht kennt, ist verschwunden. Wird der Boden vernichtet, so kommt es zum Äußersten: »Die bloße Reflexion ist eine Geisteskrankheit des Menschen, welche sein höheres Dasein im Keime erstickt, sein geistiges Leben in der Wurzel tötet« (II, 12). Der Sinn der Reflexion geht daher gegen sie selber, um das »ursprüngliche Gleichgewicht der Kräfte«, die »Gesundheit«, wiederherzustellen. Die wahre Philosophie entsteht zwar durch Reflexion, aber behandelt sie als bloßes Mittel und gewinnt ihre wahre Gestalt zurück aus den »Zerreißungen der Reflexion« (II, 14). Die schlechte Philosophie, die Reflexionsphilosophie, dagegen führt in die endlose Entzweiung und bleibt in ihr. Die endlose Reflexion führt ins Nichts. Da aber der Gang der Reflexion notwendig, weil selber Bedingung der Freiheit ist, also gewagt werden muß, kann Schelling sagen: Wer in die »bodenlosen Abgründe« der Reflexion geht, bringt »ein Opfer für die Menschheit, weil es Aufopferung des Edelsten ist, was er hat« (II, 15).

Was hier in der Wurzel des Philosophierens geschieht, hat Hegel in den Jahren seiner Gemeinschaft mit Schelling gewichtiger ausgesprochen (Glauben und Wissen oder die Reflexionsphilosophie ..., 1802): Hier ist »die Unendlichkeit, als der Abgrund des Nichts, worin alles Sein versinkt,« »der unendliche Schmerz, das Gefühl: Gott selbst ist tot.« In der Philosophie ist »die Idee der absoluten Freiheit, und damit das absolute Leiden oder der spekulative Karfreitag in der ganzen Wahrheit und Härte seiner Gottlosigkeit« wiederherzustellen: »aus welcher Härte allein die höchste Totalität in ihrem ganzen Ernst und ihrem tiefsten Grunde, zugleich allumfassend, und in die heiterste Freiheit ihrer Gestalt auferstehen kann und muß.«

Die Überwindung: Was Hegel die Auferstehung der Philosophie nennt, entwirft Schelling als das absolute Identitätssystem seiner Jugend –, als die Denkungsweise, die sich »vom Standpunkt der Reflexion völlig entfernt, weil diese nur von Gegensätzen ausgeht und auf Gegensätzen beruht« (IV, 113). Weil aber die Reflexion unumgänglich ist, wird sie hineingenommen in den Prozeß, der alle Möglichkeiten des Gedankens genetisch vor Augen stellt. Das geschieht, indem die Reflexion als Mittel jeden Standpunkt befragt, ins Objektive setzt, wieder in die Subjektivität überwindet, aber in einer Bewegung, die Ursprung und Ziel hat, sich daher schließt in dem Ganzen der Vollendung.

c) Wie vollzieht Schelling die Reflexion, die er von einer Seite her grundsätzlich erörtert hat, und von der er so Wesentliches weiß? Er wagt sich in der Tat nicht in die unendliche Reflexion, wie später Kierkegaard und Nietzsche es taten. Schelling wird weder zum Opfer der Reflexion noch durch solches Opfer Ursprung neuer Substanz. Er tritt nicht ein in die Krisis, die ihre philosophische Sprache nur ineins mit dem eigenen Dasein gewinnt. Er bleibt in einem uneingestandenen anderen Leben. Die Philosophie bleibt Betrachtung. Sein Denken der Reflexion bleibt selber Reflexion in dem Zusehen, das nicht wirklich vollzieht, wie sie in ihrer Radikalität dorthin gelangen kann, wo alle Täuschung aufhört und wo unter dem nun untilgbaren Maßstab der Redlichkeit das geboren werden kann, was trägt, die geschichtliche Existenz. Schelling hilft sich mit Kulissen, die er um sich stellt.

Schelling hat zwar stets die Souveränität der Philosophie darin gesehen, daß sie Abstand nimmt, daß sie von einem Orte her blickt, denkt und spricht, der unbestimmbar ist, von dem her sie Herr ihrer Gedanken bleibt. In der Tat ist keine Philosophie ohne das Distanzieren jedes Gedachten, nicht ohne methodisches Bewußtsein, das allumgreifend nichts geschehen läßt im Denken und Sagen, was ihm nicht die Durchhellung verdankt. So ist es seit Plato. Was im bloßen Dabeisein oder Darinsein gleichsam inspiriert als Bild und als geheimnisvolle Wendung zutage tritt, ist, weil ohne Reflexion, noch nicht Philosophie, sondern deren Ursprung. Aber erst von jenem Orte her, an dem ich mich aus dem Grund meiner Existenz unbedingt behaupte, jenem Orte, der selber kein Gegenstand der Erkenntnis wird, kann die Führung der sonst endlosen Reflexion kommen.

Schelling hat die Souveränität des Denkens gewollt. Mit Recht, denn an sie ist die Wahrheit des Philosophierens gebunden. Wenn ich nicht Herr meiner Gedanken bleibe, bin ich ihnen verfallen. Wenn mich metaphysische Gedanken bezwingen, erliege ich dem Zauber. Aber wer ist »Herr«? Nicht das psychologische Individuum, nicht eine allgemeingültige, feste Instanz, sondern, unter der Gefahr des Nihilismus in der Beliebigkeit des Denkens wie der Praxis, vielmehr die geschichtliche Existenz, die Vernunft der geschichtlichen Existenz.

Das Bezwingende liegt in der Geschichtlichkeit, die der Souveränität Gehalt bringt. Dieser Geschichtlichkeit wird, was Zauber sein kann, Chiffer des Wirklichen, nicht nach Willkür, nicht schon in ästhetischer Ergriffenheit, nicht in der Unverbindlichkeit des wieder anders Werdens und des Vergessens, sondern allein in dem, was unvergeßlich, tragend, unwiderruflich, Entschluß und Tat, das Leben selber als Existenz ist.

Auf diese Existenz kann sich niemand berufen. Sie wird wirklich ohne Kriterien einer objektiv feststellbaren Realität, durch die sie bewiesen würde. Aber jene große Verwandlung von Zauber in Möglichkeit, von Möglichkeit in Chiffer hat für die Weise des Philosophierens Folgen, durch die zwar keine Existenz bewiesen wird, ohne die aber keine reife, zum Bewußtsein gelangte Existenz sein kann: Alles Gedachte, im Werk Vorgetragene wird durch Besinnung auf Methoden, durch Distanzierung, durch Herabsetzung zum Möglichen, durch den Vortrag in Form von solcher Unverbindlichkeit in die Schwebe gebracht, um indirekt die unbedingte Verbindlichkeit der geschichtlichen Existenz zu ermöglichen. Philosophieren kann daher nicht den Anspruch erheben, im Werk und im Gedachten oder durch eine Person die souveräne Instanz jenes Herrseins zu sein. Es vollzieht vorbereitende und erinnernde Gedanken, arbeitet außerdem an einem gültigen logischen Bewußtsein, durch das Kommunikation unter bessere Bedingungen gebracht wird.

Schelling aber verliert sich einmal in eine nichtige Souveränität, dann verfällt er der Bindung an seine Gedanken und Denkstrukturen, statt ihrer Herr zu bleiben.

d) Reflexion vollzieht sich in der Kontemplation durch spekulative Gedanken. In Schellings Metaphysik (das heißt in seinem gesamten Denken, das nur Metaphysik sein will und ist), ist die Kontemplation zu finden, die das Sein im Grunde vergewissert. Er erfährt als Erlebnis die Ruhe in der Musik der Spekulation. Der Sinn dieses kontemplativen Lebens ist aber die Gegenwart der Ewigkeit. Solches Leben wird wirklich nur in der Besinnung, die täglich hindurchblickt durch die unendliche Mannigfaltigkeit der Dinge im Dasein, im Hören dieser Sprachen alles Seienden, im Erfahren der transzendent gegründeten Freiheit des eigenen Tuns. Das alles weiß Schelling.

Solche Kontemplation vollzieht Schelling nicht wie Einsiedler, Mönche, Asketen, auch nicht wie Metaphysiker, deren Ruhe und Liebe jeden Augenblick sich in der Welt, auf der Straße, in der Teilnahme an der Praxis bewährt. Schelling vollzieht sie letzthin reflektierend im Wissen um solche Kontemplation. Diese ist ihm wohl wesentlich und ständige Beschäftigung, aber sie ist abseitige Befriedigung – als Erlebnis – neben seinem übrigen sensitiven, ständig gestörten egozentrischen Dasein. Diese Kontemplation ergreift nicht sein Leben, gründet und durchdringt es nicht.

e) Reflexion im Sinne von Widerhall erspürt die Substanzen. Vielleicht kommt der Denkende darin, weil erweckt, zu sich selber. Vielleicht bleibt der Widerhall nichts als dieser, weil der Denkende darin nicht er selber wird. Der ergriffene Widerhall des jungen Schelling, lebenwährend, wiederkehrend, findet Ausdruck in der beschwingten Sprache. Aber man darf nicht verwechseln, wenn das bloße Genie des Geistes sich an die Stelle des ursprünglichen Denkens setzt. Die Reflexivität erlaubt es, ohne wesentliche Substanz zu philosophieren.

Man kann zeigen, welche große Bedeutung andere Philosophen für Schelling hatten. Er dachte in ihrem Lichte, griff auf, benutzte die gleichen Anschauungen und Worte: so Spinoza, Kant, Fichte, Plotin, Böhme, Baader; kleinere eignet er sich in Fragen und Formeln an, so Jacobi, Eschenmayer. Hegels Einfluß ist, nachdem zuerst Schelling der Gebende war, dann wahrscheinlich groß, aber schwerer nachzuweisen. Später erst sind Aristoteles und Plato, nicht mehr aus ihrem Wesen, sondern in Einzelheiten, Gegenstand seiner Beschäftigung. Im Widerhall aus der Geschichte der Philosophie bewährt sich Schellings Sinn für Größe. Durch sein Denken geht etwas wie eine Feier der Größe.

Unter dem gewaltigen Eindruck Spinozas steht Schelling von Anfang an oder will stehen im Denken des Absoluten. Aber für die Reflexivität dieses Widerhalls ist kennzeichnend der versuchende Charakter des Schellingschen Aufnehmens, hingerissen und sogleich imitierend und abwandelnd und es in seiner Reflexion umwendend (aus dem Denken der Substanz in das Denken des Subjekts), ist weiter die Schnelligkeit und Unruhe, die alsbald anderes begehrt, ist schließlich die Verselbständigung einer Freude an metaphysisch transzendierenden Operationen, an einer augenblicksweise wundersamen Melodie, die aber so bald ein flaches Tönen werden kann.

Trotzdem irrte ein Autor, der schrieb: »Überhaupt ist Schelling nicht in erster Linie originell. Er ist ein großer genialer Weiterdenker und Aufsammler aller in der Luft schwirrenden Gedankenkeime.« Das Echodenken hat einen in der Reflexivität originalen Charakter. Es verwandelt. Und man kann von Schelling weder sagen, daß er aufsammle (er übergeht außerordentlich viel), noch daß er weiterdenke. Er geht nicht, wie es sonst heißt, über einen Standpunkt hinaus, sondern schafft die Welt reflexiven, ästhetischen, romantischen Philosophierens.

Die kritische Frage ist, ob Schelling, statt zur Souveränität im Ursprünglichen, vielmehr zur Reflexivität eines Unwirklichen gelangt sei, – ob Echo, Aneignung, Umsetzung (mit dem Anspruch, daraus die Philosophie selber zu machen) bei Schelling nicht in der Form einer faktisch totalen Reflexivität bodenlos werden.

Welches ist Schellings philosophischer »Wille«? Er sieht doch, daß Philosophie durchaus ein Werk der Freiheit ist, daß »eine allgemeingültige Philosophie ein ruhmloses Hirngespinst« sei (II, 11). Der Wille ist es, durch den erst Wahrheit im Philosophieren ist. Was ist er bei Schelling? Ist dieser selber noch gleichsam ein reflexiver Wille, ein Wille, der in dem Schwung des Kündens Wille sein möchte, aber nicht ist?

Dann aber erwächst ein anderer Wille. Die Gegenwärtigkeit als Spiegel von Gewesenem, als Echo von Substanzen, die nun scheinbar wieder da sind, wird jetzt für das eigene Bewußtsein zu der Philosophie, die alle frühere übertrifft. Denn sie hat aus der Tiefe der Einsicht in alles Vergangene ein Leben gewonnen, das Schelling als neue große Welt gilt, die nunmehr gegründet wird. Die Reflexivität hält sich für die Wende der Geschichte des Geistes und für die Stiftung der Zukunft. Aber dieser Gründungswille ist, verglichen mit dem Sendungsbewußtsein der Propheten, selber ein reflexiver.

Wir dürfen mit solchen Urteilen nicht nur verwerfen. In der reflexiven Aneignung kann Wahrheit liegen. Es ist geboten, an gewesener Größe sich zu orientieren, an ihren Maßstäben sich zu vergewissern, dort die Möglichkeiten der eigenen Entscheidung zu prüfen, in sich etwas als Wiederholung des Großen im Kleinen zu sehen. Wo aber liegt das Kriterium, das nicht die Reflexion schon für die Wirklichkeit selber genommen werde, sondern daß der Mensch er selbst, sein Tun echt bleibe? Darin, daß im Reflex eigene Möglichkeiten wach werden mit der Verantwortung, die die Folgen des augenblicklichen Mitgehens für immer will und verwirklicht, sie als den eigenen Möglichkeiten, dem eigenen Berufensein zugehörig bejaht, daß nicht Mögen, Wünschen, Denken bleibt, sondern daß etwas aus der Existenz selber geschieht im privaten und im politischen Leben. Nur dann ist der Reflex nicht ein vorübergehendes Spiel und nicht eine täuschende Selbststeigerung. Er hat vielmehr die Kraft des Erweckens dessen, was Konsequenzen für immer hat, weil ein Bleibendes wach und zum Entschluß wurde.

f) Schelling verbindet in seinem Denken zwei Momente, in reflexiver Bewegtheit von Metaphysik zu künden, zu ihr drängend, sie unablässig zu finden und zu rechtfertigen, wie kaum ein anderer zuvor, und zugleich den Abstand zu sehen zwischen dem »darüber denken« und dem »seienden Denken«. Er formuliert den Unterschied zwischen dem Denkend-sein und dem Reflektieren, oder zwischen dem Darinstehen und dem Zusehen, zwischen der großen erfüllten Naivität und der bodenlos werdenden Reflexivität.

So sagt er etwa: Paulus stehe höher als die spätere, das Christentum in seiner Wahrheit begreifende Erkenntnis; er nämlich sei die große Sache selbst, Christi Liebe als alle Vernunft übertreffend. »Denn darauf ist er vor allem bedacht, daß diese Sache bleibe und nicht zur Vorstellung werde« (XI, 269). – Oder er erörtert an anderer Stelle den Unterschied »einer Geistesart, welche über die Dinge denken,« von »einer anderen, die sie an sich selbst, nach ihrer lauteren Notwendigkeit erkennen will.« Winckelmann und Hamann seien von der letzteren Art. »Lessing ist dadurch groß, daß er, obwohl er eben in dem Denken über die Dinge die höchste Meisterschaft entwickelte, doch nach der anderen Sinnesart, wenn auch unbewußt, sehnend sich geneigt hat, nicht allein in seiner Erkennung des Spinozismus« (VII, 297).

Aber Schelling durchschaut den Unterschied von Ursprünglichkeit und Reflexivität nicht bei sich selbst. Ihm fehlt die Kraft der Selbstreflexion, die in das eigene Wesen und Tun leuchtet und im inneren Handeln sich verwirklicht. Er weiß um den Ernst, den er nicht hat.

Hier beginnt eine Modernität, die um die Substanz der tiefen Dinge weiß, ohne in ihrem Besitz zu sein. Als reflexive Wirklichkeit selber schwach, weiß sie sich als Wissen darum zugleich überlegen gegenüber den die Metaphysik verflachenden und verlierenden Gestalten einer wissenschaftlichen Philosophie (damals von Schelling Dogmatismus und alte Schulmetaphysik genannt). Schwäche mit Wissen verbunden, das sich selber täuschend für erfüllt hält, bewirkt eine bis dahin ungekannte Unruhe. Bei Schelling beginnt etwas, das Fichte und Hegel fehlt, die Aufgebrochenheit, das ständige Ungenügen in dem ihm vom idealistischen Ausgang doch bleibenden Systemwillen. Daher bei Schelling der Anfang des Sinnes für »Existenz«, »Wirklichkeit« im Grund allen Seins, aber auch die Unverträglichkeit der hier gewonnenen, verschwindenden Ansätze mit seinem faktisch aufgeführten Gebäude.

g) Die Reflexion ist Weg, die Reflexivität aber die Verzehrung der Substanz und Weglosigkeit. Wie die Reflexivität überwunden werde, fragt Schelling.

Er sieht sein Zeitalter als »eine Welt, die nur noch Bild, ja Bild von dem Bild, ein Nichts des Nichts ist«, er sieht die Menschen, »die auch nur noch Bilder, nur Träume und Schatten sind; ein Volk, das in gutmütigem Bestreben nach sogenannter Aufklärung wirklich dahin gekommen, alles in Gedanken aufzulösen, aber mit dem Dunkel auch alle Stärke, und jenes (stehe hier immer das rechte Wort) barbarische Princip, das, überwunden aber nicht vernichtet, die Grundlage aller Größe und Schönheit ist, verloren hat.« Er sieht, »wie Charakter, Tüchtigkeit und Kraft immer weniger, sogenannte Humanität, der jene doch zum Grunde dienen müssen, aber alles gilt.« Was hilft da? Schelling antwortet: ein Gott, der Macht und Kraft ist, »ein irrationales, der Auseinandersetzung widerstehendes« Prinzip. »Wie wohltätig ist es, bei der Beweglichkeit und Leichtfertigkeit des Denkens ein Princip zu wissen, das weder vom Menstruum des schärfsten Begriffs aufzulösen, noch im Feuer des geistigen Denkens zu verflüchtigen ist! Ohne dieses dem Denken widerstrebende Princip wäre die Welt wirklich schon in nichts aufgelöst, nur dieser Mittelpunkt erhält sie gegen die Stürme des nie ruhenden Geistes« (Weltalter 222/223).

Wie offenbar ist in solchen Schellingschen Gedanken das Ursprungsverschiedene, statt es zu unterscheiden, ineinander verschlungen und verwirrend gemischt! Das Irrationale der Gewalt und Macht, das Vernunftwidrige der wilden Natur fällt ineins mit der Unbedingtheit möglicher Existenz aus dem Umgreifenden; – der Kollaps im Irrationalen als der Macht der vermeintlichen Realität soll das Offenwerden für die Grenzen des Verstandes bedeuten; – die Lust an der barbarischen Realität, die vermeintlich Kraft verleiht, wird verwechselt mit dem Aufschwung in der Freiheit aus dem Gehorsam gegen das Unbedingte, aus der Verläßlichkeit menschlicher Existenz. Schelling gibt, in solcher wunderlichen Absicht zu helfen, alles preis: die Kantische Freiheit, die Lessingsche Existenz, die Goethesche Humanität.

Daher fragen wir Schelling selber, wie er seine Reflexivität überwinde. Er hat sie, indem er sie dem Zeitalter vorwarf, in sich selbst gespürt, aber nicht durchschaut. Schelling hat – ohne so zu fragen und ohne diese Alternative zu formulieren – aus der Endlosigkeit der Reflexion, der Willkür des immer Anderen, der Unverbindlichkeit des Widerhalls, der Leichtigkeit des bloßen Geistseins, seinen Weg gefunden nicht durch eine Philosophie als Existenzerhellung, sondern durch die Gnosis. Die Rettung aus der Reflexivität geschieht bei Schelling nicht in der eigenen Geschichtlichkeit seiner Existenz, aus der im Bewußtsein der Grenzen mit platonischer und kantischer Bescheidung philosophiert wird, sondern die Rettung erfolgt in der Objektivierung, die in ihrer unkritischen Naivität, angesichts des Wissens Schellings um solches Irren, als phantastischer Schein um so wunderlicher anmutet. Wo existenzerhellendes Denken bei ihm einsetzt, verkehrt es sich schnell in diese Gnosis, in absurde Erzählungen. Diese Umwandlung des Vollzugs aus der Gegenwärtigkeit wirklichen Philosophierens in gnostische Scheinerkenntnis geschieht zwar immer von neuem, ist aber nie endgültig. Daher bleiben in den Texten bis zuletzt die Ansätze, hört der Leser immer noch zu, wartend auf das, was bei Schelling nie unmöglich geworden zu sein scheint.

h) Die Reflexivität, die sich selbst nicht durchschaut, sondern wissend die Reflexion überwunden, weil zum Mittel herabgesetzt zu haben meint, tritt auf als ihr Gegenteil: als Verkündigung substantieller Wahrheit. Schelling, bei dem alles ungewöhnlich ist, hat die Form, in der solche Unwahrhaftigkeit, die Wahrheit meint, erscheinen kann, in großem Stil verwirklicht: als »Gebärde«. Er ist unter den großen Philosophen der Erfinder dessen, was wie eine Analogie zu Zauberern und Magiern aussieht.

Schelling möchte leben von Kräften und wirken mit den Mächten religiösen Glaubens. Er bleibt im Zwischen, im Unklaren trotz seines bewußten Kampfes gegen das Halbe. Seine Selbsttäuschungen zeigen sich in den begrifflichen Irrungen, die substantielle Unkraft in der Gebärde.

Er nimmt die Gebärde an, ein ganz einziges Wissen zu besitzen, das gerade ihm zuteil geworden ist. Er erweckt die Erwartung eines Außerordentlichen. Etwas Weltwendendes steht bevor. In kurzem wird es erscheinen. Er lenkt die Aufmerksamkeit auf sich ebensosehr durch das Wort wie durch das Schweigen. In diesen Gebärden, ohne Plan, bei instinktiver Sicherheit des Verhaltens im Bodenlosen, gibt er sich selber eine zentrale, eine fast übermenschliche Bedeutung, Gefolgschaft fordernd, indem er Schläge an zudringliche Anhänger austeilt, die einzige wahre Autorität von dieser Zeit in Anspruch nehmend, – aber alles zugleich verdeckt, in unauflöslichen Zweideutigkeiten.

Die Phantasie übersteigert und macht unwahr. Echte Grunderfahrungen werden fragwürdig durch das In-Szene-Setzen. Er kann sie nicht halten und vergißt.

Es geht durch sein Werk etwas, das die Unterscheidung spekulativen Tiefsinns und willkürlicher Spielerei schwer macht. Granit und Gips scheinen hier eines dem andern zu ähneln. Es ist viel Maske und Prätention. Das pompöse Grabmonument in Ragaz, leer in Gestalten und Formen, das ihm der bayrische König setzte, ist ein fatales Symbol. Aber immer wieder, im Strom des Theaterhaften, kommen die kostbaren Sätze.

Er nimmt die Geste der Vornehmheit an, durch die auch die Züge von inhumaner Rücksichtslosigkeit, Mißtrauen, böser Polemik noch eine Farbe bekommen, die sie von gemeiner Barbarei unterscheidet.

Er nimmt die Gebärde der Gründlichkeit an bei der Analyse eines Textes oder eines Bildwerks. Mit prononcierter Genauigkeit im Einzelnen begründet er einen Unsinn. Er geht über Schwierigkeiten leicht hinweg, macht halt, wo die Sache ein Weitergehen fordert, ergeht sich in einem hemmungslosen Spiel.

Der Leser Schellings wird unzufrieden, um so mehr weil er gefesselt ist. Die geistvollen Bilder, Entwicklungen, Assoziationen erregen und werden doch unglaubwürdig. Ein Philosoph großer, persönlich gewordener Erfahrungen, wirkt Schelling selbst in diesen

Erfahrungen nicht durchaus überzeugend. Er hat die Verzweiflung gekannt. Er ist in Abgründe gelangt. Aber es drängt sich die Frage auf: wieviel ist in der Heftigkeit der Erschütterung und des Enthusiasmus reflektiertes Gefühl, ein Wissen um das, was er als den Gehalt des bloß Heftigen, des bloß Erlebten, möchte und deutet, aber in der Tat nicht befestigt im »Entschluß« und nicht bewährt in der Folge.

Ist Wahrheit da, so doch vor allem die Gebärde. Er spricht das große Wort. Dann aber, auf einen aggressiven Zuruf, zieht er sich zurück in das Schweigen; vielleicht ist dieses ein Ausweichen, vielleicht abermals eine Gebärde des Wirkenwollens.

Nie gewinnt man bei Schelling wieder rechtes Vertrauen, wenn man es einmal verloren hat. Es ist eine Stimmung des Unsoliden, auch wenn, zumal in seiner Jugend, die Einsichten wie Blitz auf Blitz sich folgen. Es ist ein Mangel an Besonnenheit, der durch die schönste und sorgfältigste Form schriftstellerischer und rednerischer Kundgabe nicht behoben wird. Es bleibt die Unberechenbarkeit des Vernunftlosen fühlbar.

Die Neigung zur Maßlosigkeit, zu den ständigen Verallgemeinerungen und Übersteigerungen, wird ermöglicht durch die Bodenlosigkeit der Reflexivität.

Der Reflexivität verfallen, die er nicht durchschaut, rühmt Schelling sich des Ursprünglichen, das er nicht ist. Eine Atmosphäre der Unwahrhaftigkeit umgibt ihn. Schelling meint, was er sagt. Er lügt nicht, aber es ist manchmal, als ob er lüge, weil er sich selber täuscht, und weil er Gesagtes vergißt. Bei diesem unruhigen, empfindlichen, immer bedrohten Glauben an sich, den er doch in seinem Bewußtsein nie bezweifelt, mangelt ihm die schlichte Gewißheit und deren Ruhe.

Die Reflexivität verwirklicht die Verwechslung von Wissen und Sein. Im Wissen und Sprechen von etwas meint der Reflektierende dadurch schon es zu sein. Schelling kann als der Philosoph der Souveränität der Reflexion erscheinen, aber einer Souveränität, die ständig wieder an die Reflexion verfällt und dadurch selbst Gebärde wird.

Es gibt die Atmosphäre einer sublimen Unverläßlichkeit, einer mangelnden Standfestigkeit der philosophischen Bildungswelt. Einer ihrer hohen Repräsentanten ist Schelling. Ihn anzugreifen, erregt Unwillen in dieser Bildungswelt. Denn sie verlangt, was hier in Frage gestellt wird, als menschlich, natürlich, mehr noch als das großartige Ringen einer komplizierten, durch Konstitution und Umwelt schwer belasteten Seele zu respektieren. Das ist hinfällig, wenn Schelling als wirkende Macht in der Philosophie ernst genommen wird.

2. Das Sendungsbewußtsein

a) Schelling wurde seit seiner Knabenzeit ein gesteigertes Selbstbewußtsein zur Natur. Seine frühe Reife, eine fabelhafte Begabung, seine Erfolge (mit 20 Jahren durch seine Schriften berühmt, mit 23 Jahren Professor, Freund der größten Männer der Zeit), mußten seine hohe Selbsteinschätzung fast erzwingen.

Der Gehalt aber dieses Selbstbewußtseins, durch den es zum Sendungsbewußtsein wurde, war der Überschwang der Grundstimmung: die Einheit der Philosophie, die Einheit von Wissen und Glauben, das absolute Wissen sind im Aufgehen; der Grund allen Seins offenbart sich; die Philosophie steht in dem Augenblick vor ihrer Vollendung. Und zweitens: die wahre Philosophie hat ihre Wirklichkeit in der Spannweite von der sublimsten Spekulation bis zu den Handlungen hier und jetzt. Sie verwirklicht sich in dem gegenwärtig hervorzubringenden sittlich-politischen Zustand, in diesem Zeitalter, in dieser Situation. Ohne die metaphysische Mitte würde alles Dasein in Zerstreuung und Nichtigkeit sinken. Ohne Verwirklichung in der Gegenwart wäre jene Spekulation leere Spielerei.

Daß die Philosophie im Begriffe steht, sich zu vollenden, und daß sie als wahre Philosophie die Wirklichkeit durchdringen, tragen und prägen wird, beides verbindet sich für Schelling unwillkürlich mit dem Bewußtsein: er selbst wird der Vollender sein, er ist berufen zur weltwendenden Wirkung.

b) In der Wende der Weltgeschichte liegt die Aufgabe, die werdende Welt zu gründen. Was ist unser Zeitalter? Welche Situation hat es hervorgebracht?

Schellings weltgeschichtliche Auffassung der Gegenwart erfolgt in dem Irrlicht des alten heilsgeschichtlichen Schemas: Alles ist untergraben, die Erschütterung ist total, und: das Neue ist im Kommen, es ist Morgenröte.

Alles ist längst brüchig: Das große Neue kann nicht kommen ohne momentane Aufhebung des früheren Zustandes. Noch sind heute die zum Leben notwendigen Überzeugungen eine Art von süßer Gewohnheit. »Aus Furcht, den behaglichen Zustand zu zerstören, vermeidet man, der Sache auf den Grund zu sehen oder es auszusprechen, daß die moralischen und geistigen Mächte, durch welche die Welt, wenn auch bloß gewohnheitsmäßig, noch zusammengehalten wird, durch die fortschreitende Wissenschaft längst untergraben sind. Ein solcher Zustand kann unglaublich lange so hindauern.« Aber unaufhaltsam geht es weiter. Es »wird eine Zeitlang nichts Festes mehr gesehen.« Die beglückenden Illusionen einer vergangenen Zeit verschwinden. Zu keiner Zeit vielleicht gab es so viele mit der Zeit gänzlich zerfallene Menschen« (XIII, 178).

Weil die Zeit so verwahrlost, die Menschen so ratlos sind, sieht Schelling in der Philosophie die Rettung. »Vielleicht gab es nie eine Zeit, wo eine, die großen Gegenstände wirklich angreifende, nicht bloß mit Formeln sie umgebende Philosophie dringender und allgemeiner gefordert wurde als jetzt« (XIII, 8). Noch aber ist das heute überall stattfindende Philosophieren falsch. In diesem falschen Philosophieren sieht Schelling den »Centralpunkt der ganzen modernen Kultur« (V, 108 ff). Daher ist für die wahre, für seine eigene Philosophie jetzt »nirgends ein Anknüpfungspunkt«, »der historische Faden reißt ab.« Nur äußerlich weiß man vom Früheren. Seitens der gegenwärtigen Philosophie, die nicht verstehen kann, ist das Beurteilungsprinzip für neue Gedanken kein anderes als die eigene Beschränktheit und die historische Vergleichung und Entgegenstellung des heute etwa Auftretenden (V, 109).

Das Neue kündigt sich an: »Je greller der Unfrieden, die Auflösung drohender Erscheinungen unserer Zeit, desto gewisser kann der wahrhaft Unterrichtete in diesem allen nur die Vorzeichen einer neuen Schöpfung erblicken«, einer großen bleibenden Wiederherstellung. Zwei Symptome ermutigen. Erstens: »Wahrheit ist es, die man in allen Verhältnissen, in allen Einrichtungen des Lebens fordert und allein noch will.« Zweitens das Bedürfnis, »sich der das menschliche Leben zusammenhaltenden Principien auf eine neue Art bewußt zu werden. Nicht jene Wahrheiten, sondern das Bewußtsein ist das Veraltete« (XIII, 9).

Schellings Schilderungen des Zeitalters sind zwar gegründet auf das Bewußtsein des Endes, aber keineswegs in radikaler Abschiedsstimmung. Vielmehr macht er den Versuch, im Zerfall der substantiellen Überlieferungen das neue Leben zu schaffen aus der Reflexion auf die wahre alte Überlieferung. Die falsche Philosophie hat die Meinung, »Bildung bestehe darin, gleichsam in einer ganz allgemeinen und abstrakten Welt zu leben.« Jedoch ist unser menschlicher Zustand ein unendlich bedingter (XIII, 178). Die wahre Philosophie wird lehren, in ihn einzutreten, damit wirklich, d. h. geschichtlich zu werden. »Wir können eine unendliche Vergangenheit nicht aufheben, die Welt ist nicht ein Schranken- und Grenzenloses« (XIV, 332). Und Schelling vertieft sich in das Bibelwort, es in den Grund allen Seins als Wirklichseins deutend: »Einen anderen Grund kann niemand legen als der zu Anfang gelegt ist.« Damit ist zugleich gemeint: »Die wahren Heilmittel der Zeit liegen nicht in jenen abstrakten, alles Konkrete aufhebenden Begriffen, sondern gerade in der Wiederbelebung des Überlieferten, das nur darum ein Hemmendes geworden ist, weil es von allen Seiten nicht mehr verstanden wird. In einer solchen Zeit könnte freilich eine Philosophie nicht wirken, die selbst nie bei der Wirklichkeit ankäme« (XIII, 178).

Die Geschichte im Ganzen ist die höhere Geschichte, die Seinsgeschichte. Das philosophische Wissen von ihr setzt sich um erst in die Erwartung, dann in das absichtliche Hervorbringen der vollendeten Wahrheit, zuletzt von Schelling vorgestellt im johanneischen Zeitalter, das er in seiner philosophischen Religion vorwegnimmt und herbeiführt, während der Jüngling eine neue Mythologie schaffen wollte. »Es muß ein Ende dieses Kampfes geben, weil es keinen end-, d. h. zweck- und sinnlosen Fortschritt geben kann. Die Menschheit schreitet nicht ins Unendliche fort, die Menschheit hat ein Ziel, wo die vieltausendjährige Unruhe des menschlichen Geistes zur Ruhe kommt, wo der Mensch des eigentlichen Organismus seiner Kenntnisse und seines Wissens sich bemächtigt« (XIII, 9 ff).

Schellings Bewußtsein der Weltkrise steigerte sein Vertrauen auf die Erfüllung der Aufgabe durch ihn selbst. Er wußte sein eigenes Denken im Zusammenhang mit der großen Geschichte als selber Ursprung schaffend. Er zuerst verwirklichte in einem großen Stile den Typus, sich selbst zu verstehen im weltgeschichtlichen Horizont als die Erfüllung der Aufgabe in diesem Zeitalter. Die eigene Philosophie gilt schlechthin als die eine einzige wahre. Geistige Ereignisse werden zu weltgeschichtlichen Vorgängen übersteigert, wenn sie auf ihn selber gewirkt haben. Zum Beispiel nennt Schelling einen Vortrag Kielmeyers vom Jahre 1792 später »eine Rede, von welcher an das künftige Zeitalter ohne Zweifel die Epoche einer ganz neuen Naturgeschichte rechnen wird«, während es sich nur um eine Wiederholung von Gedanken des Leibniz und Aristoteles handelte. Die Manieren dieses Typus in der Öffentlichkeit und vor sich selbst sind Akzentuierungen durch Machtsprüche, sind Methoden des steigernden Bedeutunggebens, sind eine egozentrische Strukturierung der Ereignisse zur Weltgeschichte, in deren Mitte er steht.

Wenn aber Schelling durch seine Philosophie, auf die Situation dieses Zeitalters reagierend, dem Notschrei der Zeit die Antwort geben will, so muß man fragen, wie diese Antwort geschehe. Schelling gibt sie nicht durch die Wirklichkeit des eigenen denkenden Lebens als Vertretung dessen, was im Großen geschieht, nicht durch das Opfer, das Kierkegaard oder Nietzsche sind, nicht durch eine Lebensgestalt, die einen vorbildlichen, ebenso zusammengreifenden wie vorwegnehmenden Charakter hat, wie die Goethes, nicht durch eine sogleich aktiv werdende revolutionäre Ideologie wie Marx, sondern durch die Reflexivität seines Daseins. Schelling wirkt zwar erhellend durch seinen Geist als solchen, aber nicht wegweisend für eine Wirklichkeit des Menschen.

c) Schelling will wirken. Er reflektiert über die Möglichkeiten. Er plant, wie er sie ergreifen will. In Würzburg 1806 schreibt er im Rückblick auf seine Zeit in Jena, er wolle jetzt »etwas Radikales und Gründliches unternehmen, um in diesem Krieg des bösen gegen das gute Princip entweder ganz unterzugehen oder völlig zu siegen. Etwas Halbes zu tun hilft nicht, und mehr zu tun erlaubte die bisherige Lage nicht.« Er fragt sich, worauf er dabei sein Augenmerk richten müsse: »In meiner Abgeschiedenheit in Jena wurde ich weniger an das Leben und nur stets lebhaft an die Natur erinnert. Seitdem habe ich einsehen lernen, daß die Religion, der öffentliche Glaube, das Leben im Staat der Punkt sind, um welches sich alles bewegt und an den der Hebel angesetzt werden muß, der die toten Menschenmassen erschüttern soll« (Plitt II, 78). Dabei bleibt es nun: »Kirche und Staat – das sind zwei Gebiete, in denen allein sich die Philosophie mit dem öffentlichen Leben berührt« (X, 414).

Sind Staat und Kirche die Hebel, an denen die Macht der Philosophie ansetzen muß, um sich zu verwirklichen, so sind sie nicht das Hinzunehmende, sondern das zu Gestaltende. »Der Staat ist nur das Exoterische, das ohne das Esoterische nicht bestehen kann. Dieses Esoterische ist die begriffene und verstandene Religion«, d. h. die von der Philosophie verstandene »philosophische Religion« (XIII, 178), die das johanneische Zeitalter heraufführen wird. Der Anspruch bleibt der höchste: »Die Philosophie war bisher eine bloße Tangente des menschlichen Lebens, sie berührte es, aber lief nebenher. Es ist jetzt zu zeigen, daß die echte Philosophie mehr vermag. Sie muß tief in das Leben eindringen, sie muß Mittelpunkt werden, um den sich alle Kräfte bewegen« (XIII, 178).

Schelling gibt dem Motiv seines Wirkungswillens einen pathetischen Ausdruck nach dem Tode Carolines: »Ich gelobe Ihnen und allen Freunden, von nun an ganz und allein für das Höchste zu leben und zu wirken, so lang ich vermag. Einen anderen Wert kann dies Leben nicht mehr haben« (1810, Plitt II, 187).

Wie untilgbar der Wirkungswille ist, wie er wieder zur Flamme wird, wenn eine Chance sich zeigt, und wie naiv er ist, d. h. ohne Kritik an sich selber, das zeigt ein Brief Schellings an den von ihm über alles verehrten Goethe bei seinem Antritt der Münchener Professur 1827. Jetzt will er »über die Surrogate eigentlicher Wissenschaft«, für die er »so ziemlich alles, was wir bis jetzt insbesondere Philosophie genannt haben, zu halten veranlaßt war, zur Sache gelangen. Der König von Bayern – schreibt Schelling weiter – hat mich auf eine Weise, der ich widerstehen nicht konnte, nicht durfte, in die Notwendigkeit gesetzt, wenn nicht von den Dächern, doch, an einem Orte, wo es der Mühe lohnt, vom Katheder zu predigen, wofür ich in der weiteren Welt das Bedürfnis zwar immerfort wachsen, aber noch immer für mich nicht völlig gereift seh« (Goethe und die Romantik, Bd. 1, S. 268 ff).

Ein solcher Wirkungswille aus dem Sendungsbewußtsein ist den großen Metaphysikern, der Natur ihrer Sache und ihrer Lebensform nach, fremd. Er ist Propheten eigen. Aber Schelling ist Pseudoprophet durch Reflexion in einem Willen, der sich selbst in seiner Reflexivität nicht versteht.

d) Schellings Wirkung blieb aus. Er erlebte zwar die kurze hingerissene Teilnahme der Studenten in Jena und den frühen Ruhm. Er erlebte persönliche Huldigungen von treuen Anhängern und von

Königen. Er erlebte die Sensation seines Auftretens in Berlin. Doch alles erwies sich als folgenlos. Es waren Strohfeuer oder nur literarische Vorgänge. Schellings Enttäuschungen waren tief. Er täuschte sich auf die Dauer nicht über diese Wirkungslosigkeit, da sein Anspruch auf Wirkung so ungeheuer hoch gestellt war.

Dem Versuch öffentlich eingreifender Wirksamkeit folgt daher regelmäßig sein Leben in einem trotzigen Abseits, dieser Welt gegenüber Mitteilung verweigernd. Sie versteht ihn ja doch nicht. So fühlte er schon mit dreißig Jahren, so fühlte er zuletzt im Alter endgültig.

Er spricht wiederholt seine Neigung zur Unöffentlichkeit aus, z. B.: »Ich sehne mich immer mehr nach Verborgenheit; hinge es von mir ab, so sollte mein Name nicht mehr genannt werden, ob ich gleich nie aufhören würde für das zu wirken, wovon ich die lebhafteste Überzeugung habe« (1811. Plitt II, 248). Auch in Vorlesungen spricht er aus, wie allein er steht: »Ich wandle hier überhaupt einen einsamen Weg, und der immer einsamer werden muß, je näher er zu solchen Dingen führt, über die heutzutag jeder urteilen, jeder mitreden zu können glaubt, wie Staat und Verfassung« (XI, 539).

Wenn das Zeitalter nicht bereit ist, so ist das für den wahren Philosophen, so meint dann Schelling, nicht schlimm. Er zieht sich zurück und wartet. Ihm wird die Ruhe zuteil, außer der Zeit, in der Zukunft. »Welches aber auch das Schicksal der Gattung auf der Erde sein möge, so ist es dem Einzelnen möglich, wie es der Mensch im Anfang in bezug auf die ganze Erde getan, so jetzt der Gattung vorauszueilen und das Höchste für sich zum voraus zu nehmen« (VII, 465).

In seiner Ohnmacht lebt der einsame Stolz eines für sein Bewußtsein in anderer Rangordnung als die Menschen sonst stehenden Weisen. Aber dieser Stolz ist nicht die Ruhe. Schelling bleibt ruhelos, besorgt um seine Geltung. Er begehrt, ihn selber zermürbend, Wirkung und Widerhall. Er versucht sie wieder und wieder zu gewinnen. Er bedarf der Bestätigung. Er blickt auf die eigene Rolle und ihre Bedeutung. Wenn die Gegenwart versagt, möchte er der Zukunft gewiß sein.

e) Das Sendungsbewußtsein bringt Schelling in die Haltung, der Einzige zu sein. Er verlangt Gefolgschaft, Schüler, nicht Gefährten.

Wohl kann er aussprechen, daß »endlich einmal die glückliche Zeit in der Philosophie eintreten könnte, wo sich mit gemeinsamer Arbeit der Bau fördern und weiterführen läßt, der nicht Sache Eines Menschen und selbst nicht Einer Zeit sein kann« (Plitt III, 199); wohl läßt er sich beschwingen durch Freundschaft, läßt sich erregen durch Ideen anderer, gibt sich eine kurze Zeit bewundernd hin an Fichte, an Baader. Aber er bricht fast mit allen. Einer nach dem andern wird imperatorisch abgetan. Wer eine Kritik an ihm wagt, wird mit würdevoll erteilten Schmähungen vernichtet. Es folgt Trennung auf Trennung. Es bleiben nur bedingungslos ergebene Anhänger: in Steffens, Schubert, Hubert Beckers. Windischmann verhindert nur durch seine rührende Duldung den Bruch. Manche zu ihm Drängende stieß Schelling schroff ab, wie Fr. J. Stahl.

Nur aus seinem pseudoprophetischen Wirkungswillen ist die Weise von Schellings Kritik und Polemik zu verstehen. Ein Zug von Polemik geht durch sein ganzes Werk. Wenn Schelling denkt, setzt er sich von etwas ab. Er tritt auf ein Piedestal, von dem her er mit Verachtung in beiläufigen Hieben, mit ausgeführter kritischer Verwerfung, mit Methoden herabsetzender Behandlung den Gegner trifft. Er sucht ihn nicht, um von ihm zu lernen, sondern in der Vernichtung des Andern seine Positur zu gewinnen, wenn ihm die Gelegenheit günstig scheint (etwa gegen Fichte, Jacobi). Aber er schweigt, wenn ihm die Kampfsituation keine Chance zu einem für ihn wirkungsvollen Coup gibt (gegenüber Hegel, solange dieser lebte).

In der Polemik kann er bis zur Bösartigkeit und zu blindem, über Seiten gehäuften Schmähungen (besonders in der Jenenser Zeit) absinken, wenn es auch fast immer noch Schellingsche Schmähungen bleiben, gleichsam artistisch gekonnte, noch etwas wie einen Stil des Schmähens erfindende Häßlichkeiten.

Vergleicht man Hegels und Schellings Weisen der Polemik, so ist der Unterschied groß. Obgleich beide sich im Besitz der einzigen Wahrheit glauben, und obgleich beide sich des Wesens der philosophischen Kritik in der kurzen Zeit ihres Einverständnisses gemeinsam bewußt werden (in dem Aufsatz über das »Wesen der philosophischen Kritik«, Schellings Werke V, 3 ff [Hegels Werke XVI, 33 ff]), ist die Differenz in ihrer faktischen Polemik beträchtlich. Hegel ordnet ein, ordnet unter, macht alles bedingt. Er will, was gedacht wurde, dialektisch begreifen. Es ist in diesem Aufnehmen und Einordnen zwar nicht Güte, aber noch weniger Bosheit; nicht Vernichtung, aber ein erbarmungsloses Zusehen, wie die Dinge sich ihm zeigen, der in seinem Totalwissen die ganze Wahrheit hat. Schelling dagegen ist noch im Kampf. Er läßt einerseits Freiheit (der Wille ist Quelle der philosophischen Wahrheit), will andrerseits vernichten. Er will weniger überzeugen als verkünden. Bei Hegel ist die Dialektik im Ganzen des Seins als durchschaute ewige Gegenwart das Absolute. Schelling sieht den Beweis der Wahrheit noch im vorantreibenden geschichtlichen Prozeß und daher in der Zukunft.

f) Zwei Versuche Schellings zur Wirkung im großen Stil sind denkwürdig.

1816 erhielt Schelling einen Ruf nach Jena. Er stellte außerordentliche Forderungen, geistig und materiell. Er begehrte eine maßgebende Stellung in der philosophischen und theologischen Fakultät. »Daß ich wieder als Lehrer wirken kann in dieser bedeutenden und immer bedeutender werdenden Zeit, wieder jene goldene Freiheit genießen, die man vielleicht an keinem Orte der Welt und auf keiner Universität so wie in Jena schmecken kann, das sind Motive, die in meinem Innern eine gewaltige Bewegung hervorbringen. Wieder bloß Lehrer der Philosophie zu sein, würde mich nicht in so hohem Grade reizen, aber der allmähliche und schickliche Übergang, den ich dort zur Theologie machen könnte und zu dem ich auf jeden Fall die Mittel mir ausbedingen würde, der Gedanke, dadurch unter göttlichem Segen für ganz Deutschland etwas Entscheidendes zu tun und ein wohltätiges Licht anzustecken, wogegen die erste noch in der Jugend hervorgebrachte Bewegung nur ein unlauteres Feuer war: das sind Vorstellungen, die mich mit großer Gewalt treiben« (Plitt II, 366).

Goethe, nicht mehr amtlich tätig, erhielt vom Minister Voigt die Akten und äußerte sich in einem vertraulichen Brief vom 27. 2. 1816 an diesen: »Wie die Sache steht, so ist er ganz entschieden der Herr der Universität Jena durch die große Begünstigung an Stelle, Rang, Besoldung, Pension, Einfluß in zwei Fakultäten, ja in alle.« Goethe aber meinte: »Wollte man die Akademie Jena neu fundieren, so müßte es nicht auf die früher von uns schon einmal versuchte Weise geschehen, sie auf revolutionäre Wege zu stoßen, sondern sie auf die reine Höhe der Kunst und Wissenschaft, auf welche gewiß Europa jetzt gelangt ist, zu stellen, zu erhalten und zu sanktionieren.«

Goethe verleugnet hier die zwei Jahrzehnte zurückliegende Zeit Fichtes und Schellings in Jena, die er damals berufen hatte. Er spricht von Europa, während Schelling ständig von deutscher Wissenschaft redet. Er spürt, ohne ihn in voller Bestimmtheit kennen und formulieren zu können, den fatalen Weg Schellings.

Der Anstellung dieses »vorzüglichen Mannes«, dieses »bedeutenden Mannes«, dem er »getreulich gefolgt« sei und von dem er sich »gar manches zueignen konnte«, widerrät er. Komisch komme es ihm vor, »wenn wir zur dritten Säkularfeier unseres protestantisch wahrhaft guten Gewissens (1817) das alte überwundene Zeug nun wieder unter einer erneuten mystisch-pantheistischen, abstrusphilosophischen, obgleich im stillen keineswegs zu verachtenden Form wieder eingeführt sehen sollten.« Goethe fragt: weiß man denn, ob er katholisch ist? könnte man, wenn er jetzt noch Protestant ist und ginge zur katholischen Religion über, ihn etwa wieder vertreiben?

Goethe irrt zwar in bezug auf das Äußerliche. Schelling dachte nie daran, wie so mancher Romantiker, katholisch zu werden. Aber das ist gar nicht entscheidend. Goethe sah das, was in der Tat eine Analogie dazu war. Nur wollte Schelling viel mehr als eine solche, seinen Stolz verletzende Konversion, nämlich die neue, Protestantismus wie Katholizismus gleicherweise überwindende Gestalt des dritten, philosophischen Christentums.

Und Goethe sah das Revolutionäre darin. Was im Willen Schellings liegt, ist mehr als Lehre. Er würde, von Schelling, seinem »alten Freunde« gefragt, antworten: Hast du von unserem alten Herrn und Meister Benedikt Spinoza nicht so viel gelernt, daß wir und unseresgleichen bloß im stillen gedeihen? Spinoza hätte dem Kurfürst, der ihm in Heidelberg völlige Lehrfreiheit zugesagt, geantwortet: das können Sie nicht, denn Lehrfreiheit gegen das Bestehende kann nur dazu führen, daß ich entweder den sanktionierten Zustand umwerfe, oder daß ich daraus mit Schimpf und Schande vertrieben werde.

Goethes Sinn für Maß, sein Wille zur Klarheit und Vernunft, seine Abneigung gegen jede Weise der Gewaltsamkeit verhinderte die Anstellung seines auf illiberale Abwege geratenen Freundes.

In bezug auf das Äußere einer revolutionären Gefahr hatte

Goethe nicht recht. Dieser Irrtum lag daran, daß Schelling sich viel eher durch faktisch bestehende Gewalten mißbrauchen zu lassen geneigt war, als im Gegensatz zu ihnen auch nur den Ansatz eines Umsturzes zu versuchen. Im wesentlichen, in bezug auf den imperatorischen Sinn der Schellingschen Bestrebung, sah Goethe richtig. Was Goethe 1816 für Jena verhindert hatte, verwirklichte sich 1841 in Berlin.

König und Regierung von Preußen beriefen Schelling, damit er als »Lehrer der Zeit« die »Drachensaat des Hegelschen Pantheismus« vernichte. Er sollte im Dienste der damaligen romantischen und konservativen preußischen Politik wirken. So meinte es zwar Schelling nicht, aber er ließ es sich gefallen, ganz unerhört begünstigt und glorifiziert zu werden. Er ging hin und trat mit feierlicher Würde auf. Nun sollte die große Wende durch Philosophie herbeigeführt werden. In der Antrittsvorlesung sagte er: »Es ist eine große Sache darum, daß die Philosophie in dieser Zeit eine allgemeine Angelegenheit geworden ist, aufgehört hat, bloß eine Sache der Schule zu sein, daß sie eine Sache der Nation geworden ist. Die Geschichte der deutschen Philosophie ist von Anfang verflochten in die Geschichte des deutschen Volkes.« Schelling beruft sich auf Reformation und Freiheitskriege. »Sollte nun diese lange ruhmvolle Bewegung mit einem schmählichen Schiffbruch enden, mit Zerstörung aller großen Überzeugungen und somit der Philosophie selbst? Nimmermehr! denn das Heil der Deutschen ist in der Wissenschaft« (XIV, 366).

Diese existentielle Konfusion des Schellingschen Sendungsbewußtseins mit den Ingredienzien von neuer philosophischer Religion, Gnosis, konservativer Politik, deutschem Nationalismus, trat an die Öffentlichkeit in einem Augenblick größter Erwartung.

Unter dem ersten Eindruck schrieb der junge Engels (Friedrich Engels Schriften der Frühzeit, herausgegeben von Gustav Mayer, Berlin 1920, S. 167 ff): Wenn ihr in Berlin einen Menschen »nach dem Kampfplatz fragt, auf dem um die Herrschaft über die öffentliche Meinung Deutschlands in Politik und Religion gestritten wird, so wird er euch antworten, dieser Kampfplatz sei in der Universität, und zwar das Auditorium 6, wo Schelling seine Vorlesungen über die Philosophie der Offenbarung hält.« Es handelt sich um Hegel und Schelling, »der eine tot seit zehn Jahren, aber lebendiger als je in seinen Schülern; der andere seit drei Decennien, wie jene sagen, geistig tot, nur urplötzlich des Lebens volle Kraft und Geltung für sich ansprechend. Wer „unparteiisch“ genug ist, wird in der Todeserklärung Hegels, die durch Schellings Auftreten in Berlin ausgesprochen ist, die Rache der Götter sehen für die Todeserklärung Schellings, die Hegel seinerzeit verkündete.« Engels aber hat von Hegel so viel gelernt, daß er gegen Schellings Angriffe gerecht urteilt: »Dürfen solche Schmähungen auf den Grabstein Hegels geschrieben werden, ohne daß wir, die wir ihm mehr verdanken, als er Schelling schuldig war, zur Ehre des Toten eine Herausforderung wagen, und sei der Gegner noch so furchtbar? Es wäre frivol, wollte ich, der Jüngling, einen Greis meistern, und vollends Schelling, der, mag er noch so entschieden von der Freiheit abgefallen sein, immer der Entdecker des Absoluten bleibt und, sobald er als Hegels Vorgänger auftritt, nur mit der tiefsten Ehrfurcht von uns allen genannt wird.« Engels ist insbesondere empört über die Weise, wie Schelling die gesamte deutsche Philosophie in ihrer Entwicklung in bezug auf sein eigenes Denken konstruiert und beurteilt, »diese Art, die ganze Entwicklung der Philosophie in diesem Jahrhundert, Hegel, Gans, Feuerbach, Strauß, Ruge und die Deutschen Jahrbücher zuerst von sich abhängig zu machen, sie als einen Luxus, den der Geist mit sich selber treibt, ein Kuriosum von Mißverständnis, eine Galerie von unnützen Verirrungen darzustellen.« »Es ist doch etwas stark, wenn Schelling dem Jahrhundert zumutet, vierzig Jahre voll Mühen und Arbeit, vierzig Jahre des Denkens als vergeudete Zeit, verfehlte Richtung zurückzunehmen, bloß damit er nicht diese vierzig Jahre zu lange gelebt habe.« »Unsere Sache wird es sein, des großen Meisters Grab vor Beschimpfung zu schützen.« Ironisch schließt er: »Ob er Anhänger bekommt, wird sich zeigen. Ich glaube es noch nicht, obgleich einige seiner Zuhörer Fortschritte machen und es schon bis zur Indifferenz gebracht haben.«

Es ist interessant, einige Urteile bedeutender Hörer zu erfahren (zit. nach Pölcher):

Vatke, ein Theologe: »Schelling ist noch Philosoph, kein Gläubiger, noch Naturphilosoph, nur in modifizierter Gestalt, er ist positiver Philosoph in dem Sinne, daß er für das Traditionelle der Bibel und der Mythologie künstliche Deutungen ersonnen.«

Beyschlag, ein Theologe, schreibt nach Jahrzehnten in seinen Erinnerungen: »Der Eindruck von Schellings Persönlichkeit und Lehrvortrag war allerdings ein bedeutender; im Unterschied von seinem Antipoden Hegel beherrschte er in hohem Maße die Form, und zur wohlerworbenen Autorität kam eine trotz der siebzig Jahre noch ungebrochene Kraft. Mit leuchtenden blauen Augen unter dem reichen schneeweißen Haar, mit trotzigem Angesicht, wie ein alter Berggeist anziehend, mitunter begeisternd.«

Friedrich Rückert, der Dichter und Orientalist: »Er ist endlich zum Christentum durchgekommen, mit dem er als der jüngste Gnostiker großartig unsinnig hantiert.«

Jacob Burckhardt: »Schelling ist Gnostiker im eigentlichen Sinn des Wortes. Daher das Unheimliche, Monströse, Gestaltlose in diesen Teilen seiner Lehre, diese furchtbare, halbsinnliche Anschauungs- und Ausdrucksweise« (Sommer 1842).

Varnhagen: »Es ist Art und Schwung darin, aber auch freche und falsche Anmaßung. Ein großer wahrhafter Erfolg ist hierbei nicht mehr zu erwarten.«

Droysen, der Historiker: »Ein alter, prickelnd lebendiger Graukopf, mehr Eigensinn als Schönheit, mehr Phrasen als Geist und mehr Geist als Macht, begann schon merklich alles Feste flüssig und alles Flüssige starr zu machen, die Spinnen- und Elefantenfüße der Willkür, Unkenntnis, Unlogik und Phantasie« (10. 6. 1842).

Boeckh, der Philologe: »Eine so vollständig wahnsinnige Philosophie ist doch unerhört« (1855).

In den ersten Berliner Semestern war Schellings Hörsaal noch gefüllt. Am 12. 1. 1844 schrieb Varnhagen: »die eigentlichen Zuhörer und Zahler des für Berlin beispiellos geringen Honorars sind nicht über fünfzig.« Im Winter 1845/46 las Schelling zum letztenmal vor 29 Hörern. Er stellte seine Vorlesungen ein unter Berufung auf den Verlust seines Prozesses gegen Paulus wegen Nachdruck. Wenn er nicht geschützt werde, lese er nicht, sagte Schelling. In seiner Antrittsvorlesung aber hatte er den Studenten gelobt: »Hiermit weihe ich mich dem übernommenen Beruf, ich werde für Sie lesen, für Sie arbeiten und nicht müde werden, solang ein Hauch in mir ist« (XIV, 367).

Schellings Wirkung scheiterte. Es war ein erstaunliches Mißverhältnis zwischen dem augenblicklichen, die Geister bewegenden Feuer und dem schnellen Erlöschen, zwischen der versuchten Wiederholung Jenas und der Enttäuschung aller Beteiligten, zwischen Erwartung und Ausbleiben.

Die Dokumente der Situation in Berlin, der Reaktion der Hörer vermitteln einen für das Bild Schellings niederschmetternden Eindruck. Aber dies Bild darf nicht in die Mitte der Auffassung Schellings geraten. Es ist nicht der ganze Schelling. Wohl aber ist es für Schelling kennzeichnend, daß es zu diesem Aspekt kommen konnte. Das Berliner Ereignis kennzeichnet die Schwäche, die Schelling jederzeit eignet, und die sich hier enthüllte. Doch sogar diese Enthüllung hat noch eine Großartigkeit. Wohl sieht man einen solchen Denker den Urteilen Kierkegaards, Jacob Burckhardts, Friedrich Engels' ausgesetzt derart, daß sie in dem Aspekt, den ihnen Schelling hier bot, recht haben. Es ist eine erbarmungslose Gerechtigkeit, die den in Schellings Denken von Anfang an geschehenden Abfall aus der Einsicht in täuschende Gebärde nun vollends in einer bis heute nachwirkenden Weise so zutage treten ließ. Schelling ist nicht unschuldig. Er hat dies Bild, das nicht auslöschbar ist, selber provoziert.

Die Hegelianer, Engels und andere waren, ohne sich der eigentümlichen Voraussetzung bewußt zu sein, mit Schelling darin einig:

das Zeitalter als Wende zu denken, in einem weltgeschichtlichen Totalwissen die Zukunft durch ihr Erkennen des notwendigen Prozesses zugleich mitbewirken zu wollen. Auch Schelling ist auf diesem Wege, den wir philosophisch als Erkenntnis des einen, allein wahren für unmöglich halten. Auch bei ihm aber ist es, als ob in der Unwahrhaftigkeit des Ganzen doch etwas Unumgängliches stecke. In seiner Antizipation der Zukunft, die wie eine Fata morgana ist, liegt noch ein Rest von verwahrloster Größe, die man nicht missen möchte, auch wenn man sie verwirft und wenn auch an ihr das Beste ist, daran zu lernen, was man meiden muß.

Wenn das Berliner Ereignis anmutet wie ein großes Possenspiel und etwas Komisches geschah, das Goethe schon 1816 erwartete und verhinderte, so kann man doch nicht ohne Betroffenheit diesem Spiel zusehen.

3. Schellings Versäumen der Realitäten

Wir zeigen sie an einigen Beispielen:

a) Wissenschaft

Schelling sieht in Entdeckungen der Physik Bestätigungen seiner Naturphilosophie (Widerlegungen bemerkt er nicht). So bezieht er sich auf Faraday 1832 zur Bestätigung seiner vor drei Jahrzehnten ausgesprochenen naturphilosophischen Thesen (IX, 443). Als ob das Verhältnis von phantasierender Naturphilosophie zur Naturwissenschaft das Verhältnis von theoretischer Physik zur Experimentalphysik wäre! Unter den Vorstellungen finden sich auch solche, die später einmal innerhalb der wissenschaftlichen Forschung wiederkehren können. Liest man etwa: »Wir behaupten also, das Universum habe zuerst von einer in Bildung begriffenen Masse zu einem System von drei ursprünglichen Massen, und von diesen aus, durch eine ins Unendliche gehende Organisation vermittelst einer immer fortgehenden Explosion sich selbst hervorgebracht« (III, 120), so klingt das wie eine Antizipation, hat aber mit Wissenschaft nichts zu tun. Schelling hat sich selber nur einer einzigen Gruppe von »Experimenten« mit größten Erwartungen zugewandt, denen mit einem Wünschelrutengänger (in München 1808).

Wie wenig Schelling der Erfahrung sich zuwende, empfand

Goethe, der selber in seinen naturwissenschaftlichen Studien immer im Bereich des Erfahrbaren und Anschaulichen blieb und darum so reiche Ergebnisse hatte, wenn seine Methode auch nicht im Zusammenhang mit der modernen mathematischen Naturwissenschaft stand. Goethe empfand Sympathie mit Schellings Ineinssehen von Natur und Kunst, mit dem Gedanken des Werdens, aber sogleich wies er Schelling (nach Lektüre von dessen »Weltseele«) unzufrieden auf die Notwendigkeit konkreter Naturstudien hin.

Schelling dagegen, der sich mit flüchtiger Kenntnisnahme begnügte, hatte bald das größere Interesse etwa dafür, daß jeder einzelne Mensch in Bezug zur guten und bösen Geisterwelt lebe. »Der Mensch, der in sich das Gute rein vom Bösen geschieden, wäre ohne Zweifel des Rapports mit guten Geistern fähig, welche bloß die Mischung scheuen. Ebenso wer das Böse in sich rein geschieden, würde mit bösen Geistern in Rapport stehen. Es ist unbegreiflich, wie man an einem solchen Zusammenhang je hat zweifeln können. Wir leben unter beständigen Eingebungen. Besonders in schweren Fällen fehlen dem Menschen diese Eingebungen nie, und wenn er sie nicht hat, so ist es seine eigene Schuld« (VII, 481). Wollte man daraufhin meinen, Schelling verfalle dem Obskurantismus, so muß man doch zögern. Seine Spielerei ließ sich nur sehr begrenzt auf Realisierungen ein. Darin folgte er nicht Baader, von dem er vielmehr spöttisch schrieb: »Das letzte, was ich von ihm hören mußte, war, daß der Teufel nun wirklich Zeichen gebe und ihn in seinem Haus aufsuche und verfolge. Unter anderem sei seine Tochter jetzt in Ekstase verfallen, in welcher der böse Geist ihr gottlose und unzüchtige Reden abdringe. Er sprach davon wie von einem erfreulichen Phaenomen (so groß ist die Liebhaberei) und schien sich nicht wenig darauf zugute zu tun, daß der Teufel nun endlich Notiz von seinen Angriffen genommen« (29. 1. 1819).

Realitätsfremd waren auch Schellings historische Studien. In scheinbar größter Genauigkeit geht er herausgegriffenen Textstellen (Bibel, Plato, Aristoteles u. a.) und antiken Kunstwerken nach, sie zu deuten. Doch fragt er gar nicht methodisch nach dem darin gemeinten Sinn, sondern nach dem Sinn, der für Schelling darin liegt. So kommt er durchweg zu ganz unhaltbaren, durch ihre Willkür erstaunlichen Ergebnissen (z. B. über ein pompejanisches Wandgemälde: XII, 675 ff – über Textstellen: z. B. Aristoteles XI, 403 ff; Plato IX, 313 ff; XII, 83; XIII, 275; Bibel VIII, 22 ff; XIII, 294 ff;

301–303; – und zahllose andere Stellen). J. E. Erdmann redet angesichts solcher Dinge von »Unsinn« (Aristotelesdeutung). Böckh (Kl. Schr. III, 125, Anm.) von »Aussprüchen, auf deren Widerlegung sich wohl kein Philologe oder überhaupt niemand, dessen Zeugnis noch nicht gar zum Spott geworden ist, im Ernste einlassen möchte« (bei Gelegenheit der Zweifel Schellings an der Echtheit des platonischen Timäus, VI, 36).

Schelling hat nicht nur keine Ahnung vom Sinn und von den Methoden der modernen Wissenschaften (so wenig wie Fichte und Hegel), sondern eine Fremdheit gegenüber faßlichen Realitäten überhaupt. Hegel ist gegen ihn ein Realist ersten Ranges. Schellings Scheingenauigkeit im Zitieren, im Erörtern der Worte, des kleinsten Details auf einem Gemälde könnte darüber täuschen, daß ihm hier der Wahrheitssinn eigentlich fehlt. Das erleichtert ihm das Wagnis gewisser absurder und großartiger Anschauungen. So erörtert er die Herkunft des Mammuts im Eise Sibiriens: Um zu leben, bedurfte er einer tropischen Wärme, um unversehrt erhalten zu werden, bedurfte er einer im Augenblick des Todes einfallenden Eiseskälte. »Eigentlich ist damit zugestanden, daß man sich nicht denken könne, wie dieser Mammut je unter anderen Umständen dagewesen, als in denen er sich jetzt findet, und eben dies möchte auch von den anderen Wesen, den monströsen Eidechsen und anderen nun entweder als Skelette oder versteinert auf uns gekommenen Arten gelten, die schon in der Ideenwelt zur Vergangenheit bestimmt, natürlich einen uns so fremden, fabelhaften, ja gespenstischen Charakter an sich tragen« (XI, 499). Diese Lebewesen haben also nach Schelling nie gelebt, sondern sind im Schöpfungsakt der Welt als Vergangenheit geschaffen worden.

b) Politik

Was Schelling schon im Rückblick auf seine Blindheit für die Realität des menschlichen Daseins in Jena sagte, bewahrt er und wiederholt er im Alter: »Kirche und Staat – das sind zwei Gebiete, in denen allein sich die Philosophie mit dem öffentlichen Leben berührt« (X, 414). Er möchte sich um sie kümmern, um mit seinem Denken zur Wirksamkeit zu gelangen, um an ihnen als den Hebeln solcher Wirksamkeit anzusetzen.

Was Schelling über den Staat gesagt hat, entbehrt des Gewichtes, sei es, daß er in der Jugend ihn schlechthin negiert (Systemprogramm), sei es, daß er ihn später als Folge des Verlustes der sanften Einheit der Natur durch die Schuld des Menschen sieht (VII, 460), sei es, daß er diese äußerlich zwingende Gewalt, diese die tatsächliche Lossagung vom Gesetz einschränkende Macht der Vernunft, gegründet sieht in den Unterschieden, die die Sanktion der Ideenwelt für sich haben, wie die von Eigentum und Besitz (XI, 535–538), – immer sind es überlieferte Gedanken, denen er kein wesentliches Interesse zuwendet.

Der Grundzug seiner Staatsauffassung ist der Unwille, der sich bald entschließt zur Anerkennung dieser Wirklichkeit, die als das Außervernünftige und Widervernünftige im Staat zur Geltung kommt. Mit der positiven Philosophie vollends wird an Stelle der Verachtung des Staates vielmehr seine Wirklichkeit als Bedingung persönlicher Größe behauptet. Die Vernunft kann das Zufällige nicht ausschließen. »Dieses ist der Preis, um welchen sie selbst gewonnen ist.« Wirklichkeitsfremd ist die Forderung, das tatsächliche Recht sollte immer mehr dem Vernunftrecht weichen, bis ein reines Vernunftreich dastehe, »das, sowie es gemeint ist, in der Tat alle Persönlichkeiten überflüssig machen, diesen Dorn im Auge des Neides hinwegschaffen würde«. Denn nur dem Tatsächlichen gegenüber hat auch menschliche Tatkraft Raum. Die Zeit, die jenes völlig abgetan hätte, könnte, wie es für die unsere vorausverkündet wurde, großer Männer entbehren. »Mit dem reinen Vernunftreich wäre das Paradies aller Mittelmäßigkeit eröffnet« (XI, 538 ff).

Für Schelling kann daher der vollkommene Staat nicht Ziel der Geschichte sein. »Es gibt so wenig einen vollkommenen Staat, als es (in dieser Linie) einen letzten Menschen gibt. Der vollkommenste Staat hat zwar seine Stelle in der Philosophie der Geschichte, aber bloß auf der negativen Seite. Es ist überhaupt eine falsche Voraussetzung, daß es innerhalb dieser Welt einen Zustand gebe, der, wenn er das Ideal, notwendig auch dauernd und ewig sein müsse.« Diese Welt kann vielmehr als ein bloßer Zustand nicht bleiben. »Wenn man einen vollkommenen Staat in dieser Welt will, so ist das Ende (apokalyptische) Schwärmerei« (XI, 551).

Der metaphysisch so tiefe Gedanke der Wirklichkeit verliert sich bei Schelling in der Auffassung der politischen Realität. Zweideutig fließt ihm dann ineinander die geschichtliche Überwirklichkeit des Wirklichen mit der gegenwärtigen Realität, die als solche zu begreifen ihm durchaus nicht gelingt. Ein Beispiel ist die Weise, wie er im Vertrauen auf das Tatsächliche seinem in Sorgen unruhigen königlichen Freunde Maximilian politisch zu handeln rät (Briefe an Maximilian, S. 209): »Wer an den Herrn glaubt, weiß, daß auch in den menschlichen Dingen nicht die Vernunft, sondern allein das Tatsächliche festen Grund und unerschütterliche Zuversicht gewährt, und auch die bevorstehende Krisis doch nur eben dies zur allgemeinen Anerkenntnis bringen kann.« Wie fragwürdig ist dieses Vertrauen! Es ist verbunden mit der Sekurität seiner Welt. Diese wurde wohl erregt von den fernen Gewittern etwa des Krimkriegs (Briefe, S. 266), reagierte mit äußersten eschatologischen Erwartungen, aber mehr in der Lust einer Scheinsouveränität der positiven Philosophie als in dem Ernst einer wirklichen Krise.

Dem entspricht Schellings fraglose Einmütigkeit mit den konservativen Mächten. So steht er bedingungslos zum Königtum. Wenn er von Gott redet als dem Herrn des Seins, der, frei von sich, nicht mit sich selbst zu tun hat, nur in der Beziehung auf Anderes ist, das er befreit, dann fügt er als Anschauung hinzu: »Er ist das, was die beengte und bedrängte Menschheit sucht, wenn ein Volk an seine Spitze ein Individuum stellt, das für sich selbst nichts zu suchen hat, das nicht um seiner selbst willen, sondern rein und bloß um des Volkes willen da ist, und darum das allgemein befreiende Princip ist« (X, 261). Dieser Eine ist der König. Das Suchen nach der Person Gottes ist dasselbe, was den Staat zum Königtum führt, zum König, »der sich gleichsam zum Opfer darbietet für sein Volk.« Denn das Gesetz genügt nicht. Es muß Verantwortung da sein. Diese trägt nur eine Person (XI, 569).

Selbstverständlich steht Schelling gegen alle Ansätze zur Demokratie, blind für die sittlichen Kämpfe einzelner Völker um die politische Freiheit. Daher schreibt er gegen Kant: »was Kant sagt: die Freiheit müsse Princip alles Zwangs und dessen Bedingung sein, davon ist vielmehr das Gegenteil wahr« (XI, 541 ff). Und daher ist er gegen Stimmrecht und Majoritäten. Er wendet sich gegen die »Aufreizungen, die keine andere Absicht haben können, als die wichtigsten und innerlichsten Fragen zur Entscheidung durch die Zahl und die Menge zu bringen (wovon zur Entscheidung durch die Fäuste nicht mehr weit ist)« (X, 411).

Diese Tatbestände muß man vor Augen haben, wenn man »das Revolutionäre« in Schellings Denken erörtert, das vom Systemprogramm bis zu späteren Äußerungen geht und das schon gegen den Jüngling ein allerdings immer schnell verscheuchtes Mißtrauen erzeugte. Einige Beispiele. Im Dezember 1806 jubelt Schelling über Napoleons Sieg. »Ich empfinde tief die Unheilbarkeit der Zeit und fahre fort, der Zertrümmerung mich zu freuen. Die Dummheit von oben her, die tiefe Gemeinheit der Regierungen, die wir fallen sehen, haben wir uns nicht vorstellen können. Ich möchte selbst noch helfen, daß das Alte vergehe.« »Ich erwarte eine völlige Versöhnung aller europäischen Völker und wieder eine gemeinschaftliche Beziehung auf den Orient. Bewußtlos oder bewußt arbeitet der Zermaler dahin und ist schon außer den Grenzen, worin er bisher sich hielt. Diese hergestellte Einheit der Beziehung mit dem Morgenland halte ich für das größte Problem, an dessen Auflösung der Weltgeist jetzt arbeitet. Was ist Europa, als der für sich unfruchtbare Stamm, dem alles vom Orient her eingepfropft und erst dadurch veredelt werden mußte? Wir können des letzteren nicht entbehren« (Plitt II, 108 vom 18. 12. 1806). Der Jubel Schellings hält an: »Je mehr die Convenienzwelt untergeht, desto mehr tritt die Natur und das Ursprüngliche wieder hervor. Die Revolution hat jetzt erst in Deutschland angefangen, ich meine nämlich, daß erst jetzt Raum wird für eine neue Welt« (Plitt II, 110 vom 7. 1. 1807). Die Grundhaltung bestätigt sich mit der scheinbaren Konsolidierung der Macht Napoleons. Schelling sieht die Wirkungslosigkeit der vorhergehenden Philosophie, die in einer Zeit entstand, in der »das Wahre selbst, das Rechte und Gute nur Unkraut und schlimme Frucht erzeugen kann«. Da war es nicht »so sehr tadelnswert, sich von der Erde, die nichts darbietet als ein gräßliches Schauspiel organischer Auflösung, zum Himmel zu wenden.« Jetzt aber: »Wie sollte die Philosophie wehklagen über den Untergang eben derjenigen Zustände, deren Nichtigkeit sie am tiefsten gefühlt und längst verkündet hat? Könnte sie nicht vielmehr sich freuen, daß das zerschmetternde Schicksal mit harten Schlägen der Lüge und des Irrtums zusammenstürzt, was der sanften Stimme nicht weichen wollte?« (VIII, 17. 1812).

Schellings Ergriffensein vom Revolutionären bezeugt weder Realitätssinn noch politischen Willen. Es ist vielmehr entweder das Mitgehen mit der faktischen Macht, die dem Irrealen dauernder scheint, als sie ist, oder es ist ein reflektiertes Ergriffensein von revolutionärer Stimmung, die ihm ebensosehr und sogar vorwiegend die praktisch konservativen Formulierungen erlaubt.

Schelling lebt gemeinsam mit all den Geistern, die sich in Jena trafen, im Bewußtsein nicht nur der Heraufkunft einer neuen Zeit, sondern einer weltgeschichtlichen Wende. Sie denken und dichten in dem Sinne, diese Wende zu sein und sie zu prägen. Hegel ist nur ein großes Beispiel, wenn er seine Vorlesung 1806 in Jena mit den Worten schloß: »Wir stehen in einer wichtigen Zeitepoche, einer Gärung, wo der Geist einen Ruck getan, über seine vorige Gestalt hinausgekommen ist und eine neue gewinnt. Die ganze Masse der bisherigen Vorstellungen, Begriffe, die Bande der Welt, sind aufgelöst und fallen wie ein Traumbild in sich zusammen. Es bereitet sich ein neuer Hervorgang des Geistes. Die Philosophie hat vornehmlich seine Erscheinung zu begrüßen und ihn anzuerkennen, während Andere, ihm unmächtig widerstehend, am Vergangenen kleben und die Meisten bewußtlos die Masse seines Erscheinens ausmachen. Die Philosophie aber hat, ihn als das Ewige erkennend, ihm seine Ehre zu erzeigen« (Rosenkranz, Leben Hegels, 1844, S. 214).

Auch Schelling hat das Zeitalter in seinem Verfall charakterisiert. Aber er läßt sich gar nicht ein auf die echten Erkenntnisse dieser in der Tat historisch einzigen Zeit, die damals begann, und der wir noch angehören. Er ist faktisch unberührt und nicht nur von den neuen Wissenschaften, sondern auch von den ökonomischen und politischen Vorgängen, die schon damals durch Forschung und Intuition in einer bedeutenden Literatur begriffen wurden. Was ihm fehlte, zeigen Kierkegaard und Marx, zeigt die Wirklichkeit der Wissenschaften, zeigt das politische Denken und zeigen die politischen Ereignisse seiner Tage. Allen gegenüber ist Schelling blind, in seinen scheinbar erleuchtenden Machtsprüchen ahnungslos, weil er nicht in die Realität selber gelangt. Er umgeht oder überspringt sie, während er mit seinem Denken in die ewige Tiefe der Wirklichkeit dringen will. Diese berührt er in der Tat wundersam durch seine Fragen. Aber mit seinen Antworten bringt er Phantastereien, mit denen er seine Philosophie aufschwellt, während ihm sein Zeitalter durch Scheinbilder verdeckt bleibt. Daher wirkt er in dieser wirklichen Situation gesehen so blaß und so schwach.

Obgleich Schelling in der Gebärde der Distanzierung gegen Zeit und Zeitgenossen lebt, sich als etwas ganz Anderes fühlt und gibt, ist er doch ungewußt auch hellhörig für das, was literarisch begehrt wird. Dem möchte er entsprechen, damit ihn der Widerhall trägt.

So macht er seine nicht recht glaubwürdigen patriotischen Wendungen. Bei seinem Jubel über Napoleons Sieg erwartet er (wie Hegel) ein besseres Deutschland, nicht politisch, sondern in der Unbestimmtheit eines geistigen Aufbruchs des ganzen, nun revolutionär die alten Herrschaftsverhältnisse abstoßenden Volkes: »Geht Deutschland nicht unter, so darf alles Hohe und Schöne ans Licht treten und offenbar, volksmäßig werden, was bis jetzt geheim war« (Plitt II, 104. Nov. 1806). Schelling betont schon 1812 das Deutsche in der Philosophie. In der Berliner Antrittsrede 1841 schließlich bekennt er pathetisch: »Weil ich ein Deutscher bin, weil ich alles Weh und Leid, wie alles Glück und Wohl Deutschlands in meinem Herzen ausgetragen und mitempfunden, darum bin ich hier.«

Charakteristisch sind Schellings Urteile seit 1848. Im Juli dieses Jahres tut ihm die waldige Gegend bei Pyrmont wohl »in der Nähe altdeutscher Siegeserinnerungen«, die ihn »der schmachvollen Berliner Zustände vergessen lassen« (Plitt, III, 214). 1849 freut er sich des Sieges »über die Rebellion in Dresden, in Baden und am Rhein« und der Folge, daß »das preußische Volk seiner geschichtlichen Bestimmung wieder bewußt geworden« sei und sich »zu demokratischen Wühlereien nicht mehr hergeben« werde (Plitt III, 220). Er beklagt sich über »die tiefe moralische Schlechtigkeit in den Gesinnungen eines großen Teils der Deutschen«, die durch die demokratischen Bewegungen an den Tag gekommen sei (Plitt III, 220. 1849). Und 1850, als »die Macht wieder in den Händen ist, denen sie gebührt«, lobt er »welch ein Fonds von edler, ehrenhafter und tapferer Gesinnung in dem liebenswürdigen deutschen Volk verborgen gelegen«.

Den Grund aber des Unheils der Revolution wie des Heils der Restauration sieht er darin, daß man mit dem »ohnmächtigen Was« sich beschäftige, statt mit »dem weltgebietenden Daß«, welches die Geschichte lenkt (Plitt III, 223). »Wodurch in der letzten Zeit die deutsche Philosophie mit unseliger Improduktivität geschlagen ist, dasselbe scheint mir auch die Ursache der politischen Improduktivität Deutschlands.« »Wenn erst das Sein festgestellt ist, mag man den Inhalt dieses Seins dem Denken und der Vernunft gerechter zu machen suchen.« Heillos aber ist es, »unbekümmert um das Daß, mit dem Was einer Verfassung sich zu beschäftigen«. »Das Was führt von sich selbst ins Weite, ist die Vielheit, und also auch natürlich zur Vielherrschaft, denn das Was ist in jedem Ding ein Anderes, das Daß seiner Natur nach und daher in allen Dingen nur Eins« (XI, 589–590). Das politische Heil liegt also auf dem Weg der Schellingschen Philosophie. Es bleibt denkwürdig, wie tiefsinnige Spekulation zur Rechtfertigung einer bodenlosen Faktizität der Gewalt dienen konnte, in der Absicht, sie aus dem Grund der Dinge zu legitimieren.

Schellings politische Äußerungen sind beiläufig, meist in Briefen. Wohl sucht er hier und da durch Rat einzugreifen. Aber sein Handeln durch Rede ist einfach königsfromm und den jeweiligen faktischen Gewalten gemäß. Weil Schelling nicht in die Realitäten selber gelangt, ist seine Antizipation der Zukunft so wesentlich unwahr. Ob er eschatologische Unheilsgedanken ausspricht oder den Anbruch des neuen herrlichen Zeitalters der philosophischen Religion verkündet, er überspringt immer das Gegenwärtige, während er zum Nutzen gegenwärtiger Mächte sich zugleich mißbrauchen läßt.

Das gesamte politische Denkgebilde Schellings, das er gründet im Bewußtsein der Entscheidung unseres Zeitalters, dann begründet aus seinem Seinsdenken, mit dem er wirken will durch Voraussagen, durch Behauptung von Chancen und Hoffnungen, ja Gewißheiten, das er schließlich patriotisch und konservativ befestigt, – dies Ganze unterliegt unserer alten Frage: was ist darin ursprünglich, glaubwürdig? Es scheint uns immer wieder das Gleiche: Wenn Schelling den Schrecken in der Natur, das Vergebliche in der Geschichte, das Gefallensein des Menschen schildert, so erlebt er wohl Anschauungen, aber es ist in ihm doch nicht wirklich eine totale Ergriffenheit vom Unheil des Daseins, von den Abgründen der Möglichkeit des Bösen. Es bleibt immer etwas, als ob es nicht ganz ernst wäre. Es ist, weil Reflexion, nirgends ursprüngliche Prophetie, und bleibt existentiell folgenlos. So ist es auch mit seinem denkenden Erfahren der Zeit. Es ist keine wirkliche, von ihm selbst mitergriffene Krise des Zeitalters gegenwärtig. Er weiß sich trotz aller radikalen Sätze in der Kontinuität. Die Krise ist in der Reflexion auf sie nicht selber da. Daher dient Schelling keineswegs einer neuen Zeit. Er ist eher den Verschleierungsweisen einer alten zuzurechnen, einer Weise des Rettens, die allerdings keine Rettung ist, sondern eher falsche Beruhigung.

Im Stil seiner Verkehrungen bleibt aber bei Schelling noch etwas, was ergreifen kann. Er setzt Lichter auf – wenige –, die vielleicht über die Zeiten leuchten könnten, wenn sie nicht im Qualm der Phantastereien so versteckt blieben. Es sind nicht nur die metaphysischen Fragen, die er vorangetrieben hat, sondern auch politische Gedanken, – wenn auch dies Wahre in unbestimmter, ständig sich preisgebender Augenblicklichkeit bleibt.

c) Religion

Schelling will die neue Religion, das dritte christliche Zeitalter, begründen. Aber Schelling hat nie die Realität des Religiösen wahrgenommen. Wohl weiß er im allgemeinen, daß Staat und Kirche die Hebel der Verwirklichung seien. Was aber die Kirche sei, wie in ihr die Wirklichkeit der geheiligten Gemeinschaft, der Kultus, die heiligen Zeiten und Orte, die Gesetze und Riten, die Dogmen seien, das hat er nicht einmal zum Gegenstand seiner Besinnung gemacht.

Die Eigenständigkeit des Religiösen und der Absolutheitsanspruch von dort her ist ihm nicht sichtbar geworden. Schelling lebt nicht in einer wachsenden Gemeinschaft als Kirchenvater. Und er ist kein bevollmächtigtes Glied als Theologe einer solchen konstituierten Gemeinschaft. Er entwirft philosophisch eine Theologie, sagt den Theologen, was sie zu denken haben, setzt sich an ihre Stelle und bedenkt nicht, daß gerade die Isolierung des Einzelnen solche Ansprüche absurd macht.

Theologie wird zur Dogmatik als kirchliche Dogmatik oder gar nicht. Die Quelle solcher Theologie ist die reale Gemeinschaft religiöser Wirklichkeit, nicht die Philosophie. Jene Gemeinschaft, der der Theologe bewußt dient, weiß sich in ihrer Herkunft, Gegenwärtigkeit und Führung auf Göttliches gegründet in einer von aller Weltlichkeit getrennten Weise, die ihr bezeugt wird durch geglaubte Wirklichkeiten. Das Denken des Philosophen kann, wenn es nicht aus ihr selber herauswächst, ihr die begrifflichen Mittel und spekulativen Anschauungen geben. Vielleicht stammt in der Theologie das meiste dort Gedachte aus der Philosophie, aber indem sein Sinn verwandelt wird.

Schelling kennt – angesichts der Realität der Religion – nicht die Bescheidung der Philosophie. Er erhebt seinen phantastischen Anspruch, indem er die Dinge in ihrem Grunde vermischt, aber dadurch unausweichlich den Schein an die Stelle von Wirklichkeit setzt.

d) Zusammenfassende Charakteristik

Schelling berührt die Wirklichkeit im Grund von allem, was ist, wundersam ergreifend durch Fragen und Sätze, aber er spricht alsbald in Phantastereien.

Sein Denken ist wie ein Träumen, das sich seines Traumcharakters nicht bewußt wird. Er gelangt nicht zu den Realitäten, weil sie ihn eigentlich nicht interessieren. Denn er will alles Endliche im Unendlichen, das Relative im Absoluten, das Seiende im Übersein durchschauend denken. Diese Denkhaltung läßt ihn die gegenwärtigen faßbaren Realitäten verachten, indem er sie zu kennen meint. Keineswegs bringt er sie sich methodisch zur Erkenntnis, weiß daher nicht einmal grundsätzlich, wie man sie wissen kann.

Schellings mangelnder Realitätssinn und seine Vernachlässigung planmäßiger Kunde von Realitäten sind nicht erheblich, wo diese keinen Bezug haben zu den Bewegungen philosophischer Gedanken, die er findet (etwa im formalen Transzendieren, im Entwurf von Denkfiguren als Chiffern), sind aber sogar dort nicht völlig gleichgültig, weil dieser Mangel auch für die metaphysischen Gedanken den Boden verlieren läßt, ihnen die Luft nimmt, in der sie atmen müssen, um Wirklichkeit für Existenz zu gewinnen.

Wesentlich wird aber jenes Versäumnis, wo es sich um die Verwirklichung der Philosophie handelt, etwa um ihre Bezeugung in der wissenschaftlichen Haltung, im politischen Urteil, in der Frage nach der Realität der Kirche und der Weise der Teilnahme an ihr.

Die Philosophie bleibt bei Schelling faktisch ein Bereich abseits, aber nicht, wie etwa bei Hume, mit Bewußtsein. Es entwickelt sich bei Schelling nicht die helle Luft, in der das Praktische gedeihen kann. Vielmehr steht im Zusammenhang mit dem Sendungsbewußtsein der Wille, aus jenem Abseitigen her in die Praxis einzugreifen, die Realitäten in der Welt zu verändern. Aus der Spekulation sollen unmittelbare Direktiven gewonnen werden, seien es Ansätze zu wissenschaftlicher Erkenntnis, seien es Forderungen politischen Handelns, seien es Richtlinien zur Verwandlung und Überwindung der kirchlichen Religion. Es ist, als ob eine Erkenntnis angewendet würde, um etwas zu bewirken, analog der Technik. Aber es sind nicht praktisch wirksame Fragestellungen da, sondern Übergriffe in eine diesem Philosophieren in der Tat ganz fremde Realität. Es ist eine Verkehrung des Sinns der Spekulation. Denn das philosophische Hervorbringen der inneren Grundverfassung bedeutet nicht Wegweisung ins Besondere, die in der Welt immer nur aus den Bedingungen der Welt – unter Führung dieser im Philosophieren erhellten inneren Haltung – stattfinden kann.

Mit Schelling geschieht die große moderne Verführung, den realen Problemen auszuweichen durch ein Geheimnis in ästhetischer Gestalt, die Verführung, Wissenschaft, Politik und kirchliche Religion zu verkennen, sie leichtsinnig beiseite zu schieben, sie im Traum totalen Wissens irrend zu meistern, von ihnen ahnungslos (pathetisch verherrlichend oder verachtend) zu reden, als ob man ihrer wissend Herr sei, und dann mit groben Händen knabenhaft zu agieren, zu verderben und zu zerstören.

Während Schelling im Traum das Bewußtsein der Souveränität des Denkens hat, versagt er in allen Realitäten. Er verfällt der Phantastik einer Scheinwissenschaft, als ob er mit den echten Forschern zusammen arbeite, der irrealen Politik, dem Sendungsbewußtsein. Er verfällt damit zugleich ständig der Ratlosigkeit, den maßlosen Empfindlichkeiten, dem Abbruch seiner persönlichen Beziehungen zu den Freunden, die ihn »nie verstanden« haben.

Philosophie kann als solche die wirkliche Religion so wenig in die Hand nehmen wie die Politik und die Wissenschaft. Wohl aber hat die philosophische Besinnung, wo sie im Ernst stattfindet, durch die aus ihr erwachsende philosophische Haltung große und unersetzliche Folgen. Sie fördert die Klarheit, Ursprünglichkeit, Entschiedenheit in der wissenschaftlichen Forschung, im politischen Wollen und Handeln, im Verhalten zur kirchlichen Religion. Sie macht die Motive und Gehalte oder die Ideen und Führungen bewußt, unter denen die sonst sich isolierenden, dann zerstreuenden, aus dem Miteinander sich ausschließenden Realitäten stehen müssen, wenn sie gedeihen sollen.

Aber die Philosophie läßt frei. Sie setzt nicht sich selber an die Stelle der Realitäten. Sie schafft den hellen Raum, in dem alles wahrer und reiner werden kann. Sie läßt den Philosophierenden sich seines eigenen Ursprungs vergewissern, gibt seiner möglichen Existenz die Flügel und setzt ihm Grenzen, läßt ihn geprüft und bestätigt werden und wieder in neue Unruhe gelangen.

Dahin scheint auch Schellings Philosophie immer wieder für Augenblicke zu weisen. Soweit sie das tut, ist in ihr Wahrheit. Aber übermächtig wird bei ihm der Traum, die Magie, die Selbsttäuschung, damit auch das Literarische und Sensationelle, – und soweit das geschieht, geht seine Substanz darin verloren.

Wahrheit läßt die Realitäten als solche erscheinen und sich zu ihnen stellen, daher in der Welt etwas bauen und bewirken, das standhält in fördernder Erinnerung. Magie läßt die Realitäten ins Dunkel zurücktreten und sie versäumen, führt daher in der Welt zu Vernichtung und zu Nichtigkeiten.

4. Vom Wesen Schellingschen Denkens

Reflexivität, Sendungsbewußtsein, Realitätsferne gehören bei Schelling zusammen. Aber es gelingt nicht, sie auf ein Prinzip zu bringen. Die Substanz eines Philosophen ist ohnehin nie aus einem einzigen Prinzip zu erfassen. Man kann mit ihm umgehen, nur indem man in ihn eindringt, nicht indem man ihn übersieht. Das Eindringen erfolgt unter je besonderen Gesichtspunkten, wie hier etwa unter jenen drei, die wir versuchten. Die Mitteilungen der dabei gemachten Erfahrungen klingen fälschlich wie Totalurteile, während sie nur als Sichten gemeint sind. Auf der Suche nach dem einen, nicht zu fassenden Prinzip des Ganzen sind weitere Erörterungen möglich.

a) Im philosophischen Denken kann man angesichts der Sprechweisen und dessen, woran im Hörer der Redende sich wendet, der Vernunft die Magie gegenüberstellen.

In der Vernunft werde ich Herr meiner Gedanken, indem ich zu ihnen und mir selbst Distanz gewinne. Der Magie hingegeben, werde ich überwältigt von den als absolut vorgetragenen Gedanken, indem ich distanzlos zu ihnen wie zu mir selbst bleibe.

In der Vernunft vollziehe ich Gedankenoperationen mit dem Sinn inneren Handelns. Die Magie erlaubt mir ein Anschauen mit dem Sinn des Hingerissenseins oder der ästhetischen Befriedigung. Dort bin ich selbst dabei, verbindlich, weil persönlich verpflichtet, hier bin ich selbst ein anderes oder nichts, unverbindlich dabei, persönlich unverpflichtet.

Vernünftiges Sprechen wendet sich an den Ernst des Selbstseins, magisches an den Drang zum folgenlosen Betroffensein vom Erstaunlichen, Ungewöhnlichen.

In der Vernunft bin ich zur Antwort bereit, zumal auf Angriffe; ich begehre die Gegenseitigkeit darin selbstseiender Menschen. Im magischen Wirken gebe ich Scheinantwort im Wiederholen des Zaubers, oder schweige, wo die Helligkeit unbequem wird, und nutze das Schweigen selber noch als eine Form des Wirkens; ich begehre, der Eine und der Meister zu sein. In der Vernunft gibt es nur Offenheit, gleichsam die Politik des Sichselberzeigens und Sichstellens, in der Magie das Ausweichen, die Verborgenheit, faktisch die Politik des Geheimnisses, der erregten Erwartung, des Versprechens ohne eigentlichen Inhalt.

In der Vernunft will ich bedingungslos die Helligkeit bis zur Grenze der klarwerdenden Frage, die auf das Geheimnis stößt. In der Magie will ich das Geheimnis an sich in dem Schein einer verführenden (luziferischen) Helligkeit. Daher ergreife ich in der Vernunft alle Mittel der Klarheit, in der Magie die Mittel der Wirkung. Die Sprache der Vernunft fällt ihr unabsichtlich zu, die der Magie wird ihr selber Gegenstand; sie wird einerseits zur Absicht, andrerseits zur geheimnisvollen Substanz.

Der Vernunft zuhörend ertrage ich die herbe, weil den Schein vernichtende Klarheit, und bin ich bereit für den Anspruch, aus dem existentiellen Grunde mich in ständige Erinnerung durch verläßliche Kontinuität im faktischen Leben zu verwirklichen. Der Magie mich anvertrauend genieße ich die Ergriffenheit als solche, die Hingerissenheit, das Überwältigtsein, die Distanzlosigkeit im Rausche, der als ein anderes neben dem faktischen Leben einhergeht.

Die Vernunft gibt sich schwach, weil sie sensationslos ist, die Magie gibt sich stark durch Suggestion. Die Vernunft drängt zur Bescheidenheit auf dem Wege, die Magie zur allbezwingenden und am liebsten weltgeschichtlichen Rolle.

Solches antithetische Schema von Vernunft und Magie erlaubt an Schelling die Frage zu stellen, welchem Weg er folge. Die Antwort ist, zumal kein Mensch unter ein Schema subsumiert werden kann, daß wir beim Studium Schellings wohl von beidem getroffen sind. Aber Schelling geht so sehr auf dem Wege dessen, was wir hier magisch nannten, daß die Impulse der Vernunft in dem magischen Zauber zu verschwinden scheinen.

Während die eigentlich großen Philosophen uns auf den Weg der Vernunft bringen, weil sie das Magische überwinden, ist Schelling der Verführer zur Magie des Denkens.

b) Das Magische ist verknüpft mit Schellings grundsätzlichen Verkehrungen, die uns in der Vergegenwärtigung seines Denkens begegnet sind.

Er vollzieht von Anfang an die Verkehrung aus dem Darinstehen zum Überblicken. Die existenzerhellenden Impulse werden zunichte in dem, was als Gnosis sich vollendet. Das fragende, in der Situation mit anderen sich verwirklichende Menschsein verkehrt sich in die Position einer übermenschlichen Rolle des Einzigen aus der Mitwissenschaft der Schöpfung und dem Wissen des Ziels.

Die Grundverkehrung hat ihren Ursprung darin, daß Schelling statt der unumgänglichen, aber methodisch bewußten und beweglichen Objektivierung die falsche Objektivierung vollzieht. Das geschah, wie wir es geschildert haben: Im Enthusiasmus seiner Jugend gewann Schelling die Befreiung von den fixierten Objekten, von den Banden der Regeln, der Enge des Gedachten. Er sieht »die ursprünglichste Antithese«: Die philosophische Vernunft »muß entweder auf die objektive intelligible Welt, oder auf ein absolutes Subjekt – auf Freiheit des Willens – Verzicht tun« (I, 338). Er ist »froh, daß wir endlich am Scheidewege stehen« (I, 341). Aber von vornherein wird dadurch, daß die Freiheit maßlos, absolut gedacht wurde, an diesem Scheideweg von Schelling die Richtung dorthin gewählt, wohin zu gehen er doch verworfen hatte. Denn die Freiheit, die die Bindung an Objekte radikal aufheben sollte, wurde zugleich als diese falsch gewordene absolute Freiheit selbst zum Objekt. Die Auflockerung des objektiven (dogmatischen) Denkens wurde zur Zügellosigkeit im Ergreifen von Objekten. Die totale Freiheit kehrte sich um in das Denken handgreiflicher übersinnlicher Objektivitäten.

Die Freiheit, der das Denken Element der möglichen Existenz ist, spricht der Jüngling treffend aus: »Die Ideen, zu denen sich unsere Spekulation erhoben hat, hören auf Gegenstände einer müßigen Beschäftigung zu sein; sie werden zum Gesetz unseres Lebens, und befreien uns, indem sie so selbst in Leben und Dasein übergegangen« (I, 341). Da liegt es: was ist dieser Übergang in Leben und Dasein? Entweder geschieht er in die Wirklichkeit oder in eine phantastische Objektivierung. Schelling sagt an jener Stelle: Übergang »zu Gegenständen der Erfahrung«. »Unser Geist fühlt sich freier, indem er aus dem Zustand der Spekulation zum Genuß und zur Erforschung der Natur zurückkehrt« (I, 341). Dies ist, was Schelling den »Durchbruch zur Objektivität« genannt hat. Aber diese Objektivität ist nun nicht etwa die reale Erfahrung der Natur- und Geschichtswissenschaft, sondern vielmehr die Objektivierung eines Übersinnlichen in Anschauungen von Natur, Mythen und Offenbarung unter sachlicher Vergewaltigung der naturwissenschaftlichen und historischen Tatbestände. Die Umsetzung aus der Freiheit der Spekulation in die Wirklichkeit des Lebens aber bedeutet weiter bei Schelling gerade nicht Umsetzung in die geschichtliche Existenz und in ein Philosophieren zur Erhellung der Existenz, sondern vielmehr in die Erleichterung der sich undurchschaut bleibenden Existenz durch die Anschauung der imaginären Visionen des Übersinnlichen in der gnostischen Objektivierung der ewigen Freiheit.

Die Umkehrungen erfolgen hin und her. Der erste Impuls wird immer wieder von neuem fühlbar und immer wieder legt er sich in die selbst hervorgebrachten Fesseln. Daher ist die uns bewegende, erst ergreifende und dann enttäuschende Weise in Schellings Werk: die Philosophie der Freiheit und dann das Preisgeben der eigentlichen existentiellen Freiheit an eine phantastische absolute Freiheit, – existenzerhellendes Denken und dann die Preisgabe der Existenz an gnostischen Unfug.

Die Verkehrungen lassen sich im besonderen auf vielfache Weise formulieren:

Das Ergrübeln des Grundes des Seins im Ausgang von unserer menschlichen Situation, das Forschen aus dem persönlichen Vermögen einer höheren Anschauung (der intellektuellen Anschauung), in der sich die Bewegung der Existenz des Denkenden spiegelt, verkehrt sich in das gnostische Wissen einer nur noch ästhetischen Ergriffenheit, in der das Mögliche für das Wirkliche gilt.

Die Klarheit des methodischen Bewußtseins einer esoterischen Philosophie als des »offenbaren Geheimnisses« schlägt um in das Bescheidwissen und Mitteilen eines mit dem Anspruch von Untersuchung und Forschung auftretenden allgemeingültigen Ergebnisses.

Das Staunen vor dem Geheimnis, das Erwecken des Sinns für diese Tiefe durch Denken und Fragen setzt sich um in Antwort, die Frage und Staunen aufhebt durch die gnostische Erzählung.

Die Einsicht in das Wesen der Philosophie schlägt um in den Totalanspruch des eigenen Denkens oder in die Willkür der Subjektivität.

Das Aufleuchtenlassen des Großen im Widerschein eigenen Denkens, der Sinn für das Substantielle und für den Rang verkehrt sich unwillkürlich in das Bewußtsein eigener Größe, die in einem sich selbst nicht sehenden Übermut alles, was überliefert ist, sich unterwirft.

Aus dem beschwingenden Bewußtsein einer geistigen Wende der Zeit und der durch sie neu gestellten Aufgabe der Philosophie wird die maßlose Selbstüberschätzung und zugleich ein Scheinwissen, das der Philosophie mehr zumutet, als sie leisten kann. Die Verkehrung kommt zutage in dem Glanze eines mißverstandenen Erfolgs und dann des uneigentlichen, weil existenzlosen Scheiterns.

Das Bild dieses Denkens im Ganzen ist: Schelling vermag das Höchste zu berühren, erleuchtende Gedanken in wundervollen Sätzen auszusprechen. Und derselbe Schelling ergeht sich in Absonderlichkeiten. Bei ihm finden sich die Blicke in die Tiefe so gut wie die in das Leere, das sich aufbläht, der Blitz augenblicklicher Einsicht so gut wie die Oberflächlichkeit einer Objektivität absurd aufgefaßter Tatbestände.

Seine großen Einsichten bringen ihn in eine Stimmung auf Grund des Wissens um ein außerordentliches Etwas. Von ihnen her ist eine Nachwirkung in ihm wie von Träumen, die schon wieder vergessen sind, ein Adel philosophischen Erlebens, der noch dem Absurden einen Schimmer gibt. In ihnen gründet nicht ganz mit Unrecht sein außerordentliches Selbstbewußtsein. Aber das alles wird alsbald wieder falsch durch einen Anspruch, der alle Maße übersteigt, durch den geltungsbegierigen Willen zur Autorität, durch das Bewußtsein, der Einzige zu sein. Die Beschwingtheit philosophischen Ergriffenseins wird zum Sendungsbewußtsein. Die Gewißheit seines für sein Bewußtsein weltgeschichtlichen Schrittes wird zur Hybris.

Durch seine Empfindlichkeit für geistige Kräfte, seinen Sinn für Größe, seine Begeisterung in den zum Teil wahren Sichten ist er verführt, für Substanz zu halten, was Echo, Gebärde, Reflexion und die große Begabung des vielfachen Versuchens ist. Aber es ist, als ob die Valuta fehle für das von ihm Gedachte. Es ist nur wie ein Klingen möglicher Valuta in Schelling, die am Ende sich nicht erweist, weder im Leben noch in der substantiellen Überzeugungskraft seines Werks. Er wird sich selbst nicht durchsichtig. Es ist nur ein augenblickliches Fühlen in den Grund seiner selbst; dann erfolgt sogleich die Selbstverdeckung durch die Objektivierungen.

Man steht beim Schellingstudium immer wieder verwundert vor den Verkehrungen, die alles Wahre bei ihm irgendwann auch entstellen. Im Ansatz des Wahren selber muß hier schon ein Keim liegen, der das Verderben zur Folge hat. Daß Wahrheit und Verkehrung so sehr ein Ganzes zu werden scheinen, muß seinen Grund tief im Wesen Schellings haben.

c) Schelling besitzt die Begabungen eines großen Redners. Seine Ansprachen, seine Vorlesungen selber – vor allem auch die frühen, etwa über die Methode des akademischen Studiums – sind Meisterwerke. Er besitzt den Stil der Würde, des aus der letzten Tiefe Schöpfenden und des gewaltig Überschauenden, die Haltung des Einzigen, der hier redet, und des Gebietenden. Auch seine Vortragsweise hat Schelling bewußt gepflegt. Zuerst war sie ungeformt. 1799 schrieb Savigny: mit Gleichgültigkeit und Stolz stehe Schelling auf dem Katheder und spreche, als ob er etwas nicht sehr Bedeutendes schnell erzähle (Haym S. 596). »Als er zu sprechen anfing, – schrieb von der gleichen Zeit Steffens (4, 75 ff) – schien er nur wenige Augenblicke befangen.« Im Rückblick fast ein halbes Jahrhundert später sagte Schelling: »Noch wußte ich nicht, daß die Hauptstärke des freien Vortrags in der Kraft des Anhaltens besteht, damit jeder Gedanke Raum und Zeit finde, sich zu entwikkeln, nicht Worte und Gedanken sich überstürzen« (Plitt I, 244).

Gewiß war Schellings Sprechen nicht von einerlei Art. Er unterwarf sich keiner Manier. Rosenkranz schildert ihn 1838 (S. XIX ff): »Eine silberne Dose, die Schelling mit der linken Hand auf und ab in häufige Bewegung setzte, war die symbolische Dekoration des Vortrags. Schelling stand in kräftiger Haltung, zog ein schmales Heft aus der Brusttasche und las ab (auch Varnhagen berichtet, daß »Schelling nicht frei vorträgt, sondern das Aufgeschriebene abliest«), allein so, daß man ihm die völligste Freiheit der Darstellung nachfühlte. Auch hielt er von Zeit zu Zeit an und gab extemporisierende, paraphrastische Erläuterungen, in welchen auch zuweilen der poetische Schwung sichtbar ward, den Schelling mit ganz abstrakten Wendungen anziehend zu verbinden weiß. Die Ruhe, Festigkeit, Einfachheit, Originalität ließen das Chargierte des nicht zu selten hervortretenden Selbstgefühls übersehen. Das schwäbische Idiom schwebte mehr über der Aussprache, als daß es, wie bei Hegel, noch gänzlich tonangebend gewesen wäre.«

Schellings Rede konnte den hohen Stil haben, wie in manchen Gedenkreden, z. B. in den Worten auf Goethes Tod, nach Kants Tod. Sie vermochte augenblicklich auf Studenten zu wirken, wie bei Unruhen in München, bei denen er an einem einzigen Abend die Studentenschaft dazu brachte, von ihren Übergriffen abzulassen. Sie konnte die »echte Gebärde« des Zauberers haben, der bei Gott und im Grund der Dinge Bescheid weiß. –

Schelling schreibt weder den sachlich konzentrierten, schwer verständlichen, dichten Stil Hegels noch den stets interessierenden, mit mannigfachen Mitteln reizenden, ohne weiteres verständlichen Stil Schopenhauers. Schelling schreibt in der Erregung philosophischen Schwungs, mit dem Willen zur Verständlichkeit des Überschwänglichen, mit feierlicher Ausdrucksweise, mit der Würde der Philosophie, mit den Effekten rhetorischen Glanzes.

Auch das Werk im Ganzen kann wie eine große Gebärde wirken. Die Substanz wird fragwürdig. Schelling scheint die nicht eingestandene Sorge um diese Möglichkeit zu bewegen. Die Sorge verschwindet in dem hohen Selbstbewußtsein, dessen Empfindlichkeit noch auf sie hinweist, oder sie steigert sich in vorübergehende Stimmungen schweigender Verzweiflung, die er verbirgt im Aussprechen der objektiven Verzweiflung an der Welt.

Schellings Genialität gedanklicher Aneignung hat ihm im Spiel spekulativen Denkens großartige Treffer ermöglicht. Bis zum Ende sind ihm wirksame Formulierungen gelungen. Im Grundsätzlichen gewann er tiefe Einsichten, tiefere als Hegel. Aber keine vermochte er auszuarbeiten oder auch nur festzuhalten.

Die Kraft seines Denkens arbeitet stoßweise, in augenblicklichem Zugriff, in immer neuem Anfangen. Dieses Denken geht nicht ein in eine systematische Arbeit. Das System in seinen wechselnden Ansätzen ist absichtlich und ist unbegründet. Es werden Lücken im jeweils geplanten System ausgefüllt durch leere Abstraktionen. Jedes System wird ihm schnell zu einem Schematismus. Wo er am System arbeitet, ist er nicht mehr bewegt von dem, was er in Augenblicken getroffen hatte. Das Systematische wirkt bei ihm nicht hervorbringend. Wo er das System will, bleiben die sonst ihm zufliegenden Gedanken aus.

Schelling hat jederzeit – von der Naturphilosophie bis zur Philosophie der Mythologie und Offenbarung – den undurchdringlichen Dschungel wachsen lassen. Darin sind zwar helle Orte mit großartiger Sicht, auch mit dem Überblick über den Dschungel selber. Aber der Leser gerät immer wieder auf das morsche Holz, das nicht trägt, sieht sich ergriffen von den Schlingpflanzen, die ihm Weg und Atem nehmen, und überwältigt vom Gestrüpp, vom Leeren und von der Wiederholung des immer gleichen Verwirrens.

d) Die Darstellung des Schellingschen Denkens zeigt Widersprüche in der Grundhaltung, etwa: seine Neigung zum Geheimnis, zum Dunkeln, zur Phantastik, und sein Sprechen dagegen für Vernunft und Wirklichkeit; – seine Forderung, das Endliche im Unendlichen, die Welt göttlich zu sehen, und sein Blick auf die Heillosigkeit und das Böse; – sein Schwung im Pathos metaphysischen Denkens und seine Verengung im Dasein mit der Unverläßlichkeit seines Urteils und der fehlenden Selbstkritik; – sein Sinn für Größe, seine Ehrfurcht vor den großen Denkern und dann sein Sich-über-sie-stellen.

Die Widersprüchlichkeit in den Gedanken selber ist bei Schelling oft von zufälligem Charakter. Wenn er schlagend formuliert hat, sagt und tut er nicht nur das Gegenteil, sondern verliert die im Augenblick gewonnene Ebene: daher die großen Niveauunterschiede in bezug auf Stimmung, Ernst, Tiefe innerhalb seines Werkes. Die Widersprüche bei Schelling sind nicht erleuchtend und wesentlich wie bei Kant, in dessen Werk die Widersprüche gerade auf den Sinn seines Denkens führen, denn die Kantischen Widersprüche sind einerseits auflösbar, andererseits sinnvolle Zeiger auf die Grenzen der Aussagbarkeit. Es ist bei Schelling auch nicht wie bei Nietzsche, dessen Widersprüche zu einem großen Teil sich in der leidenschaftlichen Bewegung seines Wahrheitssuchens als sinnvoll erweisen und einer dialektischen Ordnung sich fügen.

Schelling ist lässig und vergeßlich. Er gestattet sich die Ergriffenheit, der etwas aufleuchtet, ohne Rücksicht auf seine anderen Ergriffenheiten. Er ist wie gefesselt durch den Gegenstand seines jeweiligen Nachdenkens. Die Widersprüche sind nicht zurückzuführen auf eine Abfolge systematischer Standpunkte, vielmehr bedingt durch den Wechsel dieser augenblicklichen Interessen. Aus seinen Widersprüchen ergibt sich kein fruchtbarer Anstoß.

e) Geborgenheit und Verzweiflung, Schwermut und Neurose. – Wenn Schelling philosophierend die Wirklichkeit vor allem Denken gedacht hat, den wirklichen Gott vor dem nur gedachten Gott, die Wirklichkeit als die Geschichtlichkeit in allem, so bedeutet dies bei ihm keineswegs das, was man erwarten sollte. Jene transzendente Wirklichkeit ist von Schelling doch nur gedacht in den Mythen und in der Offenbarung, und deren Wirklichkeit selbst ist in seiner positiven Philosophie nicht da, sondern bestenfalls im Widerhall als glaubwürdig sprechend erfahren. Dagegen die Wirklichkeit im Hier und Jetzt, die die einzige Sprache jenes Seinsgrundes für uns ist, scheint er zu vergessen. Die Erfüllung des Lebens durch den Reichtum des Gewesenen und die Lust an der Imagination läßt ihn vor der Wirklichkeit der Realitätserkenntnis, der Politik, der Religion versagen. Die Gegenwärtigkeit selber scheint er nicht mehr eigentlich vollziehen, sondern nur denken zu können. Das Vergangene wird nicht Gegenwart, weil die eigentliche Aneignung fehlt. Geschichtlichkeit, so tief begriffen und begehrt, bleibt aus. Wehmut, Sehnsucht, Schwermut geben davon Kunde, aber auf eine wunderlich zweideutige Weise.

Denn im Sinn Schellingscher Philosophie liegt die Geborgenheit. Anfang und Ende aller Dinge ist die ewige Weisheit. Da ist keine Frage, keine Empörung, kein Durchbrechen in andere mögliche Horizonte. Schelling versteht ja selbst das Böse in Gott. Wollten wir das Böse nicht, so hieße das, wir wollten Gott nicht. »Damit das Böse nicht wäre, müßte Gott nicht sein« (VII, 403). Soll der Mensch sein Leben mit Weisheit einrichten, so muß er voraussetzen, daß auch in der unheimlichen, turbulenten, vom Bösen durchsetzten Bewegung der Welt Weisheit sei. Es gibt keine Weisheit für den Menschen, wenn im objektiven Gang der Dinge keine ist (XIII, 201 ff).

Das ist bei Schelling das Wesentliche: die Wirklichkeit ist zwar vor der Vernunft, aber in dieser Wirklichkeit selbst ist schon Weisheit. All unser Handeln hat seinen Sinn nur in bezug auf diese Weisheit. Wohl schildert Schelling unsere Grundsituation: »Der Mensch findet sich im Beginn seines Daseins gleichsam in einen Strom geworfen, dessen Bewegung eine von ihm unabhängige ist, der er unmittelbar nicht widerstehen kann, und die er zunächst bloß leidet.« Aber das ist nur »zunächst«. Schelling ist jederzeit gewiß: »Der Mensch ist nicht bestimmt, sich von diesem Strom wie ein totes Objekt bloß fortreißen zu lassen, er soll den Sinn dieser Bewegung verstehen lernen, um ihr selbst in diesem Sinne förderlich zu sein, und nicht etwa mit vergeblicher Anstrengung sich entgegenzustemmen.« Diese Bewegung ist von ihrem Anfang an keineswegs eine blinde, sie hat ein Ende, sie schreitet nicht völlig zwecklos ins Unendliche fort, sie erreicht ihr Ende nicht infolge einer blinden Notwendigkeit (XIII, 202 ff).

In welchem Gegensatz steht diese theoretische Geborgenheit Schellings in der ewigen Weisheit etwa zu Nietzsches Ausruf, wie wenig Vernunft in der Welt und wie verloren sie darin sei, und zu Kierkegaard, der die Wahrheit des Glaubens im Absurden ergreift. Schelling ist nicht wie Kierkegaard oder Nietzsche mit seinem Leben wirklich in das Äußerste gegangen und daher auch nicht in seinem Denken. Denn Übersteigerungen und Maßlosigkeiten des Sprechens sind noch keineswegs dieses Denken im Äußersten. Schelling ist nicht die Ausnahme, die ihr Dasein von dorther verzehren läßt und es damit tatsächlich opfert, sondern er spricht nur davon. Es ist dann in ihm etwas Forciertes, Behexendes. Seinen extremen Urteilen entspricht nicht seine uneingestandene vorsichtige persönliche Praxis. Er denkt nur zusehend, feierlich, ästhetisch ergriffen vom Äußersten. Wenn er sagt: »Wer nicht kühn bei Gelegenheit sein Leben aufs Spiel setzen und mit ihm wie mit einem Kreisel umzugehen wagt, der ist ohne Frage ein solcher, der von Natur unfähig ist, es zu genießen, oder es nicht in seiner vollen Kraft besitzt« (zit. nach Braun, S. 25), so ist das gewiß etwas, was er selber nicht tat und nicht konnte, was ihm aber vielleicht angesichts Carolines als eine abenteuerlich ausgedrückte Wahrheit vor Augen stand, an der er teilzuhaben meinte, wenn er sie aussprach.

In Schelling gibt es keinen festen Bezugspunkt, keine verläßliche liebende Lebensverfassung. Wie Schelling liebt, das ist nicht die Liebe in Plato, Bruno, Spinoza, nicht die in Dante, nicht die in Goethe. Es bleibt eine Farbe des Egoistischen selbst da, wo er in seiner Liebe zu Caroline in einer für uns ergreifenden Zweideutigkeit seine sonst ihn beschränkenden Grenzen zu überschreiten scheint in das Große des Lebens selber hinein.

Das Wissen Schellings macht in der philosophischen Theorie eine Verzweiflung unmöglich. Die Philosophie wird zum Trost aber gerade in der von der Welt sich abwendenden Kontemplation: »Es ist doch alles nur eitel, und Nichts außer dem Umgang unseres Geistes mit den höchsten Gegenständen.« Darum beichtet er seinem Bruder befriedigt von Metternich (4. 6. 1846), der »mit ergreifendem Schmerz seinen Ekel an Staatsgeschäften ausspricht« und »sich nichts wünscht, als ganz der Philosophie leben zu können« (Plitt III, 197).

Schellings überaus pessimistische Anwandlungen, zumal in seinen letzten Jahren, haben einen Ton falscher Großartigkeit. Als die Russen die Moldau und Walachei besetzten und der Krimkrieg ausbrach, schrieb er: »Die Russen sind die letzten Skythen. Schon Thukydides sagte, kein Volk würde widerstehen, wenn sie zusammenhielten. Jetzt ist es soweit. Kein Mensch weiß, ob nicht die Tage von Gog und Magog erfüllt sind, der kommen muß, ehe das letzte Weltschicksal entschieden wird« (Brief an Maximilian, S. 266). Das gnostische Wissen hebt die in übersteigerter Maßlosigkeit gesehene Katastrophe in einem phantastischen Zusammenhang auf.

Wenn Schelling verzweifelt, so ist das entweder eine Verstimmung ohne Bezug zur Philosophie oder der hohe Ton einer Unwirklichkeit seines reflektierten Erlebens. Es gibt durch sein Leben die Reihe totaler Verneinungen im Wort: so sein Sprechen vom Selbstmord, als Caroline sich ihm verweigert, seine totale Verwerfung des Zeitalters, sein gelegentlicher Fluch gegen die ganze Welt. Aber seine Worte sagen dann mehr, als er trotz heftigen Affekts wirklich vollzieht. Er ist schnell wieder da und sogleich beim Gegenteil, bei der faktischen Bejahung der Dinge und seines Daseins. Er glaubt wieder an sich und seine Sache, wenn auch mit einem Hintergrund des Zweifels, der die große Empfindlichkeit des in seiner sicheren Gebärde doch Unsicheren zur Folge hat.

Schellings Schwermut (von der Staiger in geschichtlich-literarischen Zusammenhängen sachlich gehandelt hat) liegt mehr im Inhalt einer der Weisen seiner philosophischen Deutung der Dinge, als daß sie eine diesem Inhalt entsprechende eigene Verfassung wäre. Diese Verfassung ist vielmehr etwas ganz anderes, nämlich hypochondrische Verstimmung, Unwille gegen die Zeit und die Welt, wirkungsbedürftige verachtende Ablehnung, und dies wiederkehrend zu allen Zeiten seines Lebens (über Schellings ständige Aufmerksamkeit auf seine Gesundheit, seine Hypochondrien, seine Verstimmungen vgl. Plitt, u. a. I, 78, 312, 329, 330. II, 89, 94, 97, 133, 139, 163, 166, 172, 188, 269, 353, 354, 425, 434. III, 5, 140, 149, 209). Wie Schelling sich in der Schwermut spiegelt, die er in Natur, Mythen, Kunst, Zeitalter und Menschen wahrnimmt, das gehört zur Reflexivität seines Erlebens, ist nicht die Wahrheit seines eigenen hypochondrischen Lebens, ist die Großartigkeit, an der er sich in seiner Stimmung aufschwingt, ist nicht die Wirklichkeit seines eigenen Wesens.

Die Natur: »Das Dunkelste und darum Tiefste der menschlichen Natur ist die Sehnsucht, gleichsam die innere Schwerkraft des Gemüts (Gemüt nennt Schelling das dunkle Prinzip des Geistes, wodurch er in Rapport mit der Natur, und nach der idealen Seite in Rapport mit der höheren Welt steht, aber nur in dunklem Rapport), daher in ihrer tiefsten Erscheinung Schwermut. Hierdurch besonders ist die Sympathie der Menschen mit der Natur vermittelt. Auch das Tiefste der Natur ist Schwermut, auch sie trauert um ein verlorenes Gut, und auch allem Leben hängt eine unzerstörliche Melancholie an, weil es etwas von sich Unabhängiges unter sich hat (das *über* sich erhebt, das *unter* sich zieht herab)« (VII, 465–466).

Das Leiden in Gott: Schelling fragt: »Hat überhaupt die Schöpfung eine Endabsicht, und wenn dies ist, warum ist das Vollkommene nicht von Anfang?« Die Antwort: »Weil Gott ein Leben ist, nicht bloß ein Sein. Alles Leben hat Schicksal, und ist dem Leiden und Werden untertan. Auch diesen also hat sich Gott freiwillig unterworfen. Das Sein wird sich nur im Werden empfindlich. Im Sein freilich ist kein Werden; in diesem vielmehr ist es selber wieder als Ewigkeit gesetzt; aber in der Verwirklichung durch Gegensatz ist notwendig ein Werden. Ohne den Begriff eines menschlich leidenden Gottes, der allen Mysterien und geistigen Religionen der Vorzeit gemein ist, bleibt die ganze Geschichte unbegreiflich« (VII, 403).

Mythische Welt: Schelling spricht von der »Götternacht der skandinavischen Lehre« und analogen Ideen »der tiefsinnigen und schwermütigen Etrusker« (XIII, 511). Er findet »jenen tieftragischen Zug, der durch das ganze religiöse Leben der Griechen unverkennbar hindurchgeht«, der »sie in der ausgelassensten Lust nicht verläßt«, weil sie wissen, »daß diese ganze schöne Welt des Scheins einst versinken und einer höheren, truglosen Klarheit weichen werde. Dieser Gedanke erklärt jene Schwermut, die wie ein süßes Gift die trefflichsten Werke der Hellenen, besonders die der bildenden Kunst durchzieht.« Sie zeugen »vom Schmerz der unüberwindlichen Endlichkeit ihres Daseins«. Dies Tragische »leitet sich eben von dieser Mitte her, in welche der Hellene zwischen einer sinnlichen Religion, der er für die Gegenwart unterworfen ist, und einer rein geistigen, die ihm nur in der Zukunft gezeigt wurde, gestellt ist« (XIII, 512).

Die römische Welt: In ihr herrscht »die Verzweiflung, die auch die besseren Herrscher befallen mußte darüber, daß kein Zweck, also in allem, auch in ihrem eigenen Tun keine Wahrheit zu erkennen war.« Diesem Sinn entsprechend sieht Schelling »die Schwermut der gesamten Weltansicht in Marc Aurels Schriften« (XI, 545).

Es ist die immer wiederkehrende Denkfigur: In der Natur ist die Gebundenheit des sich bewußtlos ins Helle ringenden Geistes. In der Mythologie, in hellenischer Kunst ist die Gebundenheit des die Wahrheit zukünftiger Offenbarung ahnenden bewußt ringenden

Geistes. In der gottfernen, der Offenbarung den Boden bereitenden römischen Zeit ist die Verzweiflung am Sinn alles faktischen Tuns. Darum ist überall Schwermut.

Aber für Schelling ist durch seine Philosophie diese Schwermut, deren Sinn und Grund erkannt ist, aufzuheben in jener Herrlichkeit, jenem Jubel, die im gnostischen Erkennen herbeigezwungen werden sollen.

Schellings Ergriffenheit verliert sich ins Maßlose reflektierten Erlebens, fängt sich im bezaubernden Bilde, strandet praktisch am Realen, – setzt sich nie wirklich ein, sondern vollendet sich in Rede und Gebärde.

f) Man macht heute in akademischer Philosophie konventionell die falsche Voraussetzung eines gemeinsamen substantiellen Bodens für die metaphysischen Gedanken. Man nimmt die Begriffe der Metaphysiker aus den Jahrtausenden zusammen und meint eine Lehre und eine Entwicklung dieser Lehre zu fassen. Jedoch auch bei äußerlich ähnlichen Begriffen sind diese schon durch die Denkoperationen, in denen sie vorkommen, von abweichendem Sinn. In ihrem geschichtlichen Zusammenhang sind diese Denkoperationen selber getragen von substantiell weder übereinstimmenden noch gleichrangigen und im Ganzen nicht übersehbaren Glaubensverfassungen.

Der Versuch, Schellings Metaphysik aufzunehmen in eine Geschichte der gehaltvollen Systeme und Probleme der Metaphysik, scheint mir vergeblich. Denn es mangelt ihm das Tragende und Umgreifende eines Grundglaubens. Es fehlt die Wahrheit und Überzeugungskraft eines einheitlichen Gedankengebildes. Er bringt wohl großartig gedachte und empfundene Formulierungen, aber ist ständig verführt zu nichtigen Gedankengängen. Das ist nicht die Gestalt einer großen eigenständigen Metaphysik.

War Schelling Christ? Er war es in dem Sinne, in dem die Abendländer Christen sind. Aber Schelling war nicht Christ in dem positiven Sinn eines gehorsamen Bekenntnisses.

Von den großen Gnostikern unterscheidet sich Schelling wesentlich. Es gibt bei ihm keine Wiedergeburt und keine Erfahrungen wie bei Böhme. Die scheinbar gleichen theosophischen Gedanken entspringen bei Böhme aus dem Überfallensein in der Anschauung des Übersinnlichen, bei Schelling aus dem Denken über Möglichkeiten und aus der Lust an der Großartigkeit von Gebilden des Denkens und der Anschauung im Echo auf die theosophische Überlieferung. Bei Schelling gibt es auch nicht wie bei Origenes die Verantwortung in der wirklichen Gemeinschaft einer Kirche, in der Origenes, mitwirkend, getragen, gehorchend sein Denken entfaltet und bindet. Schelling eignet auch in der höchsten Ergriffenheit des Erlebens die moderne Unverbindlichkeit. Wenn der Gedanke in ihm nicht ganz ohne Wirklichkeit ist, so bleiben doch die zugehörigen Folgen aus. Schelling verhält sich zur christlichen Glaubensüberlieferung formell frei wie ein Kirchenvater: aufnehmend, aneignend, umbildend. Aber er tut dies willkürlich und anachronistisch, da keine Wirklichkeit da ist, für die solche Verwandlung des Dogmatischen gültig wäre, oder durch die sie aufgenommen würde. Er wählt, was ihm gefällt, und deutet es um.

Bei Schelling entsteht auch keine eigene, wirksame, große Metaphysik wie bei Plato, Plotin, Spinoza. Es ist in ihm kein Charakter der Philosophie, kein mit ihr identischer Wille, nicht der Ernst, in ihr zu leben, sondern ein unverbindliches Genießen der Tiefe von Gedanken wie der Oberfläche des Zaubers. Daher ist seine Wirkung selber zweideutig. Wenn Kierkegaard Schelling gegenüber im ersten Augenblick betroffen ist, dann von Faseln spricht, wenn Theologen und kirchliche Instanzen ihn glaubten nutzen zu können, aber doch als etwas Fremdes ablehnten (wie Martensen), so liegt das in den Aspekten, die sich jeweils zeigen, und die sich am Ende als Aspekte ohne verläßlichen Kern erweisen.

Wenn ich das schreibe, stutze ich wieder. Denn in allen Verkehrungen, in der Reflexivität, im Echo, im Sendungsbewußtsein liegt eine eigene Art von Größe, die in Schelling ihren Gipfel hat. Es gibt keinen Zweiten dieses Typus in solchem Range. Die Größe Schellings liegt in der Geistigkeit als solcher, in der Gebärde selber, in der Genialität seines Zaubers, in seiner Magie.

Aber auch solche Charakteristik ist seiner Größe nicht angemessen. Denn in dem Feuerwerk Schellings sind Funken, die zu echten Flammen werden können. Ob sie es in Wahrheit werden, das liegt an dem Vermögen des Schellinglesers, an seiner Kraft zur Unterscheidung der Geister.

Schellings Größe ist vielleicht gemeint in dem überlieferten Titel des romantischen Philosophen. Damit bekommt Schelling aber einen so vielfachen Sinn wie die Romantik. Denn der Romantiker ist kein Typus, sondern die Formel für einen unfaßlichen Nichttypus des Werks und des Lebens in Zerstreutheit, Zufall, Willkür, Bewegung, – im Sehnen nach Fernen und unergründlicher Vergangenheit, nach dem, das anders ist als das Hier und Jetzt, – in der freischwebenden Geistigkeit der endlosen Einfälle und Bezüge. Schelling wird durch diese Benennung nicht deutlicher.

g) Meine Formulierungen können – wenn man Sätze herausgreift und als absolute Aussagen nimmt – den Schein erwecken, als ob über Wesen und Kern, über die Existenz Schellings ein Urteil erfolgen sollte. Was ein Mensch wirklich ist, weiß kein anderer Mensch, und weiß er selber nicht. Wir können nur sprechen aus dem Umgang mit dem anderen Menschen, im Blick auf Erscheinungen, aus denen uns eine Sprache deutbar wird, die wir in geschichtlicher Untersuchung mitteilen. Solche Untersuchung ist ihrem Wesen nach unabschließbar. Sie gibt im Medium nachweisbarer Objektivitäten Kunde von einem geistigen Kampf in der Begegnung. Was Schelling im Ganzen ist und bedeuten kann, bleibt offen. Indem wir ihn einzuordnen scheinen – aber unter vielen Gesichtspunkten –, wissen wir, daß wir ihn nicht gleichsam einfangen. Was Dante tat und was für ihn im Bewußtsein der Stellvertretung ewigen Wissens Sinn hatte: den Menschen mit wenigen charakteristischen Tatbeständen und knapper Gestaltung ihres Wesens ihren Ort in der ewigen Ordnung des Seins zu geben, das ist für uns unvollziehbar. Es ist für uns nicht nur aus mangelnder Kraft und Hellsicht vergeblich, sondern auch, weil wir aus anderem Glauben leben, verwerflich. Was schließlich die Liebe zu einem Menschen in ihm als das Eine, Einzige, Unersetzliche fühlbar werden läßt, entzieht sich der Mitteilung, wenn es auch Führung für Auswahl und Urteil in den versuchten Aspekten ist. Ich kann nur bekennen, daß meine Liebe zu Schelling nicht größer ist als meine Abneigung. Er gehört nicht zu den Philosophen, mit denen ich innerlich einen Bund schließe, obwohl er oft in meinen Gedanken ist.

FÜNFTES KAPITEL

SCHELLING IM RAUM DER MÄCHTE UND DER GESCHICHTE

Einen großen Philosophen zu sehen, muß man nicht nur in der Nähe zum Text die Verzweigungen seines Denkens kennenlernen. Aus der Endlosigkeit des Details und seiner möglichen Interpretationen muß man heraustreten, um den Blick wie aus der Ferne auf das Ganze zu richten. Dann sieht man den Philosophen im Raum der geistigen Mächte, die im Kampfe miteinander stehen, und im Raum der Geschichte als der Wirklichkeit dieser Kämpfe.

1. Schelling im Zeitalter des Idealismus

a) Das letzte Jahrzehnt des 18. Jahrhunderts war die Glanzzeit Jenas. Bis heute gilt sie in Deutschland als eine Blüte unendlich fruchtbarer Geistigkeit, ist sie eine stolze Erinnerung deutscher Bildung. Das Zeitalter im Ganzen war das Goethes und der Kantischen Philosophie, das Zeitalter des deutschen Humanismus, auch das der beginnenden Naturwissenschaften und des ersten Anfangs der industriellen Umwälzung, das Zeitalter unter dem Eindruck der Französischen Revolution und ihrer Europa umgestaltenden Folgen. Innerhalb dieser Welt geschah – vergleichsweise winzig – jenes Leben in Jena, keineswegs selber ein Zeitalter, sondern der geniale Zauber einer Gruppe von Köpfen, die man später Romantiker nannte.

Wohl lag das Auge Goethes auf diesen sich dort plötzlich zusammenfindenden Menschen. Wohl blickten sie verehrend auf ihn und bezogen sich auf Kant, der noch lebte und wirkte mit seinen letzten großen Äußerungen, wie der Schrift »Zum ewigen Frieden«. Aber sie waren und wollten etwas ganz Anderes. Sie lebten in dem Bewußtsein einer geistigen Weltwende, die sie selber zugleich sehen und herbeiführen. Einig waren sie in der sprudelnden Bewegtheit des Geistes als solchem, jeder überzeugt, in der Tiefe des weltgeschichtlichen Offenbarwerdens der Wahrheit, das jetzt geschieht, dabei zu sein. Aus jener kurzen Jenenser Zeit strahlt ein Überschwang des Geistes zu uns, der historisch einmalig scheint. Es war eine Zeit der bodenlosen Verselbständigung geistiger Beweglichkeit, reich an Einfällen, getragen von der Hybris jugendlicher Stürmer, die alles stürzen und das Herrlichste schaffen wollten und darin ihr Selbstverständnis und ihre Selbsteinschätzung aussprachen, die ihnen von manchen bis heute geglaubt wird.

Aber der Glanz Jenas ging schnell zu Ende. Unheil war von vornherein dabei und häufte sich: Als Schelling erst ein Semester in Jena war, mußte Fichte infolge seines Verhaltens im »Atheismus-Streit« Jena verlassen. Goethe, der Fichte hatte halten wollen, war nicht bereit, dessen ganz unbegründete Unverschämtheit gegen den Staat zu schützen. Das Ereignis war eine Schmach für die Philosophie, nicht nur durch Fichtes unphilosophisches Verhalten. Die völlige Ohnmacht dieser Philosophie, die offenbar wurde, stand in wunderlichem Kontrast zu dem Glauben der Jugendfreunde. Das Reich Gottes, das »Ein und alles«, war wie nichts. Fünfzig Jahre später hat Schelling dieses Ereignis beurteilt, aber aus seiner späteren feindseligen Gesinnung gegen Fichte und unter Verkennung des eigentlichen Vorgangs: »Fichte konnte die Tatsache nicht leugnen, dies war nicht wissenschaftlicher – aber faktischer Atheismus. Bekanntlich war dies der Punkt, an dem Fichtes Lehre scheiterte; denn die äußeren Folgen, die dieser wissenschaftliche Schiffbruch für seine Person hatte, waren höchst zufällig mit diesem verknüpft. Die Deutung, die er dem religiösen Glauben zu geben suchte, empörte durch ihre Flachheit den allgemeinen Verstand weit mehr, als die Keckheit seines Idealismus ihn zurückgestoßen hatte« (XI, 71).

Dann kam ein Schlag, den man sich im Übermut vergeblich bagatellisierte: Im August 1799 erklärte sich der von allen einzig bewunderte Kant öffentlich und scharf gegen die Philosophie Fichtes.

Schelling selbst bekundete damals in seinem »Epikurisch Glaubensbekenntnis Heinz Widerporstens«: wir wollen uns »nicht lassen narren, sondern in Gottlosigkeit verharren«. In seinem »Systemprogramm« (1796) hatte er schon früher geschrieben von der »absoluten Freiheit aller Geister, die die intellektuelle Welt in sich tragen und weder Gott noch Unsterblichkeit außer sich suchen dürfen«.

Die Gesinnung dieser jungen Denker war aber unter sich gar nicht einmütig. Von Anfang an entstand eine von ihnen geförderte

Polemik, die häßliche und kränkende Formen annahm. Bald gerieten sie selber miteinander in Streit. Die kritischen Auseinandersetzungen waren menschlich unwürdig. Schelling und Hegel waren mit Hölderlin in Tübingen zu beschwingender Freundschaft verbunden gewesen. Hegel hatte an Hölderlin eine unvergeßliche Hymne geschrieben (noch in Frankfurt). Schelling hatte sich Fichte zunächst zu innerster philosophischer Gemeinschaft angeschlossen. In Jena wurden dann Hegel und Schelling Kampfgenossen, nunmehr schon gegen Fichte. In der Folge aber wurde erst Hölderlin stillschweigend vergessen, dann löste sich das Bündnis zwischen Schelling und Hegel zu einer von seiten Schellings heftigsten Feindschaft. Wie war das alles möglich? Nur die Seele Hölderlins war jederzeit von unantastbarer Reinheit (auch nur aus der Ferne hat er am Jenenser Leben teilgenommen). Das Bündnis der andern war von vornherein kein echtes Bündnis, sondern eine immer zugleich interessierte unverbindliche Hingerissenheit. Und diese vollzog sich in einem nicht fundierten Überschwang: aus der vermeintlichen Teilnahme an einem Wendepunkt der Geschichte, an dem Aufbruch eines ganz neuen, weltverwandelnden Geistes. Das gab dem eigenen Tun scheinbar ein ungeheures Gewicht. In diesen so sich gestaltenden Jenenser Kreis waren gar nicht mit eingetreten: Goethe, Schiller, Hölderlin. Es war keine Bindung in gemeinsamem Glauben, nicht die Erfüllung in Schule und Zucht eines gemeinschaftlich überlieferten Denkens, nicht die Wirklichkeit einer Welt, in der sie wirkten.

Schon bald nachher konnte einer der Teilnehmer dieses Kreises, Steffens, über diese geistig zauberhaften, an Wahrheitsgehalt so fragwürdigen und zugleich menschlich zerstörenden Jahre an Tieck schreiben (11. 9. 1814): »So gewiß wie es ist, daß die Zeit, in welcher Goethe und Fichte und Schelling und die Schlegel, Du, Novalis, Ritter und ich, uns alle vereinigt träumten, reich an Keimen mancherlei Art war, so lag dennoch etwas Ruchloses im Ganzen. Ein geistiger Babelturm sollte errichtet werden, den alle Geister aus der Ferne erkennen sollten. Aber die Sprachverwirrung begrub dieses Werk des Hochmuts unter seine eigenen Trümmer. – Bist Du der, mit dem ich mich vereinigt träumte? fragte einer den andern. – Ich kenne Deine Gesichtszüge nicht mehr. Deine Worte sind mir unverständlich – und ein jeder trennte sich in die entgegengesetztesten Weltgegenden – die meisten mit dem Wahnsinn, den Babelturm dennoch auf eigene Weise zu bauen. Das geistige Riesenbild, welches mich mit so unsäglichen Versprechungen lockte – es liegt nun alles da, wie ein verschwundener Traum.« (Briefe an Ludwig Tieck, hrg. von K. von Holtei, Breslau 1864, Band 3, S. 65).

Gemeinsam war diesen Idealisten der maßlose Anspruch. Sie wußten sich in der Weltwende und sich selber als die Weltwende. Mit ihrer Philosophie wollten sie die Welt zugleich total begreifen und verwandeln. Es war ein ins Übersinnliche sich stellendes Daseins- und Zeitbewußtsein. Sie fühlten sich in dem Abgrund des verwahrlosten Zeitalters als die Umkehr. Es war eine Übersteigerung des aufgeklärten Fortschrittsgedankens im Schema messianischer Vorstellungen.

Bescheidung war ihnen fremd. Der Mensch ist Mitwisser der Schöpfung, er war dabei, er ist heute ihr alles bestimmender Träger. Es kommt nur darauf an, daß er sich erinnert und seine Rolle aus dem Wissen des Ganzen endlich ergreift. Denn er steht in der Mitte aller Dinge. Jetzt im Kopfe dieser Philosophen ist die Meinung, das nicht nur grundsätzlich begriffen zu haben, sondern es in durchgeführter Erkenntnis aussprechen zu können. Das eben ist die Weltwende. Sie erwarten die Lenkung durch die Magie ihres Wortes.

Die Weise, wie die drei größten Denker dieses Kreises, Fichte, Hegel, Schelling, den hohen Anspruch der Weltwende spürten, war sehr verschieden. Jeder war für sich allein und identifizierte die neue Philosophie mit sich selbst. Jeder hatte diktatorische Neigung. Daher der wütende Ausbruch (nur Hegel vollzog seine vernichtende Polemik in der ruhigen Kälte des Wissenden), wenn einer sah, daß die anderen nicht mit ihm gingen. Das bedeutet zugleich, daß sie alle an einem wesentlichen Punkte versagen. Es ist plötzlich etwas da, wo jeder wie eine Wand ist, an die man stoßen, mit der man aber nicht reden kann, – oder wo jeder wie ein Igel ist, der sich trotzig in sich selbst rundet, alle Stacheln nach außen kehrt, d. h. gegen das, was nicht er ist und was in seinem Denken keinen Sinn hat, es vielmehr total in Frage stellt.

Das Gesamtbild dieses Idealismus kann im Rückblick erscheinen wie ein blendendes Feuerwerk, das mit einer Explosion im Nichts endet. So konnte es schon in bezug auf die Jenenser Jahre aussehen, in denen die Philosophie sich selbst verbrennt, aber als Strohfeuer, das herrliche Funken gibt. Es ist, als ob die Philosophie im Rausche sich verlor, aber die Träume dieses Rausches dann festhielt in gewaltsamen Konstruktionen und Gebärden, in Kunstwerken des Gedankens.

Nun aber ist das Erstaunliche, Großartige, Bleibende, daß dieser Aspekt nur die halbe Wahrheit zeigt. Jene Funken und Träume, die großen daraus erwachsenen Werke lassen den Nachfahren zwar nie wohl dabei werden. Aber in ihnen liegt, kraft der Genialität eines existentiell fast wie ein Nichtsein anmutenden geistigen Lebens, so viel in die Tiefe dringendes Verstehen, so viel spekulative Musik, so viel Energie eindringenden Denkens, so viel dichterische Malerei der Gedanken, so viel an konkreten Einfällen, daß diese Werke zum dauernden Bestand unserer Philosophie gehören. Sie sind unumgänglich. Man wäre stumpf, wenn man nicht dort Erregungen holen und zugleich erfahren würde, wie es nicht geht. Dort gewinnt man Anschauungen und Denkmöglichkeiten. Dort kann man die eigenen philosophischen Ansprüche prüfen, um den falschen nicht mehr zu verfallen, wenn man sie im genialen Unfug zu jener Größe gesteigert sieht.

Es lassen sich auch sachlich in den Denkformen Gemeinsamkeiten finden. Eine Grundform bei allen ist die Gegensatzphilosophie, nämlich das Aufsuchen der Gegensätze und die Bewegung durch sie hindurch zu Synthesen oder neuen Aufbrüchen. Das übergreifend Gemeinsame dieser dialektischen Philosophie besteht in Methoden des Fortschreitens, die sich aussprechen als Potenzieren, Konstruieren, als Negieren und Aufstellen neuer Positionen aus der Negation der Negation. Es ist eine ungemeine Beweglichkeit, damit Offenheit, die jedoch bei allen diesen Idealisten immer begrenzt wird durch die verschiedenen Weisen der Abschlüsse oder Rundungen.

Gemeinsam ist auch, wie aus dem gedanklichen Eingriff in das Weltgeschehen politische Antriebe in der konkreten Situation entspringen, wunderlich ohnmächtige, aber solche, die in ihrer Besonderheit für jeden der drei großen Denker charakteristisch sind: Fichte hielt die »Reden an die deutsche Nation«, die, in ihrer unmittelbaren Wirkung weit überschätzt, erst später ein Grundbuch des Nationalismus wurden. Aber er wollte auch am Befreiungskrieg teilnehmen und meldete sich als Redner für das Feld, um zu ermuntern, wie Priester es tun. Das Angebot wurde abgelehnt. Schelling suchte nach Hebeln, die man anlegen muß, um die Philosophie zur Wirklichkeit zu bringen, fand Religion und Staat als solche, verkündete die neue philosophische Religion. Aber politisch beschränkte er sich auf unöffentliche Äußerungen, in Briefen an König Maximilian, an seinen Schwiegersohn Waitz u. a. Hegel schrieb Abhandlungen über den politischen Zustand einzelner Länder, des Reiches, begleitete die Ereignisse mit Urteilen, die bekunden, wie ganz und gar er beteiligt und ergriffen war. Aber praktisch beschränkte er sich auf Aktionen gegen staatsfeindliche Philosophiedozenten im Bunde mit dem preußischen Ministerium.

Gemeinsam ist die außerordentliche Denkarbeit, als konstruktive Kraft bei Fichte, als vielfaches Zugreifen und Entfalten bei Schelling, als penetrante und systematische Intensität wahrhaft großen Charakters bei Hegel. Wer philosophieren will, kann hier denken lernen, wenn auch in der Unzuverlässigkeit, die dieser ganzen Welt des Idealismus eigen ist.

Die Gemeinsamkeit der idealistischen Philosophie ist in Frage gestellt durch die spätere Philosophie Schellings. Man hat von dem Durchbruch durch den Idealismus gesprochen, den Schelling vollzogen habe. Die modernen Rückgriffe auf Schelling und seine heute eigentümlich erregende Kraft, der damals aufgekommene Name der »Existentialphilosophie«, der Bezug Kierkegaards auf Schelling, das alles schien solche Auffassung nahezulegen. Mir scheint sie irrtümlich, da durch sie nicht das Wesen Schellingschen Denkens getroffen wird.

Die Schilderung des Bruchs im Idealismus durch Schelling, die einen Sprung im Laufe des Schellingschen Denkens und dann einen Gegensatz der philosophischen Grundhaltungen sehen will, kann etwa dieses Bild entwerfen: Zunächst konstruierten Fichte und der junge Schelling eine transzendentale Geschichte des Bewußtseins. Diese ist zeitlos und allgemeingültig, als notwendig und durch Vernunft verstehbar gemeint. Bruchlos zieht sich der Weg der Entwicklung und Steigerung bis zur Abrundung im Ganzen. In dialektischen Schritten mit Antithesen und Synthesen, in dem Fortschritt, durch den, was eben Subjekt war, zum Objekt wird, und alsbald durch eine neue Subjektivität überwunden wird, geschieht die Vollendung. Dagegen steht die Anschauung des späteren Schelling: Diesen notwendigen, einsehbaren, hellen Weg gibt es nicht als das Ursprüngliche im wirklichen Ganzen. Vielmehr ist der Weg begonnen, unterbrochen und schließlich zum Ziel gebracht durch Akte der Freiheit, Akte Gottes und des Menschen. Es gibt die großen Brüche und Krisen, es gibt eine einmalige, wesentlich zeitliche Geschichte.

Man faßt Schellings Philosophie nun entweder so auf, daß er diesen großen Schritt von der einen zur anderen Auffassung getan habe; man nennt dann den Bruch, der durch Schelling erfolgt sei, die Überwindung des Idealismus. Oder man erklärt diesen Schritt für einen solchen innerhalb des Idealismus, insofern dieser durch die Geschlossenheit, Rundung und Vollendung des Seinsganzen charakterisiert sei, die Schelling nie preisgegeben habe.

Die scheinbare Großartigkeit dieser totalen Differenz zweier Seinsvisionen wird nun aber schon biographisch dadurch widerlegt, daß in Schelling von einem Bruch oder einer Umkehr in der Tat nirgends die Rede ist. Man kann eine solche immer nur künstlich konstruieren, wobei die Jahre dieses Umbruchs je nach Meinung durchaus verschieden angesetzt werden. Schelling selbst hat eine radikale Umkehr bestritten. In seinem umgreifenden Bewußtsein, in seiner Denkhaltung hat sich nie etwas entscheidend verwandelt. Es bleibt von Anfang bis Ende die kontemplativ ästhetische, reflektierende Haltung bei gleichzeitigem Wissen um das, was Philosophie im eigentlichen und höchsten Sinne sein könne.

Was Schelling als Ergänzung seiner und aller früheren Philosophie (der negativen Philosophie), die er nicht aufheben will, durch seine neue positive Philosophie beansprucht, beruht auf keinerlei Umwendung, nicht auf irgendeiner Bekehrung oder Wiedergeburt. Es ist der Ausdruck seines Geltungswillens für eine Gedankengruppe, die sich in der Tat einfügt in die nie preisgegebene Gesamthaltung seines idealistischen Denkens.

Dabei findet bezüglich der Inhalte, von denen die Rede ist, im Laufe der Jahre eher eine Verengung statt. Nicht ein neuer Christusglaube, nicht ein neuer Gottesglaube ist da (sie waren von Jugend an in ihm wirksam), sondern das sich vordrängende Interesse am Christentum ist ein Kennzeichen dieser Beschränkung.

Die Idealisten gehören einer gemeinsamen philosophischen Welt an, obgleich sie sich gegenseitig des Nichtverstehens und Nieverstandenhabens, der Beschränktheit und des falschen Weges beschuldigten. In der gewaltigen Arbeitsleistung, in der Genialität des Ergreifens ist das Flackernde und Irreführende. Was durch sie damit in der Sprechweise über Literaten entstanden ist, charakterisiert Paulus 1843 (S. 389): »Jetzt ist die Tagesphilosophie so weit, daß sie das Poetisieren, Allegorisieren, Personificieren usw. auch noch mit dem Abstrusesten des scholastischen Sprachgebrauchs vermischt. Daher wird immer nur dialektisch hin und her gesprochen, was nicht gemeint sei und daß anderes, aber an einem anderen Ort, zu sagen wäre. Sucht man aber die endliche Sacherklärung, so besteht sie entweder in einigen bildlichen Phraseologien, oder in einem Gemisch von Kunstwörtern, deren Klang schon sie als barbarisch verbannen sollte.« Diese Kritik des Rationalisten verneint alle Philosophie zugunsten der Verstandeserkenntnis von Gegenständen. Aber sie trifft die Philosophie, die nicht standfest in der Wirklichkeit denkender Existenz ist. Wo Selbstkritik und Maß aufhören, weil das kritische Bewußtsein philosophischer Methoden verlorengeht, da wird die Wirklichkeit versäumt. Gegen die zauberhaft leuchtenden Seifenblasen hat der armselige Rationalismus peinlich recht. Aber wie er sich ausspricht, hat er grundsätzlich unrecht, weil er den Unterschied echter und zaubernder Philosophie nicht sieht. Nun ist trotz der Größe der drei Idealisten nicht nur wegen ihrer Wirkung, sondern schon bei ihnen selber zu fragen, wo sie in Bereiche sich verirrt haben, in denen ein Paulus gegen sie recht haben kann, weil sie der Philosophie in ihrer substantiellen Wirklichkeit untreu wurden zugunsten täuschender Operationen. Das ist hier das Neue in der Philosophiegeschichte: Größe verbindet sich mit nicht bewußt werdender Unwahrhaftigkeit, wird wie Betrug.

b) Die drei Großen, Fichte, Hegel, Schelling, sind trotz des gemeinsamen Raumes des Idealismus – im radikalen, von ihnen selber nicht erkannten Bruch mit Kantischer Denkungsart – unter sich ungemein verschieden. Jeder ist eine Monade, jeder verwirft die beiden anderen. Sie miteinander zu vergleichen, läßt jeden in seinen charakteristischen Zügen deutlicher werden. Vielleicht liegt ihre größte Bedeutung gerade in dem, worin sie voneinander verschieden sind. Innerhalb der idealistischen Zauberwelt ist jeder der drei ein eigenes, trotz Gemeinsamkeit in der Tiefe wesensverschiedenes Gewächs.

Alle bezogen die Philosophiegeschichte auf sich, sahen in dem eigenen Denken das schlechthin Neue und zugleich den Abschluß. Aber sie bezogen sich auch gegenseitig aufeinander. Fichte sah Schelling als seinen Schüler und verwarf ihn, als er eigene Bahnen ging, aber Fichte starb zu früh (1814), um sein Verhältnis zu den beiden anderen in eine Form zu bringen. Hegels Selbstauffassung ist die, daß Fichte begann, Schelling den nächsten Schritt tat, und er selber die Vollendung brachte. Diese Mediatisierung zu Vorläufern hat sich nicht nur bei Hegelianern, sondern fast allgemein durchgesetzt. Schelling ist nach solcher Konstruktion belangreich nur durch seine Jugendjahre als Übergang. Er wird verehrt als Bahnbrecher, der durch Hegel überholt ist, weil Hegel verwirklichte, was Schelling einleitete. Der spätere Schelling gilt als eine sich selbst überlebende, mit Wehmut zu betrachtende, unfruchtbare Absurdität. Schelling vertritt ein völlig anderes Bild: Hegel ist eine bloße Episode. Er hat sich Schellings Jugendentdeckungen angeeignet und ausgearbeitet, darin liegt ein Verdienst. Aber Hegel verfährt nach Schelling wie Wolff nach Leibniz. Er schafft nicht, sondern systematisiert und mißversteht dabei. Hegel hat das, was Schelling negative Philosophie nennt, gefördert, aber auch in falsches Licht gesetzt. Die Vollendung der Philosophie liegt bei Schelling, dessen Philosophie auf dem Boden der früheren und bleibenden negativen Philosophie errichtet wird. Diese Schellingsche Konstruktion hat bei anderen keinen Beifall gefunden.

Die eine Konstruktion ist so viel und so wenig wert wie die andere. Beide subalternisieren den Partner, um sich selbst als die Krone der Philosophie zu denken. Gegen Schelling muß man sagen, daß er Hegel grimmig und ungerecht und vergeblich verkleinert. Gegen Hegel darf man sagen, daß Schelling keineswegs Übergang ist, sondern durchaus als ein Wesen an sich selbst zu sehen ist, trotz Hegel und neben Hegel, mit Einsichten, Erfahrungen und Wirklichkeiten, die Hegel fremd geblieben sind.

Schon die Zeitgenossen verglichen die drei. Die spätere hegelianische Geschichtsschreibung zog die Parallele: Französische Revolution – Fichte, Napoleon – Schelling, Restauration – Hegel. Das ist eine Spielerei wie so viele andere aus jener geistreichen Zeit.

Versuchen wir die drei vergleichend zu charakterisieren. Fichte ist ein bohrender Konstrukteur, fanatisch und dogmatisch, nationalistisch und moralistisch, aktivistisch als Rhetor, mit der Neigung zur Sensation im Dreinschlagen, Barbar, von fragwürdigem Anstand, nicht selten unwahrhaftig. In seiner Konstruktion hat er eine Unablässigkeit des Weiterfragens, eine erstaunliche Denkenergie. Er berührt das Letzte, zumal in späteren Schriften, manchmal, nicht oft, echt und ergreifend. Aber er bleibt im Versprechen dessen, was noch kommen soll, und er gerät ständig in absurde Konsequenzen der Haltung und des Gedankens. Wo er hinkommt, macht er Krach. – Hegel ist einer der großen weltgeschichtlichen Systematiker. Eine mächtige Genialität des Verstehens wird von einem noch mächtigeren Ordnungs- und Arbeitswillen verwaltet und hineingezwungen in den gewaltigen Bau seines Werks. Die Geduld und Ruhe und Selbstsicherheit seiner reifenden Arbeit, unbetroffen von dem Ruhm und Glanz des fünf Jahre jüngeren Schelling, nicht geneigt zu vorzeitiger Publikation und zur Konkurrenz, wird schließlich zu dem auf diese Leistung gegründeten wuchtigen Herrschaftsanspruch. Er hat uneitel die Sachlichkeit des allumfassenden Denkens, von daher die Naivität im Privaten, wo er anständig und menschlich, in gehöriger Bürgerlichkeit tadellos sein Dasein führt. – Schelling ist der eigenen Genialität unterworfen und von ihr abhängig. Er denkt überheblich im Wesensgefühl des eigenen Wertes, aristokratisch auf die andern hinabblickend, und dann in Unruhe, Unwillen, in ständig wiederkehrenden Verstimmungen. Er grollt der Welt, die ihm nicht folgt. Er verfällt der Selbstwiederholung und dem großen Stil der Gebärde. Schellings Persönlichkeit hat eine eigentümliche Anziehungskraft. Im Gegensatz zu dem geistigen Plebejer Fichte und dem wohlgesinnten Verwalter seines Genies Hegel ist er ergriffen, leidend, sich nie genügend, preisgegeben einer Konstitution seines Temperaments, das er nicht durchschaut und dessen er darum nicht Herr wird. Fichte und Schelling gegenüber wirkt Hegel wie ein Mann.

c) Schellings Verhältnis zu Fichte und Hegel

Die Polemik der Idealisten: Vergleicht man Polemik und Kritik, wie sie Kant vollzog, mit der Weise der Idealisten, so ist ein radikaler Unterschied. Mit dem Idealismus kam die Gehässigkeit der Polemik zu einer dem Geist der Beteiligten entsprechenden Entfaltung. Diese Idealisten begründen den Ton und die Topoi der bösen Polemik, die seitdem unter deutschen Philosophen literarisch wiederholt und gehörig wurde. Es ist ein denkwürdiges Faktum, daß diese Männer, die zunächst in Freundschaft, ja in Kampfgemeinschaft lebten und in solcher öffentlich auftraten, dann miteinander den Bruch vollzogen, der bis zu öffentlichen Schmähungen führte. Zwar Hegel war der unbekümmerte, ständig bauende, alle anderen einbauende (ohne Sorge vor Angriff und Gefahr für sein Riesenwerk), der gelassen vernichtete, fast ohne es zu bemerken.

Fichte gab den Ton der verachtenden, in das Moralische schiebenden, empörten Polemik an. Schelling wurde Meister darin auf allen Stufen, von der blinden Wut des persönlichen Diffamierens bis zur würdevoll vorsichtigen Anprangerung und zur feierlichen Verwerfung. Die Polemiken Schelling–Fichte, Schelling–Jacobi, Schelling–Hegel sind Höhepunkte dieses Stils.

Man hat das Phänomen unbeachtlich gefunden, es den allgemein menschlichen Charakterschwächen zugeschoben, die für die Philosophie selbst gleichgültig seien. Man hat gemeint, daß es im Wesen jeder von ihrer Wahrheit überzeugten Philosophie liege, andere nicht nur auszuschließen, sondern nicht einmal verstehen zu können. Man hat die moderne Publizität verantwortlich gemacht, durch die ein Chor des Beurteilens stattfindet, des Ausspielens des einen gegen den anderen, der Faszination durch einzelne und der Gehässigkeit gegen andere. Dieser Lärm, in dem der echte Widerhall von bloßer Sensation kaum zu unterscheiden sei, verwirre die Philosophen. Sie wollen selber darin sein, aber sich nicht schmähen lassen, sondern sich zur Geltung bringen.

Wenn solche Deutungen nicht ganz unrichtig sind, so berühren sie doch nicht das Wesentliche. Die Weise des Überzeugtseins ohne Ruhe, das Bewußtsein der ausschließenden Wahrheit, das Imperatorische gehört vielmehr diesem Typus von Philosophen zu. Die Philosophie des deutschen Idealismus in ihren vielfachen Gestalten hat das Gemeinsame, eine Philosophie des Sichabschließens, der Kommunikationslosigkeit zu sein in der Behauptung und systematischen Darstellung des absoluten Wissens. Es ist keine Philosophie, in der sich lebendige Menschen, die noch fragen und im Ernst ihr Schicksal ergreifen, die Hand reichen, sondern eine Philosophie, die man als Anhänger in gehorsamer Unterwerfung glauben und fanatisieren, als historischer Betrachter und Genießer in äußeren Wissensinhalt verwandeln, als Philosophierender im Umgang mit ihr auflösen und nutzen kann, die aber unfähig ist, zu Dasein und Lebensform durch den Ernst einer sie ergreifenden Existenz zu werden.

Denn keineswegs stehen Gedanke und Denker beziehungslos nebeneinander. Das Wesen und der Sinn jedes Philosophierens steht vielmehr in Zusammenhang mit der Wirklichkeit der es vollziehenden Menschen. Wohl können Inhalt und Methode einer Philosophie sich loslösen lassen zu einem übertragbaren Allgemeinen. Der Gehalt der Wahrheit selber aber, die ihnen zuerst den Sinn gab, bleibt gebunden an das Menschsein, das in der Philosophie zu sich selber kommt. In der Weise der Polemik zeigt sich ein denkendes Wesen ungewöhnlich klar. Ein Vergleich der Polemiken durch die Geschichte der Philosophie hindurch würde für die Philosophie selber erleuchtende Aspekte bringen. Man sollte die Polemiken studieren, um den Geist der Philosophen zu erfassen. Hier beschränken wir uns auf die Vergegenwärtigung der zwei wichtigsten polemischen Beziehungen Schellings, auf die zu Fichte und Hegel. Man sollte wissen und nicht vergessen, wie das war.

Fichte: Als 19jähriger Jüngling war Schelling von der Wahrheit der neuen Philosophie des 32jährigen Fichte überzeugt. Er war schon auf dem Wege, auf dem Fichte das Gedankenwerk hinsetzte, das Schelling so schnell und so gut verstand, weil er selbst nahe daran war. Schon 1795 tröstete Hölderlin, der in Jena Fichte gehört hatte, den in Tübingen zurückgebliebenen einsamen Schelling, der klagte, wie weit er noch in der Philosophie zurück sei: »Sei nur ruhig, du bist grad so weit als Fichte, ich habe ihn ja gehört« (Plitt I, 71). Damals schrieb Schelling an Hegel: »Fichte wird die Philosophie auf eine Höhe heben, vor der selbst die meisten der bisherigen Kantianer schwindeln werden. Glücklich genug, wenn ich einer der ersten bin, die den neuen Helden, Fichte, im Lande der Wahrheit begrüßen! Er wird das Werk vollenden« (Plitt I, 73/74).

Fichte sieht in Schelling seinen Kommentator. Schelling ist Fichte gegenüber voll Dank als dem Schöpfer der neuen Philosophie (und hat diesen Ausgang später nie verleugnet).

Am 2. 7. 1795 schreibt Fichte, schon gleich die Frage der Priorität aufwerfend: »Schellings Schrift (über die Möglichkeit einer Form der Philosophie überhaupt) ist, soviel ich davon habe lesen können, ganz Commentar der meinigen. Aber er hat die Sache trefflich gefaßt. Warum er das nicht sagt, sehe ich nicht ganz ein. Leugnen wird er es nicht wollen, oder können. Ich freue mich über seine Erscheinung« (Fichte-Briefe I, 481).

Als Fichte 1798 Jena verlassen mußte – nur ein Semester waren beide gemeinsam in Jena – soll er zu Gries gesagt haben, wie dieser berichtet: »Es wäre doch schön gewesen, wenn ich mit Schelling noch so hätte fortarbeiten können, unsere Darstellung ist zwar verschieden, aber unser Geist ist eins; wenn mein Gang systematischer ist, so ist der seine um so genialer« (zit. nach Medicus S. CXI).

Zum ersten Mal in einem Briefe vom 15. 11. 1800 äußert sich Fichte nach der Lektüre von Schellings »System des transzendentalen Idealismus« über Schellings Abweichungen. Es ist ein Zeichen der Unruhe über die Selbständigkeit Schellings. Noch sagt er rühmend: »es ist alles, wie es von einer genialischen Darstellung zu erwarten war.« Aber der Schellingsche Gegensatz von Transzendental- und Naturphilosophie ist zu verwerfen. »Die Realität der Natur« erscheint »in der Transcendentalphilosophie als durchaus gefunden und zwar fertig und vollendet.« Macht die Wissenschaft (die Philosophie) die Natur allein sich zum Objekt, so »muß sie freilich die Natur als Absolutes setzen und dieselbe durch eine Fiction sich selbst konstruieren lassen, ebenso wie die Transcendentalphilosophie durch eine gleiche Fiction das Bewußtsein sich selbst konstruieren läßt.« Fichte teilt zugleich mit, daß er an Cotta eine Ankündigung seiner neuen Wissenschaftslehre gesendet habe.

Schelling antwortete, noch ohne die Ankündigung zu kennen, ausführlich: Man spürt, daß er Fichte überzeugen möchte, dessen herrliche Rezension von Bardili er rühmt, und von dem er sagt: »das ist eine Epoche in der äußeren Geschichte der Philosophie, daß Fichte seine Philosophie in Berlin vorträgt.« Aber er wehrt die Sache ab: »Ich kann mir durchaus nicht denken, daß die Realität nur ein Gefundenes sei.« Sie »wird gefunden vom Philosophen. Das Objekt der Philosophie selbst aber ist nicht das Findende, sondern das Hervorbringende.« Fichtes Werk bejaht er entschieden, doch eingeschränkt: »Die Wissenschaftslehre steht fest, aber sie ist noch nicht die Philosophie selbst.« Sie verfährt bloß logisch, hat mit Realität gar nichts zu tun. Daher ist die Naturphilosophie notwendig. Wenn das eine Abweichung vom Sinn der Fichteschen Philosophie scheinen könnte, so meint jedenfalls Schelling das gar nicht: »Glauben Sie, daß, wenn ich mich von Ihnen zu entfernen scheine, es nur geschieht, um mich Ihnen vollkommen zu nähern, und lassen Sie mich nur immer von der Kreislinie, in die Sie sich mit der Wissenschaftslehre einschließen müssen, in einer Tangente fortgehen, ich werde früher oder später mit vielen Schätzen bereichert in Ihren Mittelpunkt zurückkehren.« »Sie sind zu weit darüber erhaben, einen bloßen Anhänger an irgend Jemand zu begehren, um diesem eigenen Weg, den ich nehmen will, nicht mit Vergnügen zuzusehen.«

Fichte antwortet am 27. 12. 1800 durch die Forderung, die er seiner eigenen Arbeit stellt, die nach einer weiteren Ausdehnung der Transzendentalphilosophie, selbst in ihren Prinzipien, zu einem transzendentalen System der intelligiblen Welt. Schelling glaubt sich auf Grund der kurzen, nach längeren vorhergehenden Entwürfen vorsichtig formulierten Sätze Fichtes mit diesem einig.

In der »Ankündigung«, die Schelling bei diesem Briefwechsel noch nicht kannte (Allgemeine Zeitung 1801, Beilage Nr. 1. Sie findet sich nicht in der Ausgabe der Werke), beklagt sich Fichte, daß er bisher nicht verstanden sei. »Inwiefern es meinem geistvollen Mitarbeiter, Herrn Prof. Schelling in seinen naturwissenschaftlichen Schriften, und in seinem neuerlich erschienenen System des transcendentalen Idealismus, besser gelungen sei, der transcendentalen Ansicht Eingang zu verschaffen, will ich hier nicht untersuchen.« »Ich wünschte, daß man die aus den bisherigen Schriften über die Wissenschaftslehre von der letzteren erzeugten Begriffe beim Studium der neuen Darstellung völlig bei Seite setzte, vorläufig jene Schriften als nicht vorhanden betrachtete.« »Vorläufig«, denn jene Schriften, die hierdurch gar nicht für untauglich erklärt werden sollen, wird man später »in einem anderen Lichte erblicken« können.

Da die »Ankündigung« erschienen war, die »neue Darstellung« aber nicht kam (sie ist erst aus dem Nachlaß Fichtes publiziert), so war eine schiefe Situation entstanden. Nach der Lektüre dieser »Ankündigung« wurde es Caroline und mit ihr Schelling bewußt, daß es zwischen Fichte und Schelling nicht rein und offen zugehe. Schelling hatte in der Ankündigung eine »Bittersüßigkeit« Fichtes gefunden. Caroline antwortete ihm: »Meine Divination sagt mir, daß Du nicht unrecht haben magst. Über sein Ich, das weiß ich gewiß, kann er nicht so weit hinaus, daß er nicht ein anderes Ich gern an die Seite schieben sollte, wenn es solche Ahndungen in ihm erweckt wie Du. Du kannst fortbauen, ohne Dich um ihn zu kümmern, er ist an Kenntnissen und Poesie so gewaltig zurück, daß er mit aller Denkkraft Dir doch Deine Natur nicht nachmachen kann. Die Philosophie der Natur ist es ja doch, durch welche Dein Idealismus etwas anders geworden ist als der seinige und die er eben muß stehen lassen. Ich weiß nicht, wie ers macht bei seiner Rechtschaffenheit um falsch zu sein, aber es ist doch manchmal so was bei ihm vorhanden« (Februar 1801).

Am 1. 3. 1801 hat Caroline selber die Ankündigung gelesen: »Die Stelle ist von der feinsten Zweideutigkeit.« Aber sie rät wie Goethe zum Frieden. »Um Dich mit ihm zu verständigen, dazu kannst Du sein Werk, das er da so eisern hinzustellen gedenkt, nicht abwarten. Daß er verschweigt, was er im Briefe sagt, kann entschuldigt werden; es gehört nicht sowohl in die Ankündigung als in das Werk. Öffentlich mußt Du für jetzt nichts tun. Ich würde vermuten, daß er Dich mit der Naturphilosophie wie in ein Nebenfach zurückweisen und das Wissen des Wissens für sich allein behalten möchte.«

Noch ist Schellings Gesinnungswechsel gegenüber Fichte nicht endgültig. Am 24. 5. 1801 schreibt er an Fichte wieder »ergriffen und stellenweise erschüttert« von einem öffentlichen Antwortschreiben Fichtes an Reinhold. »Ich bin von allem Zweifel nun befreit, und sehe mich aufs Neue in der Übereinstimmung mit dem, mit welchem harmonisch zu denken mir wichtiger ist, als die Zustimmung der ganzen übrigen Welt mir sein würde oder könnte. Fortan werde ich sagen: das was ich will, ist nur dasselbe, was Fichte denkt, und ihr könnt meine Darstellungen als bloße Variationen seines Themas betrachten.« Zugleich schickt Schelling seine »Darstellung meines Systems der Philosophie«, 1801.

In dieser Darstellung scheint Schelling in einigen Sätzen doch schon auf Fichtes »Ankündigung« zu reagieren: »Fichte könnte den Idealismus in völlig subjektiver, ich dagegen in objektiver Bedeutung gedacht haben; Fichte könnte sich mit dem Idealismus auf dessen Standpunkt der Reflexion halten, ich dagegen hätte mich mit dem Princip des Idealismus auf den Standpunkt der Produktion gestellt. Der Idealismus in subjektiver Bedeutung müßte behaupten, das Ich sei Alles, der in der objektiven Bedeutung umgekehrt: Alles sei Ich, und es existiere nichts als was Ich sei«, und Schelling verlangt, »daß man vorerst sich entschließe, Fichtes und meine Darstellungen jede für sich zu betrachten, indem es erst durch die weitere Entwicklung sich zeigen kann, ob und wie wir beide übereinstimmen, und von jeher übereingestimmt haben. Ich sage vorerst. Denn es ist nach meiner Überzeugung unmöglich, daß wir nicht in der Folge übereinstimmen« (IV, 109—110).

Fichte schickte einen neuen, am 31. Mai geschriebenen Brief an Schelling am 7. August 1801 ab. Er ist sachlich eingehend, betont, daß »ich meiner Sache sehr sicher bin«, stellt die moralische Forderung auf: »Achtung zwischen Männern, die dieselbe Wissenschaft bearbeiten, und die es wissen, wie ich es von mir seit acht Jahren weiß, daß sie das Rechte ergriffen haben, kann nur darin bestehen, daß sie gegenwärtig das höchste Vertrauen auf die Geschicklichkeit des Anderen setzen, stets am vorteilhaftesten erklären, und ... hoffen, der Irrende werde durch sein Talent schon auf den rechten Weg kommen.« Dann weist er den Jüngeren zurecht: Die Unterscheidung von zwei Philosophien, einer idealistischen und realistischen, ist unrichtig. Die Vermutung liegt nahe, »daß Sie die Wissenschaftslehre nicht durchdrungen hätten.« Der Hinweis auf Fichte in der »Darstellung meines Systems der Philosophie« beweise, daß Schellings Mißverständnis fortdauert. Er spreche von seinem Idealismus und scheine das kategorisch zu meinen und von der gewöhnlichen Ansicht des Idealismus, die wohl Fichtes sein solle, zu unterscheiden. Immerhin: »Soviel ich in Ihrem System gelesen habe, möchten wir wohl in Absicht der Sache auf dasselbe hinauskommen, keineswegs aber in Absicht der Darstellung, und dieses gehört hier wesentlich zur Sache.« Schließlich sieht Fichte mit Sorge auf das Öffentlichwerden ihrer Unstimmigkeit. »Daß Differenzen zwischen uns weiter laut würden, würde der guten Sache gewiß sehr schaden.«

Schellings Antwort auf diesen Brief zeigt seinen endgültigen Umschlag in seiner Haltung zu Fichte. Am 3. 10. 1801 bringt er mit einer bis dahin nicht geübten Entschiedenheit und Ausführlichkeit Widerlegungen Fichtes. Er erwähnt die gerade erschienene Schrift von Hegel, »einem sehr vorzüglichen Kopfe«: »Differenz des Fichteschen und Schellingschen Systems der Philosophie«. Durch diese Schrift hat Schelling offenbar sich selber besser verstanden, fühlt sich sicher und benutzt zum Teil ihre Formulierungen. Nun fehlt jede Spur eines Leidens unter der Entfremdung. Er charakterisiert das Fichtesche Denken: es sei gebannt »in eine durch und durch bedingte Reihe, in der vom Absoluten nichts mehr anzutreffen ist«; das Fichtesche Wissen sei »nicht das absolute, sondern irgendwie noch bedingtes Wissen, welches die Philosophie zu einer Wissenschaft wie jede andere herabsetzen würde«. Wohl spricht Schelling noch von einer möglichen Einigung, aber darum, weil Schelling das Fichtesche System nicht falsch finde, weil es »ein notwendiger und integranter Teil« des seinigen sei, und weil er bei Fichte Spuren der Annäherung vom bloßen Philosophieren zur wahren Spekulation entdecke. Früher hatte Fichte das Schellingsche Denken durch Einverleiben subalternisieren wollen: jetzt versucht Schelling dasselbe mit Fichtes Denken. Wenn Fichte behaupte, Schelling habe die Wissenschaftslehre nie durchdrungen, so sei er, Schelling, nicht gesonnen, sie so zu durchdringen, daß er bei dieser Durchdringung der Durchdrungene sei. Ironisch sagt er, er habe nie die Meinung gehabt, daß die Wissenschaftslehre das Buch sei, worauf nun fernerhin jeder im Philosophieren angewiesen wäre. Das Urteil von philosophischen Dingen wäre freilich erleichtert, »wenn es dazu bloß eines ausgestellten Testimoniums des Verstehens oder Nichtverstehens derselben von Ihnen bedürfte.«

Die Antwort Fichtes (15. 10. 1801) ist zornig, aber beherrscht: »alle Ihre Erklärungen über mich und meine Meinungen gründen sich auf Verkennung und Herabsetzung meines Standpunktes«, und der persönliche Vorwurf gegen Schelling ist: »wie kommt es, daß Sie sich nicht mitteilen können, ohne zu beleidigen?«

Das bezieht sich insbesondere auf Fichtes Wunsch, zu warten und ihre Differenz nicht öffentlich auszutragen, bevor Fichtes neue Darstellung der Wissenschaftslehre erschienen sei (die in der Tat zu Fichtes Lebzeiten nie erschienen ist). Schelling hatte, auf die Fichtesche öffentliche Ankündigung Bezug nehmend, geantwortet: »Sollte der Wunsch so gemeint sein, daß ich damit nur so lange warte, bis es Ihnen gelegen ist, die Differenz laut werden zu lassen, oder daß ich Ihnen indeß erlaube, in Ankündigungen der neuen Wissenschaftslehre mich als Ihren geistvollen Mitarbeiter zu rühmen, dabei aber dem Publikum auf eine versteckte Weise, daß es auch die Nicolais merken, unter die Füße zu geben, daß ich Sie nicht verstehe, so sehen Sie wohl, daß dieser Vorschlag etwas unbillig ist.« Dagegen rechtfertigt sich nun Fichte: er »mußte« in seiner Lage erklären, daß keiner, durchaus keiner ihn verstanden habe, und weiter: »aber, lieber Schelling, ich kannte damals Ihre reizbare Empfindlichkeit und die wahren Gesinnungen, die man Ihnen gegen mich beigebracht hatte, noch nicht.«

Dagegen sei Fichtes Grund, jetzt noch keine öffentliche Erörterung zu wünschen, eine Hoffnung: »Ich hoffte, Sie würden sich besinnen, ich gestehe, daß ich das noch hoffe.«

Und dann schließt Fichte pathetisch: »Ich für meine Person bin fest entschlossen, Ihrer durchaus nicht öffentlich zu erwähnen, bis entweder unsere Differenzen gehoben sind, oder Sie durch einen Angriff mich dazu nötigen; und in letzterem Fall versteht sich, daß ich mich meiner Achtung für Ihre Talente und unseren ehemaligen freundschaftlichen Verhältnissen gemäß benehmen werde.« Die Korrespondenz aber wünsche er nur fortzusetzen »unter der Bedingung, wenn Sie sich persönlicher Beleidigungen enthalten wollen.«

Hierauf muß Schelling in einem verlorenen Brief nicht ganz unfreundlich geschrieben haben, wie aus Fichtes Antwort darauf hervorgeht. Schelling hatte sich darin auch über eine Klatscherei beklagt. Man hatte Fichte erzählt, Schelling habe eine öffentliche Erklärung gegen ihn abgegeben, in der er sich von Fichte gänzlich lossage. Fichte erkennt den Irrtum an, aber entschuldigt ihn: »Lieber Schelling, wenn Sie wissen sollten, wie häufig mir geschrieben und von durchreisenden Freunden versichert worden, daß Sie auf mich und den Reflektierpunkt, auf welchem ich stehen geblieben, auf dem Katheder zu spotten pflegten, so würden Sie ungläubiger an meinen Glauben an Klatscherei sein.«

Fichte unterläßt es nicht, diesen Worten wiederum ein pathetisches Bekenntnis hinzuzufügen: »Sie können und werden daraus die Tiefe des Zutrauens, der Liebe, der Achtung, der unzerstörbaren Hoffnung auf das Bessere in Ihnen ermessen. Sie haben und werden unaufhörlich haben in mir den wärmsten, anhänglichsten Freund, so lang ich dies sein kann, ohne meinen Grundsätzen zu vergeben. Fällt es Ihnen aber wieder ein, mich mit aller Vergessenheit dessen, was wir beide sind, zu behandeln, so werde ich Sie bedauern, ruhig sein und warten, bis Sie sich wieder besinnen.«

Aber zwei Wochen *vor* diesem Brief hatte Fichte an Schad folgende Sätze über Schelling geschrieben: »Ich hoffe, meine zu Ostern erscheinende Darstellung soll sein Vorgeben, daß er mein System, welches er nie verstanden hat, weitergeführt, in seiner ganzen Blöße darstellen.« Schelling habe nie gewußt, was kritischer Idealismus sei. Er hat »die Wissenschaftslehre so verstanden, wie sie Fr. Nicolai auch versteht.«

Dieser Brief kommt Schelling in die Hände. Er schreibt an Fichte am 25. 1. 1802 seinen letzten Brief. Mit triumphierender Kälte stellt er Fichtes Unaufrichtigkeit fest: »Daß solchergestalt seit meinem letzten Brief sich einiges im Stand unserer Sachen verändert hat, ergibt sich von selbst. Meine Erklärung existiert nicht, welche Sie gegen mich erbittert hat, aber Ihre zweideutige Äußerung in der Ankündigung der Wissenschaftslehre und der Brief an Herrn Schad existieren wirklich.« Er schließt, immer noch sei es seine Hoffnung, Fichte im Frühjahr persönlich zu begrüßen.

Noch im selben Jahr schreibt Schelling in der Abhandlung »Über das Verhältnis der Naturphilosophie zur Philosophie überhaupt«, ohne Fichtes Namen zu nennen, einige Seiten gegen ihn. Die sinnlichen Dinge existieren nach Fichte nicht außerhalb des Verstandes, sind nur Anstoß und Schranke. Die Natur wird von ihm annihiliert. Das Ansich wird geleugnet, hat seine Realität nur im Praktischen. Hier aber hat das Ich das Absolute außer sich. Es gibt für diesen Realismus »keine andere Realität des Absoluten als in dem Verhältnis der Sklaverei und Unterwerfung des Ich unter jenes; das Absolute muß in der Gestalt des absoluten Gebietens, das Ich in der Gestalt des unbedingten An- und Aufnehmens dieses Gebietens erscheinen.« Es gibt »nur das Kategorische der Pflicht« und infolgedessen den unendlichen Progressus. Licht und Luft sind für Fichte begreiflich als Medium des Sehens und Hörens, also damit Vernunftwesen miteinander sprechen und sich sehen können, sie sind kein Symbol des ewigen der Natur eingebildeten Urwissens. Schelling spricht von der »philosophischen Armut«. »Indem das Absolute statt der spekulativen eine rein moralische Bedeutung bekommt, wird alle übrige Schönheit und Herrlichkeit der Natur in dergleichen Beziehungen aufgelöst.« Es bleibt die »besondere Beschränktheit, kraft welcher das Ich sich selbst seine Welt entwirft« (V, 112–115).

Vier Jahre später hat Fichte öffentlich in der 8. Vorlesung seiner »Grundzüge des gegenwärtigen Zeitalters«, seinerseits den Namen Schelling vermeidend, dessen Philosophie verdammt als bloße Reaktion auf die Aufklärung, in ihrer Verwahrlosung selber verwahrlost, als Künden des Unbegreiflichen, als Schwärmerei. Sie ist weder müßig noch geschäftig, sondern bewegt sich in einem Mittleren, der Phantasie. Sie ist weder Philosophie noch Naturwissenschaft. Denn Naturwissenschaft gründet sich auf Beobachtung und Experiment, bloße Einfälle dringen nicht in das Innere der Natur. Schelling phantasiert die Natur, statt sie zu studieren. Es ist ein »theoretisches Zaubern«. »Alle Schwärmerei wird notwendig Naturphilosophie«, wird zur »Vergötterung der Natur«, zum »Hochmut auf die sinnliche Individualität«, zur »eigenliebigen Betrachtung des eigenen Werkes«, sucht »Zuflucht bei den Schriften ehemaliger Schwärmer«.

Schelling äußert sich nunmehr öffentlich mit der vollsten Verachtung, aber zugleich mit gründlicherem sachlichem Eingehen durch seine Abhandlung »Verhältnis der Naturphilosophie zu Fichtes verbesserter Lehre« 1806 (VII, 1–130). Darin kommen folgende persönliche Charakteristiken vor: »Was ist es dann also, das ihm allein eigentlich zukommt, und worin er ohne alle Frage ein unübertreffliches Muster ist? Es ist das Talent, Worte zu machen, auseinander zu setzen, wie es die deutsche Sprache treffend bezeichnet. Zweifle nicht, wo er selbst etwas begriffen, er macht es dir deutlich bis in seine letzten Zweige und läßt nicht ab, nicht allein dir sagend, was und wie du es zu denken habest, sondern auch, was du dabei etwa denken könntest aber nicht solltest, und dies bis auf die äußerste Möglichkeit deines Mißverstandes, mit wahrer Selbstaufopferung und Kraft, dessen es bedarf, der eigenen Langeweile bei dem Geschäft zu widerstehen; ein Wort- und Redekünstler der höchsten Art, ein Meister der Verständlichkeit für alle, es müßte denn jemand das Unglück haben, lange Reden nicht zu verstehen, wie Sokrates« (VII, 51). Und gegen Schluß: »Er führt seine Streiche gegen uns vor Berliner Weibern, Kabinetsräten, Kaufleuten u. dergl; streut im Dunkel einer Privatvorlesung Verleumdungen gegen die aus, die sich nicht verantworten können, bis ihm – ich weiß nicht was – den Mut gibt, auch öffentlich mit ihnen hervorzutreten. Diese Anfälle beschließt er nach Art aller gottseligen Verfolger mit dem frömmelnden Ausruf: ‚Wohl hierbei dem Weisen, der über sein Zeitalter und alle Zeit sich erhebt'« (VII, 125).

Hegel, trotz der Absage in der Phänomenologie sich Schelling nahe fühlend, schreibt ihm am 3. 1. 1807 über Fichtes »Grundzüge des gegenwärtigen Zeitalters«. Die Schrift »enthält Lächerlichkeiten genug, dergleichen Zeug mit solchem Eigendünkel vorzubringen, kann allein durch sein Publikum begreiflich sein.« Hegel spricht von Fichtes »steifsinniger Originalität mit dem stillschweigenden Auflesen neuer Ideen.« »Deine so kräftige als gemäßigte Weise hat seine persönlichen Anfälle zu Schanden gemacht.«

Wie Fichte um 1806 über Schelling sprach, geht aus Aufzeichnungen des Nachlasses hervor (VIII, 84–407): »Er hasset und fliehet die Besonnenheit, indem er sie nur für leere Klarheit hält.« Es bleibt »das ohnmächtige Pochen auf die Unbesonnenheit, die trotzige Versicherung, daß diese eben das Rechte sei.« »Es wird versichert, beteuert, behauptet, entschieden.« »Ein Schatten eines Beweises aber erscheint nicht. Woher weiß denn der Verfasser, was er behauptet?« »Das Angemutete kann niemals im wirklichen Denken vollzogen, sondern nur gesagt werden.« »Er nimmt den Anschein des Denkens an sich, bloß faselnd.« »So dicken und zähen Unsinn« bringt »einer der verworrensten Köpfe«. »Dies ist nun absolute Unphilosophie und Antiphilosophie.« – »Und so werfe ich ihn denn, indem ich den Menschen an ihm in allem seinen möglichen Werte lasse, als Philosophen ganz und unbedingt weg; und als Künstler erkenne ich ihn für einen der größten Stümper unter allen, die jemals mit Worten gespielt haben.« – »Seine absolute Unkunde von dem, was die Spekulation sei und wolle, und seine natürliche Unfähigkeit zum Spekulieren« wird ebenso betont wie »die übrige dialektische Kunst, das schriftstellerische Talent, der sophistische Witz und die Gewandtheit des Mannes«. »Es ist ihm gelungen, die Philosophen dieses Zeitalters irre zu machen.«

Nach Jahrzehnten, als ihm nur noch Hegel als Feind im Blickfeld, Fichte dreißig Jahre tot war, hat Schelling Fichtes wiederholt historisch gedacht:

»Dafür, daß er vom bloß natürlichen Erkennen, das Kant noch immer zur Grundlage behalten hatte, zuerst sich ganz emancipiert und den Gedanken der frei durch das bloße Denken hervorzubringenden Wissenschaft gefaßt, soll Fichte billig immer und vorzüglich gefeiert und der späteren Verirrung nicht gedacht werden« (XI, 369).

»Die Sinnesänderung Fichtes folgte erst der Schrift „Philosophie und Religion" (von Schelling), aus der ihm auch der Titel „Anweisung zum seligen Leben" im Gedächtnis geblieben war.« Erst dieser Schrift gelang es, »die Starrheit seines Gewißseins, daß er außer dem Ich keiner Voraussetzung bedürfe, zu überwinden« (XI, 465). »Fichtes großes, unvergeßliches Verdienst wird immer dieses bleiben, zuerst die Idee einer vollkommen apriorischen Wissenschaft in seinem Geiste erfaßt zu haben« (XIII, 51).

Jetzt vermag Schelling den »kraftvollen Fichte« sogar zu verherrlichen als den Mann, »dessen Erscheinung wie ein Blitz wirkte, der für einen Augenblick gleichsam die Pole des Denkens umkehrte, aber auch wie ein Blitz wieder verschwand« (XIII, 14).

Soweit einige Dokumente dieser philosophischen Freundschaft und ihres Bruches. Versuchen wir, was etwa dazu zu sagen wäre. Warum der Bruch?

Fichte sieht eine einfache Alternative (15. 10. 1801): »Sonach wären es in der Tat nicht unsere wissenschaftlichen Differenzen, welche persönlich zwischen uns etwas stellen könnten, sondern nur persönliche Beleidigungen, dergleichen von mir noch nie ausgegangen sind.«

So liegt es nun keinesfalls. Sehen wir den Gang der Beziehung: Es war zwischen ihnen eine Kampfgemeinschaft gewesen durch den gemeinsamen Gegensatz gegen die Kantianer, durch das Bedürfnis nach dem Halt aneinander gegen die professorale Tradition, durch beider instinktiver Anerkennung des Ranges des anderen.

Im Grunde fehlt zwischen beiden trotz der Worte »Ich«, »Freiheit«, »transzendental«, »absolut« u. a. der gemeinsame sachliche Diskussionsraum. Der Gegensatz ihrer beider Ungewöhnlichkeit gegen die Menge der Philosophierenden täuschte sie darüber, daß sie von Anfang an in ihrem Charakter und in ihrem philosophischen Wollen wesensverschieden waren. Sie haben gegenseitig ihre Schriften gar nicht gründlich studiert. Auch daher kamen die für uns erstaunlichen Mißverständnisse, die doch den eigentlichen Ursprung in dem abweichenden Grundwissen hatten. Was zwischen beiden geschah, war philosophisch ergebnislos, insofern sie in ihr Werk gegenseitig nicht eindrangen, ergebnisreich nur durch die Reize, Stöße und Empörungen, die zu den zugespitzten Formulierungen des eigenen Denkens führten.

Seine Beeinflussung durch Fichte hat Schelling sogleich anerkannt und später nie verleugnet. Die Beeinflussung Fichtes durch Schelling, von diesem behauptet, wurde von Fichte geleugnet.

Aber Schelling ist schon in den frühesten Schriften nicht einfach Anhänger Fichtes. Er ist von Anfang an Metaphysiker in einem anderen, theoretischen Sinne, als Fichte ihn zuließ. Fichte hat schon die ersten Schriften Schellings nicht so genau gelesen, um widersprechen zu können. Die Anhängerschaft genügte ihm. Den Unterschied merkte er erst, als Schelling mit seinem Werk öffentlich eine selbständige Gestalt wurde.

Ihre brieflichen und öffentlichen Auseinandersetzungen enthalten ungewöhnlich eindringliche sachliche Erörterungen. Der Bruch erfolgt über persönliche Beleidigungen, die Fichte Schelling zu Anfang mit Unrecht vorwirft, aber selber vollzieht. Doch diese Beleidigungen sind nicht Grund, sondern Folge.

Schelling begehrt lange Zeit die Freundschaft Fichtes persönlich und sachlich, aber er schwankt. Von einem bestimmten Wendepunkt an ist ihm die Freundschaft gleichgültig, er denkt nur noch kalt verachtend. Fichte hält (nicht anders als im Grunde auch damals schon Schelling) seine Philosophie für *die* Philosophie, seine Sache für *die* Sache. Er wird unruhig beim ersten Spüren einer Selbständigkeit Schellings, dann schulmeisterlich und moralpathetisch. Schelling ist in diesem Verhältnis offen; Fichte verbirgt, verhält sich indirekt, ist vorsichtig. Der Bruch entsteht, sobald dies Mißtrauen und die Vorsicht da sind. Damit beginnt Fichte, der Ältere. Er will sich im Besitz und der Vorherrschaft seines Werks behaupten. Er begehrt Schüler und Kommentatoren, nicht selbständige neue Denker. – Fichte begründet seine Entgleisungen »freundschaftlich« als richtig und unumgänglich, bürdet Schelling Empfindlichkeit auf, die er doch damals in stärkerem Maße selber hat. Beide haben keinen Sinn dafür, wie sehr sie den anderen kränken, horchen aber auf jede Nuance.

Wenn die Beleidigungen nur Folgen sind, was ist dann die Ursache des Bruches?

Fichte hat gesagt: »Was für eine Philosophie man wähle, hängt davon ab, was man für ein Mensch ist: denn ein philosophisches System ist beseelt durch die Seele des Menschen, der es hat« (Fichte WW I, 434). Schelling hat oft erklärt, der Ursprung der Philosophie liege im Willen. Beide Philosophen vergessen das in ihrem Streit, sofern sie es versäumen, die Frage nach diesem Grunde im andern sich zu stellen, ein mögliches Anderes anzuerkennen, ohne es zu durchschauen, aber mit dem Willen, es nach Kräften zu verstehen und in der Auseinandersetzung selber klarer und entschiedener zu spüren. »Was für ein Mensch man ist«, das ist für Fichte zuletzt nur ein einziges Menschsein, das im Unterschied von allem anderen allein das rechte ist. Was der Wille ist, der die Philosophie begründet, ist für Schelling nur ein wahrer Wille gegenüber den anderen falschen. Beide erheben in ihrem Herrschaftsdrang den Absolutheitsanspruch ihrer Philosophie.

Die letzten Gründe des Verschiedenen, die Mächte, in deren Dienst die Denker ihre Wahrheit zeigen, sind nun aber nicht mehr von einem anderen Standpunkt, von einem Standpunkt außerhalb, der als solcher zugleich oberhalb sein müßte, angemessen zu erkennen, auch nicht vom historischen Beobachter. Man kann nur um sie herum denken oder selber in sie eintreten und dabei sein. Soweit das letztere gelingt, ergibt sich keineswegs Partei für den einen oder anderen. Vielmehr sind die Mächte – ohne solche mythisierende Ausdrucksweise ist nicht einmal ein Hinweis auf das möglich, was hier geschieht – vielleicht alle in jedem Menschen in Augenblicken da. Wohl sind uns die Denker in ihrer Größe Repräsentanten und die Größten uns wie die einer in ihnen einzig hell werdenden Macht, die dann überall wiedererkannt werden kann. Aber wir kennen nicht die Mächte und nicht ein Reich der Mächte, das wir überblicken könnten. Etwa in sogenannten Charaktertypen oder in philosophisch formulierten Prinzipien (den -ismen) begreifen wir sie durchaus nicht. Es bleibt, außer der einfachen Vergegenwärtigung des dokumentarisch Tatsächlichen in möglichster Eindringlichkeit, nur ein auf vielfache Weise berührendes, aufmerksam machendes Sprechen vom Gesehenen oder Mitvollzogenen.

Die früheste Äußerung über eine Wesensverschiedenheit Fichtes und Schellings stammt von Caroline (1. 3. 1801): Auf die Frage »wie weit Fichtes Geist reicht«, schreibt sie: »mir ist es immer so vorgekommen, bei aller seiner unvergleichlichen Denkkraft, seiner fest ineinander gefugten Schlußweise, Klarheit, Genauigkeit, unmittelbaren Anschauung des Ichs und Begeisterung des Entdeckers, daß er doch begrenzt wäre, nur dachte ich, es käme daher, daß ihm die göttliche Eingebung abgehe, und wenn Du einen Kreis durchbrochen hast, aus dem er doch nicht heraus konnte, so würde ich glauben, Du habest das doch nicht sowohl als Philosoph als vielmehr insofern Du Poesie hast, und er keine. Sie leitete Dich unmittelbar auf den Stand der Produktion, wie ihn die Schärfe seiner Wahrnehmung zum Bewußtsein. Er hat das Licht in seiner hellsten Helle, aber Du auch die Wärme, und jenes kann nur beleuchten; diese aber produciert. Nach meiner Vorstellung muß Spinoza doch weit mehr Poesie gehabt haben wie Fichte – wenn das Denken gar nicht tangiert ist, bleibt denn nicht etwas Lebloses darin? Das Geheimnis fehlt.«

Sagt man, Fichte sei demokratisch, Schelling aristokratisch gesinnt, so ist dieser Alternative für beide zu widersprechen. Fichte hat Neigung, sich an Massen zu wenden; sein Denken, das auf dem Wege so viel von Freiheit handelt, gipfelt im Totalitären. Er philosophiert aus der absoluten Selbstgewißheit geistesaristokratischer Höhe und verachtet die Vielen, die durch Naturanlage außerstande seien zu philosophieren. Schelling nimmt wohl die aristokratische Gebärde an, aber er will mit seiner philosophischen Religion alle erreichen. Bei beiden gibt es die sich widersprechenden Äußerungen über die Masse und die Genialität. Nur in der Gesamtstimmung läßt sich bei Fichte von einem plebejischen, bei Schelling von einem aristokratischen Tone reden. Im Fühlen und Handeln Fichtes liegt eine Gewöhnlichkeit (grade auch bei seinen moralischen Übersteigerungen) gegenüber der sublimen Beweglichkeit der Seele und einer gewissen Noblesse bei Schelling.

Die sachlichen Auseinandersetzungen der beiden kann man lesen mit der Voraussetzung einer als allgemeingültig erweisbaren philosophischen Wahrheit, an der gemessen je der eine oder andere recht hat. Das ist vergeblich, da jene Voraussetzung falsch ist. Man kann aber auch lesen mit dem Spürsinn für das Hintergründige, das in rational faßlich werdenden Gedanken der Philosophen sich indirekt kundgibt.

Stellt man dann grundsätzliche Thesen der beiden einander gegenüber, so werden die Thesen zu Symbolen. Die rationalen Alternativen stimmen nicht, man kann oft auch das Entgegengesetzte beim anderen finden. Aber sie können einen Augenblick gleichsam als Stigmata ihres Wesens dienen.

Fichte sieht Gott als sittliche Weltordnung und später in einer mystischen Spekulation des Seins als ewiges Leben. Schelling in seinen besten Augenblicken sieht in Gott das Unergründliche, das über alles, was endliche Wesen durch Natur und in ihrer Moral sind, grundsätzlich hinaus liegt. Schelling hat nie wie Fichte den Vorrang des Praktischen, der Moralität, anerkannt, schon nicht in der frühen Schrift »Vom Ich«. Er hat als Metaphysiker ein absolutes Wissen, ein Zuhausesein im Absoluten jederzeit behauptet. Schelling widerstrebt im Gegensatz zu Fichte dem bloßen Sollen, hat die Neigung zur Objektivität und Fülle der Natur, ist erfüllt von der Lebensstimmung der Gegenwärtigkeit.

Man kann weiter, zum Mitprüfen übergehend, Thesen beider für wahr aneignen, muß dann aber beobachten, wie der, der sie denkt, gegen sie handelt.

So spricht Fichte für die Wissenschaft, die als Naturwissenschaft auf Beobachtung und Experiment angewiesen sei, gegen Phantasien Schellings. Aber Fichte selber macht es nicht besser. Wenn er auch auf naturmythische Anschauungen verzichtet, so vollzieht er nicht weniger mythische Anschauungen in bezug auf die Geschichte. Hier bringt er ebenso wie Schelling absurde Anschauungen, die in ihrem mythischen Sinn einer anderen als wissenschaftlichen Prüfung unterstehen. Und Fichte kennt in bezug auf Naturwissenschaft, wenn er so wissenschaftstreu zu sprechen scheint, durchaus nicht die eigentliche Struktur des Sinns und die Grenzen dieser Erkenntnis.

Wohl kann man zeigen, wie Fichte den Naturbegriff Schellings mißversteht, aber dieses Mißverständnis trübt nur die Ablehnung, die er vollziehen würde, auch wenn er verstünde. Denn Fichte ist, seitdem er gegen Schelling steht, bewegt von einem wissenschaftsfremden Naturhaß. Eine Naturverherrlichung, wie etwa in der »Bestimmung des Menschen« (1800), kam später bei ihm nicht mehr vor.

Beiden gemeinsam ist eine Maßlosigkeit, aber in verschiedener Richtung. Bei Fichte liegt die Maßlosigkeit im Verwandeln der gesamten Natur zu einem bloßen Widerstand und Feld der Freiheit und in der Steigerung des Sollens zum Absoluten selber. In dieser Übersteigerung geht ihm der Sinn für die echte Naturbemächtigung und für den Ernst des Sollens zugleich verloren an den Naturhaß und an die Moralpathetik. Bei Schelling liegt die Maßlosigkeit im Verwandeln der Natur zum unbewußten Geist, der Freiheit zur absoluten Unabhängigkeit. Der Sinn für die Schönheit und das Grauen in der Natur, für das tiefe Geheimnis, geht verloren im Wissen von dem metaphysischen Prozeß, als der die Natur im gnostischen Wissen Schellings ihren Platz hat. Der Sinn für Freiheit geht verloren in der Übersteigerung, in der die Form des Sollens, die Moralität, keine Rolle mehr spielt.

Bei Fichte beobachtet man den Besitz der unpersönlichen Wahrheit, – trotz seiner These: welche Philosophie man wähle, beweise, was für ein Mensch man sei. Seine Wahrheit hält er für schlechthin gültig, meint seinen Leser zu ihr zu »zwingen«, – trotz seiner These, die Philosophie wurzele im Glauben. Die Wahrheit hat immer nur gute Folgen. Er kennt bei ständiger moralischer Anprangerung anderer für sich kein Schuldbewußtsein (nur scheinbare Ausnahmen, wie etwa der zweite Brief, den er an die Regierung vor seiner Entlassung schrieb). Diese Momente lassen einen Impuls zur Kommunikation gar nicht aufkommen. Es ist kein Suchen, sondern ein Haben, obgleich dieses Haben als unendliche Aufgabe dargestellt wird. Er arbeitet am Werk. Das ist ihm schon das Philosophieren selber. Er gibt sich als gleichgültig gegen Erfolg und ist doch empört über den Mißverstand des Publikums. Bei dieser Grundverfassung können jene psychologisch primitiven Motive unheilvoll wirksam werden, die den Moralpathetiker zugleich so unwahrhaftig erscheinen lassen. Es ist unmöglich, daß er unrecht hat, da er völlig gewiß ist und diese Gewißheit für das Kennzeichen der Philosophie hält. Daß andere recht haben, ist gegen die Bedingung seiner Existenz. Wer so die Wahrheit besitzt, kann sie nur allein besitzen, und andere müsen gehorsam ihm folgen.

Diese Grundhaltung Fichtes zur Wahrheit – mit einem so zweideutigen Wahrheitsbegriff, der zugleich Glauben und Wissen meint – kommt in der für sein Verhältnis zu Schelling so verhängnisvoll gewordenen »Ankündigung« naiv zum Ausdruck: »Man hat bei dem Vorwurf der Arroganz, den man mir und anderen Verteidigern der Wissenschaftslehre so häufig gemacht, gerade den allerschlimmsten Punkt unserer Anmaßungen übersehen; den, daß wir in allem Ernste Anspruch machen, Wissenschaft – ich sage Wissenschaft, zu besitzen und zu lehren. Diejenigen, die einander ihre Meinungen erzählen, müssen gegenseitig tolerant und höflich sein, und sich bescheiden, daß die Meinung des anderen wohl ebenso viel wert sein möge, als die ihrige. Sie müssen in der äußeren Form bescheiden sein, weil sie im wesentlichen durchaus arrogant sind, denn es ist die ungeheuerste Arroganz, zu glauben, daß den anderen daran liege, zu wissen, was wir meinen. Wessen aber die Wissenschaft, die nie Sache der Individuen, sondern Eigentum des ganzen Vernunftreiches ist, der Unwissenheit gegenüber, sich bescheiden solle, gehört unter die Dinge, die ich nie habe begreifen können. Alles kommt sonach nur darauf an, ob unsere Voraussetzung, daß wir Wissenschaft besitzen, richtig ist.« »Sonderbar ist der Eifer dieser Viel-Philosophen gegen den Allein-Philosophen. Ich begreife es nicht anders, als daß man nur entweder ein Allein-Philosoph oder kein Philosoph sei, und solange man uns das letztere nicht nachweisen wird, werden wir uns nach wie vor für das erstere halten.«

Dieser Haltung Fichtes entspricht erstens, daß er in der Ankündigung, ohne einen Augenblick dabei an sich zu denken, und von sich zu fordern, erklärt: »die Gabe, andere zu verstehen, scheint gänzlich verlorengegangen zu sein«, und zweitens, daß er, ohne den Sinn von »widerlegen« zu bedenken, den grotesken Anspruch erhebt: »Man lese also, und zwar, bis man es verstanden hat, und nehme es sodann an, oder widerlege es, wenn man kann; oder wenn man dieses alles nicht will, schweige man von nun an über alles was die Philosophie betrifft, stille.«

Schelling ist, als der Bruch mit Fichte erfolgt, 27 Jahre alt, obgleich berühmt wie sein Meister, doch noch Anfänger. Er versucht Entwurf auf Entwurf, lebt und denkt noch frei, will noch keine Nachbeter, läßt zu, was Geist und Rang hat. Er ist noch unbefangen im Kampf gegen Fichte, ganz anders wie später gegen Hegel. Er kann sich nicht enthalten, Fichtes Armut an Gehalt, dessen unwahrhaftigen Moralismus, dessen Plebejertum als widerwärtig zu empfinden. Aber statt still zu werden und die Erinnerung an ihre einstige Gemeinschaft nicht zu entstellen, läßt er sich reizen und schlägt im genialen Übermut, ohne Humanität, gestützt durch Hegel, Fichte geistig gleichsam tot, indem er ihn verächtlich und lächerlich macht.

Hegel sammelte indessen die Schätze dieser ganzen geistigen Welt, den Erwerb der Denker und Dichter, und durchdrang sie mit seiner unvergleichlichen Intensität der dialektischen Konstruktion. Er merkt nicht, wie Schelling dabei vernichtet wird, und steht plötzlich, als Sieger, der gar nicht kämpfen und erst recht nicht vernichten wollte, für Schelling als der Todfeind schlechthin da.

Hegel: Studiengenosse und Freund Hegels, hatte Schelling, obgleich fünf Jahre jünger, seinen großen öffentlichen Erfolg, als Hegel noch ganz unbekannt war.

Ein Zeugnis dafür, wie sehr Hegel an dem Denken des Jüngeren teilnahm und es bewunderte, ist eine Abschrift des heute sogenannten »frühesten Systemprogramms«, die Hegel nach Schellings Niederschrift gemacht hat. Sie wurde unter Hegels Papieren gefunden.

Aus seiner freundschaftlichen Überlegenheit, die eine spätere philosophische Rivalität noch nicht ahnte, schrieb der junge Schelling an den in unerfreulicher Lage seinen äußeren Weg suchenden Hegel (20. 6. 1796): »Du scheinst gegenwärtig in einem Zustand der Unentschlossenheit und sogar Niedergeschlagenheit zu sein, der Deiner ganz unwürdig ist. Pfui! ein Mann von Deinen Kräften muß diese Unentschlossenheit nie in sich aufkommen lassen. Reiße Dich baldmöglichst los. Sollte es mit Frankfurt und Weimar nicht gelingen, so erlaube mir, daß ich mit Dir einen Plan verabrede, Dich aus Deiner jetzigen Lage zu ziehen.«

Hegel, in seinem stillen, arbeitsamen, geduldigen und unbekümmerten Gang, schrieb noch vor seiner Übersiedlung nach Jena, wo er sich habilitieren und als Bundesgenosse Schellings zuerst öffentlich in Erscheinung treten wird (2. 11. 1800), an Schelling: »Deinem öffentlichen großen Gange habe ich mit Bewunderung und Freude zugesehen; Du erläßt es mir, entweder demütig darüber zu sprechen oder mich auch Dir zeigen zu wollen; ich bediene mich des Mittelworts, daß ich hoffe, daß wir uns als Freunde wiederfinden werden.«

In Jena gaben Schelling und Hegel gemeinsam eine philosophische Zeitschrift heraus. Hegel schrieb eine Abhandlung über die Differenz des Fichteschen und Schellingschen Systems, in der er gegen Fichte mit Schelling ging, aber auch diesen schon, ohne daß Schelling es spürte, überschritt. Schelling verfolgt Hegels Dasein vielmehr mit wohlwollendem Zuruf: »Ich grüße Dich und freue mich unsäglich, Dich bald wieder zu sehen« (24. 3. 1802). »Äußerst erwünscht wäre das Zusammentreffen mit Dir ... Lebe wohl, Du alter, lieber Freund. Wohin ich komme, werde ich Dir von Zeit zu Zeit immer schreiben« (31. 8. 1803). Am 14. 7. 1804 wünscht er seine Mitarbeit an einem neuen Unternehmen. Am 11. 1. 1807 dankt er für das rechte Verständnis seines »Anti-Fichte« und schreibt:

»Auf Dein endlich erscheinendes Werk bin ich voll gespannter Erwartung. Was muß entstehen, wenn Deine Reife sich noch Zeit nimmt, ihre Frucht zu reifen! Ich wünsche Dir nur ferner die ruhige Lage und Muße zur Ausführung so gediegener und gleichsam zeitloser Werke.«

Dieses neue große Werk war die »Phänomenologie des Geistes« (1807). In der Vorrede hat Hegel, ohne Schellings Namen zu nennen, Schellings Weise des Philosophierens nicht nur radikal, sondern auch in verächtlichem Tone verworfen. Daß Schellings Denken gemeint war, ist sicher. Daß er dabei an Schelling persönlich gedacht habe, ist unwahrscheinlich, denn für Hegel verwandelte sich alles in eine unpersönliche Sache.

Diese entscheidende Kritik Hegels an Schelling, die bei den meisten späteren Philosophen ihre Beurteilung Schellings bestimmt hat, und die für die Freundschaft Schelling-Hegel mit einem Schlage tödlich wurde, ist in einigen Zügen zu vergegenwärtigen. Hegel sagt:

Durch intellektuelle Anschauung, in der das unmittelbare Anschauen der Idee schon als Denken genommen wird, fällt dieses Denken in eine träge Einfachheit zusammen. Aber die Arbeit des Begriffs geschieht erst in der Bewegung, die aus der Sache selbst in deren Entfaltung durch das Nachdenken, mit der unterscheidenden Negativität des Verstandes, sich dialektisch ergibt. Wird auf die Arbeit der dialektischen Bewegung verzichtet, so bleibt die Idee immer nur in ihrem Anfang und im »formellen Verstand«. Dieser, »statt in den immanenten Inhalt der Sache einzugehen, übersieht immer das Ganze, und steht über dem einzelnen Dasein, von dem er spricht, d. h. er sieht es garnicht ... Das wissenschaftliche Erkennen erfordert vielmehr, sich dem Leben des Gegenstandes zu übergeben.« Wird diese Arbeit in der Hingabe an die jeweilige konkrete Sache erspart, so bleibt nur die gestaltlose Wiederholung desselben Schemas, das, an das verschiedene Material nur äußerlich angewendet, auch nur einen langweiligen Schein der Verschiedenheit erhält. Es gibt keine Entwicklung, sondern nur die Wiederholung derselben Formel. »Die Eine unbewegte Form vom wissenden Subjekt wird an dem Vorhandenen herumgeführt, das Material in dies ruhende Element von außen her eingetaucht.« Statt des Reichtums in dem sich selbst bestimmenden Unterschied der Gestalten wird »ein einfärbiger Formalismus« erreicht.

Diese Eintönigkeit, ein abstrakt Allgemeines, gilt für das Absolute. Wer davon unbefriedigt ist, wird der Unfähigkeit bezichtigt, sich des absoluten Standpunkts zu bemächtigen. Solche Philosophie aber wirft das Verschiedene und Bestimmte nur »in den Abgrund des Leeren«, und dies soll »für spekulative Betrachtungsart gelten«. Aber dieses Eine Wissen, daß im Absoluten alles gleich sei, gibt in der Tat sein Absolutes »für die Nacht aus, worin alle Kühe schwarz sind«. Statt erfüllter Erkenntnis ist es die Naivität der Leere an Erkenntnis.

Die »Manier« dieses Formalismus schildert Hegel nun auch näher. Sie hält eine Gestalt für begriffen, wenn von ihr eine Bestimmung des Schemas als Prädikat ausgesagt wird, z. B. es sei die Subjektivität oder Objektivität, oder die Kontraktion oder Expansion, oder auch der Magnetismus, die Elektrizität und so fort. Zu solchen Prädikaten werden teils sinnliche Bestimmungen benutzt, die freilich etwas anderes bedeuten als sie sagen, teils Bestimmungen des Gedankens (das an sich Bedeutende), wie Subjekt, Objekt, Substanz, das Allgemeine. Beide werden gleicherweise unbesehen und unkritisch gebraucht. Das Aussprechen solcher oberflächlicher Analogien, ohne einzugehen in das innere Leben und die Selbstbewegung eines Daseins, wird Konstruktion genannt. Dabei zeigt sich, daß sich die Manier ins Unendliche vervielfältigen läßt. Denn jede Bestimmung oder Gestalt kann bei der anderen wieder als Form des Schemas gebraucht werden, in Gegenseitigkeit und Beliebigkeit, ein Zirkel, durch den man nie erfährt, was die Sache selbst ist. Es ist diese Manier ein »Pfiff«, der schnell zu lernen ist und der unerträglich wird »wie die Wiederholung einer eingesehenen Taschenspielerkunst«. Aber die Unerfahrenheit gerät in ein bewunderndes Staunen, verehrt eine tiefe Genialität, wenn solche Kraft das weit entlegen Scheinende zusammengreift, ihm den Schein eines Begriffs erteilt, die Hauptsache aber erspart. Unter dem Namen, »den Organismus des Universums« zu zeigen, werden Tabellen aufgestellt. Dieser tabellarische Verstand gibt aber nur Inhaltsanzeigen, den Inhalt selbst liefert er nicht. Dabei ist diesem Philosophieren selber nicht wohl. Es schämt sich der Unterschiede des Schemas, denn sie gehören noch der doch verachteten Reflexion an. Daher versenkt es sie »in die Leerheit des Absoluten, auf daß die reine Identität hergestellt werde.« Aber diese Identität ist gleicherweise wie die Unterschiede der Manier ein äußerliches Erkennen, ein toter Verstand.

Soweit Hegels Kritik. Fast alles, wovon sie redet, ist in Schellings Schriften aufzuzeigen. Aber auch diese Kritik selber findet sich zum Teil, sogar mit gleichen Ausdrücken, schon bei Schelling. Vier Jahre vor Abschluß der Hegelschen Phänomenologie hat Schelling z. B. folgende mit der eben berichteten Hegelschen Kritik zum Teil wörtlich übereinstimmende Sätze veröffentlicht. »Die meisten sehen in dem Wesen des Absoluten nichts als eitel Nacht, und vermögen nichts darin zu erkennen, es schwindet ihnen in eine bloße Verneinung der Verschiedenheit zusammen.« Auch Schelling sieht »die Ambiguität aller Reflexionsbestimmungen«, die »in ihrer Absonderung als leerer Verstand sich zeigen.« Auch er sagt, »daß nur die letzte Totalität alles faßt und in sich trägt und allen Widerstreit endet, und nur in ihr alles seine bleibende Stätte findet.« Auch er weiß, daß in dem »wallenden und lebendigen Ganzen eines in das andere spielt«, und »nicht in seiner Besonderheit und zugleich Absolutheit klar erkannt ist, ehe kraft einer bis zur Totalität durchgeführten Konstruktion das Alles in Allem wirklich begriffen und jenes fast göttliche Chaos in seiner Einheit zugleich und Verwirrung dargestellt wird« (analog Hegels »bacchantischem Taumel, an dem kein Glied nicht trunken ist«). »Wenn dieses System einmal in seiner Totalität dargestellt und erkannt ist«, dann wird »die absolute Harmonie des Universums und die Göttlichkeit aller Wesen in den Gedanken der Menschen auf ewig gegründet sein« (IV, 401 ff).

Was Schelling hier erhoffte, meint Hegel zu leisten. Hegels Kritik, die zum Teil von Schelling entlehnt ist, hat trotzdem ein Recht. Der Unterschied dieser beiden Philosophen ist groß: Hegel »arbeitet« mit der Reflexion, dringt in eine Sache ein, konstruiert deren Bewegung. Dadurch legt er die Vermittlungen dar, läßt erwachsen, vermeidet die intuitiven Machtsprüche. Schelling ist geneigt zum schnellen Zugriff, er sieht die Dinge und formuliert das Gesehene. Er vollzieht auch Bewegungen, sowohl der gemeinten Sache, wie er sie objektivierend sich bewegen läßt, als auch des eigenen Denkens, das fragt, die Fragen prüft und zur Sache erst vordringt. Während aber Hegel eine gewaltige, wohlgegliederte, in ihrem Reichtum überall durch Eigentümlichkeit der je ergriffenen Sache fesselnde Welt in seiner denkend die Anschauung auslegenden Weise entstehen läßt, vollzieht Schelling nur einzelne Bewegungen und Frageweisen, gerät in der Tat in langweilige Wiederholungen, gelangt nicht in den Hegelschen geduldigen Arbeitseifer, durch den alle nur zugängliche Wirklichkeit assimiliert wird in den einen großen Bau.

Aber dabei bleibt auch ein Vorrang bei Schelling. Während Hegel bauend hineinwächst in die Fülle eines sich Vollendenden, Abgeschlossenen, läßt Schelling den Gedanken immer wieder durchbrechen und gewinnt grundsätzlich, wenn auch nicht faktisch, das Offene der Wirklichkeit selber.

Für uns ist wichtig, ihre Differenz wie ihr Gemeinsames zu fassen. Trotz zunächst übereinstimmender Prinzipien gehen sie in Arbeitsform und Methode andere Wege. Mit Hegels »Phänomenologie des Geistes« ist das für immer entschieden. Sie verstehen sich nicht mehr. Aber beide haben teil an dem gleichen magischen Zauber des Philosophierens, das seinen Boden verliert, ins Maßlose und Unwahre gerät. –

Als die »Phänomenologie des Geistes« erschien, war Hegel sich bewußt, daß Schelling getroffen war. Aber er möchte dem Freunde nicht wehe tun und schreibt ihm: »In der Vorrede wirst Du nicht finden, daß ich die Plattheit, die besonders mit Deinen Formen soviel Unfug und Deine Wissenschaft zu einem kahlen Formalismus herabtreibt, zu viel getan habe. So wie ich auch niemand wüßte, von dem ich diese Schrift lieber ins Publikum eingeführt und mir selbst ein Urteil darüber gegeben werden wünschen könnte« (1. 5. 1807). Schelling aber konnte sich über den Tatbestand nicht täuschen. Er antwortet Hegel: »Ich habe bis jetzt nur die Vorrede gelesen. Inwiefern Du selbst des polemischen Teils derselben erwähnst, so müßte ich, bei dem gerechten Maß der eigenen Meinung von mir selbst, doch zu gering von mir denken, um diese Polemik auf mich zu beziehen. Sie mag also, wie Du in Deinem Briefe an mich geäußert, nur immer auf den Mißbrauch und die Nachschwätzer fallen, obgleich in dieser Schrift selbst dieser Unterschied nicht gemacht ist« (2. 9. 1807). Es war der letzte Brief. Kein weiterer ist zwischen den beiden großen Idealisten getauscht worden.

Statt dessen finden sich nun, während Hegel ahnungslos schweigt, in Briefen sich über Schelling niemals äußert, später in geschichtlichen Vorlesungen ihn anerkennend darstellt, seitens Schellings zunächst in Briefen die heftigsten Äußerungen gegen Hegel, z. B.: An Windischmann 30. 7. 1808: »Ich bin begierig, wie Sie den Weichselzopf entwirrt haben.« »Es wäre unrecht, ihm die Art hingehen zu lassen, womit er, was seiner individuellen Natur gemäß und vergönnt ist, zum allgemeinen Maß aufrichten will« (Plitt II, 128). – An Schubert 27. 5. 1809: »Ergötzlich war mir, wie gut und richtig Sie Hegeln genommen haben. Die spaßhafte Seite ist wirklich die beste, wenn auch nicht die einzige. Ein solches reines Exemplar innerlicher und äußerlicher Prosa muß in unseren überpoetischen Zeiten heilig gehalten werden. Uns alle wandelt da und dort Sentimentalität an; dagegen ist ein solcher verneinender Geist ein treffliches Correktiv, wie er im Gegenteil belustigend wird, sobald er sich übers Negieren versteigt« (Plitt II, 161). – An Weiße 6. 9. 1832 (inzwischen war der Ruhm Hegels, der zur Zeit der beiden früheren Äußerungen Schellings noch nicht bestand, als des größten deutschen Philosophen fast unbezweifelt): »Die sogenannte Hegelsche Philosophie kann ich in dem, was ihr eigen ist, nur als eine Episode in der Geschichte der neueren Philosophie betrachten, und zwar nur als eine traurige. Nicht sie fortsetzen, sondern ganz von ihr abbrechen, sie als nicht vorhanden betrachten muß man, um wieder in die Linie des wahren Fortschrittes zu kommen« (Plitt III, 63).

Wie aber die Hegelsche Kritik an Schelling tatsächlich wirkte, wie Hegel wuchs und Schelling an Geltung verlor, dafür ein frühes briefliches Beispiel: Sinclair (an Hegel 16. 8. 1810) spricht von der »Scharlatanerie Schellings und seiner Konsorten, das nichts als Methodelosigkeit und unerwiesenes Geschwätz ist, das sich heuchlerisch hinter einem läppischen Enthusiasmus verbirgt«, ohne von Hegel zurechtgewiesen zu werden.

Nach mehr als zwanzig Jahren, im Herbst 1829, trafen sich Schelling und Hegel zufällig in Karlsbad. Sie hatten seit 1807 sich weder geschrieben noch sich gesehen. Denkwürdig ist es, wie Hegel Schelling ganz aus den Augen verloren und sich dabei offenbar nie zum Bewußtsein gebracht hatte, was zwischen ihnen geschehen war, während Schelling in bitterem Haß ständig an den großen Rivalen gedacht hatte, der seinerseits – ganz in der Sache lebend – sich gar nicht als Rivale gefühlt hatte. Jetzt schrieb Hegel aus Karlsbad an seine Frau (4. 9. 1829): »Gestern Abend habe ich ein Zusammentreffen mit einem alten Bekannten – mit Schelling – gehabt ... Wir sind beide darüber erfreut und als alte cordiale Freunde zusammen. Diesen Nachmittag haben wir einen Spaziergang miteinander gemacht.« Schelling dagegen schrieb an seine Frau: »Stell Dir vor, gestern sitz ich im Bade, höre eine etwas unangenehme, halb bekannte Stimme nach mir fragen. Dann nennt der Unbekannte seinen Namen, es war Hegel aus Berlin ... Nachmittags kam er zum zweiten Male sehr empressiert und ungemein freundschaftlich, als wäre zwischen uns nichts in der Mitte; da es aber bis jetzt zu einem wissenschaftlichen Gespräch nicht gekommen ist, auf das ich mich auch nicht einlassen werde, und er übrigens ein sehr gescheidter Mensch ist, so habe ich mich die paar Abendstunden gut mit ihm unterhalten. Noch habe ich ihn nicht wieder besucht; es ist mir etwas zu weit in den goldenen Löwen« (Plitt III, 47).

Bis zu Hegels Tod hat Schelling keine Kritik gegen ihn öffentlich ausgesprochen. Was er auf dem Katheder sagte, war zurückhaltend. Nach Hegels Tod aber kam die erste öffentliche Äußerung in der Vorrede zu Cousin (1834). In den Vorlesungen wuchs die Heftigkeit der Kritik.[1])

Rosenkranz hörte Schelling im Sommer 1838 (Karl Rosenkranz, Schelling, Danzig 1843) und berichtet (S. XXI): »Schelling sprach sich mit schneidendem Hohn gegen Hegels Philosophie aus, fügte noch mit einem stechend verächtlichen Blick, der mir durch die Seele ging, hinzu, es sei diese Philosophie das öde Produkt einer hektischen in sich selbst verkommenen Abzehrung.«

1841 in Berlin, der Stadt der Hegelianer, sprach er anders (Paulus S. 358 bis 397): »Es wäre meiner unwürdig, mich nicht frei über ihn auszusprechen und würde sein Andenken wenig ehren ... Daß ich ihn erwähne, zeigt, wie hoch ich ihn stelle (358) ... Ich sehe, wie Hegel allein den Grundgedanken meiner Philosophie in die spätere Zeit gerettet hat; und diesen Gedanken, wie ich namentlich aus seinen Vorlesungen über Geschichte der Philosophie ersehen habe, hat er bis zuletzt erkannt und in seiner Reinheit festgehalten ... Keiner hätte die vorangegangene Philosophie besser vollenden können als Er« (359). Schelling spricht weiter von der Hegelschen Logik, von den »methodologischen Erörterungen, dem Scharfsinn, der sich im Einzelnen kund gibt, damit Niemand glaube, es solle das Werk überhaupt verurteilt und über das Verdienst des Urhebers abgesprochen werden« (377). Er rühmt am Grundfehler Hegels etwas wirklich Geleistetes: »Daß die reine Vernunftwissenschaft sich in das Logische auflösen müsse, habe ich selbst erst später – und nicht unabhängig von Hegel – eingesehen« (377). Schelling anerkennt, daß Hegel »auch manchem falsch Genialen,

---

[1] Hauptstellen: X, 126 – 164. XIII, 86 – 90. Ferner: X, 212 ff. (in der Vorrede zu Cousin), 126 ff., 149, 151, 153. XI, 334 ff., 584 ff., 587. XII, 115. XIII, 53, 59, 65, 73, 81, 95, 163, 354.

wirklich Schwachen, ja Kindischen, was er in der Zeit vor sich fand, mit Kraft und zum wahren Besten gründlicher Denkart und Wissenschaft entgegen trat, und während die anderen allerdings fast nur taumelten, hielt er wenigstens an der Methode überhaupt fest, und die Energie, mit der er ein falsches System, aber doch ein System durchführte, hätte, zum Rechten gewendet, zum unschätzbaren Vorteil der Wissenschaft gereichen können« (XIII, 87).

Im Rückblick konstruiert Schelling im forcierten Bewußtsein seiner Überlegenheit seine Veröffentlichungen der vergangenen Jahrzehnte zu einer Kriegstaktik im Kampfe der Mächte. Er rühmt sich, daß er »die positive Philosophie, auch nachdem sie gefunden war, höchstens durch Andeutungen habe erkennen lassen, unter anderem durch die bekannten Paradoxien einer polemischen Schrift gegen Jacobi« (1812). Denn so, durch diese Zurückhaltung, habe er »einer Richtung, mit der ich nichts gemein haben wollte, wollen Zeit lassen, sich zu entwickeln und auszusprechen, so daß nun niemand mehr über sie selbst und mein Verhältnis zu ihr zweifelhaft sein kann, während ich sie sonst wahrscheinlich nie losgeworden wäre. Alles, was ich gegen jene Richtung vorkehrte, war, sie sich selbst zu überlassen, wobei ich völlig überzeugt war, daß sie mit schnellen Schritten der Verdorrung und Austrocknung entgegengehen würde« (XIII, 86).

Hegel hat Schelling gegenüber später seine ruhige, nun durch alle Zeit gleichbleibende Kritik, die anerkennt, einschränkt, überwindet und einordnet. Schellings Polemik ist dagegen flackernd, wechselnd, bewegt sich im Ton durch viele Stufen, sich selbst widersprechend, obgleich sie sich wesentlich auf einen bedeutenden und wirksamen Punkt konzentriert: Hegel hat die Philosophie aufgehen lassen in Logik und die Wirklichkeit verloren. Er hat die negative Philosophie, die als erster Schritt berechtigt und unumgänglich ist, für die positive Philosophie genommen. Er hat das absolute Denken selber schon für die Wirklichkeit gehalten. Er hat das Sein als Anfang der Philosophie gesetzt, aber »als bloßes Moment des Denkens, während in diesem der menschlichen Natur am tiefsten eingesenkten Gedanken von *dem* Sein die Rede ist, welches vor allem Denken ist« (XIII, 163).

In dem Brief Schellings nach seiner Lektüre der Vorrede zur Phänomenologie, seinem letzten Brief an Hegel, spricht er mit Schärfe die Ahnung einer unversöhnlichen Differenz aus. Er faßt sie nicht in dem späteren tiefen Sinn, sondern in den Formeln dieser Frühzeit: »Das, worin wir wirklich verschiedener Überzeugung oder Ansicht sein mögen, würde sich zwischen uns ohne Aussöhnung kurz und klar ausfindig machen und entscheiden lassen; denn versöhnen läßt sich freilich Alles, Eines ausgenommen. So bekenne ich, bis jetzt Deinen Sinn nicht zu begreifen, in dem Du den Begriff der

Anschauung opponierst. Du kannst unter jenem nichts anderes meinen, als was Du und ich Idee genannt haben, deren Natur es eben ist, eine Seite zu haben, von der sie Begriff, und eine, von der sie Anschauung ist« (Plitt II, 124).

Keineswegs ist hier schon scharf formuliert, was Schelling später für die sachlich prinzipielle Differenz gehalten hat. Aber es liegt in der gleichen Richtung. Noch heißen die zwei Seiten der Idee Anschauung und Begriff. Später wird es deutlicher heißen: Hegel will die Wirklichkeit im Begriff, Schelling die Wirklichkeit vor dem Denken, aber so, daß das Denken selbst in der Wirklichkeit, ihr zugehörig, gründet, – er will den Begriff in der Wirklichkeit.

Schelling hat mit seinem Stoß an die Wirklichkeit, mit seinem Denken, das nie das Unvordenkliche erreichen, sondern nur fordern läßt, hat mit seinem Scheitern des reinen Denkens an der Wirklichkeit vielleicht tiefer gesehen, als es Hegel je tat. Daher scheinen seine Einwände gegen Hegel wesentlich und wahr. Die sachliche Antithese geht an die Wurzel des Sinns des ganzen philosophischen Entwurfs. Was bei Hegel als die Zufälligkeit, als die »Ohnmacht der Natur, dem Begriff zu gehorchen«, als die Gleichgültigkeit der Völker und Individuen, die nicht Werkzeuge des Weltgeistes sind, beiseite fällt, weil es der philosophischen Erörterung unwürdig ist, darin verbirgt sich gerade jene Wirklichkeit, die er sehen will, aus der er leben und denken will.

Der in der Tiefe des Wissens um Wirklichkeit liegende Gegensatz der beiden Denker ist von Schelling eindringlich zur Geltung gebracht. Hegel will in seiner Logik als der Wissenschaft des reinen Denkens das Absolute entstehen lassen. Dieses Entstehen, dieser Fortgang von Kategorie zu Kategorie, ist aber kein objektives Werden, sondern in der Tat die Bewegung des Denkenden, der aus Ungenügen am jeweils Gedachten weitere Schritte sucht und diese Schritte seiner Aspekte für objektiv notwendige Schritte des absoluten Seins selber hält. Die Idee aber als wirklich existierende ist nicht mehr logisch. Mit der Existenz wird das Logische, der Fortschritt des Denkens von Kategorie zu Kategorie in der Logik, überhaupt verlassen. Es vollzieht sich der Übergang in die unlogische, dem Logischen entgegengesetzte Welt, in die Natur. Das objektive Werden der Idee aber fängt erst an, nachdem sie aus dem Werden der Natur heraus zur ihrer selbst bewußten geworden ist.

Der Einwand gegen Hegel ist also ein zwiefacher, erstens gegen die Weise des Fortschritts in der Logik, zweitens gegen den Hegelschen Übergang aus der Logik in die Natur.

Das Erste: Die Zurückziehung Hegels auf das reine Denken ist »mit dem Anspruch verknüpft, daß der Begriff alles sei und nichts außer sich zurücklasse.« Der Begriff in seiner Bewegung soll die allgemeine absolute Tätigkeit sein. Das Denken, bei dem bloß vom Begriff die Rede ist, wird mit dem Anspruch auf Erkennen versehen. Aber das Erkennen ist das Positive und hat zum Gegenstande nur das Wirkliche, während das Denken bloß das Mögliche und also auch nur das Erkennbare und nicht das Erkannte zum Gegenstand hat. So gewinnt bei Hegel die Bewegung des Begriffs die Bedeutung der Sache selbst. Wie es in den Zendschriften heißt: der wahre Schöpfer ist die Zeit, so nach Hegel: der wahre Schöpfer ist der Begriff. Mit dem Begriff hat man den Schöpfer und braucht keinen anderen außer diesem. Gott ist für Hegel nicht sowohl ein bloßer Begriff, als der Begriff Gott. Die Bewegung des Begriffs ist Gott (X, 127).

Die Tätigkeit des Begriffs aber ist eine einzige große Täuschung. Hegel will anfangen mit dem Objektivsten, dem reinen Sein. Diesem reinen Sein schreibt er eine Bewegung zu, »ein Übergehen in einen anderen Begriff, ja sogar eine innere, es zu weiteren Bestimmungen forttreibende Unruhe.« »Dies heißt aber weiter nichts, als daß der Gedanke, der mit dem reinen Sein anfängt, seine Unmöglichkeit empfindet, bei diesem Allerabstraktesten und Allerleersten stehen zu bleiben. Die Nötigung, von diesem fortzugehen, hat ihren Grund nur darin, daß der Gedanke an ein konkreteres, inhaltsvolleres Sein schon gewöhnt ist, also mit jener mageren Kost des reinen Seins sich nicht zufrieden geben kann. In letzter Instanz ist es also nur der Umstand, daß es in der Tat ein reicheres und inhaltsvolleres Sein gibt, und daß der denkende Geist selbst schon ein solches ist. Also, es ist nicht eine in dem leeren Begriff selbst, sondern es ist eine in dem Philosophierenden liegende und ihm durch seine Erinnerung aufgedrungene Notwendigkeit, die ihn nicht bei jener leeren Abstraktion stehen läßt.« Er sucht das Minimum an Inhalt wieder sukzessiv zu erfüllen und zuletzt zu dem Gesamtinhalt der Welt und des Bewußtseins zu gelangen. Das stillschweigend Leitende dieses Fortgangs ist die wirkliche Welt, das, was wir von ihr erfaßt haben (X, 131–132).

Das Zweite: Nachdem Hegel in seiner Logik die Totalität der Kategorie, »die Gedanken Gottes vor der Schöpfung«, entfaltet hat, vollzieht er am Ende der Logik den Übergang zur Naturphilosophie. Dort spricht Hegel davon, daß die Idee sich entschließe, sich frei aus sich zu entlassen, im Anderssein der Natur den Weg zu beschreiten, der am Ende, erfüllt durch deren Wirklichkeit, zum Absoluten zurückführt.

Schelling sagt: Der Ausdruck »entlassen« – die Idee entläßt die Natur – »gehört zu den seltsamsten, zweideutigsten und darum auch zaghaftesten Ausdrücken, hinter die sich diese Philosophie bei schwierigen Punkten zurückzieht.« Böhme sagt: die göttliche Freiheit erbricht sich in die Natur. »Dieser Erklärung der Natur geschieht noch die größte Ehre, wenn man sie theosophisch nennt« (X, 153). »Ein Begriff kann sich nicht entschließen«, was sich entschließt, muß existieren. »Es ist ein böser Punkt, bei welchem die Hegelsche Philosophie hier angelangt ist, ein garstiger breiter Graben« (X, 154). »Entlassen ist Ausdruck passiver Emanation.« Hegel spricht auch von der Natur als »Abfall« von der Idee. In all diesen Wendungen, mit denen Hegel den Sprung von der Logik zur Natur ohne einen logischen Gedanken überbrückt, liegt, sagt Schelling, bei Hegel im Gegensatz zu seiner logischen Philosophie ein Bruchstück »geschichtlicher« Philosophie (Paulus 384). Aber das bemerkt Hegel nicht.

Hegel verfehlt den großen Sinn der Philosophie, indem er sie auflöst in Vernunft. Aber der Inhalt der Vernunftwissenschaft ist »der Inhalt der ganzen wirklichen Welt der Möglichkeiten«; »die Erklärung der existierenden Natur ist einer anderen Wissenschaft, der positiven, zu überlassen« (Paulus 383). –

Von Schellings Gedanken hat sich manche spätere Hegelkritik

genährt. Warum aber ist diese Kritik am Ende eigentlich unwirksam geblieben? Weil Schelling selber das tut, was er bei Hegel verwirft, nur auf andere Weise.

Er stellt die Frage nach der Wirklichkeit, wie sie zu treffen, zu finden, in sie einzudringen sei, wie der Denkende selber teil an ihr gewinnt. Wahr ist Schelling aber nur in diesem ersten, großen Anstoß. Dann zeigt sich, daß die Wirklichkeit, von der er faktisch spricht, nicht die ist, auf die der erste Sinn sich richtete. Die Wirklichkeit ist nicht das Irrationale, eine selbst nur negative und abstrakt allgemeine, alles und nichts bedeutende Bestimmung. Die Wirklichkeit ist nicht mit einem selber wieder allgemein Gesagten getroffen. Sie ist nicht berührt durch den Hinweis auf das Dunkel überhaupt. Sie ist nicht genügend erfaßt in Erzählungen.

Es gibt vielmehr nur zwei Wege zur Wirklichkeit, die miteinander wieder untrennbar verbunden sind. Erstens die Methoden des realen Erkennens, damit im Zusammenhang die rationale Praxis des Zweck-Mittel-Denkens; zweitens die Verwirklichung der möglichen Existenz, das erhellende Denken, die Erfahrung des Gebotenen und Verbotenen, den Entwurf der Normen, der Urbilder, das Hören und Lesen der Chifferschrift des Seins, die Entscheidung im Entschluß der Freiheit als untilgbaren Lebensgrundes. Schelling versäumt beides, obgleich er es augenblicksweise, ohne es eigentlich zu begreifen, berührt. Er läßt sich gefangennehmen von der Phantasie der Gnosis und Theosophie; er läßt sich nicht ein auf das Wissen in der allumgreifenden Wirklichkeit und nicht auf das innere Handeln der Existenzerhellung. Auch Hegel versäumt beides, aber mit dem großen Unterschied von Schelling, daß er, vermöge seiner natürlichen Sehkraft, Geschichte und politische Realität und Lebensverfassungen in einem beträchtlichen Umfang versteht und faktisch erkennt, mit zwar grundsätzlich unzureichenden, aber in seiner Hand ergiebigen Methoden.

Das Erregende ist, daß Schelling auf Wirklichkeit, auf Existenz weist, daß er in allem Denken nur Möglichkeiten sieht, daß er den Sprung fordert zum Sichgründen in der Wirklichkeit, – daß er aber dann diese Wirklichkeit auf keine Weise ergreift, selber nicht über die Spekulation des Möglichen hinauskommt und keinen Weg weist, sondern von der Gnosis überwältigt zum gnostischen Lehrer wird und damit in moderner Welt zum Urbild einer Grundtäuschung menschlichen Wesens.

Liegt dann die unversöhnliche Differenz, von der Schelling (1807) in seinem letzten Brief an Hegel spricht, nur in einer sachlichen Position? Erklärt diese Antithese den Zorn, die Bitterkeit, die Verachtung Schellings? Oder sollte Rivalität das Motiv sein, das Geltungsbedürfnis, das von Jahr zu Jahr nur gesteigert wurde durch den großen Erfolg Hegels, während Schelling vergessen wurde? Beides scheint kein zureichendes Verständnis zu bringen.

Beobachtet man einerseits die kritische Einordnung durch Hegel (ohne Namensnennung und darum nicht als Schelling im Ganzen treffend gemeint in der Phänomenologie, ausführlich in der Geschichte der Philosophie XV, 646–683), andererseits Schellings polemische Äußerungen brieflich seit 1807, öffentlich seit 1834 bis zum Lebensende, so wird deutlich: Hegel hatte keinerlei persönliche Abneigung, bei Schelling aber war sie heftig und zuweilen bis zum Äußersten gesteigert.

Alle diese Momente möchte man wohl als Vordergründe einer tiefer liegenden Differenz aufeinander stoßender Mächte sehen. Diese entzieht sich jedoch der logischen Bestimmtheit sachlicher Positionen und der psychologischen Faßlichkeit von Motiven.

Durch den einzigen, unerwarteten Schlag, in der Vorrede zur Phänomenologie, wurde Schellings Feindschaft, von der vorher keine Spur zu bemerken war, ausgelöst und durch eine plötzliche Verwandlung in Schelling für immer befestigt. Trotzdem geschah Tieferes. Bei diesem Anlaß wurde Schelling sich nicht nur der Rivalität, sondern einer unversöhnlichen Wesensdifferenz bewußt, ohne die leiseste Neigung, sich dem Freunde zu verbinden, ohne Bereitschaft, das Ereignis überhaupt anzuerkennen. Er hat diese Wesensdifferenz nicht angemessen ausgesprochen, wenn er schrieb, daß in der ganzen Weise Hegels ihm sich die allem Sinnreichen und Genialen feindlichen Elemente nicht verbergen konnten (XIII, 87). Schelling hat schmerzvoll gefühlt, was Hegel gar nicht bemerkte, und zwar sofort 1807, nicht erst als der unerwartete Ruhm Hegels alles andere Denken in Deutschland in Schatten stellte.

Psychologisch könnte man etwa so sprechen: Hegel wirkt in diesem Verhältnis wie die Gestalt einer von außen unberührbaren und unbewegbaren, einer allaneignenden Kraft. Ihm diente seine Genialität des Verstehens, seine stets auf die Sachen und Menschen reagierende Eindrucksfähigkeit nur als Mittel, ohne daß er selber (wenigstens seit seinem 28. oder 30. Lebensjahr) als Persönlichkeit ernstlich ergriffen wäre. Er blieb stets gelassen und dachte kaum je an sich selbst, während die Welt und alle anderen in dem Bau seines Werks figurieren. Ganz anders Schelling. In seiner unruhigen Impressionabilität eines leidenden, gesteigerten Selbstbewußtseins war er stets persönlich beteiligt und dachte an sich. In seinem Trotz überlegenen Selbstgefühls verbarg sich eine maßlose Empfindlichkeit. Er konnte in der Diskussion eine Sache als solche sich nicht entfalten lassen, ohne ständig mit seinem persönlichen Betroffensein dazwischen zu kommen. Dem Granit Hegels stand ein weiches Nervensystem gegenüber. Aber der Granit merkte nicht, was er unbeabsichtigt anrichtete, und das Nervensystem, fast wehrlos dem Erdrückenden verfallen, erkannte vor sich selbst seine Weichheit nicht an.

Sachlich läßt sich der Wesensunterschied vielleicht so charakterisieren: Hegel übertrifft Schelling unermeßlich in der Weite anschaulichen Wissens, im Realismus des Sehens, in dem Genie des Verstehens und der Fähigkeit, das Verstandene jeder Art plastisch mitzuteilen, in der Kraft systematischer Bewältigung. Er ist einer der größten Baumeister gehaltvoller philosophischer Systeme. Dagegen gilt: Schelling ist im Erdenken des Sinns von Wirklichkeit und Freiheit, in der Kraft stimmungerzeugender Gedankenbewegungen, im dichterischen Vermögen von Hegel nicht erreicht. Aber Schelling, der in Augenblicken so Tiefes weiß, weiter vordringt als Hegel, kann es doch nicht festhalten, noch weniger es selber sein, und vermag es gar nicht im Werk rein zu gestalten. Er scheint sich immer wieder zu verlieren an Anderes und an Beiläufiges und an bloße Wiederholung des Beiläufigen. Ihm fehlt sowohl die Solidität Hegels wie dessen Energie des Durchdenkens und Ausarbeitens. Es ist, als ob bei Hegel kein Rest sei, der nicht zutage getreten wäre. Es ist bei Schelling, als ob er, was er schon griff, doch nicht halten konnte, oder als ob ihm die Sprache ausginge, wo er sagen sollte, was er gerade begann.

Vielleicht ist die Wesensdifferenz im Können und in der Weise der Einsicht zwischen beiden so groß, daß es in ihnen selber der kritischen Wahrhaftigkeit Kants, der Weisheit Spinozas, der Liebe Platos zugleich bedurft hätte, um sie beide zu verbinden. Größe und Versagen war bei beiden im Ursprung und Sinn so sehr verschieden, daß eine Verbindung der beiden als eine – wenn auch phantastische – Möglichkeit erscheint, die das Menschsein beider erst hätte groß und ganz werden lassen. Äußerlich war die Schwäche Schellings gegenüber der Stärke Hegels unbestreitbar.

Als Schellings maßlose Polemik in die Öffentlichkeit trat, war Hegel tot. Diese Art der Polemik ist für uns nur einer der in aristokratischer Gebärde unnoblen Züge Schellings. Daß sie aber auftrat, ist mitbegründet durch die lieblose Ahnungslosigkeit Hegels.

Die Wesensdifferenz der beiden ist gelegentlich schon zu Lebzeiten Schellings erörtert:

Psychologisch schildert Cousin die Erscheinung der beiden Philosophen, wie sie ihm bei seinen Besuchen begegnete: »Hegel läßt mit Mühe nur selten tiefe, etwas rätselhafte Worte fallen, seine kräftige, jedoch im Ausdruck verlegene Diktion, sein starres Antlitz, seine umwölkte Stirn scheinen das Bild des in sich zurückgewendeten Gedankens. Schelling ist der sich entfaltende Gedanke; seine Sprache ist, wie sein Blick, voll Licht und Leben; er besitzt eine angeborene Beredsamkeit« (zit. nach Kuno Fischer S. 225).

Sachlich hat zuerst Rosenkranz einen Gedanken ausgesprochen, der dann oft wiederholt wurde. Rosenkranz sieht als Hegelianer den Weg des notwendigen Fortschritts der Philosophie vom jungen Schelling zu Hegel (wie es Hegel selbst gelehrt hatte). Darum ist es nach ihm unumgänglich für Schelling, daß dieser aus der Natur der Sache denselben Weg, aber auf seine Weise, sucht wie Hegel. »Schellings Anstrengung besteht, seitdem Hegels Phänomenologie da ist, darin, den Standpunkt Hegels aus sich zu erreichen« (Schelling, S. 7). Es bestehen die Analogien, so zwischen Hegels dialektischer Methode und Schellings Potenzenlehre, zwischen Hegels Prinzip der Philosophie im absoluten Geist und Schellings Philosophie der Mythologie und Offenbarung. Aber in jedem dieser Fälle sind die Schellingschen Gebilde ohnmächtig, kraftlos, künstlich.

Die Voraussetzung solcher Deutung spricht Rosenkranz allgemein aus: »Die Geschichte verteilt die Fortschritte an verschiedene Individuen und gerade das produktive kann den Kreis seiner Notwendigkeit nicht durchbrechen.« »Schelling kann das Hegelsche System nicht in sich aufnehmen, weil er in der Philosophie selbst produktiv aufgetreten ist, und an seiner Produktivität eben die positive Schranke für sein Verständnis der Philosophie anderer hat. Seine ganze Philosophie hat aber, seit Hegels Phänomenologie da ist, keine andere Tendenz haben können als die Selbsterzeugung des Hegelschen Systems. Wie Hegel es gibt, kann Schelling sich so wenig darin finden, als Plato im Aristotelischen, Kant im Fichteschen. Allein dadurch wird ihm nicht erspart, daß nicht die eigene Gewalt der Konsequenz, sa force des choses, unwillkürlich dazu hindrängte. Es entsteht mithin bewußt, ungewollt, in Schelling eine Wahlverwandtschaft mit Hegel, eine Sympathie für die Resultate seiner Philosophie. Allein hieraus entspringt eine unversöhnliche Antipathie, denn eben diese Form ist für Schelling fremd. Und da er sie nicht zu erreichen oder ihrer Wahrheit nach zu begreifen vermag, so muß bei ihm eine Verwirrung sich ergeben, sowohl was die Auffassung des Hegelschen, als was die Ausführung seines eigenen betrifft« (Schelling, S. XXIII).

Diesem Deutungsprinzip (als der Behauptung einer Notwendigkeit) ist philosophisch radikal zu widersprechen. Es hebt die Philosophie als Wirklichkeit und Anspruch im Menschen auf zugunsten eines schöpferischen Prozesses genialer Natur und zugunsten der Philosophie als Gebilde von Werken.

Vor dem Scherbenhaufen des totalen Uneinsseins nicht nur, sondern des radikalen Abstoßes der Idealisten voneinander mag man sich der Worte des jungen

Schelling erinnern, deren Sinn zum Urteil über die eigentliche Wahrheit der idealistischen Systeme werden kann: »Geht man auf den Geist der verschiedenen Systeme zurück, so sieht man bald, daß die echten Philosophen von jeher unter sich ebenso einig, und doch dabei (jeder Einzelne) so original waren, als den Mathematikern nie möglich ist.« Uneins waren von jeher entweder nur Buchstabenphilosophen: sie streiten über einzelne Sätze, wobei keine der beiden Parteien sich selbst versteht. Oder uneinig waren miteinander die Philosophen von Geist und die Philosophen ohne Geist: »weil es dem einen immer am Organ fehlt, wodurch ihm der andere verständlich werden könnte« (I, 456–457).

2. Der Bruch mit Kant

Größe und Verhängnis der deutschen idealistischen Philosophie ist erst dann nicht nur gefühlt, sondern begriffen, wenn die radikale Abkehr von Kant gesehen wird. Diesen Philosophen, den die Idealisten so sehr verehrten, auf dessen Boden sie zu stehen, dessen philosophische Erkenntnis sie fortzuführen meinten, haben sie in seiner Denkungsart nicht verstanden. Sie haben etwas ganz Anderes an dessen Stelle gesetzt. Es wäre ein Verrat gewesen, wenn je eine echte Verbindung bestanden hätte. Aber diese war nie da.

Nach dem sogenannten »Zusammenbruch des deutschen Idealismus« in der Mitte des 19. Jahrhunderts hat der Neukantianismus mit dem Schlagwort: zurück zu Kant! gegen die große Verirrung seine »wissenschaftliche« Philosophie nun wieder auf Kant gründen wollen. Er wurde gegen den Idealismus angerufen. Doch bald nach der Jahrhundertwende wandten sich Neukantianer in dem offenbaren Ungenügen des eigenen Tuns von neuem den Idealisten zu. Man glaubte an deren Renaissance. Aber gegen diesen matten Trug eines Fichteanismus, Hegelianismus, Schellingianismus wurde am Ende wiederum Kant angerufen, nun zuerst von Ebbinghaus, der mit dem Pathos der Richtigkeit gegen den »Schulstreik« der Idealisten als orthodoxer Kantianer operierte. In dem Willen zur Überwindung des Idealismus lag immer Wahrheit, aber es blieb trotz des gründlichen Kantstudiums einer ganzen philosophischen Generation doch immer zweifelhaft, ob damit auch die Denkungsart Kants verstanden und angeeignet wurde. Man hat immer wieder die Tiefe des Bruchs zwischen den Idealisten und Kant gespürt, aber bis heute vielleicht nicht zur Klarheit gebracht. Es ist auch immer eine große Aufgabe geschichtlichen Verstehens, deren Erfüllung für das gegenwärtige Philosophieren reinigende und begründende Kraft hätte, diesen Bruch in seinen Prinzipien und Folgen bis in die Verzweigungen des Denkens und der Motivationen des Handelns hinein zu überzeugender Darstellung zu bringen. Der Bruch wird um so tiefer begriffen, je mehr man durch die einzelnen Kantischen Positionen und Operationen hindurch der Kantischen Denkungsart selber inne wird. Der Bruch wird übersehen, wo man eine kontinuierliche Entwicklung philosophischer Einsicht darstellt, die mit Kant begann, dann über Kant hinausgeführt und etwa in Hegel ihr Ziel erreicht hätte. Hier wird über die objektiv lehrbare Begrifflichkeit bei aller Sorgfalt, sie herauszupräparieren, doch der Geist des Denkens, durch den jene Begrifflichkeit erst Sinn hat, nicht mehr gespürt. Ich vermag das Ganze nicht zu zeigen und muß mich begnügen, einige Hinweise zu versuchen.

Der Bruch der Denkungsart trat in den neunziger Jahren des 18. Jahrhunderts für einen großen Bereich deutscher Bildung ein. Das Neue, genial, sogar reich an haltbaren Einsichten, wirkte bezaubernd und zugleich als ein Gift, das Herz und Hirn derer lähmte, die sich ihm ganz ergaben. Es hatte einen umfassenden Charakter, betraf Dichtung, Politik, Philosophie.

Vorher lebte der Geist Lessings, Goethes, Kants, Humboldts (deren Namen auch weiter hohe Geltung behielten). Mit dem Bruch aber kam etwas ganz Anderes, der Geist der Zauberer, den man später Romantik nannte, und dieser Geist in der Philosophie durch Fichte, Schelling, Hegel zur reichsten Entfaltung. Mit dem Wandel der Humanität und des Sinns von Vernunft wurde das Menschsein selber, seine Aufgaben und Möglichkeiten, anders gesehen und gelebt. Es geschah in scheinbar großartigen Perspektiven, alle kritisch bewußt gewordenen Grenzen wurden überschritten. Die Gedanken erhielten einen maßlosen Charakter. Der Kontakt mit der wirklichen Gegenwart ging verloren. Man fiel einerseits in das existentiell verwaschene, pathetisch übersteigerte, ästhetisch erlebte Private, andererseits in Imaginationen von der Welt und dem eigenen Zeitalter. Man schuf geistige Gestalten im Trotz ihrer Genialität in aufgeblasenen Unternehmungen. Die politischen Selbstverständlichkeiten waren wie ausgewechselt. Der Freiheitsgedanke ging erst im Restaurativen, dann im Liberalismus und im kommunistischen Materialismus gleicherweise verloren. In demselben Zeitalter wuchsen zwar die echten Wissenschaften, entfaltete sich auch das große politische Denken von Tocqueville bis Max Weber, aber von der Philosophie her kaum beachtet oder verkannt.

Die Bewegung der neuen Denkungsart war in Deutschland so mächtig, daß eine fast allgemeine Verwirrung des Wissens, des Charakters und der Existenz die Folge war. Gegen diesen Zustand erfolgten die Gegenschläge in der Plattheit des Materialismus und der positivistischen, vermeintlich auf Wissenschaften gegründeten Weltanschauungen. Es erfolgten die geistig großen Gegenschläge in Marx und in Kierkegaard, untereinander völlig heterogen: der eine auf eine gewaltsam planmäßige Weltverwandlung gehend zur Herstellung von Glück und Gerechtigkeit für immer; der andere auf den Ernst des persönlichen Daseins gerichtet als auf die Grundlage auch aller vernünftigen, gerechten und dauernden Weltordnungen. Beide wollten aus Traum und Phantastik zur Wirklichkeit zurückkehren, gelangten aber beide ihrerseits nur zu gewaltsamen freiheitsfeindlichen Lösungen. Inzwischen gingen die echten Wissenschaften ihren leisen, unaufhaltsamen Gang voran. Und die Überlieferung riß nicht ab, man wußte und konnte wissen von Lessing, Goethe, Kant, von Tocqueville, Max Weber, um einige Männer zu nennen, die jene Wirklichkeit vertreten. Sie kamen mit ihrer Wahrheit nicht zu breiter Geltung, aber stehen, seit sie auftraten, bereit, um begriffen zu werden.

Der Bruch zwischen den Idealisten und Kant bedeutet zugleich das Ende des 18. Jahrhunderts. Die Zeit Jenas stand unter dem gewaltigen Eindruck der Französischen Revolution und des Aufstiegs Napoleons. Der Basler Friede 1795 schaffte noch eine Galgenfrist bis zur Eroberung auch Norddeutschlands durch Napoleon, bis zum Russischen Feldzug und den Freiheitskriegen. Jenes Jahrzehnt war eine Zwischenzeit, in der die Keime wuchsen, die dann nacheinander den Nationalismus der Freiheitskriege und die Restauration geistig zu begründen vermochten. Der Gang der politischen Ereignisse in Deutschland erstickte die große Freiheit des vorhergehenden deutschen Geistes im Kriegerischen, Nationalen, Konservativen. Die Empörung dagegen stellte im selbstzufriedenen, geistig beschränkten Liberalismus die verlorene heitere Weite und die metaphysische Tiefe freien Lebens nicht wieder her. Der Glanz des Idealismus aber diente dem Gang in die Unfreiheit jeder Art.

Bis Kant und bei ihm auf der Höhe war die große deutsche Philosophie vernünftig. Seitdem schlug sie Purzelbäume. Und zunächst war sie doch noch groß, selbst mit ihren Absurditäten. Das Unheil liegt in der Ausbreitung. Vernunft ist übertragbar und erweckbar, Größe nicht. Wenn unter Verlust der Größe die Größe der Zauberei sich verbreitet, so gibt es Feuerwerk und Massen mitreißende, rattenfängerische Prophetien.

An Kants persönlichem Dasein ist ein Unterschied der Zeiten zu sehen. Leibhaftig ist in Kant etwas Uraltes als Boden des so Neuen da. Bei den Idealisten ist das neue Dasein der Boden eines Kant noch fremden Reichtums. Kant ist in Königsberg zu Hause, bodenständig, in stets geordnetem Dasein geborgen. Die drei Idealisten sind nirgends mehr zu Hause, leben in der Bewegung durch Deutschland an wechselnden Universitäten, durch Reisen über Deutschland hinaus erfahren. Die großen Wanderer des Mittelalters waren gegründet in der christlichen Gemeinschaft des Abendlandes. Die modernen Wanderer sehen die Manigfaltigkeit des zerfallenden Europa. Wohl ist es, was den Reichtum der geistigen Welt angeht, ein Mangel des Kantischen Daseins, nie über Ostpreußen hinausgekommen zu sein. Aber dieser Mangel prägt nicht seine Philosophie. Bei ihm hat die örtliche Stabilität einen eigentümlich modernen, auszeichnenden Sinn. Er kennt die Welt durch seine Intensität, mit der er in Königsberg teilnehmend gegenwärtig ist, und durch die konkrete Phantasie, die durch Besucher, Erzählungen, Reisebeschreibungen, Geschichtsbücher, die klassischen Autoren genährt ist zu plastischer Anschauung. Nicht ohne Zusammenhang damit ist, daß bei Kant die Freiheit verläßlich ist, in ihm selber, und wie er sie dachte, während sie bei den Idealisten fragwürdig und unverläßlich wurde.

Durch Kant war eine philosophische Situation entstanden, die eine Aufgabe stellte. Kant selber hat seine Philosophie als Propädeutik bezeichnet. Er will neue Möglichkeiten vorbereiten. Verwirklicht und unüberbietbar war seine Denkungsart. Nicht aber war verwirklicht ein neues Ganzes inhaltlicher Philosophie, nicht ein Aufschließen der Fülle der Welt und der Geschichte. Man kann sinnvollerweise nicht über Kants Denkungsart hinausgehen, wenn man in sie eingetreten ist; sie ist zugleich im tiefsten Grunde die alte, zuerst von Plato vollzogene, in neuer Gestalt. Aber man muß ebenso sinnvollerweise über Kant hinausgehen, sofern die gesamten Inhalte und Möglichkeiten der Philosophie wieder gegenwärtig werden sollen. Kant fordert Ergänzung, er fordert die Verwirklichung dessen, was er ermöglicht hat. Zu dieser Ergänzung gehört zum Beispiel:

1. Es ist das Bewußtsein der Kantischen Methode zu klären, der transzendentalen Methode, von der Kant selber so wenig gesagt hat. Sie ist nicht Wissenschaft wie andere Wissenschaften, weil sie keinen Gegenstand hat, sondern u. a. den Ursprung aller Gegenständlichkeit begreifen will. Aber sie hat doch einen der Wissenschaft vergleichbaren Charakter, sofern ihre Einsicht einen allgemeingültig zwingenden Charakter nicht nur beansprucht, sondern in einem zu bestimmenden Sinne wirklich hat.

2. Kant bringt keinen Entwurf einer Chiffernschrift der Transzendenz, die er aber überall berührt. Dieses Philosophieren verlangt nach solcher Sprache, auf die Kant selbst fast ganz verzichtet. Die Aufgabe ist, auf Kantischem Boden, ohne gegen seine Kritik zu verfehlen, Möglichkeiten der Spekulation als Chiffernsprache zu versuchen, d. h. Aufgabe ist auch die Wiederaneignung der großen philosophischen Überlieferung metaphysischen Denkens unter den neuen Kantischen Voraussetzungen.

3. Es ist die Aufgabe, das, was Kant allein am Leitfaden der Naturwissenschaft Newtonschen Charakters zeigt, auf alle Wissenschaften auszubreiten. Es ist die Idee einer Wissenschaftstotalität, an die er selber denkt, mit den Mitteln der nach Kant erst eigentlich in ihrem ganzen Umfang entfalteten modernen Wissenschaft zu verwirklichen.

4. Auf Grund der inzwischen erwachsenen neuen mathematischen und naturwissenschaftlichen Erkenntnisse sind manche Formulierungen Kants zu ändern, wodurch ihr philosophischer Sinn keineswegs aufgehoben, nicht einmal gewandelt wird. Aber dies erfordert das Umdenken großer Teile seiner Philosophie.

5. Es ist mit behutsamer Kantkritik zu sehen, wo Kants Grenzen liegen. Dadurch wird die Substanz an Einsicht, die die Welt Kant verdankt, nur solider angeeignet und in gesteigerter Klarheit begriffen.

Die große Wahrheit im deutschen Idealismus war es, diese Situation der notwendigen Ergänzung, Aneignung, Weiterführung Kantischer Philosophie gegen die Kantorthodoxie begriffen zu haben. Aber es war ein deutsches Verhängnis, daß diese Aufgabe in Angriff genommen wurde unter Preisgabe der Kantischen Denkungsart. Die Aufgabe wurde in einer zugleich genialen und verkehrenden

Weise vermeintlich gelöst. An die Stelle der hohen Philosophie trat eine Zauberei, die, weil sie auch Wahrheit enthielt, um so verführender war. Dies Verhängnis kann man nur beschreiben, nicht aus seinen Gründen eigentlich erklären. Man kann es aufzeigen an Gedankenfiguren, Grundsätzen, Ansprüchen.

Sieht man diese Situation und den Bruch mit Kant, so sind für uns die Fragen: worin liegt der Bruch, wenn man ihn in philosophischen Gedanken fassen will? worin liegt der unerfüllbare Anspruch der Idealisten? welche Folgen hat ihr irrendes Beginnen? welche Wahrheit liegt trotzdem darin? ist diese Wahrheit rein herauszubringen und unter Fallenlassen des verführenden Zaubers anzueignen? Nur in bezug auf Schelling ist hier einiges zu bemerken.

Schelling hatte nicht nur den Sinn für Kants Größe, sondern für bestimmte, philosophisch gewichtige Gedanken, die den anderen Idealisten entgingen. Er erblickte die Bedeutung der Ideenlehre, Kants Gedanken vom transzendentalen Ideal (z. B. XI, 585 ff, 576), die Bemerkungen Kants über den Abgrund der Vernunft bei dem Gedanken, daß nichts wäre. Er bevorzugte die »Kritik der Urteilskraft«, deren Weite, und darin wieder besonders einen Abschnitt (den § 76). Das Studium Schellings konnte heute noch zündend wirken gegen den Neukantianismus, gegen das, was nicht Kant war, und zu Kant als dem wirklichen Philosophen zurückführen.

Schelling hat bis zuletzt seine Hörer auf Kant gewiesen: »Seit Kants Kritik der reinen Vernunft war die Philosophie in einem fortschreitenden Werden, und sie ist vielleicht gerade jetzt in einer letzten Krisis begriffen. Der Meinung, als könnte irgend etwas aufgestellt werden, das sich ganz vom Zusammenhang mit Kant losreiße, muß ich aufs bestimmteste widersprechen. Für den Anfang wüßte ich nichts Belehrenderes und Wirksameres als das Studium der Kantischen Kritik der reinen Vernunft. Wer aus der Philosophie sein besonderes Studium macht, hat noch immer mit Kant anzufangen« (XIII, 32–33).

Und doch müssen wir uns eingestehen, daß auch Schelling dem Kantischen Geist von vornherein und immer fremd war. Läßt sich der Abstand bestimmter bezeichnen?

Schelling beruft sich für seine Naturphilosophie auf Kant (I, 197 Anm., 242 Anm., 293–94, 332 Anm., 346, 352, 367–70). Aber »was Kant am Rande seiner nüchternen Redlichkeit einmal gleichsam träumt«, meint Schelling »zu erleben und selbst zu leben« (Johannes Kampffmeyer in einer ungedruckten Heidelberger Dissertation).

Das berühmte Beispiel, sei es der berechtigten Verbesserung, sei es des mißverstandenen Absinkens, ist die Verwerfung des Kantischen »Ding an sich«, dieses »Grenzbegriffes«. – Schelling scheint dessen Sinn einen Augenblick zu begreifen. »Kant hat durch das Ding an sich, das er in die Philosophie einführte, wenigstens den ersten Anstoß gegeben, der die Philosophie über das gemeine Bewußtsein hinausführte.« Denn er hat damit angedeutet, »daß der Grund des im Bewußtsein vorkommenden Objekts nicht selbst wieder im Bewußtsein liegen könne.« Aber nun sogleich der Vorwurf: Kant hat »nicht einmal deutlich gedacht, geschweige denn erklärt, daß jener jenseits des Bewußtseins liegende Erklärungsgrund am Ende doch nur unsere eigene ideelle, zum Ding an sich nur hypostasierte Tätigkeit sei« (III, 461). »Das Ich ist nur diesseits der Grenze Ich, denn jenseits der Grenze hat es sich für sich selbst in das Ding an sich verwandelt« (III, 459).

Damit aber verwandelt sich für Schellings Mißverständnis der Grenzbegriff Kants, der im Kantischen Philosophieren eine Funktion erfüllt, ohne einen Gegenstand zu haben, in den Gedanken des Zugrundeliegenden, des Seins selbst, und dies dazu sogleich mit dem Anspruch, von diesem Ding an sich ein Wissen haben zu wollen.

Daher ist für Schelling das »Ding an sich« »das Hirngespinst, das unsere Philosophen so lange gequält hat«, ein Ding, das »außer den wirklichen Dingen noch vorhanden sein, ursprünglich auf uns einwirken, den Stoff zu unseren Vorstellungen geben solle« (I, 357). Zwar rühmt Schelling, daß »man eingesehen hätte, daß kein Ding wirklich ist, es sei denn, daß es ein Geist erkenne«; schon Leibniz habe »von keinem Dasein gewußt, als nur von einem solchen, das sich selbst erkennt, oder in einem Geiste erkannt wird« (I, 357). Jedoch folgert Schelling, daß wir selbst dieser Geist sind und in uns selbst das Ding an sich erkennen.

Entsprechend behauptet Schelling zwei Erkenntnisweisen, die des endlichen Verstandes und die der intellektuellen Anschauung. Daher meint Schelling: »Wenn Kant sagt, daß wir mit den Formen unseres endlichen Verstandes das Übersinnliche, Göttliche nicht zu erkennen vermögen, so hat er darin ganz recht und hat nichts gesagt, als was sich eigentlich von selbst versteht. Allein er setzt dabei immer voraus, daß es mit diesen Formen erkannt werden müßte, wenn es erkennbar wäre« (IX, 243). Schelling will dem »natürlichen Wissen«, dem endlichen Erkennen, absterben, um zum philosophischen Erkennen zu gelangen.

Mit diesen Gedanken ist der tiefe Gegensatz zu Kant verschleiert. Schelling sieht ihn gar nicht in seinem Wesen. Kant hat jene intellektuelle Anschauung für etwas dem Menschen schlechthin nicht Gegebenes erklärt – der Mensch ist endlich und angewiesen auf Anderes. Und Kant hat gerade das endliche Erkennen als das uns Mögliche und Gegebene ins Unendliche zu ergreifen gelehrt. Man weiß nicht, sagt er, wieweit darin noch zu kommen ist. Nach Kant haben wir für unser denkendes Erkennen keine anderen Formen. Wir besitzen nicht den intellectus archetypus, die intellektuelle Anschauung, den Kant nur als Grenzkonstruktion erdenkt, um der Endlichkeit unseres Erkennens bewußt zu werden. Nicht einmal die Möglichkeit eines göttlichen intellectus archetypus hält Kant für einsehbar. Dagegen sind für Kant die Weisen, wie wir uns des Übersinnlichen gewiß werden: die Wirklichkeit unseres sittlichen Handelns, das Spiel unseres Schauens des Schönen, die Bewegung und Führung unseres endlichen wissenschaftlichen Erkennens durch Ideen.

Demgegenüber sagt Schelling: Kant nennt seine Philosophie eine kritische. »Allein sie ist nur ein Anfang zur eigentlichen Krisis« (IX, 243).

Kant hat noch den Begriff der Wissenschaft ernst genommen. Sie ist apodiktisch, mit dem Bewußtsein der Notwendigkeit und Allgemeingültigkeit verknüpft (z. B. WW. Akademieausgabe IV, 468 ff). Wie die Grenze erfahren, erkannt und bestimmbar wird, gibt er etwa nach Erörterung der Begriffe des leeren Raums an:

»Und so endigt sich die metaphysische Körperlehre mit dem Leeren und eben darum *Unbegreiflichen,*

worin sie *einerlei Schicksal* mit allen übrigen Versuchen der Vernunft hat, wenn sie im Zurückgehen zu Principien den ersten Gründen der Dinge nachstrebt,

da, weil es ihre Natur so mit sich bringt, *niemals etwas anders, als* sofern es *unter gegebenen Bedingungen* bestimmt ist, zu begreifen, folglich sie weder beim Bedingten stehenbleiben, noch sich das Unbedingte faßlich machen kann, ihr, wenn die Wißbegierde sie auffordert, das *absolute Ganze* aller Bedingungen zu fassen, nichts übrig bleibt, als *von den Gegenständen auf sich selbst* zurückzukehren,

um *anstatt* der *letzten Grenze der Dinge* die *letzte Grenze ihres eigenen,* sich selbst überlassenen *Vermögens* zu erforschen und zu bestimmen« (ebda IV, 564).

Was Schelling als die Denkweise der Kantischen Philosophie nicht versteht oder fallen läßt, überschreitet und dadurch verdirbt, liegt also in Folgendem: Im Menschen wird von ihm nicht nur Ursprünglichkeit, sondern Absolutheit gesehen, er leugnet die Abhängigkeiten, das Angewiesensein auf Anderes, außer in der Sphäre seiner Endlichkeit, die er zu überwinden vermag. Der Mensch ist schlechthin schöpferisch, im Ursprung aller Dinge selbst anwesend. In der gnostischen Gestalt seines Denkens nimmt diese Grundauffassung die Form an, daß der Mensch bei der Weltschöpfung mit dabei war, daher eine Mitwissenschaft der Schöpfung hat, und daß der Mensch es ist, der durch seine Akte das Verderben der Welt, den theogonischen Prozeß der Menschheitsgeschichte ausgelöst hat, an sich erleidet und vollzieht, schließlich gerettet durch Akte der Gottheit. Die Erscheinung der Welt ist ein Moment im übersinnlichen Prozeß, den der Mensch vollzieht. Einsicht in das Wesen des Erkennens (Theorie des Erkennens, wie Schelling zuerst das nennt) ist Einsicht in den Prozeß, in dem das Erkennen als Moment vorkommt. Erkenntnistheorie ist selber Metaphysik. Das Erkennen trifft nicht auf eine in irgendeiner Weise von ihm unabhängige Welt, die ihm in seinen Formen erscheint, sondern Erkennen ist der Faktor des Prozesses, greift in ihn ein, vollzieht ihn mit seinem Tun durch die Stufen des Bewußtlosen und des Bewußten und wieder darüber hinaus. Es ist diese ungeheure Übersteigerung des Menschen, die Schelling wie selbstverständlich denkt.

Ist uns Kant gegenwärtig, so ist es, als ob Schelling die Fesseln gelöst hätte, die den menschlichen Geist zusammenhalten, wenn er wahr und gefüllt bleiben soll. Sie sind notwendig, um die Spannung zu erzeugen, durch die Aufstieg im Handeln und Aufschwung im Wissen erfolgt. Sie sind der Ausdruck seiner Endlichkeit.

Nach der Lösung der Fesseln folgt nicht der Gewinn der absoluten Freiheit und des Wissens vom Sein selber, sondern der Erguß ins Leere. Der Mensch verliert sich selbst, wenn er mehr sein will, als er sein kann. Er gerät in die Absurdität willkürlicher und spielerischer Bewegungen, in die Zerstreuung und in die falsche Fesselung durch jeweilige Illusionen.

Die enthusiastisch gewollte, prophetisch verkündete (aber sogleich in viele Einheitsgedanken der einzelnen Denker zersprengte) Einheit nahm erstaunliche Gestalten an. Weil diese Idealisten die Kantische Idee der Einheit fahren ließen zugunsten eines hybriden Ergreifens der vermeintlich zum Besitz werdenden Einheit, wurden diese Denker Sklaven ihres jeweiligen Einheitsentwurfs, mag dieser als Wissen in dialektischer Totalität oder in der undialektischen Erzählung des vermeintlich faktischen Seinsprozesses sich kundgeben. Das war ein Grund des geistigen Scheiterns des Idealismus, in jeder seiner Formen, wobei seine Gebilde als Werkzeuge fanatischer Menschenartungen zu unheilvoller Wirkung benutzt werden konnten.

Es ist denkwürdig, daß Kant in hohem Alter, schon an Altersschwäche krank, doch noch eine öffentliche Erklärung abgegeben hat, in der er sich von Fichte distanzierte (1799). Er kann sich nicht mehr auf eine Diskussion einlassen. Es ist »nicht von einem beurteilten Objekt, sondern dem beurteilenden Subjekt die Rede«. Als solches will Kant »sich von allem Anteil an jener Philosophie lossagen«. Er wendet sich gegen die Umdeutungen seines Denkens, will nach dem Buchstaben verstanden werden. Kants Formulierung kann eigensinnig klingen, man mag sie ein wenig anders wünschen. Aber ihr Sinn ist wesentlich: Kant spürt den Bruch, den Mißbrauch seines Namens für eine Sache völlig anderer Gesinnung und Denkungsart.

Denkwürdig ist auch, wie Schelling und Fichte darauf reagierten. Schelling schrieb an Fichte (12. 9. 1799): »Es gehört nur dazu, daß Sie wollen, um die ganze Erklärung in einer erbärmlichen Blöße darzustellen. Sollen Sie schonen, da dieser Mann, bei aller seiner völligen Blindheit über das, was Sie sind, und was das Zeitalter durch Sie bereits geworden ist, in vornehmem Tone von Ihnen und Ihrer Philosophie spricht. Es ist Zeit, daß Sie das zweideutige Verhältnis mit Kant verlassen, was Ihnen vielleicht mehr als alles Andere geschadet hat. Mag er hinfüro die toten Gipsabdrücke seiner Kritik hinter sich schleppen; er verdient es nicht mehr, so transcendental ausgelegt zu werden, als ob er bewußtlos gesagt hätte, was er freilich, wie wir alle wohl wußten, mit Bewußtsein nie gesagt hat, noch zu sagen fähig war. Da Sie überzeugt sein müssen, daß

Kants Philosophie entweder in sich null und widersprechend ist, oder gerade dasselbe behaupten muß, was die Ihrige behauptet, so ist ja Kants Lossagung vom Sinn Ihrer Philosophie die offenbarste Declaration, daß für ihn die Nachwelt schon gekommen ist, die ihn besser versteht, als er sich selbst versteht; und da jeder nur in seinem Zeitalter mitzusprechen hat, weil er über die Schranke desselben doch nicht hinaus kann, so hat er eben darum alles Recht, weiter mitzusprechen, verwirkt, und ist philosophisch tot.«

Fichte antwortete: Die alten Metaphysiker sagen, Kant gebe sich mit fruchtlosen Spitzfindigkeiten ab, Kant sage dasselbe von Fichte. »Während jene gegen Kant versichern, ihre Metaphysik stehe noch unbeschädigt, unverbesserlich und unveränderlich für ewige Zeiten da, versichert Kant dasselbe von der seinigen gegen uns. Wer weiß, wo schon jetzt der junge feurige Kopf arbeitet, der über die Principien der Wissenschaftslehre hinauszugehen und dieser Unrichtigkeiten und Unvollständigkeit nachzuweisen versuchen wird. Verleihe uns darum der Himmel seine Gnade, daß wir nicht bei der Versicherung, dies seien fruchtlose Spitzfindigkeiten, stehenbleiben, sondern daß einer von uns dastehe, der entweder die Nichtigkeiten dieser neuen Entdeckungen beweise, oder wenn er dies nicht kann, sie in unserem Namen dankbar annehme!«

Diese Erörterungen erreichen den Kantischen Sinn nicht. Sie setzen als selbstverständlich voraus den Fortschritt in der Folge der Zeitalter – daher ist für sie Kant überholt. Sie setzen voraus ein »Beweisen«, dessen Charakter ganz unbestimmt ist. Sie setzen die eigene, auch moralische Überlegenheit über Kant voraus. Ihr Sinn aber wird sich enthüllen durch den Fortgang ihres Philosophierens und den Bruch zwischen allen Idealisten und ihre schnöde Polemik gegeneinander. Diese Redeweisen Schellings und Fichtes in ihrem scheinbar hohen Ton sind ihrerseits ein Prototyp der zum Sprachrohr des Zeitalters sich aufblähenden Anmaßung geworden. Ihn zu sehen und zu durchschauen, ist seitdem eine wesentliche Sache der philosophischen Wahrhaftigkeit.

In dem Bereiche der Philosophie ist damals wie heute das Verhalten zu Kant entscheidend für unsere innere Verfassung, für die Denkungsart, für die Stellung unserer Aufgaben.

3. Schellings Stellung in der Geschichte der Philosophie

a) Schellings Verhältnis zu den großen Philosophen und Vergleich mit ihnen

Schelling hat einen seltenen Sinn für Größe. Er läßt sich ergreifen, spricht huldigende Sätze. Er sieht Dichter wie Dante, Calderon, sieht große Künstler und so auch die Philosophen, zuerst Spinoza, dann Plotin und Plato, dann Böhme, später kam Aristoteles zu wachsender Geltung. Er sieht Kant und Goethe. Ein wundersamer Glanz liegt für ihn auf den Großen. Die ihn bewegten, denen blieb er sein Leben lang dankbar. Sehr früh hingerissen von Spinoza, bezeugte er ihm immer wieder, bis zuletzt, seine Ehrfurcht. Von Kant fühlte er sich erweckt, von Fichte dann bestätigt und auf dem neuen Weg. Bei Kants Tod 1804, als Kant in der Öffentlichkeit fast vergessen schien, als Fichte und Hegel schwiegen, war es Schelling allein, der ihm einen herrlichen, unendlich dankbaren, feierlich rühmenden Nekrolog schrieb (VI, 3–15). Goethe sah er in seiner Einzigkeit und fand ergreifende Worte schon zu dessen 80. Geburtstag und vor allem bei dessen Tod, die er nach der eben eingetroffenen Nachricht in der Akademiesitzung improvisierte (IX, 418, 451).

Was Größe sei, und was sie bedeute, bringt er seinen Hörern alle Zeit nahe. Er mahnt sie zum »Studium der Hauptwerke«, während er »Tageslektüre für wissenschaftliche Studien nicht förderlich halte, so wenig als das Geschwätz des Tages, das heute gehört wird und morgen vergessen ist«. »Man wird wohltun, sich ausschließlich an die ursprünglichen zu halten (an secundäre Werke nur etwa zum Verständnis der höheren). Aus den eigentlichen Originalwerken kommt uns zugleich immer ein eigentümlich belebender Geist entgegen, der unsere eigenen produktiven Kräfte stärkend anregt, während sie bei anderen einschlafen. Auch in moralischer Hinsicht ist es bei weitem weniger, als man denkt, gleichgültig, was man liest. Man sollte sich frühe schon an das Ewige, Bleibende, Dauernde gewöhnen« (XIII, 30–31).

Aber merkwürdig ist, wie alle Großen Schelling auch fernbleiben. Er baut ihnen Denkmale, aber er bewahrt auch Distanz. Mehr: er stellt sich stets irgendwo als der nun Weitergekommene über sie. Der ergriffene Jüngling schrieb von Kant: er ist die Morgenröte, jetzt muß die Sonne aufgehen (nämlich die Schelling-Fichtesche

Philosophie). Wir vergegenwärtigen diese Haltung an der Weise, wie er von Spinoza spricht (z. B. II, 35 ff; IV, 110, 113, 372 ff; VII 349; X, 33 ff, 94 Anm.; XI, 275 ff; XII, 71 ff; XIII, 85, 157; Weltalter 218 ff):

Er bewundert in Spinoza den letzten großen Metaphysiker. Denn Spinoza sei von Gott ausgegangen, habe nicht in das vergebliche Bemühen der anderen sich verfangen, durch Denken zu Gott hin zu gelangen. Aber Spinoza habe Gott, die Substanz, als Objekt gedacht, nicht als Freiheit. Er sei denkend in Gott aufgegangen. Dem Sinn dieses Gedachten entsprechend habe er sich in Gott verloren. Dieses Unerträgliche habe er dadurch in naiver Unbewußtheit ermöglicht, daß er in einer faktischen Umdrehung sich in Gott gedacht, seine eigene Freiheit in Gott behauptet habe. Durch einen nicht durchschauten Irrtum habe er die wunderbare Metaphysik hervorgebracht, die nun erst von Schelling eigentlich verstanden wird.

Hat Schelling durch diese willkürliche Interpretation Spinoza verstanden? Ich glaube nein. Schelling verstand sich selbst in seiner Freiheit so, wie er es Spinoza unterlegte. Schelling verstand nicht diesen großen Selbstverzicht vor dem biblischen Gott, den Spinoza noch einmal vollzog: es ist genug, daß Gott ist.

Von vornherein geht Schelling am Wesen Spinozas vorbei, das ihn doch so mächtig ergreift. Er geht vorbei, weil er seine eigene Wirklichkeit, wie er sie erfährt und lebt, dort zu finden meint oder im reflektierenden Echo für sich erst gewinnt. Er nimmt als Jüngling vorweg die Einsicht in den Grundirrtum objektivierender Spekulation, die er alsbald vollziehen wird, und zwar gerade so, wie Spinoza es nach Schellings kritischer Interpretation irrend getan hatte, während Spinoza selber es nicht tat.

Sich in das gedachte Objekt hineinlegen, ist völlig verschieden von dem, sich in der Spaltung von Subjekt und Objekt im Umgreifenden zu finden. Dieser Unterschied ist zugleich der der Unruhe, des Ungenügens und des Übersteigerns einerseits von der Ruhe, der Wahrheit, dem Maß und der Klarheit andererseits, oder des Sichverfangens in notwendigen Gebärden von der Wirklichkeit des Menschseins selber.

Aber das Wesen Spinozas ergriff Schelling treffend als die Gottesnähe Spinozas im Denken selber. Diese begehrte er. Doch was in Spinoza Wirklichkeit war, wurde bei Schelling eine Stimmung.

Das Gottesbewußtsein Spinozas ergreift zwar Schelling immer wieder. Doch es bleibt der Unterschied von Ursprung und Widerhall. In Spinoza ist der Ernst und die Ruhe des Lebens in Gott. In Schelling ist der Enthusiasmus, so leben zu wollen. In Spinoza sind die nüchtern-spekulativen Gedanken, in Schelling ist die ästhetisch-spekulative, sich immer anders wendende Metaphysik. Schellings Echo ist wahr in schönen Koinzidenzen der Formulierung, echt als Echo, aber als solches unverbindlich und folgenlos, daher unverläßlich. So kommt er im Gegensatz zu Spinoza und Kant zu den gnostischen Umsetzungen und zur Aneignung der theosophischen Überlieferung.

Es gibt bei Schelling wohl philosophisch bewegende Stellen, bei denen man an die ursprünglichen Metaphysiker erinnert werden kann, was weder bei dem großen Systematiker Hegel noch dem Schriftsteller Schopenhauer in solcher Weise der Fall ist. Daß es bei Schelling nur Stellen sind und nicht die durchgehende Stimmung seines Denkens, verwehrt es, ihn neben die großen Metaphysiker zu stellen. Er gehört doch nur in den Kreis der deutschen Idealisten.

Fragen wir so, Schelling vergleichend, nach seiner Stellung im Raum der Großen, so ist eine endgültige Antwort zwar grundsätzlich unmöglich. Denn wir kennen weder den Raum im Ganzen, noch besitzen wir die absoluten Maßstäbe, die es erlauben würden, den Einzelnen an seinen Ort zu stellen, noch durchschauen wir irgendeinen der großen Denker so, daß wir wirklich wüßten, wie sein Wesen ist. Suchen wir aber doch Antwort zu geben, so können wir es nur, als ob wir es vermöchten, können wir, mit dem Wissen um diese Unmöglichkeit, nur unsere Eindrücke im Ganzen zu formulieren wagen.

Vergleichen wir die philosophische Souveränität etwa bei Plato oder Kant, bei Spinoza oder Lessing und Schellings bewußten Anspruch auf sie, dann ist sie bei jenen aus Kraft geboren und still, bei Schelling aus dem Willen entsprungen und übersteigert, bei jenen verwirklicht, bei Schelling versagend, bei jenen in der Denkungsart selber, bei Schelling nur in der Reflexion.

An Ernst, an Glaubwürdigkeit und Wirklichkeit scheint Schelling unter ihnen zu stehen. Er gehört nicht zu jenen, die nicht nur große Denker, sondern große Philosophen sind, deren reine Seele wir in ihren Werken wiedererkennen, die wahrer, tiefer, verläßlicher denken als er.

Er ist, obgleich einer der ersten modernen, d. h. in einer zerbrechenden Welt denkenden Philosophen, nicht wie Kierkegaard und Nietzsche eine Macht, die redlich und uneingeschränkt an alle Grenzen dringt, nichts mehr verschleiert bleiben läßt, in jede Ecke der Seele leuchtet, um die mögliche Existenz selbst zu wecken. Mit ihnen verglichen gehört zu Schelling noch wesentlich die Seite des Professors, der ein System der Philosophie doziert, als Forscher auftritt, mit dem objektiven Anspruch des direkten Lehrers, nicht mit der erregenden, die eigentliche Wahrheit treffenden indirekten Mitteilung.

Die Äußerungen Kierkegaards über Schelling, der ihm auf dem rechten Wege schien und ihn dann so enttäuschte, seien notiert als ein Dokument, das die geschichtliche Stellung Schellings wie kein anderes fühlbar werden läßt. In Briefen und Tagebüchern schrieb er während seines Aufenthaltes in Berlin von November 1841 bis Anfang März 1842 als Hörer Schellings:

»Schelling ist anzusehen, ein höchst unbedeutender Mann, er sieht aus wie ein Steuereinnehmer. Indessen habe ich doch mein Vertrauen in Schelling gesetzt« (nach Schellings Antrittsrede). – Dann: »Ich bin so froh, Schellings zweite Vorlesung gehört zu haben – unbeschreiblich, da er das Wort ‚Wirklichkeit' nannte über das Verhältnis der Philosophie zur Wirklichkeit, da hüpfte die Gedankenfrucht in mir vor Freude wie in Elisabeth. Ich erinnere fast jedes Wort, das er von diesem Augenblick an sagte.« – »Schelling, der in seinen Vorlesungen sehr polemisch ist« ... »Schellings Stellung ist nicht gemütlich, er ist in die Hofinteressen hineingezogen, dies macht sein Auftreten etwas verhaßt und ist natürlich wie jede äußere Rücksicht immer schädlich... Schelling sieht so grimmig drein wie ein Essigbrauer... seine persönliche Verbitterung« (8. 1. 42). – »Schellings spätere Vorlesungen haben leider nicht viel zu bedeuten« ... »daß Schelling mich durchaus nicht befriedigt hat...« »Schelling habe ich ganz aufgegeben, ich höre ihn nur, schreibe nichts nach« (16. 1. 42). – »Schelling faselt ganz unerträglich... vagabundierendes Philosophieren... Unermüdlichkeit, Gelehrsamkeit zu verraten... einen Zusatz von Unverschämtheit, worin kein Philosoph Schelling übertroffen hat... Ich bin zu alt, um Vorlesungen zu hören, gleich wie Schelling zu alt ist, sie zu halten. Seine ganze Lehre von den Potenzen verrät die höchste Impotenz... ich glaube, ich wäre ganz verdummt, hätte ich fortgefahren, Schelling zu hören« (27. 2. 42).

b) Schellings Wirkung

Woran ist die Wirkung eines Philosophen zu erkennen? Am Echo bei der Fachphilosophie und bei Literaten? Am Übergehen einer Sprech- und Denkungsweise in das Sprechen und Denken vieler und aller? Am Gewicht seiner Sachen und Probleme, seiner Ansätze und Impulse, seiner Systematik und seiner Methoden im Gang der Philosophiegeschichte durch die Jahrhunderte? Will man auf diese Fragen antworten, gerät man in Schwierigkeiten. Die Ursprungsfrage ist selten eindeutig entscheidbar. Die Wirkung vollzieht sich in unübersehbaren Verzweigungen, Übersetzungen, Mißverständnissen und Gegensätzen. Nur einige Aspekte sind zu zeigen.

Schellings schnelle meteorische Bahn hatte sich in Jena vollendet, kaum daß sie begonnen hatte. Woher das schnelle Ende? War etwas von vornherein Brüchiges, Trügerisches im Spiele? War es gleichsam nicht mit rechten Dingen zugegangen?

Sein großes Werk, das man seine Altersphilosophie nennt, war als Nachlaß da. Als dieser mit der Gesamtausgabe seiner Schriften publiziert wurde (1856–1861), fand er kaum noch Interesse. Schellings Werke, noch bis Ende des 19. Jahrhunderts beim Verlag zu haben, waren für wenige Mark antiquarisch zu kaufen.

Die in jenen Jahrzehnten der Jahrhundertmitte noch maßgebenden Hegelianer rühmten Schelling als Hegels Jugendgenossen, beklagten, daß er nicht mitgegangen sei und daher sich selbst überlebt habe. Sein Alterswerk sei unerheblich, wenn es auch noch einen Schimmer des Genius trage. Wie so viele Hegelsche Geschichtskonstruktionen wurde auch diese zu einer nicht mehr befragten Selbstverständlichkeit für alle. Man hat diese Schellingauffassung wiederholt und hinzugefügt, er habe nicht nur sich selbst, sondern sein Zeitalter überlebt. Denn das Interesse für Philosophie überhaupt sei damals schon geschwunden (Lenz).

Diese Auffassung halte ich nicht für treffend. Das Denken in Zeitaltern trügt. Das Interesse für Philosophie war nicht erloschen, vielmehr zeigte noch die Berliner Sensation dieses Interesse. Aber diese Philosophie sprach nicht zu diesem Augenblick. Das Interesse an Philosophie überhaupt kann gar nicht erlöschen. Aber, in Schellings Worten, die Philosophie muß eine starke Philosophie sein, die dem Leben gewachsen ist, eine wahre Philosophie, die gelebt wird. Sie trat seitdem in anderen Gestalten auf.

Trotzdem hat Schelling sich nicht überlebt. Denn er bleibt groß als das Urbild einer magischen Philosophie, die jederzeit ihre Geltung haben und dann jederzeit auch enttäuschen kann. In geschichtlichen Umwelten, unter verschiedenen Bedingungen, hat die Denkungsart, die sich des Zauberns bedient, sehr verschiedenen Widerhall. Das Phänomen bleibt das gleiche. In diesem Sinn steht Schelling da als einer der großen Gegner, mit dem wir doch in Ansätzen verbunden bleiben, wenn wir ihn abwehren.

Schelling hat vielfach gewirkt, auf Mediziner, Juristen, Theologen, Historiker, auf Dichter. Er gab Impulse und Sichten, nicht Methoden und Begriffe. Seine Wirkung ist daher nicht als Schelling-Schule faßbar. Sie ist zudem zerronnen, unmerklich, als ob sie gar nicht gewesen wäre. Die wenigen Schellingianer unter den Philosophieprofessoren sind unbedeutend. Mit ihnen selber war Schellings Wirkung zu Ende.

Der Vergleich mit der Wirkung Hegels kennzeichnet die Weise beider Philosophien. Hegel folgten eine Reihe bedeutender und durch ihre historischen Werke wie durch ihre Hegelinterpretation bis heute interessierende Hegelianer. Ihm folgte die Schar geistreicher und revolutionärer politischer Denker der Jahrhundertmitte. Vor allem aber ist ohne Hegel Marx undenkbar. Nebenher ging eine Wirkung auf viele Geisteswissenschaftler, die, ihn bekämpfend, zugleich bestimmte historische Anschauungen von ihm verarbeiteten, ohne daß die Wirkung hier bestimmt und faßlich wäre.

Hegel hat ein Werk geschaffen, das wahrscheinlich im Ganzen noch längere Zeit bleiben und immer wieder studiert werden wird, zumal er jetzt als der große Vorläufer von Marx im Kommunismus wieder ein Gegenstand von Bedeutung geworden ist. Schelling hat kein solches Werk, das ein Ganzes wäre, hinterlassen.

Schelling entwickelt keine sinnvoll nachzuahmende Methode. Daher hat er keine Schule. Schulen produzieren eine brauchbare Literatur der Mediokrität wie Hegel oder Herbart. Philosophien wie die Schellings wirken aus ihrer aristokratischen Unnahbarkeit und ihrer erregenden Zweideutigkeit mit ihren überzeugenden Impulsen nur auf Einzelne. Jene Schulen sind vergangen, Schelling kann vielleicht gegenwärtiger sein als jene, die ihm im Sinne schulmäßiger Wirkung den Rang abgelaufen haben. Er selber will sich die Freiheit des Philosophierens nicht nehmen lassen, weder durch ein System, das ihn bindet, noch durch eine Sekte, die ihm folgt.

Es ist wohl nicht angemessen, Schelling in den imaginären Gang der Philosophie als fachwissenschaftlicher Forschung einzureihen, in die Kontinuität einer Problementwicklung. Nur eine Einreihung des späteren Schelling hat eine gewisse Überzeugungskraft, die in den sogenannten Spätidealismus (Leese). Dieser, vertreten von den Fachphilosophen Weisse, Fichte d. Jüngeren u. a., hat sich in umfangreichen Werken ausgesprochen, die heute vergessen sind, aber bei der Lektüre Interesse erwecken, wenn auch durch die Breite bald ermüden. Da gibt es die Probleme der Persönlichkeit Gottes (diese Denker nennen sich Theisten), das Problem der Freiheit, die Frage, wie weit das apriorische Erkennen reicht, was Wirklichkeit ist, die Frage nach der Geschichte und ihrer Herkunft, und dann in der Ausbreitung die überlieferte Dogmatik und Gnosis. Diese Professoren publizierten seit Anfang der dreißiger Jahre, waren eine Parallelerscheinung zu Schelling, von dem sie sich angesprochen fühlten.

Trotz der kategorialen Parallelen, trotz der Analogie und Übereinstimmung in den »Sachen« halte ich diese Einreihung, was Schelling betrifft, für nicht wesentlich. Sie vollzogen zu haben, ist verdienstlich, weil dadurch der Sinn für die eigene Größe Schellings heller werden kann. Durch die Identifizierung mit diesem Spätidealismus wird das Schwache in Schelling überbewertet, geht seine Größe verloren. An ihr haben die Spätidealisten keinen Anteil. Die gemeinsame Gegnerschaft gegen Hegel täuscht über deren Sinn. Man gerät in eine Überschätzung von Gedankenoperationen, die trotz der »spekulativen Arbeit« akademisch bleiben. Weil es kein existentiell gegründetes Denken ist und weil es nicht die Größe des gleichsam echt Reflexiven wie bei Schelling hat, versandet es und hört auf in der Langeweile. Nie hätte ein Hörer vom alten Schelling Spottverse des Sinnes gemacht, wie der junge Treitschke auf Fichte d. J.: »Nehmet Holz vom Fichtenstamme, doch recht trocken laßt es sein.«

4. Schellings Bedeutung für die Gegenwart

a) Wirklichkeiten der Geschichte sind Möglichkeiten der Gegenwart. Wir studieren Schelling nicht, weil er eine vergangene Tatsache ist, sondern weil er uns angeht, nicht der Geschichte, sondern der Philosophie wegen. Unentbehrlich ist die historische Erforschung der großen Philosophen, die uns ein objektives Wissen sichert. Sie bleibt richtig und sinnvoll, wenn sie ihre Grenzen anerkennt: erstens, daß jeder Mensch unendlich ist, wie schon der Patient für den Arzt, so erst recht der Große für den mit ihm Ringenden, – zweitens, daß alles Verstehen des Werkes zwar unter Ideen eines Ganzen, aber tatsächlich in partikularen Versuchen sich vollzieht, die richtig sind in dem Maße, als sie durch Belege den vom Denker gemeinten Sinn bezeugen, und als sie die entgegenstehenden Belege zeigen und prüfen, – drittens, daß diese Forschung nicht Selbstzweck ist, sondern nur Vorbedingung. Sie steht im Interesse des Aneignens und Verwerfens. Der geschichtliche Tatbestand ist, wo es sich um geistige Werke handelt, kein neutraler, objektiv für sich bestehender, am wenigsten in der Philosophie. Er lebt und trifft uns, und zwar nicht als gehorsame Menschen, sondern als Menschen, die in der Bewegung zur Wahrheit hin sie noch suchen. Jeder wirkliche Leser kommt zum Urteil, nicht als Richter in letzter Instanz – die gibt es unter Menschen nicht –, sondern in der Antwort auf die Frage, die er an sich selbst stellt: wofür will ich leben und denken? was muß ich verwerfen und, um es in Wahrhaftigkeit verwerfen zu dürfen, so gut als möglich kennen?

In dieser Situation philosophie-geschichtlichen Verstehens begegnet uns Schelling. Durch sein Werk und sein Dasein stellt auch er uns die Aufgabe, in deren Erfüllung wir aneignen und abstoßen, dankbar und zornig sind. Wer einen Philosophen liest, ist verantwortlich dafür, was er wichtig und was er unwichtig findet, wo wesentliche Einsicht zu ihm spricht, wo er sich in Irrungen gelenkt und in falschem Bewußtsein, Fühlen und Wollen verführt weiß. Diese Verantwortung kann nur erfüllt werden durch unser eigenes Wesen, nicht schon durch Verstand und Verstehen.

Meine Darstellungen zeugen von einem Umgang mit Schelling aus einer durch Jahrzehnte sich wiederholenden Betroffenheit. Daß der Umgang sich lohnt, ist die aller Kritik vorhergehende Bejahung dieses Denkers. Wer eindeutige Abschätzung eines Ganzen in Ja oder Nein begehrt, Verherrlichung oder Verwerfung, wird durch meine Darstellung enttäuscht sein. Wer einen Denker nur in der Alternative, daß dieser recht oder unrecht habe, begreifen will, wird meiner Darstellung gegenüber sich vergeblich fragen, wohin das solle, was sich denn nun ergebe.

Es scheinen sich in Aspekten und Urteilen über Schelling, die ich wage, ständig Widersprüche zu zeigen. Mein Verhalten zu ihm ist so ambivalent, daß man je nach Zusammenhang Neigung, ja Hingerissenheit, und Abneigung, ja Widerwille bemerken wird.

Darüber kann sich nur wundern, wer den Menschen selber für ein eindeutiges, widerspruchsloses Wesen hält. Wohl gibt es Große, angesichts derer wir in jedem Zug, noch da, wo wir inhaltlich nicht folgen, unsere Liebe bewahren – und vielleicht hier und da einen, bei dem wir selbst dort, wo wir inhaltlich recht geben, nicht aufhören mit unserer Abneigung. Schelling steht an keiner dieser beiden Grenzen, vielmehr ist er in ganz ungewöhnlichem Maße ein großer Zweideutiger. Neigung und Abneigung ihm gegenüber beruht nicht nur auf der Grenze alles Großen, sondern auf einer eingeborenen Zweideutigkeit der Sache, die er ist: der hohe Schwung und das erstaunliche Fallen, die Kraft der Gebärde und die Schwäche des Selbstbewußtseins, die tiefe Einsicht und die absurde Gnosis, der maßlose Anspruch und das Berliner Scheitern, die außerordentlichen Grundgedanken, durch die, was einst metaphysisch gedacht wurde, wie mit einem Schlage hell werden kann, und dann das Verschwinden in der Vergeßlichkeit der Zaubereien, sein Adel, seine Weisheit und sein Hochmut, seine Torheit.

Aber man kann ihn nicht gleichsam durchschneiden in eine wahre und eine falsche Hälfte. Beide gehören zusammen, weil in der Weise, wie er das Wahre ergreift, schon der Keim für das Andere liegt, und an der Weise, wie er seine Torheiten ausspricht, meistens noch ein nobler Zug ist. Man kann Schelling nicht reinigen. Er und seine Sachen bleiben die eine große unumgängliche Zweideutigkeit.

Schelling studieren, seine Wege und ihn selbst vergegenwärtigen, ihm in seinen großen Ansätzen folgen, ihn in seinen Zaubereien durchschauen, ihn aus seinen Grundstimmungen und Denkungsarten uns ansprechen lassen, das bedeutet in ungewöhnlichem Maße: in Möglichkeiten und Gefahren gegenwärtigen Philosophierens zu gelangen. Schellings Realität, sein reiches Denkleben, seine Weise des Sichgebens ist nicht Vorbild zur Nachfolge, aber Urbild von modernen Möglichkeiten. Er ist wie ein großes Experiment am Anfang einer geistigen Welt, die diese Zweideutigkeiten wiederholte oder einfach verwarf und zu ihrem Schaden nicht mehr kannte.

Von Schellings Denken ergriffen werden und es alsbald wieder abstoßen, und dieses Hin und Her wiederholen zu müssen, das scheint das philosophisch gehörige Verhältnis zu ihm zu sein. Schelling bleibt groß als jenes Urbild einer erregenden, bezaubernden und enttäuschenden Philosophie, die jederzeit ihre Geltung und ihren Verfall haben kann. Er hat sich nicht überlebt. Er bleibt für immer ein großer Gegner für eine kritische, nüchterne, vernünftige, menschlich maßvolle Philosophie, die doch in den Ansätzen Schellings noch mit ihm verbunden sein kann.

b) Es ist Schellingscher Herkunft, durch Jena und seit der Französischen Revolution inspiriert, wenn Hegel in der Vorrede seiner Phänomenologie 1806 schreibt, unsere Zeit sei »eine Zeit der Geburt und des Übergangs. Der Geist hat mit der bisherigen Welt seines Daseins und Vorstellens gebrochen.« Der Geist »löst ein Teilchen des Baues seiner vorhergehenden Welt nach dem anderen auf, ihr Wanken wird nur durch einzelne Symptome angedeutet; der Leichtsinn wie die Langeweile, die im Bestehenden einreißen, die unbestimmte Ahnung eines Unbekannten sind Vorboten, daß etwas Anderes im Anzuge ist. Dies allmählich Zerbröckelnde, das die Physiognomie des Ganzen nicht veränderte, wird durch den Aufgang unterbrochen, der, ein Blitz, in einem Male das Gebilde der neuen Welt hinstellt.«

Diese Worte, längst zum Schema geworden, werden noch heute immer wieder hingesagt, als ob sie etwas ganz Neues wären. Damals hat Hegel dies Neue unmerklich umgebogen in das konservierende geschichtlich allumfassende Hinstellen der abschließenden Totalität. Daher hat er sein Denken später nicht mehr mit dem Blitz verglichen, der die neue Welt hinstellt, sondern mit der Eule der Minerva, die ihren Flug in der Dämmerung beginnt, wenn ein Zeitalter abgeschlossen ist. Darum wird Hegels Philosophie den Weg in immer tiefere historische Einsicht, in die Konkretheit des Vergangenen lenken. Schelling aber, in der gleichen Situation, verhält sich anders: er glaubt bis zu seinem Lebensende die Geburt der neuen Welt philosophisch zu vollziehen, blickt zwar in das Vergangene, aber willkürlich auf besondere Erscheinungen, die er für sich zurechtdeutet, durchweg oberflächlich, wie im Traum über das historisch Reale hinwegblickend.

Aber die Situation ist für diese Denker dieselbe. Es wurde ihnen bewußt, so verschieden auch darin ihre Auffassung und ihr Verhalten war, daß es eine Weltwende ist, in der sie stehen. Daher blicken sie ständig auf ihr Zeitalter, fragen nach dessen Herkunft und dessen Aufgabe, der sie genügen möchten. Daher entsteht die Paradoxie, daß diese Philosophen ewige Wahrheit wollen, diese aber in ihrer Zeit, als zur Zeit gehörig und durch sie gerechtfertigt verstehen.

Die geistige Schöpferkraft der Zeit ist überall anders geworden, auf eine Weise, deren letzten Grund wir nicht durchschauen. Man kann nicht mehr malen wie Lionardo, Raffael, Rembrandt, nicht Plastiken, Bauwerke, Fresken schaffen wie Michelangelo, nicht Bauten wie die Architekten des Barock, nicht Musik wie Bach, Mozart, nicht Dichtungen wie Shakespeare, Goethe, kann nicht mehr philosophieren wie Spinoza, wie Kant.

Schelling ist ein Philosoph, der in der Weltluft der Aufklärung, die nicht rückgängig zu machen ist, die Philosophie als Metaphysik behauptet, für sie den Vorrang im Leben beansprucht, mit ihr das Heil zu bringen meint. Groß in den Impulsen, vermag er sie doch nur im reflexiven Bewußtsein, nicht ursprünglich zu verwirklichen. Damit aber weckt er den Sinn für die eigentliche Größe der ursprünglichen Metaphysiker der Vergangenheit. Es wird ernst, was war.

Wie die großen Kunstwerke und Dichtungen der Vergangenheit, so kann auch deren Philosophie gegenwärtig sein. Sie können Momente unseres Bewußtseins bleiben oder wieder werden, sie brauchen nicht nur historisch gekannt zu sein. Was als vergangene Wirklichkeit zerbrochen ist, ist nicht verloren. Der Sinn einer neuen Welt entfaltet sich dadurch, »daß jene zu Momenten gewordenen Gestaltungen sich in ihren neuen Elementen entwickeln und Gestaltung geben« (Hegel).

Hegel hat diese unsere Situation in einem Gleichnis ausgesprochen – das wehmütige Erinnerung und überlegene Selbstgewißheit zugleich einschließt. Er spricht von dem Bewußtsein des Verlustes, das schon das Altertum kannte, wenn »die Bildsäulen Leichname« geworden sind, »denen die belebende Seele, so wie die Hymne Worte, deren Glaube entflohen ist.« Dann kommt dem Bewußtsein »aus seinen Spielen und Festen nicht die freudige Einstimmung seiner mit dem Wesen zurück. Den Werken der Muse (den Tragödien) fehlt die Kraft des Geistes, dem aus der Zermalmung der Götter und Menschen die Gewißheit seiner selbst hervorging. Sie sind nun das, was sie für uns sind, – vom Baum gebrochene schöne

Früchte, ein freundliches Schicksal reichte sie uns dar, wie ein Mädchen jene Früchte präsentiert; es gibt nicht das wirkliche Leben ihres Daseins, nicht den Baum, der sie trug. So gibt das Schicksal uns mit den Werken jener Kunst nicht ihre Welt, sondern allein die eingehüllte Erinnerung dieser Wirklichkeit. – Unser Tun in ihrem Genusse ist daher nicht das gottesdienstliche, sondern es ist das äußerliche Tun, das von diesen Früchten etwa Regentropfen oder Stäubchen abwischt und das weitläufige Gerüst des Geschichtlichen errichtet, nicht um sich in sie hineinzuleben, sondern nur um sie in sich vorzustellen. Aber wie das Mädchen, das die gepflückten Früchte darreicht, mehr ist als die in ihre Bedingungen und Elemente ausgebreitete Natur derselben, welche sie unmittelbar darbot, indem es auf eine höhere Weise dies Alles in den Strahl des selbstbewußten Auges und der darreichenden Gebärde zusammenfaßt: so ist der Geist des Schicksals, der uns jene Kunstwerke darbietet, mehr als das sittliche Leben und Wirklichkeit jenes Volkes, denn er ist die Er-Innerung des in ihnen noch veräußerten Geistes, – er ist der Geist des Schicksals, das alle jene individuellen Götter in das Eine Pantheon versammelt, in den seiner als Geist selbstbewußten Geist« (Phänomenologie, WW II, 564–565).

Was Hegel als tatsächlich vollzogen ansieht, und was er selbstgewiß zuversichtlich und unpersönlich als seine philosophische Aufgabe vollzieht, nämlich das Gewesene im Begriff zum Selbstbewußtsein zu bringen und zu bewahren, das ist in Wahrheit nicht vollzogen, sondern die bleibende Aufgabe einer Menschheit, die im Ernst nicht vergessen will, weil sie die Aneignung des je Gewonnenen als Bedingung ihrer eigenen Möglichkeiten begreift. Denn das unterscheidet sie von dem natürlichen Leben des Organismus, das sich nur wiederholt (und das die Menschheit auch ist): die Menschheit ist durch die Gegenwärtigkeit ihrer Geschichte, was ihre Wahrheit und Wesentlichkeit betrifft, ein sich nie identisch wiederholender, sondern sich überwindender, aufhebender, bewahrender, steigernder Prozeß.

Was im philosophischen Bewußtsein als Geschichtlichkeit, was in der Erfahrung des Historismus, was mit großartiger Einseitigkeit in Nietzsches Schrift »Vom Nutzen und Nachteil der Historie für das Leben« offenbar wurde, das ist die Situation des modernen Menschen. Wir sind weit entfernt, die darin liegende Aufgabe gelöst oder auch nur zureichend begriffen zu haben.

Wir wissen um die Endlosigkeit historischen Wissens. Wir kennen die ungeheure Erweiterung dieses faktischen Wissens in die Tiefe und Breite der Vorzeit, wie sie kein früheres Zeitalter besaß. Wir haben das neunzehnte Jahrhundert, das in einem Kostümfest der theatralischen Wiederholung vergangener Stile, Denkungsarten, Symbole sich, sich selber täuschend, feierte. Wir sehen heute die unberechenbare Wirkung der universalen Gegenwärtigkeit alles Vergangenen in der äußerlichen Sichtbarkeit, in dem wörtlichen Hineinnehmen vergangener Sätze, Melodien, Denkfiguren in die gegenwärtige Dichtung, Musik und Philosophie, das wie Plagiat aussieht, aber nicht ist, weil es in einem eigenen Zusammenhang Sprache gewinnt oder mißhandelt wird. Dieses Eigene oder Ursprüngliche aber ist durchaus nicht ein Inhalt unseres Wissens, keineswegs an einem gültigen objektiven Merkmal kenntlich, sondern die große Frage, die wir durch kein Nachdenken, sondern allein durch unser Leben, Tun und Mitteilen beantworten.

In dieser geschichtlichen Situation der zur vollen Bewußtheit gelangenden Geschichtlichkeit des Menschen ist Schelling eine der frühen Erscheinungen, für uns einer der Versuche, an denen wir uns orientieren. Schelling ist in der Philosophiegeschichte das moderne Beispiel reflexiver historischer Aneignung. Aber er ist in gemeinsamer Situation und Bewußtheit doch von Hegel sehr verschieden. Während bei Hegel das Objektive einer historisch total gesehenen Welt mit dem Reichtum ihrer Momente zur Ruhe eines versöhnten Bewußtseins in der Selbstgewißheit der sich vollendenden Wahrheit wird, ist bei Schelling das »Existentielle« der Stachel seiner Unruhe. Hegel will keine Zukunft erwirken, sondern sagen, was schon ist und sich der Welt fernerhin nur tiefer einprägen wird. Schelling will ein neues Zeitalter bewirken, das noch nicht da ist, sondern bevorsteht, das johanneische Zeitalter der philosophischen Religion.

Aber Schelling gerät in der Tat trotzdem in die historische Stimmung, die Hegel nur viel reicher verwirklicht hat. Er geht den Weg zum Bildungswesen einer existenzlos werdenden Welt, zuweilen höchstens an der Grenze des existentiell Ansprechenden einerseits und des bildungsmäßig Unverbindlichen andererseits. In seinem Leben wird zur Natur die Selbstverständlichkeit der damaligen Bildungswelt, die Ruhe der Kultiviertheit. Sogar sein Erschrecken vor ungeheuren, vielleicht unmittelbar bevorstehenden Zukunftsmöglichkeiten, seine eschatologischen Gedanken haben etwas Unverbindliches an sich, etwas schwindelhaft Vorwegnehmendes, etwas ungemäß in Gestalt historisch überlieferter Bilder Übersteigertes.

Aber die Lage, in einer zerfallenden Welt vor das Angesicht der Geschichte zu treten, es zu erblicken und nun sich zurechtfinden zu müssen, hat Schelling, halb wollend, halb leidend erfahren. Wie er es getan hat, ist kein Vorbild. Das Geschichtliche ist ihm in seiner methodisch zu erfassenden Gegenwärtigkeit nicht klargeworden. Er unterscheidet nicht erstens: das bewußtlose In-der-Geschichte-sein, das immer ist, wo Menschen leben, – zweitens: die bewußte Tradition dessen, was das eigene Leben ausmacht, für es gilt, seine Bedingung ist, es erfüllt, – drittens: das historische Wissen als Kunde von einer Welt dessen, von dem ich weiß, ohne daß es in meiner Wirklichkeit lebendig ist, – viertens: die Möglichkeit, daß auf dem Weg über das historische Wissen etwas Verlorenes neu gegenwärtig wird und wieder in das Leben eingeht.

Daß der Umweg über historisch Erforschtes zu einer neuen Aneignung führen kann, ist das Eigentümliche unserer durch historisches Wissen ins Unermeßliche sich ständig erweiternden Welt. Diese Welt ist im Verlust von Tradition zugleich über das bewußtlose Leben in der Tradition hinausgelangt. Damit ist jener Zustand, in dem, was faktisch Tradition sich wandelnder geschichtlicher Erscheinung ist, als ewiger Bestand geglaubt und behandelt wurde, verloren. Dieses Verlustes Meister zu werden, tritt auf: einerseits die bewußte Tradition in der Erziehung, damit die Frage, was als das, was uns entscheidend angeht, überliefert werden soll, andererseits die immer umfassendere Bereitstellung des geschichtlich einmal Gewesenen zu möglicher neuer Aneignung.

Schellings Denken, das doch grundsätzlich die Geschichtlichkeit auf gewisse Weise erhellt, hilft hier gar nicht, sondern verwirrt bei diesen Aufgaben unserer durch Geschichte gewordenen geistigen Lage.

c) Wir machen gern die Voraussetzung, ein Philosoph und seine Sache müsse klar und eindeutig in seinem Wesen vor Augen stehen, wenn er gründlich erforscht sei. Das gilt vielleicht von jener eigentlichen Größe, die substantiell ist; aber diese ist unendlich und unerschöpfbar und nicht in endlicher Auffassung einzufangen. Nicht in diesem Sinne unendlich, aber unerschöpflich vieldeutig ist ein

Wesen wie Schelling. Nur in dieser Vieldeutigkeit kann seine Größe erfaßt werden.

Im Umgang mit Schelling geschieht Anziehung und Abstoßung mit ungewöhnlicher Stärke. Es ist nicht möglich, ihn auf ein Prinzip zu bringen, zu ihm im Ganzen ja oder nein zu sagen. Man erfährt durch ihn Beschwingung und Lähmung. Man steht vor ihm mit Bewunderung und Empörung.

Dabei aber kann es nicht bleiben. In solchem Umgang erwächst das Bewußtsein von Alternativen. Philosophierend entscheiden wir uns zwar nicht für Sätze, Dogmen, Denkgebilde, aber für die Weise, wie sie in uns zur Geltung gelangen, das heißt, wir entscheiden über unser Wesen selber, das im Denken zu sich kommt.

Diese Entscheidungen sind zwar nicht so auszusprechen, als ob eine für den Verstand klare Wegscheidung vorliege. Aber sie sind zu umkreisen. Schelling wird Anlaß, ihrer bewußt zu werden. Ihn selber für das Eine oder Andere bei einer Alternative restlos in Anspruch zu nehmen, würde nicht gerecht sein. Immer ist bei ihm auch die andere Seite da. Aber die eine ist vordringlich und übermächtig bei ihm, und gerade die, gegen die wir aus unserem Philosophieren uns wenden.

Ich versuche, im Rückblick an diese Alternative zu erinnern. Philosophische Lehre kann entweder schlummernde Kräfte entbinden oder durch Entwürfe von Bildern das Entzücken der Anschauung bewirken. Dort erhellt sie Impulse durch Gedankenoperationen, durch kritische Unterscheidungen und Grenzsetzungen des Denkens, durch transzendierende Vollzüge spekulativer Möglichkeiten. Hier bringt sie Gestalten und Symbole, Weltbilder, erfüllte Begriffssysteme des Seins selber, Visionen übersinnlicher Prozesse.

Es ist der radikale Gegensatz zwischen Kant, dem kritischen, alles öffnenden und vorbereitenden, durch reine Luft der Wahrheitseinsicht verläßliche Bedingungen gebenden Philosophen, und den Idealisten, die unkritisch schwelgen, um in einer seither nicht erreichten, geschweige denn überbotenen spekulativen Denkenergie den täuschenden Schein zugleich absoluten und konkreten Wissens anzubieten. Kant verlangt asketische Bescheidung, die Idealisten im »Mut zur Wahrheit« den Übermut des Glaubens im Zauber.

Dieser große Gegensatz ist ursprünglich in einem Ganzen zusammengehalten von Plato, der kritisch denkt und im Spiel die wundersamsten Anschauungen wagt, und der durch Kritik nicht ins Nichts führt, sondern im Spiel der Spekulation den existentiellen Ernst bewahrt. Wenn nach Kant die Frage sein konnte, wie das, was er vorbereiten wollte, um auf neue Weise unter den kritischen Bedingungen, die die Entwicklung des abendländischen Geistes hervorgebracht hatte, die platonischen Möglichkeiten zu ergreifen, so ist diese Frage von den Idealisten durch ihre Denkwerke unkritisch und unplatonisch beantwortet.

Aber zumal Schellings Antwort war bezaubernd in dem zweideutigen Sinne: Er steht in der Schar der Philosophen, die an den Grenzen auf Wirklichkeit und Wahrheit weisen, das gemeinhin Mißachtete, weil ganz Unnützliche tun – wir möchten ihm folgen. Aber er läßt Irrlichter erscheinen, er verfängt sich in Objektivierungen, er gerät in das unverbindliche Genießen von Anschauungen, die im sensationellen Erleben den Ernst erlöschen lassen – wir müssen uns wehren.

Daher vermag Schelling durch Gedankenkonstruktionen, durch Darstellung von Erscheinungen nicht nur Stimmungen zu erzeugen, sondern intellektuelle Anschauung zu erregen, das heißt in solchen Augenblicken das Eintreten in die Philosophie zu bewirken. Aber fast nie kommen diese philosophischen Impulse bei ihm zu reiner Gestalt. Vielmehr fällt er schnell in jene Leere, in der nun entweder Probleme wie objektive Sachzusammenhänge erforscht werden, gegenstandslos und existenzlos, oder in der Stimmungen erzeugt werden unkontrollierter und keineswegs existentiell gleichgültiger Art. Es sind Erlebnisse des Grauens, Schreckens, des Einstimmens in das Böse, in die Leidenschaft zur Nacht. Aber auch dieses geschieht wieder ohne den verwirklichenden Ernst des Nihilismus, des sich unserem Begreifen entziehenden Opfers, das heißt, ohne diesen paradoxen Ernst der Existenz, die sich selber preiszugeben scheint, aber vielleicht in ihrer wirklichen Daseinsvernichtung sich, für uns unzugänglich, wiederherstellt.

Als den Gegensatz von Vernunft und Magie haben wir das Schema erörtert, unter dem hier Grundtendenzen in einem gewissen Grade deutlich werden können. Schellings Zauberei ist ein Faktor geistigen Lebens bis heute geblieben, als Stimmungsfaktor und als Störungsfaktor. Als Stimmungsfaktor wirkt er erregend, auflokkernd, befreiend, wenn er zugleich durchschaut wird. Als Störungsfaktor wirkt er ästhetisierend, lähmend, verwirrend, alle Abgründe und Häßlichkeiten mit einem Schimmer der Berechtigung bestrahlend. Er führt zur Unfreiheit und Verantwortungslosigkeit. Im Kampf von Vernunft und Magie ist Schelling selber nicht eine Macht, sondern – trotz herrlicher Sätze zur Vernunft und in der Flut des Zauberischen – es ist alles auf die Ebene praktischen Unernstes geraten.

Die Magie hängt zusammen mit dem Anspruch des Besitzes der einen, allein wahren Philosophie. Damit zeigt sich der philosophisch tiefste Gegensatz des kommunikationslosen und des kommunikativen Philosophierens.

Kommunikationslos ist die Philosophie, die Gefolgschaft will und bewirkt. Sie fordert Gehorsam. Wer sie verkündet, will belehren, einprägen, Denkmanieren erzeugen, aber nicht antworten, wo ihm etwas Fremdes begegnet, das für ihn nicht einzubeziehen ist. Kommunikativ dagegen ist die Philosophie, die ihre Wahrheit nicht als das eine Gebilde des Denkens beansprucht, sondern sie, als in Kommunikation stattfindend, in dieser selbst immer noch sucht. Wer aus ihr spricht, sucht nicht nur den Freund, sondern auch den Gegner. Er vermag grundsätzlich eine Unmöglichkeit der Kommunikation nicht anzuerkennen, wenn er sie auch tatsächlich hinnehmen muß – für seinen Sinn als vorläufig. Kommunikationsabbruch gilt ihm als wider die Wahrheit selber vollzogen. Denn dieser Abbruch ist vor der Transzendenz wie ein Verrat an ihr, die den Weg zu sich über die Gemeinschaft mit Menschen nicht direkt gehen läßt. Der Verrat ist um so größer, wenn im Namen der Gottheit, sie allein für sich in Anspruch nehmend, die Kommunikation aus täuschender Glaubenserkenntnis abgebrochen wird.

Fragen wir, wo Schelling stehe, so finden wir bei ihm Sätze, die mit uns zu sprechen scheinen, – Schelling erlebt auch diese Möglichkeit, aber ohne ihre Folgen wirksam werden zu lassen. Denn fast alles beherrschend ist bei ihm die imperatorische, im Umgang mit ihm Erwünschten wohlwollende, ja gütige, im übrigen gewaltsame Haltung, die bezwingen will.

Aber ist die Forderung der Kommunikation nicht wieder eine sich für die einzig wahr haltende absolute Philosophie? Nein. Das wäre sie, wenn sie behauptete, daß die Welt der Menschheit den Lauf der wachsenden Kommunikation nehmen und sich darin vollenden werde. Nicht aber, wenn sie den Willen ausspricht, für Kommunikation wirken zu wollen in dem tiefen Dunkel, das uns und unsere Welt umfängt. Die Zukunft und der Erfolg sind nicht das, wodurch unser Leben allein bestimmt wird. Sie sind das Erstrebte, Bedachte, Vorletzte, umgriffen von dem, worin sie verschwinden.

Man mag sich das Ende des Planeten vorstellen in eisiger Erstarrung, Austrocknung oder Hitzetod –, sei es durch Naturereignisse, sei es durch den Menschen, der mit seiner Technik ein Ende solcher Art selbst herbeiführt. Das würde für unsere Welt in der Zukunft zwar eine Entscheidung der Zeit sein. Wir wissen nicht, ob und wie sie stattfinden wird. Aber der Sinn und der Wille unseres Lebens ist durch eine solche Entscheidung noch nicht entschieden. Diese möglichen Perspektiven machen nur deutlich: Was eigentlich ist, ist gegenwärtig. Wir sollen uns nicht betrügen lassen durch Gedanken an die Zukunft der Dinge, so wichtig sie für uns sind, wir sollen nicht versäumen, was wir sein können. Nur heute ist Wirklichkeit, in dieser geschichtlichen Verwirklichung der Existenz, in jedem Akt der Liebe.

Das ist kein absolutes Wissen vom Ganzen des Seins, sondern ein Anspruch des Willens in der Zeit für das, was quer zur Zeit ist. Es ist ein Wille, der sich offenbar mit anderen Willen in der Welt begegnet. Wie er mit diesen aus der Kommunikationsbereitschaft das Mögliche tut, das ist die Frage, nicht aber eine selber in der Lehre Absolutheitsanspruch erhebende Philosophie.

d) Zusammenfassung: Größe und Verhängnis

Wir werden durch Schelling in eine philosophische Welt gerückt, die gegenüber unserem Dasein wie eine andere, bezaubernde, zugleich fremd und heimatlich anmutende Welt uns umfängt. Dort werden wir erweckt zum Sinn für Philosophie und für Größe, bewegt in Reflexionen, durch einfache Sätze hingeführt zu Tiefen.

Sein hoher Anspruch an Philosophie ermutigt; unvergeßliche Impulse kommen von dort. Das Wissen um Schellings Philosophieren hilft, die Würde der Philosophie, ihr eigentliches Wesen, die Verantwortung eines Lehrers in der Philosophie wiederherzustellen, der mit seinem Tun und Denken, seinem Leben und inneren Handeln, mit seiner ganzen Person haftet für den Ernst dessen, was, unlehrbar im Sinne bloßer Lernbarkeit, doch in Form der Lehre von ihm überliefert wird.

Die Höhenlage der Philosophie, auf die Schelling zeigt, kann heilsam bescheiden machen. Sie fordert uns auf, zu prüfen, ob wir aus einem wirklichen Grunde in uns denken oder in bloß rationale

Begriffsbewegungen verfallen. Aber der hohe Anspruch an Philosophie kann verführen, wie er Schelling verführt hat. Der Anspruch verkehrt sich. Statt auf ihn zu hören und sich unter ihn zu stellen, erhebt man ihn für die eigene Philosophie, von anderen Gefolgschaft fordernd und sie zugleich verachtend. Wir haben durch Schellingstudium aber nur Maßstäbe, nicht einen Besitz gewonnen. Die Verführung ist, den Stolz Schellings, seinen Hochmut – mag er ihm selber immerhin anstehen – zu wiederholen.

Schelling drängt uns, uns zu lösen von den alltäglichen Selbstverständlichkeiten, fordert, das Endliche als Endliches zu durchdringen zum Unendlichen hin, von dem Belanglosen zum Wesentlichen zu kommen. Denn Dasein, Natur und Geschichte sind so, wie sie real, für den Augenschein, einerseits erforschbar, andererseits in der Konvention des Sprechens und Vorstellens, sind, nicht das Sein selbst. Im spekulativen Aufschwung will Schelling uns des Seins vergewissern. Aber wenn wir durch ihn in wundersame Möglichkeiten der Philosophie gelangen, läßt er uns sogleich wieder in Befangenheiten der Naturvision, des Mythus, der Offenbarung, der Schematismen von Denkfiguren gleiten.

Er hat durch die Einheitsidee der Philosophie den Sinn der akademischen Studien unübertroffen ausgesprochen. Die Zusammengehörigkeit aller Wissenschaften, die Führung der Wissenschaften durch etwas Anderes, das ihren Sinn, nicht ihre Richtigkeit begründet, hat Schelling, der Jüngling, seinen Studenten enthusiastisch verkündet. Was er sagte, steht wie ein orientierendes Leuchtfeuer über der Welt der Universitäten. Aber die Idee wird ihm sogleich zu einem Wissen, zu einer diktatorischen Neigung der Philosophie als eines forschenden Erkennens, das allem anderen Forschen Weisungen und Begründungen geben möchte. Dies wurde um so schlimmer, als Schelling gar keinen Sinn für die modernen Wissenschaften, ihre Größe und weltgeschichtliche Einzigkeit gewann. Daher versagte er in der Verwirklichung der Teilnahme an den Beziehungen alles Erkennens und Forschens. Diese erfolgen in der sachgemäßen, unabschließbaren, von keinem philosophischen System und keinem einzelnen Denker zu führenden Weise. Sie sind diese eigentliche Wirklichkeit des wissenschaftlichen Lebens in der von nirgendher übersehbaren Kommunikation unter der Einheitsidee, die selber nicht Gegenstand wird, sondern nur in Schematen auf mannigfache Weise jeweils vorläufig vor Augen gebracht wird.

Schelling ist das große Beispiel reflexiven Philosophierens, das sich seiner bewußt, aber nicht radikal bewußt wird. Er sucht den Boden und den Halt. Im Gedanken sucht er zu fassen, was die »Wirklichkeit« sei. Er gelangt in die Situation dessen, was er Existentialphilosophie nannte und was seit Kierkegaard Existenzphilosophie heißen kann. Er formuliert einen für einen Augenblick hinreißenden Existenzbegriff, aber verkehrt ihn sogleich, sofern er ihn in einem gnostischen, nicht existentiellen Sinne trifft. Er kommt praktisch in Berührung mit dem Existenzgedanken, aber versagt sofort im Urteil wie im Handeln. Er bringt treffende Formulierungen auf dem Wege, aber ohne sie grundsätzlich zu begreifen und festzuhalten.

Jedesmal also wiederholt sich – wo immer wir uns den großen Impulsen Schellings anvertrauen – das gleiche. Das Positive ist mit einem Negativen verknüpft. Schelling lockert auf und bindet sogleich wieder (an seine Weltsysteme und Seinsgeschichten). Er macht frei und schafft sogleich neue Befangenheiten. Er betritt die äußerste Position, aber er scheint sie alsbald zu vergessen. So bleibt alles zweideutig. Schwer ist es, den wahren Ansatz von der Verkehrung zu trennen, schwer, beim Studium der Texte den Punkt zu erkennen, wo oft fast unmerklich der falsche Sprung erfolgt. –

Schelling und Schelling-Nachfolge ist zweierlei. So groß Schelling noch im Irren bleibt, die Wiederholung solchen Irrens wäre nicht noch einmal mögliche Größe, sondern würde verführen zum Verderben in der Täuschung. Was an Schelling zu studieren ist als Zauber, das würde in der Nachfolge Zauberei. Wir würden uns im Scheinwissen von einem Übersinnlichen verfangen ohne existentielle Bedeutung, d. h. ohne Chiffercharakter. Wir gerieten gar in eine philosophische Scheinforschung, als ob es sich um Probleme und um einen Fortschritt ihrer Lösung handelte. In solcher Nachfolge kann man sich gewöhnen, das Tollste für möglich zu halten; es kann alles wahr sein. Man ist gleichsam existentiell erloschen, indem man einerseits wie geblendet hinnimmt, was das Außerordentlichste zu offenbaren scheint, andererseits seinen bloßen Verstand dessen Funktionen vielleicht raffiniert ausüben läßt. Schellings Philosophie ist unersetzlich lehrreich durch den Zwang zur Besinnung, damit man in jedem Augenblick, in dem jener Sprung in die Verkehrungen stattfinden will, ihn bemerkt, weil man sie kennt, und ihn verwehrt.

Wenn aber dies Irren in die Wurzeln geht oder wenn das Irren mit der Weise, wie ursprünglich das Wahre ergriffen wurde, schon verbunden, das Wahre vom Falschen unlösbar scheint, wird dann die Größe selber nicht in Frage gestellt? Es bliebe nur eine verantwortungslose Geistigkeit ohne Boden in der Existenz übrig. Bei Schelling kommt man mit dieser Frage an die Grenze. Er scheint so wenig standfest, daß man alles Vertrauen verlieren kann. Vielmehr: das, wo er standfest scheint, in dem Gebilde seiner zum System werdenden Philosophie, in der die Schematismen wie zwingende Geleise in die immer gleichen Bahnen führen, – dies Gebilde drängt zu dem Urteil: es ist gewiß nicht wahr. Die äußerste Verwerfung des Ganzen aber, die augenblicksweise immer wieder möglich scheint, wäre ein vorwegnehmendes Totalurteil, das einen Umgang mit diesem Philosophieren als sinnlos ausschließen würde. Es ist, wie dies Buch bezeugt, nicht das unsere. Allerdings bedarf Schellings Werk eines hohen Maßes ständiger Prüfung, damit man nicht mitgerissen werde aus der Größe der Ansätze in den Unfug der Zauberei.

Größe eines Denkers bedeutet nie, daß wir ihm gehorsam folgen, wohl aber, daß uns angeht, was er gesagt hat. Weil er es sagte, weil er es ist, kommt ihm Bedeutung zu. Sind wir einmal der persönlichen Größe ansichtig geworden, so sind wir bereit, ihr Irren, ja ihre verderblichen Verkehrungen zwar nicht als wahr anzuerkennen, aber als bedeutsam zu respektieren. Das Denkleben eines Menschen bleibt dann durch seine Größe im Irren ein Ereignis von objektiver Bedeutung. Nicht die Frage nach Werk und Wahrheit, sondern die nach den Ursprüngen des Unheils drängt sich auf. Wenn die Voraussetzung gilt, daß bei dem großen Manne immer etwas Wesentliches, und sei es eine große Unwahrheit, zum mächtigen, fast bezwingenden Ausdruck komme, so bleibt sein Irren durch die Größe seiner Erscheinung noch dies Wesentliche als Warnung.

QUELLEN UND LITERATUR

Quellen

Gesamtausgabe der Werke Schellings, Stuttgart und Augsburg 1856–1861. Zuerst erschien die zweite Abteilung in vier Bänden. Sie bringen die »Philosophie der Mythologie und Offenbarung«. In Gestalt von sorgfältig ausgearbeiteten Vorlesungen enthalten sie die gesamte in Jahrzehnten erarbeitete spätere Philosophie Schellings. Die erste Abteilung in zehn Bänden enthält das zu Lebzeiten Schellings Gedruckte (unter Weglassung mancher Polemiken) und ebenfalls sehr viel aus dem Nachlaß. Während die ersten vier Bände dieser Abteilung (umfassend die Jahre 1792 bis 1802) nur von Schelling selbst schon Veröffentlichtes bringen, ist im fünften Band (1802–1803) fast die Hälfte mit der vorher nicht veröffentlichten »Philosophie der Kunst« gefüllt. Im sechsten bis zehnten Bande (1804–1850) überwiegt durchaus der Nachlaß.

Hinzugekommen ist das wichtige bis dahin verschollene »Systemprogramm« Schellings von 1796: Das älteste Systemprogramm des deutschen Idealismus, hg. von Franz Rosenzweig. Sitzungsberichte der Heidelberger Akad. d. Wissenschaften. Phil.-histor. Klasse, Heidelberg 1917. – Ferner die verschiedenen Fassungen der »Weltalter«: Die Weltalter, Fragmente hg. von Manfred Schröter, München 1946.

Für Schellings Berliner Vorlesungen als zusätzliche Quelle nicht uninteressant: H. E. G. Paulus, Die endlich offenbar gewordene Philosophie der Offenbarung ..., Darmstadt 1843.

Zur Biographie

Aus Schellings Leben, in Briefen, 3 Bde., Leipzig 1869–1870 (hg. von G. L. Plitt). – Fichtes und Schellings philosophischer Briefwechsel, hg. von I. H. Fichte und K. Fr. A. Schelling, Stuttgart und Augsburg 1856. – König Maximilian II. von Bayern und Schelling, Briefwechsel hg. von L. Trost und F. Leist, Stuttgart 1890. – Caroline, Briefe, hg. von G. Waitz, Leipzig 1871. Später mit einigen wichtigen Ergänzungen: Caroline, Briefe, nach Georg Waitz vermehrt hg. von Erich Schmidt, Leipzig 1913.

Literatur

Die sehr sorgfältige, reichhaltige und ungemein übersichtliche Bibliographie von Guido Schneeberger, F. W. J. von Schelling, Bern 1954, enthält die Angabe aller Ausgaben der Werke und Briefe Schellings und der Literatur über Schelling. Zur Ergänzung die Angaben in den Rezensionen dieser Bibliographie von H. J. Schoeps, in der Zeitschrift für Religions- und Geistesgeschichte, Bd. 6 (1954),

S. 288, und von H. Fuhrmans, in der Zeitschrift für philosophische Forschung, Bd. 9 (1955), S. 145–149.

Aus der nach dieser Bibliographie im Schelling-Jahr 1954 erschienenen umfangreichen Literatur sei hingewiesen auf: Verhandlungen der Schelling-Tagung in Bad Ragaz (Schweiz) (1954), Studia philosophica, Bd. 14, Basel 1954. – Ferner: Horst Fuhrmans, Schellings Philosophie der Weltalter, Düsseldorf 1954. – Rudolf Hablützel, Dialektik und Einbildungskraft, Schellings Lehre von der menschlichen Erkenntnis, Basel 1954. – Friedemann Horn, Schelling und Swedenborg, Zürich 1954. – Hermann Zeltner, Schelling, Stuttgart 1954. – Helmut Pölcher, Schellings Auftreten in Berlin (1841) nach Hörerberichten, Zeitschrift für Religions- und Geistesgeschichte, Bd. 6 (1954), S. 193–215.

Eine hervorragende, an Materialien reiche, aus philosophischer Teilnahme geschriebene Arbeit ist ungedruckt: Johannes Kampffmeyer, Schelling und Deutschland, Heidelberger Dissertation. Das Werk befindet sich in Maschinenschrift (602 Seiten) auf der Universitätsbibliothek in Heidelberg (W 9013 (1–3) Dissertationen). Der junge Verfasser ist vor Leningrad gefallen.

Mein Vortrag: »Schellings Größe und sein Verhängnis« wurde für den Schelling-Kongreß zur Erinnerung an Schellings hundertjährigen Todestag geschrieben, abgedruckt in den Verhandlungen, Studia philosophica, Bd. 14, S. 12–38. Dieser Vortrag spricht dieselbe Auffassung aus, die diesem Buch zu Grunde liegt. Er enthält manche Formulierungen, die hier nicht wiederholt, und einige Materialien, die hier weggefallen sind. Das Meiste, was in diesem Buch enthalten ist, konnte der Kürze wegen dort nicht gebracht werden.

Meine Zitate

Die Werke sind mit römischen Bandzahlen zitiert, und zwar durchgehend (die zweite Abteilung Bd. 1–4 mit XI–XIV).

»Weltalter« bedeutet die Reclamausgabe, welche ein Abdruck der Fassung in den Werken ist.

Die Briefe Schellings sind zitiert: Plitt, mit folgender Band- und Seitenzahl.

Die Briefe Carolines sind zitiert nach der alten Ausgabe von Waitz, an wenigen Stellen ergänzt nach der Ausgabe von Erich Schmidt.

»Paulus« bedeutet dessen Nachdruck der Berliner Vorlesungen.

Meine Schellingzitate sind nicht philologisch exakt. Auslassungen sind durchweg nicht durch Punkte angedeutet. Umstellungen von Worten sind erfolgt, wenn der Zusammenhang meiner Darstellung dies bequem erscheinen ließ. Einmal ist ein griechisches Wort ins Deutsche übersetzt. Natürlich ist niemals Schellings Sinn auch nur um eine Nuance verändert.

Für die meisten Positionen lassen sich viele Beispiele aus Schellings Texten bringen und viele Abwandlungen der Gedanken. Meine Angaben lassen sich außerordentlich vermehren. Ein gutes Schelling-Register würde sein Werk erst recht aufschließen.

Karl Jaspers

Die Atombombe und die Zukunft des Menschen
Politisches Bewußtsein in unserer Zeit. 7. Aufl., 58. Tsd. 1983. 505 Seiten. SP 237

Chiffren der Transzendenz
Hrsg. von Hans Saner. 4. Aufl., 16. Tsd. 1984. 111 Seiten. SP 7

Denkwege
Ein Lesebuch. Auswahl und Zusammenstellung der Texte von Hans Saner. 1983. 157 Seiten. Geb.

Einführung in die Philosophie
Zwölf Radiovorträge. 23. Aufl., 209. Tsd. 1983. 128 Seiten. SP 13

Die großen Philosophen
Erster Band
Die maßgebenden Menschen – Die fortzeugenden Gründer des Philosophierens – Aus dem Ursprung denkender Metaphysiker. 3. Aufl., 14. Tsd. 1981. 968 Seiten. Leinen

Die großen Philosophen
Nachlaß 1
Darstellungen und Fragmente. Hrsg. von Hans Saner. 1981. 679 Seiten. Leinen

Die großen Philosophen
Nachlaß 2
Fragmente, Anmerkungen, Inventar. Hrsg. von Hans Saner. 1981. 560 Seiten. Leinen

Die großen Philosophen
Erster Band und Nachlaß 1 und 2
3 Bde. 1981. 2204 Seiten. Leinen i. Schuber

Kant
Leben, Werk, Wirkung. 2. Aufl., 10. Tsd. 1983. 230 Seiten. SP 124

Kleine Schule des philosophischen Denkens
10. Aufl., 65. Tsd. 1985. 183 Seiten. SP 54

Die maßgebenden Menschen
Sokrates, Buddha, Konfuzius, Jesus. 8. Aufl., 44. Tsd. 1984. 210 Seiten. SP 126

Notizen zu Martin Heidegger
Hrsg. von Hans Saner. 2. Aufl., 7. Tsd. 1978. 342 Seiten und 7 Abbildungen. Geb.

Philosophische Autobiographie
2. Aufl., 10. Tsd. 1984. 136 Seiten. SP 150

Der philosophische Glaube
8. Auflage, 41. Tsd. 1985. 136 Seiten. SP 69

PIPER